Anonymous

Gesetzblatt für Elsaß-Lothringen im Jahr 1871

Anonymous

Gesetzblatt für Elsaß-Lothringen im Jahr 1871

ISBN/EAN: 9783337226411

Hergestellt in Europa, USA, Kanada, Australien, Japan

Cover: Foto ©Suzi / pixelio.de

Weitere Bücher finden Sie auf **www.hansebooks.com**

Gesetzblatt

für

Elsaß-Lothringen.

1871.

---

die Gesetze, Verordnungen ꝛc. vom 9. Juni bis 23. Dezember 1871.

(Von № 1 bis incl. № 39.)

6777

№ 1 bis incl. № 23.

Berlin,

zu haben im Kaiserlichen Post-Zeitungsamte.

Chronologische Ueberſicht

der in dem Geſetzblatt für Elſaß-Lothringen

vom Jahre 1871

enthaltenen Geſetze, Verordnungen zc.

Datum des Geſetzes zc.	Ausgegeben zu Berlin.	Inhalt.	Nr. des Stücks.	Nr. des Geſetzes zc.	Seiten.
1871.	**1871.**				
9. Juni.	5. Juli.	Geſetz, betreffend die Vereinigung von Elſaß und Lothringen mit dem Deutſchen Reiche.	1.	1.	1-2.
14. —	17. Auguſt.	Geſetz, betreffend die Beſtellung des Bundes-Oberhandelsgerichts zum oberſten Gerichtshofe für Elſaß und Lothringen.	12.	15.	249-250.
3. Juli.	5. Juli.	Geſetz, betreffend die Verkündung der Geſetze und Verordnungen.	1.	2.	2.
4. —	8. —	Geſetz, betreffend den Betrieb von Bankgeſchäften in Elſaß-Lothringen durch die Preußiſche Bank.	2.	3. (mit Anl.)	3-34.
6. —	8. —	Geſetz, betreffend die Gültigkeit der vorjährigen Wahlliſten.	3.	4.	35.
14. —	21. —	Geſetz, betreffend Abänderungen der Gerichtsverfaſſung.	5.	6.	165-168.
14. —	21. —	Verordnung zur Ausführung des Geſetzes, betreffend Abänderungen der Gerichtsverfaſſung.	5.	7.	169-172.
14. —	21. —	Geſetz, betreffend die Ausgaben der Juſtizverwaltung für 1871 und 1872.	5.	8. (mit Anl.)	173-174.
14. —	21. —	Geſetz, betreffend die Einführung des deutſchen Reichsgeſetzes über die Wechſelſtempelſteuer vom 10. Juni 1869.	6.	9. (mit Anl.)	175-182.

Herausgegeben im Reichskanzler-Amte.

Berlin, gedruckt in der Königlichen Geheimen Ober-Hofbuchdruckerei
(R. v. Decker).

Gesetzblatt für Elsaß-Lothringen.

№ 1.

(Nr. 1.) Gesetz, betreffend die Vereinigung von Elsaß und Lothringen mit dem Deutschen
Reiche. Vom 9. Juni 1871.

Wir Wilhelm, von Gottes Gnaden Deutscher Kaiser, König
von Preußen ꝛc.

verordnen hiermit im Namen des Deutschen Reichs, nach erfolgter Zustimmung
des Bundesrathes und des Reichstages, was folgt:

§ 1.

Die von Frankreich durch den Artikel I. des Präliminar-Friedens vom
26. Februar 1871. abgetretenen Gebiete Elsaß und Lothringen werden in der
durch den Artikel I. des Friedens-Vertrages vom 10. Mai 1871. und den dritten Zu-
satzartikel zu diesem Vertrage festgestellten Begrenzung mit dem Deutschen Reiche
für immer vereinigt.

§ 2.

Die Verfassung des Deutschen Reichs tritt in Elsaß und Lothringen
am 1. Januar 1873. in Wirksamkeit. Durch Verordnung des Kaisers mit Zustimmung des Bundesrathes können einzelne Theile der Verfassung schon früher
eingeführt werden.

Die erforderlichen Aenderungen und Ergänzungen der Verfassung bedürfen
der Zustimmung des Reichstages.

Artikel 3. der Reichsverfassung tritt sofort in Wirksamkeit.

§ 3

Die Staatsgewalt in Elsaß und Lothringen übt der Kaiser aus.

Bis zum Eintritt der Wirksamkeit der Reichsverfassung ist der Kaiser bei
Ausübung der Gesetzgebung an die Zustimmung des Bundesrathes und bei der
Aufnahme von Anleihen oder Uebernahme von Garantien für Elsaß und Lothringen,
durch welche irgend eine Belastung des Reichs herbeigeführt wird, auch an die
Zustimmung des Reichstages gebunden.

Dem Reichstage wird für diese Zeit über die erlassenen Gesetze und allgemeinen Anordnungen und über den Fortgang der Verwaltung jährlich Mittheilung gemacht.

Ausgegeben zu Berlin den 5. Juli 1871;

Nach Einführung der Reichsverfassung steht bis zu anderweitiger Regelung durch Reichsgesetz das Recht der Gesetzgebung auch in den der Reichsgesetzgebung in den Bundesstaaten nicht unterliegenden Angelegenheiten dem Reiche zu.

§. 4.

Die Anordnungen und Verfügungen des Kaisers bedürfen zu ihrer Gültigkeit der Gegenzeichnung des Reichskanzlers, der dadurch die Verantwortlichkeit übernimmt.

Urkundlich unter Unserer Höchsteigenhändigen Unterschrift und beigedrucktem Kaiserlichen Insiegel.

Gegeben Berlin, den 9. Juni 1871.

(L. S.)   Wilhelm.

Fürst v. Bismarck.

(Nr. 2.) Gesetz, betreffend die Verkündung der Gesetze und Verordnungen. Vom 3. Juli 1871.

Wir Wilhelm, von Gottes Gnaden Deutscher Kaiser, König von Preußen ꝛc.

verordnen im Namen des Deutschen Reichs, in Gemäßheit des Gesetzes vom 9. Juni d. J., nach erfolgter Zustimmung des Bundesrathes, für Elsaß-Lothringen was folgt:

§. 1.

Die für Elsaß-Lothringen erlassenen Gesetze und Kaiserlichen Verordnungen erhalten ihre verbindliche Kraft durch ihre Verkündung in einem Gesetzblatt, welches den Titel »Gesetzblatt für Elsaß-Lothringen« führt und vom Reichskanzler-Amt herausgegeben wird. Die Präfekten werden, soweit nöthig, dafür sorgen, daß eine französische Uebersetzung dieser Gesetze und Verordnungen durch das Amtsblatt des Departements bekannt gemacht wird.

§. 2.

Sofern nicht in dem verkündeten Gesetze ein anderer Anfangs-Termin seiner verbindlichen Kraft bestimmt ist, beginnt diese mit dem vierzehnten Tage nach Ablauf desjenigen Tages, an welchem das betreffende Stück des Gesetzblattes in Berlin ausgegeben worden ist.

Gegenwärtiges Gesetz tritt am Tage seiner Verkündung in Kraft.

Urkundlich unter Unserer Höchsteigenhändigen Unterschrift und beigedrucktem Kaiserlichen Insiegel.

Gegeben Berlin, den 3. Juli 1871.

(L. S.)   Wilhelm.

Fürst v. Bismarck.

Herausgegeben im Reichskanzler-Amt.

Berlin, gedruckt in der Königlichen Geheimen Ober-Hofbuchdruckerei (R. v. Decker).

Gesetzblatt für Elsaß=Lothringen.

№ 2.

(Nr. 3.) **Geſetz, betreffend den Betrieb von Bankgeſchäften in Elſaß-Lothringen durch die Preußiſche Bank. Vom 4. Juli 1871.**

Wir Wilhelm, von Gottes Gnaden Deutſcher Kaiſer, König von Preußen ꝛc.

verordnen im Namen des Deutſchen Reichs, nach erfolgter Zuſtimmung des Bundesrathes, für Elſaß-Lothringen was folgt:

§. 1.

Die Preußiſche Bank iſt ermächtigt, in Elſaß-Lothringen an dazu geeigneten Orten Komtoire, Kommanditen und Agenturen zu errichten und daſelbſt Bankgeſchäfte zu betreiben.

§. 2.

Für die Organiſation und den Geſchäftsbetrieb der Preußiſchen Bank ſind

die Bankordnung vom 5. Oktober 1846.,

das Geſetz vom 7. Mai 1856.,

der Erlaß vom 24. Oktober 1864.

und

das Geſetz vom 24. September 1866.,

welche in den Anlagen abgedruckt ſind, maßgebend.

§. 3.

Der Umlauf der Noten der Preußiſchen Bank iſt in Elſaß-Lothringen geſtattet. Auch ſollen dieſelben bei allen öffentlichen Kaſſen ſtatt baaren Geldes angenommen werden. Die Noten ſind keiner Vindikation oder Amortiſation unterworfen.

Andere, als ihre eigenen Banknoten in Zahlung anzunehmen, iſt die Bank nicht verpflichtet.

Ausgegeben zu Berlin den 8. Juli 1871.

§. 4.

Die Hauptbank sowohl als ihre Komtoire und Kommandilen haben die Eigenschaft inländischer öffentlicher Anstalten mit den Rechten juristischer Personen. Sie können Rechte erwerben und Verpflichtungen eingehen, insbesondere Grundstücke und Hypothekenrechte erwerben. Die Komtoire und Kommandilen haben ihren Wohnsitz (Code civil Art. 102.) da, wo sich ihre Geschäftslokalien befinden.

§. 5.

Wenn im Lombardverkehr ein Darlehn zur Verfallzeit nicht zurückgezahlt wird, so ist die Bank berechtigt, das Unterpfand ohne jede gerichtliche Einmischung durch einen ihrer Beamten oder einen Handelsmäkler an der nächsten Börse oder mittelst einer von ihren Beamten oder von einem Handelsmäkler oder einem durch den Präsidenten des Handelsgerichts dazu berufenen Beamten abzuhaltenden öffentlichen Auktion zu verkaufen und sich aus dem Erlöse wegen Kapital, Zinsen und Kosten bezahlt zu machen. Dieses Recht behält die Bank auch gegenüber anderen Gläubigern und selbst bei Zahlungseinstellung ihres Schuldners. Sie ist nicht verpflichtet, das Unterpfand zu dessen Fallitmasse herauszugeben.

§. 6.

Die der Bank anvertrauten Gelder können niemals mit Arrest belegt werden.

§. 7.

Das gegenwärtige Gesetz tritt mit dem 10. Juli 1871. in Kraft.

Urkundlich unter Unserer Höchsteigenhändigen Unterschrift und beigedrucktem Kaiserlichen Insiegel.

Gegeben Berlin, den 4. Juli 1871.

(L. S.) **Wilhelm.**

Fürst v. Bismarck.

Bankordnung
vom 5. Oktober 1846.

Wir **Friedrich Wilhelm**, von Gottes Gnaden, König von Preußen ꝛc. ꝛc.

thun hiemit kund und zu wissen:

Nachdem Unserer, in der Order vom 11. April d. J. (Gesetz-Sammlung S. 153.) ausgesprochenen Absicht wegen Betheiligung von Privatpersonen bei den Geschäften der Bank durch die Zeichnung eines Einschußkapitals von Zehn Millionen Thaler entsprochen worden ist, haben Wir beschlossen, der Bank eine den gegenwärtigen Bedürfnissen entsprechende Verfassung zu geben. Wir verordnen demnach, daß das bisherige Bankinstitut als

Preußische Bank

fortbestehen soll und verleihen demselben nachstehende Bankordnung.

Titel I.
Von den Geschäften und Fonds der Bank.

§. 1.
Zweck der Bank.

Die Bank ist bestimmt, den Geldumlauf des Landes zu befördern, Kapitalien nutzbar zu machen, Handel und Gewerbe zu unterstützen und einer übermäßigen Steigerung des Zinsfußes vorzubeugen.

§. 2.
Geschäfte der Bank.

Zur Erreichung dieser Zwecke ist die Bank befugt, Wechsel und Geld-Anweisungen, sowie inländische Staats- und auf jeden Inhaber lautende ständische, Kommunal- und andere öffentliche Papiere zu diskontiren, und für eigene Rechnung oder für Rechnung öffentlicher Behörden und Anstalten zu kaufen und zu verkaufen; gegen genügende Sicherheit Kredit und Darlehn zu geben; Wechsel und Geldanweisungen zu ertheilen, zu acceptiren und für andere Rechnung einzuziehen; Geldkapitalien gegen Verbriefung sowie in laufender Rechnung zinsbar und unzinsbar anzunehmen, edle Metalle und Münzen zu kaufen und zu verkaufen.

Andere kaufmännische Geschäfte, namentlich Waarenhandel, sind und bleiben der Bank untersagt.

2*

§. 3.

Die Bank ist ferner befugt, Gold und Silber, gemünzt und ungemünzt, Pretiosen, Staatspapiere und Dokumente aller Art, sowie verschlossene Packete ohne Kenntnißnahme des Inhaltes gegen Ausstellung von Depositalscheinen und eine dafür zu entrichtende Gebühr in Verwahrung zu nehmen.

§. 4.

Wechselverkehr.

Die Bank bisкontirt nur solche am Orte zahlbare Wechsel und zu bestimmten Terminen zahlbare Effekten, welche nicht über drei Monate zu laufen und der Regel nach drei solide Verbundene haben. Auch steht ihr der An- und Verkauf von guten Wechseln auf andere Plätze des In- und Auslandes, wo sie dazu ein Bedürfniß erkennt, insbesondere zum Behuf der Beziehungen von edlen Metallen und Münzen frei.

§. 5.

Lombardsverkehr.

Zinsbare Darlehne wird dieselbe, der Regel nach, nicht über drei Monate und nicht unter Summen von 500 Thaler, nur gegen bewegliche Pfänder bewilligen, namentlich

a) gegen Gold und Silber, gemünzt und ungemünzt, nach ihrem Metall- werth mit einem Abschlag von 5 Prozent;

b) gegen inländische zinstragende und auf jeden Inhaber lautende Staats-, Kommunal- und ständische Papiere mit einem nach dem Ermessen der Bank zu bestimmenden Abschlage von dem jedesmaligen Kurse;

c) gegen Wechsel, welche anerkannt solide Verbundene aufweisen und ihr mit einem unausgefüllten Giro übergeben werden, mit einem Abschlage von 5 Prozent ihres Kurswerthes, sowie endlich

d) gegen Verpfändung im Inlande lagernder dazu geeigneter Kaufmanns- waaren, in der Regel bis zur Hälfte, ausnahmsweise bis zu zwei Drittheilen ihres Werths nach Verschiedenheit der Waaren und ihrer Verkäuflichkeit.

Andere öffentliche Papiere, als die sub b. gedachten, wird die Bank in der Regel nicht beleihen.

§. 6.

Zinssatz.

Die Bank hat für den Diskonto- und Lombardverkehr den Satz bekannt zu machen, zu welchem sie Wechsel annehmen und Darlehne gewähren will; sie kann aber für Darlehne, welche gegen Verpfändung von edlen Metallen gewährt werden, einen niedrigeren Zinssatz allgemein festsetzen. Bei ihren Lom- bardgeschäften darf sie Sechs Prozent, auf das Jahr gerechnet, nicht über- schreiten.

§. 7.
Einziehung frember Gelber, Ertheilung von Gelbanweifungen und Giroverkehr.

Bei der der Bank bisher übertragenen Einziehung der aus den Provinzen zu den Central-Staatskassen fließenden Ueberschüsse, sowie bei der Verpflichtung der Bank, bis auf Höhe dieser Ueberschüsse für Rechnung der Cen-
tralkassen Zahlung zu leisten, behält es auch für die Zukunft sein Bewenden. —
Der Bank ist fernerhin gestattet, Wechsel und Gelbanweisungen auf andere
Plätze, gegen gehörige Deckung, zu ertheilen; für Rechnung von Privatpersonen,
Anstalten und Behörden die Einziehung von Wechseln, Gelbanweisungen und
anderweitigen Inkasso's, jedoch ohne deren Vertretung, zu übernehmen, und
Zahlungen daraus bis zum Betrage des Guthabens zu leisten, sowie den Per-
sonen, welche darauf antragen, über die von ihnen unmittelbar oder mittelbar
zur Wiedererhebung oder zur Ueberweisung an Andere eingezahlten Gelbsummen
Rechnung zu halten. Es verbleibt überhaupt bei dem bestehenden Giroverkehr
und insbesondere für jetzt auch bei den hierauf bezüglichen Bestimmungen
Unserer Order vom 31. Januar 1841. (Gesetz-Sammlung S. 29.).

Zwischen Personen oder Anstalten, welche in gedachter Art offene Rechnung bei der Bank haben, können Zahlungen auch durch bloßes Uebertragen
aus einer Rechnung in die andere vollzogen werden.

§. 8.
Bankvaluta.

Die Bank zahlt und rechnet im Preußischen Silbergelbe, nach den
Werthen, welche durch Unser Gesetz über die Münzverfassung in den Preußischen Staaten vom 30. September 1821. (Nr. 673. der Gesetz-Sammlung) bestimmt worden sind.

§. 9.
Fonds der Bank.

Das Betriebskapital der Bank besteht

1) aus dem von Privatpersonen und vom Staate eingeschossenen Kapitale
(§§. 10. 11. 17.), und aus dem nach §. 18. zu bildenden Reserve-
Fonds;

2) aus den der Bank unter Garantie des Staats gesetzlich überwiesenen
Depositen der Vormundschafts- und Gerichtsbehörden, der Kirchen,
Schulen, milden Stiftungen und anderen öffentlichen Anstalten (§§. 21.
bis 26.).

§. 10.
Eingeschossenes Kapital.
a) der Privatpersonen.

Das von Privatpersonen einzuschießende Kapital beläuft sich auf den
Betrag von Zehn Millionen Thaler, welche in Zehn Tausend Antheile,

jeder zu Tausend Thaler eingetheilt und baar in Preußischem Silbergelde, vierzehn Thaler auf die feine Mark gerechnet, zu den Kassen der Bank einzuzahlen sind.

Jeder Bankantheil wird mit dem Nominalbetrage von Tausend Thalern in die zu diesem Behufe besonders anzulegenden Stammbücher der Bank, unter genauer Bezeichnung des Eigners nach Namen, Wohnort und Stand, eingetragen. Ueber die erfolgte Eintragung erhält der Eigner für jeden Bankantheil eine auf seinen Namen lautende Bescheinigung (Bankantheils-Schein).

Mit den Bankantheils-Scheinen werden an die Bankantheils-Eigner zugleich Scheine, welche zur Erhebung der jährlich oder auch halbjährlich (cf. §. 98.) zahlbaren und nach Ablauf jedes Rechnungsjahres besonders festzusetzenden Dividende berechtigen (Dividendenscheine) und zwar auf fünf Jahre ausgegeben und nach Ablauf dieser Frist gegen Produktion der Bankantheils-Scheine, welche mit einem Vermerke hierüber zu versehen sind, ohne Prüfung der Legitimation des Präsentanten erneuert. Dieselben sind auf den Inhaber gestellt, und wird durch deren Einlösung die Bank von jedem Anspruche befreit.

§. 11.

Wir behalten Uns vor, zu jeder Zeit, sobald das Bedürfniß eintritt, das Einschußkapital bis auf das Doppelte seines jetzigen Betrages zu erhöhen. Ueber das Bedürfniß und über die Art der Vermehrung, sowie über die in Folge derselben erforderliche anderweitige Regulirung des Theilnahme-Verhältnisses des Staats und der Bankantheils-Eigner am Gewinne der Bank (§§. 19. 36.), sind die Bankantheils-Eigner zuvor zu hören.

Bei einer Aufbringung des Mehrbetrages durch freiwillige Zeichnung haben die Eigner der ursprünglichen Bankantheile ein innerhalb eines Monats nach ergangener Aufforderung zur Zeichnung geltend zu machendes Vorzugsrecht; bei einer Aufbringung des Mehrbetrages durch Verkauf der neu kreirten Bankantheile oder auf dem Wege der Submission haben die Eigner kein Vorzugsrecht, und es fließt alsdann das etwa entstehende Aufgeld zum Reservefonds der Bank.

§. 12.

Außer dem Falle des §. 16. sind die Einschüsse, so lange die Bank besteht, von Seiten der Eigenthümer unkündbar. Die Bankantheile können dagegen an Dritte übertragen und verpfändet werden; dieselben sind aber untheilbar und daher theilweise Uebertragungen und Verpfändungen unzulässig.

§. 13.

Die Uebertragung des Eigenthums der Bankantheile erfolgt an bestimmten Tagen der Woche ausschließlich durch Ab- und Zuschreibung in den Büchern der Bank nach Vorlage des gemäß §. 10. ertheilten Bankantheils-Scheines auf den Grund einer bei der Bank aufgenommenen oder nach deren Bestimmungen beglaubigten schriftlichen Erklärung des Eigenthümers und des neuen Erwerbers, oder ihrer mit einer beglaubigten Vollmacht versehenen Stell-

vertreter. Die erfolgte Umschreibung in den Büchern der Bank auf einen anderen Namen wird zugleich auf dem Bankantheils-Scheine bescheinigt; wogegen die Erklärungen des Eigenthümers und neuen Erwerbers resp. die Vollmachten ihrer Stellvertreter bei den Akten der Bank bleiben.

Wird das Eigenthum eines Bankantheils durch Erbschaft oder gerichtliche Ueberweisung übertragen, so vertreten die Dokumente darüber die Stelle
der Erklärung des Eigenthümers.

§. 14.

Verpfändungen von Bankantheilen erfolgen, wie Eigenthumsübertragun-
gen, durch eine gehörig beglaubigte schriftliche Erklärung des Eigenthümers
und durch deren Eintragung in die Stammbücher der Bank nach Vorlage der
Bankantheilsscheine, und müssen auf letzteren gleichfalls bescheinigt werden.
Die Erklärung des Eigenthümers bleibt dagegen bei den Akten der Bank.

Der Eigner kann seine verpfändeten Bankantheile ohne die gerichtlich
oder notariell erklärte Zustimmung des Pfandgläubigers weder einziehen (§§. 15.
16.) noch Dividendenscheine zu denselben erhalten (§. 10.), wird aber im Uebrigen in seinen ihm nach der Bankordnung zustehenden Rechten nicht beschränkt.

Bei Darlehnen Seitens der Bank oder bei anderen Geschäften mit derselben dürfen Bankantheile niemals als Unterpfänder angenommen werden.

§. 15.

Sollten Wir Uns veranlaßt finden, die gänzliche Auflösung der Bank
anzuordnen, so soll das alsdann noch bei der Bank vorhandene Einschußkapital
des Staats (§. 17.) zur Deckung der Hälfte des nach Erfüllung der sämmtlichen Verbindlichkeiten der Bank etwa sich ergebenden Verlustes am Nominalbetrage der von Privatpersonen eingeschossenen Kapitalien verwendet werden.

§. 16.

Wir behalten Uns und Unseren Nachfolgern in der Regierung das Recht
vor, zuerst nach Ablauf von Funfzehn Jahren, alsdann aber alle Zehn
Jahre auf jedesmalige einjährige Ankündigung die Zurückzahlung des eingeschossenen Kapitals anzuordnen, sowie diese Bankordnung ganz oder zum Theil
einer Abänderung zu unterwerfen. Erfolgt eine solche Abänderung, ohne die
Zustimmung einer gemäß dieser Ordnung (§§. 61. bis 64.) zusammenberufenen
Versammlung der Bankantheils-Eigner erlangt zu haben, so hat jeder Inhaber
eines Bankantheils innerhalb der ersten drei Monate ein Recht, seinen Einschuß zurückzunehmen. Die Auszahlung des Nominalbetrages erfolgt ein hal-
bes Jahr nach erfolgter Aufkündigung.

Ueber die gekündigten Bankantheile hat die Bank alsbald anderweitig,
Behufs Herstellung des Einschußkapitals, zu verfügen. Sollte sich hierbei ein
Gewinn für die Bank ergeben, so wird derselbe besonders verrechnet und nach
Unterbringung sämmtlicher gekündigter Bankantheile pro rata unter die frü-
heren Inhaber derselben vertheilt.

Innerhalb des vorgedachten Zeitraums von resp. funfzehn und zehn
Jahren können Aenderungen dieser Bankordnung nur mit Zustimmung der
Bankantheils-Eigner in den vorgeschriebenen Formen (§§. 61. bis 64.) erfolgen.

§. 17.
Eingeschossenes Kapital.
b) des Staats.

Das vom Staat eingeschossene Kapital besteht aus dem bei der Bank vorhandenen Ueberschusse der Aktiva über die Passiva, welchem Ueberschusse fortan die jährlichen Dividenden von diesem Kapital (§. 36. sub 2.) zuwachsen sollen.

Wir behalten Uns vor, das Einschußkapital nöthigenfalls nicht nur aus dem, außer dieser Dividende auf den Staat fallenden Gewinnantheil (§. 36. sub 4.), sondern auch aus anderen Staatsmitteln zu vermehren.

§. 18.
Reservefonds.

Der Reservefonds wird aus dem jährlichen Gewinne der Bank nach den unten folgenden Bestimmungen gebildet, darf jedoch Funfzig Prozent des gesammten Einschußkapitals (§§. 10. 11. und 17.) nicht übersteigen.

Ueber diesen Fonds ist in den Büchern der Bank besondere Rechnung zu führen; derselbe kann jedoch zu allen Geschäften der Bank, gleich den übrigen Fonds, verwendet werden und bildet daher einen Theil des werbenden Kapitals der Bank.

§. 19.

Bei einer Auflösung der Bank, oder wenn der Staat die Zurückzahlung des gesammten von Privatpersonen eingeschossenen Kapitals anordnet, wird der nach Erfüllung sämmtlicher Verpflichtungen derselben und nach Ergänzung des etwa geschmälerten Einschußkapitals der Privatpersonen und des Staats übrig bleibende Reservefonds zur Hälfte dem Staat, zur Hälfte den Inhabern der Bankantheile überwiesen.

§. 20.
Prinzipale Verhaftung des Reservefonds und des Einschußkapitals.

Der Reservefonds und nächst diesem die eingeschossenen Kapitalien des Staats und der Privatpersonen sind für sämmtliche Verbindlichkeiten der Bank gleich wie ein eigenthümliches Vermögen derselben verhaftet, und tritt diese Verhaftung in Ansehung der im §. 21. bezeichneten Kapitalien vor der daselbst erwähnten Spezialgarantie ein.

§. 21.
Depositenverkehr.

In den Landestheilen, wo das Allgemeine Landrecht Gesetzeskraft hat, verbleibt es sowohl hinsichtlich der Verpflichtung der Gerichts- und Vormundschaftsbehörden und der Verwalter von Kirchen, Schulen, Hospitälern und andern milben Stiftungen und öffentlichen Anstalten, die müßig liegenden Gelder bei der Bank zu belegen, als auch hinsichtlich der Verpflichtung der Bank, solche bei ihr belegte Gelder zu verzinsen, bei den bestehenden gesetzlichen Bestimmungen.

Ebenso verbleibt es hinsichtlich dieser Belegungen bei der von Unseren Vorfahren in der Regierung unterm 18. Juli 1768. und unterm 31. März 1769. übernommenen, in der Verordnung vom 3. April 1815. wiederholt bestätigten Spezialgarantie.

§. 22.

Wegen der Verzinsung der aus den Depositorien der Gerichte und Vormundschaftsbehörden bei der Bank belegten Kapitalien behält es bei den Bestimmungen der Order vom 11. April 1839. (Gesetz-Sammlung S. 161.) sein Bewenden.

§. 23.

Die Kapitalien der Kirchen, Schulen und anderen frommen und milben Stiftungen sind von der Bank mit Zwei und ein halb Prozent, die von anderen öffentlichen Stiftungen und Anstalten angelegten Kapitalien (§. 21.) dagegen mit Zwei Prozent auch fernerhin zu verzinsen.

§. 24.

Die, den Geldern der Kirchen, Schulen, frommen und milben Stiftungen, imgleichen den Pupillengeldern, welche bei der Bank belegt werden, bisher zugestandene Portofreiheit wird denselben im bisherigen Umfange belassen.

§. 25.

Nur in Ansehung der §. 21. gedachten Behörden und Personen hat die Bank eine Verpflichtung, zinsbare Belegungen anzunehmen, jedoch nur in Beträgen von mindestens Funfzig Thalern, und auch nur in solchen Summen, welche durch Zehn theilbar sind.

§. 26.

Der in den §§. 22. und 23. festgesetzte Zinsfuß kann ohne Zustimmung der Bank-Antheils-Eigner nicht erhöht werden. Dagegen behalten Wir Uns jede andere Veränderung in den Vorschriften, welche die Belegung, Annahme und Verzinsung der Kapitalien der §. 21. gedachten Gelder bei der Bank betreffen, insonderheit die gänzliche oder theilweise Ausdehnung der im §. 21. gedachten Verpflichtung, sowie der entsprechenden Verpflichtung der Bank (§. 25.) auf die Landestheile, in welchen das Allgemeine Landrecht keine Gesetzeskraft hat, hiermit ausdrücklich vor.

§. 27.

In andern, als in den §§. 21. und 26. bezeichneten Fällen ist die Bank zwar berechtigt, aber nicht verpflichtet, Kapitalien zur verzinsbaren und unverzinsbaren Belegung und unter den von ihr besonders festzusetzenden Bedingungen anzunehmen und darüber Obligationen auszustellen, für welche jedoch der

Staat fernerhin keine Garantie leistet. Für alle künftige derartige Belegungen tritt somit die Verordnung vom 1. November 1768., sowie die Verordnung vom 3. April 1815. außer Kraft.

§. 28.

Die Bank ist befugt, in den Obligationen über die bei ihr belegten Kapitalien die Bedingung zu stellen, daß sie berechtigt, aber nicht verpflichtet sein soll, die Legitimation des Inhabers der Obligation zu prüfen.

§. 29.

Banknoten.

Die Bank ist befugt, nach Bedürfniß ihres Verkehrs Anweisungen auf sich selbst als ein eigenes Geldzeichen unter der Benennung „Banknoten" auszugeben.

Keine Banknote darf auf einen geringeren Betrag als 25 Thaler Preußisches Silbergeld ausgestellt werden. Der Gesammtbetrag der auszugebenden Banknoten wird auf Funfzehn Millionen Thaler festgesetzt, so daß die Bank außer den nach der Order vom 11. April 1846. auszugebenden Banknoten im Betrage von Zehn Millionen, noch weitere Fünf Millionen auszugeben befugt ist.

Da jedoch die Bank durch die Orders vom 5. Dezember 1836. (Gesetz-Sammlung S. 318.) und 9. Mai 1837. (Gesetz-Sammlung S. 75.) die Summe von Sechs Millionen Thaler in Kassenanweisungen gegen Niederlegung eines gleichen Betrages in Staatsschuldscheinen erhalten hat, so soll zwar die erstgedachte Summe noch ferner auf Drei Jahre, von dem Tage an gerechnet, an welchem diese Bankordnung in Kraft tritt, unter den bisherigen Bedingungen der Bank verbleiben, dieselbe aber verpflichtet sein, bis zum Ablauf dieser Frist die erhaltenen Sechs Millionen Thaler in Kassenanweisungen gegen Auslieferung der niedergelegten Staatsschuldscheine zurückzuliefern, wogegen sie die Befugniß erhält, nach Maßgabe der erfolgten Zurücklieferung und Vernichtung der Kassenanweisungen einen weiteren Betrag von Banknoten bis zur Höhe von Sechs Millionen Thaler auszugeben.

Den Gesammtbetrag von Ein und Zwanzig Millionen Thaler darf die Bank ohne Unsere ausdrückliche, durch die Gesetz-Sammlung zu publizirende, Genehmigung nicht überschreiten.

§. 30.

Die Anfertigung der Noten und der Umtausch der beschädigten Noten erfolgt unter besonderer Aufsicht des Staats und in Zukunft unter Mitaufsicht der Bankantheils-Eigner (§. 93.); auch behalten Wir Uns vor, die Verfolgung der Verfälschungen auf Rechnung der Bank einer Unserer Centralbehörden zu übertragen. Bis dahin ist solches geschehen, sind sämmtliche Behörden verpflichtet, der Bank bei Verfolgung der Verfälschungen auf alle Weise behülflich zu sein und deren Requisitionen Folge zu leisten.

§. 31.

Von dem Gesammtbetrage der im Umlauf befindlichen Banknoten müssen in den Bankkassen, außer den zu den übrigen Geschäften erforderlichen Baar-Fonds und Effekten, Zwei Sechstel in baarem Gelde oder Silberbarren, Drei Sechstel mindestens in diskontirten Wechseln und der Ueberrest in Lombardforderungen mit bankmäßigen Unterpfändern vorhanden sein.

In dem Maße jedoch, als die §. 29. gedachten Kassenanweisungen abgeliefert werden, können diejenigen Vier Sechstel der über den Betrag von Funfzehn Millionen Thaler umlaufenden Banknoten, welche nach vorstehendem Grundsatze nicht durch Baarfonds gedeckt zu sein brauchen, bis zum Betrage von Vier Millionen Thaler durch die zurück empfangenen Staatsschuldscheine sichergestellt werden.

§. 32.

Die Bank ist verpflichtet, ihre Noten bei allen ihren Kassen in Zahlung anzunehmen und auf Verlangen der Inhaber bei der Hauptbank-Kasse zu Berlin zu jeder Zeit, bei den Provinzialbank-Komtoiren aber soweit es deren jedesmalige Baarbestände und Geldbedürfnisse gestatten, gegen baares Geld unweigerlich einzulösen; ihre sämmtlichen Fonds haften dafür.

Sofern jedoch Banknoten auf ein Provinzialbank-Komtoir ausdrücklich ausgefertigt worden sind, müssen solche bei diesem jederzeit sofort eingelöset werden.

§. 33.

Der Umlauf dieser Noten ist im ganzen Umfange Unserer Staaten gestattet; auch sollen dieselben bei allen öffentlichen Kassen statt baaren Geldes, sowie statt der Kassenanweisungen angenommen werden; im Privatverkehr soll aber Niemand zur Annahme gezwungen sein.

§. 34.

Die Noten sind, gleich dem baaren Gelde, keiner Vindikation oder Amortisation unterworfen.

§. 35.

Für den Fall, daß es nöthig werden sollte, die Banknoten einzurufen und gegen neue umzutauschen, behalten Wir Uns vor, über die Art der öffentlichen Bekanntmachung und die Dauer der Präklusivfrist besondere Bestimmungen zu treffen.

§. 36.
Gewinn der Bank.

Aus dem nach den Jahresabschlüssen sich ergebenden reinen Gewinn der Bank wird zunächst:

1) den Bankantheils-Eignern für ihren Einschuß drei und ein halb Prozent jährlich und

2) dem Staate für seinen Einschuß gleichfalls drei und ein halb Prozent jährlich gezahlt, von dem Ueberreste sodann

3) Ein Viertel zur Bildung des Reservefonds verwendet, und der alsdann annoch verbleibende Ueberrest

4) zur Hälfte unter die Bankantheils-Eigner als Extradividende und zur andern Hälfte an den Staat vertheilt. Wenn der reine Gewinn der Bank nicht volle 3½ Prozent des eingeschossenen Kapitals (Nr. 1. und 2.) erreicht, so soll das Fehlende auch aus dem Reservefonds entnommen werden.

§. 37.

Reicht die Einnahme und der Reservefonds zur Deckung der Verluste eines Jahres nicht aus, so werden solche zur Hälfte von dem Einschußkapitale der Privatpersonen und zur Hälfte von dem Einschußkapitale des Staates, soweit letzteres ausreicht, sonst aber von dem Einschußkapitale der Privatpersonen allein abgeschrieben.

Aus dem nächstfolgenden Gewinne werden zuerst die Dividenden für das volle Einschußkapital bis zur Höhe von drei und ein halb Prozent jährlich (§. 36. sub Nr. 1. und 2.) entnommen, der Ueberrest aber zum Ersatz der Verluste am Einschußkapitale in der Art verwendet, daß vorweg der vom Einschußkapitale der Privatpersonen etwa abgeschriebene Mehrbetrag gedeckt werden muß.

§. 38.

Wenn der Reservefonds Dreißig Prozent des eingeschossenen Kapitals erreicht hat, kann der zur Bildung des Reservefonds bestimmte Theil des reinen Gewinnes der Bank (§. 36. zu 3.) mit Unserer Genehmigung bis auf die Hälfte vermindert werden, während die andere Hälfte der Dividende zuwächst.

Titel II.
Von der Verfassung und Verwaltung der Bank.

§. 39.
Einheit des Instituts.

Die Hauptbank in Berlin bildet mit ihren jetzt schon bestehenden und noch künftig zu errichtenden Komtoiren, Kommanditen und Agenturen in den Provinzen ein gemeinschaftliches, von der Finanzverwaltung des Staats unabhängiges Institut.

Ohne Unsere Genehmigung kann kein Provinzialkomtoir aufgehoben oder beschränkt werden.

Ueber die Errichtung neuer Provinzialkomtoire behalten Wir Uns nach den Bedürfnissen des Handels und Verkehrs die Entscheidung vor.

§. 40.

Wir behalten Uns vor, den Sitz der Hauptbank und ihrer Komtoire jederzeit verlegen zu können.

§. 41.

Bankkuratorium.

Die Bank bleibt unter die allgemeine Oberaufsicht des Staats gestellt, und wird solche auch ferner von dem Bankkuratorium ausgeübt.

§. 42.

Das Bankkuratorium wird künftig bestehen:

a) aus dem Präsidenten des Staatsraths,

b) aus dem jedesmaligen Justizminister,

c) aus dem jedesmaligen Finanzminister,

d) aus dem jedesmaligen Präsidenten des Handelsamts und

e) aus einem fünften Mitgliede, welches Wir besonders ernennen.

Dasselbe versammelt sich vierteljährlich. Die Verhandlungen werden zur weiteren Nachachtung protokollarisch niedergeschrieben.

§. 43.

Allgemeine Verfassung der Bank.

Dem gesammten Institute ist ein vom Staate besoldeter Chef und Königlicher Kommissarius und unter diesem ein Hauptbank-Direktorium vorgesetzt.

§. 44.

Das Hauptbank-Direktorium, sowie in den Provinzen die Komtoire, Kommanditen und Agenturen der Bank besorgen an ihrem Orte alle vorkommenden Geschäfte, soweit solche dem Chef der Bank nicht ausdrücklich vorbehalten sind.

§. 45.

Sämmtliche Beamte der Bank bleiben für die treue und vorschriftsmäßige Ausführung der ihnen obliegenden Geschäfte, wie bisher, nur Uns verantwortlich und behalten alle Rechte und Pflichten unmittelbarer Staatsbeamten.

Kein Bankbeamter darf Bankantheile besitzen.

§. 46.

Die Besoldungen, Emolumente, Gratifikationen und Pensionen der Beamten der Bank, sowie die Unterstützungsgelder für deren Hinterbliebene, trägt, wie bisher, die Bank allein. Der Normal-Besoldungsetat, sowie der jährliche Besoldungs- und Pensionsetat, wird von Uns auch in Zukunft auf den Antrag des Chefs der Bank festgesetzt.

§. 47.

Die Bankantheils-Eigner üben die ihnen beigelegten Rechte durch eine Versammlung der Meistbetheiligten und durch die aus ihrer Mitte gewählten Ausschüsse und Beigeordneten nach Maßgabe dieser Bankordnung aus.

§. 48.
Chef der Bank.

Der Chef der Bank wird von Uns ernannt und berichtet an Uns unmittelbar. Derselbe leitet die gesammte Bankverwaltung innerhalb der Bestimmungen dieser Ordnung, übrigens mit uneingeschränkter Vollmacht und auf
seine persönliche Verantwortlichkeit. Er nimmt an den Versammlungen des
Bankkuratoriums Theil, hält darin über den Zustand der Bank und alle darauf Bezug habende Gegenstände Vortrag und giebt allgemeine Rechenschaft
von allen ihren Operationen und Geschäftseinrichtungen.

§. 49.

Sämmtliche Beamte, in Hinsicht deren durch die gegenwärtige Bank-
Ordnung nicht ein Anderes ausdrücklich festgesetzt ist, werden von dem Chef
der Bank angestellt, der zugleich das Erforderliche wegen der von ihnen zu
bestellenden Kautionen, sowie in den geeigneten Fällen wegen ihrer Stellvertretung, anordnet.

§. 50.

Die Geschäftsreglements für das Hauptbank-Direktorium, für die Provinzialkomtoire, Kommanditen und Agenturen, sowie die Dienstinstruktionen für
die Beamten derselben, erläßt der Chef der Bank in seinem Namen und verfügt die erforderlichen Abänderungen der bestehenden Reglements und Instruk-
tionen. Auch hat lediglich der Chef der Bank die Form zu bestimmen, in
welcher die jährliche Rechnungslegung erfolgen soll.

§. 51.

Ueber die Befolgung der Bestimmung des §. 31. hat der Chef der Bank
bei eigener Verantwortung zu wachen und insonderheit auch darauf zu achten,
daß außer den zur Sicherstellung der umlaufenden Noten bestimmten Baar-
beständen die zu den übrigen Geschäften erforderlichen Baarfonds stets in hin-
reichendem Maße vorhanden sind.

§. 52.

Der Chef der Bank erhält freie Dienstwohnung in dem Hauptbank-
Gebäude und ein besonderes Büreau, dessen Kosten gleichfalls die Bank trägt.
Derselbe kann sich zu den ihm obliegenden Geschäften aller Mitglieder und
Beamten des Hauptbank-Direktoriums bedienen, auch die Kommissarien und
Vorstände der Provinzialkomtoire, sowie die Mitglieder der Ausschüsse und die
Beigeordneten bei diesen Komtoiren (§§. 104. und 108.) zu besonderen Kon-
ferenzen einberufen.

§. 53.

Der Chef der Bank kann allen Sitzungen und Versammlungen beiwohnen, und führt in solchen Fällen den Vorsitz.

§. 54.

Beschwerden über die Bankverwaltung müssen bei dem Chef der Bank angebracht werden.

§. 55.

Hauptbank-Direktorium.

Das Hauptbank-Direktorium ist die verwaltende und ausführende Behörde, hat jedoch bei seiner Verwaltung überall den Vorschriften und Anweisungen des Chefs der Bank Folge zu leisten.

§. 56.

Das Hauptbank-Direktorium besteht für jetzt aus Einem Präsidenten und Fünf Mitgliedern, einschließlich des Justitiarius.

Die Ernennung des Präsidenten und der Mitglieder des Hauptbank-Direktoriums erfolgt durch Uns auf den Vorschlag des Chefs der Bank. Dieselben werden lebenslänglich angestellt und erhalten fixirte Besoldungen.

§. 57.

Der Präsident des Hauptbank-Direktoriums ist Stellvertreter des Chefs der Bank, wenn von Uns in einzelnen Fällen nicht ein Anderes verordnet ist.

Für die Vertretung des Präsidenten wie des Justitiarius und der übrigen Mitglieder des Hauptbank-Direktoriums hat in geeigneten Fällen der Chef der Bank zu sorgen.

§. 58.

Das Hauptbank-Direktorium tritt wöchentlich zu einer Konferenz zusammen, in welcher die Beschlüsse nach Stimmenmehrheit gefaßt werden.

Die speziellen Bestimmungen über die Wirksamkeit der Mitglieder des Hauptbank-Direktoriums, über ihre Stellung zu einander, über die Vertheilung ihrer Thätigkeit, sowie überhaupt über den centralen sowohl als lokalen Geschäftsbetrieb bei der Hauptbank, soweit derselbe nicht durch diese Bankordnung bestimmt ist, bleiben dem Geschäftsreglement (§. 50.) vorbehalten.

§. 59.

Die Disziplinargewalt über sämmtliche Beamte, mit Ausnahme der Mitglieder des Hauptbank-Direktoriums, übt im Auftrage des Chefs und unter dessen spezieller Leitung der Präsident des Hauptbank-Direktoriums aus, der sich dabei vorzugsweise des Justitiarius zu bedienen hat.

§. 60.

Alle von dem Hauptbank-Direktorium mit der Unterschrift von wenigstens Zwei Mitgliedern desselben eingegangene Verbindlichkeiten, erfolgte Anträge, Erklärungen, Ausfertigungen, Bescheinigungen, Vollmachten u. f. w. sind für die Bank gegen jede Behörde, insonderheit gegen jede richterliche und Hypothekenbehörde, und gegen jeden Privaten verpflichtend. Es ist hierzu weder irgend eine weitere Bevollmächtigung des Direktoriums, auch nicht in den Fällen, wo die Gesetze ausdrücklich eine Spezialvollmacht erheischen, noch ein Nachweis darüber erforderlich, ob das Direktorium selbstständig und allein zu verfahren befugt war oder dazu einer höheren Genehmigung bedurfte.

§. 61.
Versammlung der Meistbetheiligten.

Die Versammlung der Meistbetheiligten vertritt die Gesammtheit der Bankantheils-Eigner und wird aus deren Mitte durch diejenigen Zweihundert gebildet, welche nach den Stammbüchern der Bank (§§. 10. 13.) am Tage der Berufung die größte Anzahl von Bankantheilen besitzen, in Unseren Staaten wohnhaft und ihren Angelegenheiten selbst vorzustehen fähig sind. Bei Gleichheit der Antheile entscheidet die Länge der Besitzzeit, und wenn auch diese gleich ist, das Loos.

§. 62.

Die Versammlung dieser Meistbetheiligten findet am Sitze der Hauptbank wenigstens einmal jährlich im Monat Januar oder Februar statt, kann aber auch jederzeit außerordentlich berufen werden.

Dieselbe wird von dem Chef der Bank jedesmal vier Wochen vorher durch eine öffentliche Bekanntmachung in den Berliner Zeitungen und in einem Lokalblatte derjenigen Orte, in denen Bankkomtoire bestehen, außerdem durch besondere, der Post zu übergebende Anschreiben an die Mitglieder berufen; sie kann gültig beschließen, wenn wenigstens Dreißig Mitglieder gegenwärtig sind.

Ist auf ergangene Berufung eine beschlußfähige Versammlung nicht zu Stande gekommen, so ist binnen Acht Tagen unter Angabe der Gegenstände, hinsichtlich deren es eines Beschlusses bedarf, eine neue Versammlung zu berufen. Die in dieser Versammlung erscheinenden Mitglieder können alsdann ohne Rücksicht auf ihre Anzahl gültige Beschlüsse fassen.

§. 63.

Bei Abstimmungen entscheidet die einfache Stimmenmehrheit. Bei Stimmengleichheit entscheidet die Stimme desjenigen unter den anwesenden Meistbetheiligten, welcher die größte Anzahl von Bankantheilen besitzt. Jedes Mitglied hat ohne Rücksicht auf die Zahl der Bankantheile, welche es besitzt, nur Eine Stimme. Frauen können in der Versammlung nicht erscheinen, dürfen sich jedoch durch solche Bankantheilseigner, welche nicht zu den Meistbetheiligten (§. 61.) gehören, vertreten lassen. Korporationen und Anstalten ist die Vertretung durch Spezialbevollmächtigte gestattet.

§. 64.

Der Chef der Bank führt in den Versammlungen den Vorsitz, denen auch das Hauptbank-Direktorium als solches beiwohnt. Die Mitglieder desselben können an der Berathung Theil nehmen, ohne jedoch stimmberechtigt zu sein.

Außerdem kann den Versammlungen jeder Inhaber eines Bankantheils beiwohnen, ohne an der Berathung oder Abstimmung Theil zu nehmen.

Ueber die Verhandlungen und Beschlüsse wird ein Protokoll aufgenommen und außer dem Protokollführer vom Chef der Bank, einem Mitgliede des Centralausschusses und zwei Bankantheils-Eignern unterschrieben.

§. 65.

Die Versammlung der Meistbetheiligten empfängt jährlich den Verwaltungsbericht nebst dem Jahresabschluß der Bank (§. 97.), wählt die Mitglieder des Centralausschusses (§. 66.) und beschließt über ihre Remotion (§. 80.), sowie über die Remotion der Mitglieder der Provinzialausschüsse (§. 107.), spricht sich im Falle der beabsichtigten Vermehrung des Einschußkapitals, sowohl über das Bedürfniß, als über die Art der Vermehrung und über die in Folge derselben erforderliche anderweitige Regulirung des Theilnahmeverhältnisses der Bankantheils-Eigner und des Staates an dem Gewinne der Bank aus (§. 11.) und entscheidet über solche Aenderungen dieser Bankordnung, welche nur mit Zustimmung der Bankantheils-Eigner erfolgen können (§. 16.).

§. 66.

Die Wahl des Centralausschusses erfolgt aus denjenigen Bankantheils-Eignern, welche wenigstens je Fünf Bankantheile besitzen und am Sitze der Hauptbank wohnhaft sind. Ausgeschlossen sind Frauen, Behörden, Korporationen und Anstalten.

Es wird über jede zu besetzende Stelle besonders, und zwar vermittelst unterschriebener Wahlzettel, abgestimmt. Wer die meisten Stimmen erhält, ist gewählt; bei Gleichheit der Stimmen entscheidet das Loos. Lehnt ein Bankantheils-Eigner die auf ihn gefallene Wahl ab, so rückt derjenige ein, welcher nach ihm die meisten Stimmen erhalten hat; lehnt auch dieser ab, so der Nächstfolgende u. s. w.

§. 67.

Es kann nur über solche Anträge auf Abänderung oder Ergänzung der Bankordnung in der Versammlung berathen und ein Beschluß gefaßt werden, deren bei der Berufung in der öffentlichen Bekanntmachung wie in den besonderen Anschreiben (§. 62.) ausdrücklich Erwähnung geschehen ist.

§. 68.

Central-Ausschuß.

Der Central-Ausschuß vertritt nach Maßgabe der ihm durch diese Ordnung beigelegten Befugnisse die Bankantheils-Eigner der Verwaltung gegenüber. Derselbe wählt, Behufs der fortlaufenden speziellen Kontrole über alle Operationen der Bank, aus seiner Mitte Drei Deputirte und ebensoviel Stellvertreter, und ist auch befugt, in den geeigneten Fällen deren Suspension auszusprechen.

Der Central-Ausschuß besteht aus Funfzehn Mitgliedern, von denen jährlich ein Drittel ausscheidet, und zwar die ersten zwei Jahre nach dem Loose, späterhin aber nach dem Alter des Eintritts. Die Ausscheidenden fungiren bis zum Eintritt der neu gewählten Mitglieder und können jedesmal wieder gewählt werden.

§. 69.

Bei einzelnen Erledigungen, welche im Laufe des Jahres eintreten, kann sich der Ausschuß selbst ergänzen. Die Wahl erfolgt in der §. 74. vorgeschriebenen Form und bedarf der Bestätigung des Chefs der Bank. Der Gewählte fungirt indeß nur bis zur nächsten Versammlung der Meistbetheiligten.

§. 70.

Die Geschäftsführung derjenigen Mitglieder, welche von der Versammlung der Meistbetheiligten an Stelle der vor Ablauf der Zeit Ausgeschiedenen gewählt werden, dauert nur so lange, als die der letzteren gedauert haben würde.

§. 71.

Der Central-Ausschuß versammelt sich unter Vorsitz des Präsidenten des Hauptbank-Direktoriums wenigstens einmal monatlich, kann aber von dem Chef der Bank und in seinem Auftrage von dem Präsidenten des Hauptbank-Direktoriums auch jederzeit außerordentlich zusammenberufen werden. Er kann keinen Beschluß fassen, wenn nicht wenigstens Sieben Mitglieder gegenwärtig sind. Die Beschlüsse werden nach Stimmenmehrheit gefaßt; dem Präsidenten des Hauptbank-Direktoriums steht dabei kein Stimmrecht zu.

Wenn bei einer Versammlung des Central-Ausschusses Sieben Mitglieder nicht gegenwärtig sind und auch nicht herbeigerufen werden können, die zu fassenden Beschlüsse aber keinen Aufschub leiden, so ist diese Zahl von den Vorsitzenden durch Zuziehung derjenigen Bankantheils-Eigner, welche bei der Wahl (§. 66.) die nächst meisten Stimmen hatten, zu ergänzen. Sind auch solche nicht vorhanden oder herbeizurufen, so geschieht die Ergänzung vermittelst Zuziehung anderer durch Wahl der anwesenden Ausschuß-Mitglieder zu bestimmender Bankantheils-Eigner. Die auf solche Weise Zugezogenen sind alsdann für diesen Fall stimmberechtigt. Das Protokoll über die Verhandlungen und Beschlüsse der Versammlung wird von dem Vorsitzenden, zwei Ausschuß-Mitgliedern und dem Protokollführer unterzeichnet, und demnächst von dem Hauptbank-Direktorium dem Chef der Bank eingereicht.

§. 72.

Die Mitglieder des Hauptbank-Direktoriums wohnen den Versammlungen des Central-Ausschusses bei und nehmen an den Diskussionen desselben, nicht aber an den Abstimmungen Theil.

§. 73.

Die Mittheilungen zwischen dem Hauptbank-Direktorium und dem Central-Ausschusse, sowie zwischen dem letzteren und dem Chef der Bank, erfolgen ohne förmlichen Schriftwechsel durch Vermittelung des Präsidenten des Hauptbank-Direktoriums.

§. 74.

Die Wahl der Deputirten des Central-Ausschusses und ihrer Stellvertreter erfolgt mittelst verdeckter Stimmzettel für jede Stelle besonders. Gewählt ist nur derjenige, welcher die absolute Stimmenmehrheit der anwesenden Mitglieder erhalten hat. Wenn sich auch bei der zweiten Abstimmung eine absolute Stimmenmehrheit nicht herausstellt, so sind die beiden Kandidaten, welche die meisten Stimmen haben, auf eine engere Wahl zu bringen. Bei Stimmengleichheit entscheidet das Loos.

§. 75.

Dem Central-Ausschuß werden in jedem Monat die wöchentlich anzufertigenden Nachweisungen über die Diskonto-, Wechsel- und Lombardbestände bei der Hauptbank und in den Provinzen, über den Betrag der umlaufenden Banknoten und der vorhandenen Baarfonds, über die Höhe und den Wechsel der Depositen, über den An- und Verkauf von Gold und Silber, fremden Wechseln und öffentlichen Effekten, über die Vertheilung der Fonds unter die Komtoire u. s. w. zur Einsicht vorgelegt und zugleich die Ergebnisse der ordentlichen und außerordentlichen Kassenrevisionen bei der Hauptbank wie bei den Provinzial-Komtoiren, sowie die Ansichten und Vorschläge des Hauptbank-Direktoriums über den Gang der Geschäfte im Allgemeinen und über die etwa erforderlichen Maßregeln mitgetheilt.

§. 76.

Allgemeine Geschäfts-Reglements und Dienst-Instruktionen (§. 50.) müssen dem Central-Ausschusse, soweit sie bestehen, künftig aber jedesmal alsbald nach ihrem Erlasse zur Kenntnißnahme mitgetheilt werden.

§. 77.

Ueber Abänderungen des Normal-Besoldungsetats für die Beamten der Bank (§. 46.) ist jedesmal zuvor der Central-Ausschuß zu hören.

§. 78.

Bei Besetzung erledigter Stellen im Hauptbank-Direktorium, mit Ausnahme der Stelle des Präsidenten, hat der Chef der Bank, bevor er deshalb seine Anträge macht (§. 56.), den Central-Ausschuß mit seinem Gutachten zu hören und in geeigneten Fällen dessen Vorschläge zu erfordern.

§. 79.

Vorschläge über Abänderungen dieser Bankordnung (§. 16), sowie wegen Erhöhung des Einschußkapitals der Privatpersonen (§. 11.), welche an die Generalversammlung gebracht werden sollen, müssen zuvor dem Central-Ausschusse zur Begutachtung vorgelegt werden.

§. 80.

Die Mitglieder des Ausschusses beziehen als solche keine Besoldung.

Wenn ein Ausschußmitglied das Bankgeheimniß (§. 113.) verletzt, die durch sein Amt erlangten Aufschlüsse gemißbraucht oder sonst das öffentliche

4*

Vertrauen verloren hat, oder wenn durch daſſelbe überhaupt das Intereſſe des Inſtituts gefährdet erſcheint, ſo iſt die Verſammlung der Meiſtbetheiligten berechtigt, ſeine Remotion zu beſchließen; es muß ihm jedoch der betreffende Antrag wenigſtens vierzehn Tage vorher durch den Chef der Bank angezeigt werden.

Ein Ausſchußmitglied, welches in Konkurs geräth, ſeinen Wohnſitz verlegt, während eines halben Jahres den ordentlichen und außerordentlichen Verſammlungen nicht beigewohnt oder die Bankantheile, die es nach §. 66. beſitzen muß, veräußert oder verpfändet hat, wird für ausgeſchieden erachtet.

§. 81.
Deputirte des Central-Ausſchuſſes.

Die Deputirten des Central-Ausſchuſſes üben die fortlaufende Kontrole über die Verwaltung der Bank ſowohl im Allgemeinen als im Einzelnen. Sie werden jedesmal auf Ein Jahr gewählt, können jedoch nach Ablauf dieſer Friſt ſtets wieder gewählt werden.

Die Stellvertreter werden gleichfalls auf Ein Jahr gewählt und ſind im Fall der dauernden Verhinderung oder des im Laufe des Jahres erfolgenden Abganges eines Deputirten von dem Chef der Bank nach der Reihefolge, in welcher ſie gewählt worden, zur Stellvertretung zu berufen.

§. 82.

Die Deputirten behalten Sitz und Stimme im Centralausſchuſſe und ſind außerdem berechtigt, allen Konferenzen des Hauptbank-Direktoriums beizuwohnen. Sie machen in letzteren die Vorſchläge und Bemerkungen, welche ſie für erforderlich und nützlich halten, und nehmen an der Berathung Theil, ohne jedoch bei der Beſchlußnahme eine entſcheidende Stimme zu haben. Sie können bei dem Präſidenten jederzeit auf außerordentliche Zuſammenberufung des Hauptbank-Direktoriums antragen.

§. 83.

Außerdem ſind die Deputirten ſo berechtigt als verpflichtet, in den gewöhnlichen Geſchäftsſtunden und im Beiſein eines Mitgliedes des Hauptbank-Direktoriums vom Gange der Geſchäfte überhaupt, ſowie von den gemachten Geſchäften, ſpezielle Kenntniß zu nehmen, die Bücher und Portefeuilles der Bank einzuſehen und den monatlichen ordentlichen, ſowie den außerordentlich abzuhaltenden Kaſſenreviſionen beizuwohnen. Ueber ihre Wirkſamkeit in dem verfloſſenen Monate erſtatten ſie in den monatlichen Verſammlungen des Centralausſchuſſes mündlich Bericht und knüpfen daran ihre Bemerkungen über den ferneren Gang der Verwaltung.

§. 84.

Das Verzeichniß der zu den Verſammlungen einzuberufenden Meiſtbetheiligten (§. 61.), ſowie das Verzeichniß der zu Mitgliedern des Centralausſchuſſes und der Provinzialausſchüſſe, ſowie zu Beigeordneten bei den Provinzial-Komtoiren wählbaren Bankantheils-Eigner (§§. 66. 105.), wird künftig mit Zuziehung der Deputirten feſtgeſtellt. Auch haben dieſelben ſich zu überzeugen, daß die

Einladungen zu den Versammlungen der Meistbetheiligten (§. 62.) sämmtlich und rechtzeitig erfolgt sind.

§. 85.

Hat ein von dem Centralausschuß gewählter Deputirter oder Stellvertreter das Bankgeheinniß verletzt (§. 113.), die durch sein Amt erlangten Aufschlüsse gemißbraucht, oder sonst das öffentliche Vertrauen verloren, oder erscheint durch denselben überhaupt das Interesse des Instituts gefährdet, so ist der Ausschuß berechtigt und verpflichtet, auf den Antrag des Chefs der Bank und nach Anhörung der Vertheidigung, über die Suspension eines solchen Deputirten oder Stellvertreters von seinen Funktionen bis zu der definitiven Entscheidung durch die Versammlung der Meistbetheiligten (§. 80.) zu beschließen. Der sofortige freiwillige Rücktritt des betreffenden Deputirten oder Stellvertreters als Mitglied des Ausschusses hemmt jedes weitere Verfahren.

§. 86.

Besondere Bestimmungen über den Geschäftsbetrieb bei der Hauptbank.

Diejenigen Arten von öffentlichen Effekten und Waaren, auf welche nach §. 5. Darlehne gegeben werden können, sowie die Höhe des Abschlages von dem Kurse oder Werthe derselben, unterliegen, nach Anhörung des Centralausschusses, der Festsetzung des Chefs der Bank.

§. 87.

Der Gesammtbetrag, bis zu welchem in Berlin wie bei den Komtoiren, öffentliche Effekten und Waaren und die verschiedenen Arten derselben beliehen werden können, sowie der Diskont- und Zinssatz in Berlin und bei den Provinzialkomtoiren wird von dem Hauptbank-Direktorium mit Genehmigung des Chefs der Bank bestimmt, und hat der Letztere darauf zu sehen, daß der Diskont- und Zinssatz möglichst gleichmäßig erhalten werde.

§. 88.

Veränderungen des Diskontsatzes, zeitweise Verkürzung der Verfallzeit der zu biskontirenden Wechsel und Effekten und Verkürzung der Frist, auf welche Darlehne gewährt werden (§§. 4. 5.), sowie zeitweise allgemeine Beschränkung der Höhe der zu bewilligenden Kredite, können ohne vorherige Berathung im Centralausschusse nicht angeordnet werden. Auch muß zur Feststellung der Ansicht des Ausschusses über dergleichen Maaßregeln abgestimmt und das Ergebniß der Abstimmung registrirt werden.

§. 89.

Die allgemeinen Bestimmungen über die Annahme und Verzinsung solcher Depositen, hinsichtlich welcher keine Verpflichtung für die Bank besteht (§. 27.) unterliegen der Berathung und Beschlußnahme des Centralausschusses.

Bei Meinungsverschiedenheit zwischen dem Hauptbank-Direktorium und dem Centralausschusse entscheidet der Chef der Bank.

§. 90.

Der Ankauf von Staatsschuldscheinen und anderen öffentlichen zinstragenden Effekten für Rechnung der Bank kann nur erfolgen, nachdem die Höhe
des Betrages, bis zu welcher die Fonds der Bank zu diesem Zwecke verwendet
werden können, zuvor mit Zustimmung des Centralausschusses festgesetzt ist. Die
Zeit und die Bedingungen des Ankaufes, sowie die Auswahl der Effekten, ist
Sache der Ausführung.

§. 91.

Geschäfte mit der Staats-Finanzverwaltung und mit den Geldinstituten
des Staats unterliegen allen in dieser Bankordnung enthaltenen Bestimmungen ebenso, als wenn die Bank mit Privatpersonen abschließt. Wenn dabei
innerhalb jener Bestimmungen andere als die allgemein geltenden Bedingungen
des Bankverkehrs in Anwendung kommen sollen, so müssen solche Geschäfte
zuvor zur Kenntniß der Deputirten gebracht, und wenn auch nur Einer derselben darauf anträgt, von dem Hauptbank-Direktorium dem Centralausschusse
vorgelegt werden. Sie müssen unterbleiben, wenn der letztere nicht in einer
beschlußfähigen Versammlung mit Stimmenmehrheit für die Zulässigkeit sich
ausspricht.

§. 92.

Bei Geschäften mit Aktiengesellschaften, Privatbanken, Kassenvereinen u. s. w.
kann das Hauptbank-Direktorium deren nähere Modalitäten, insbesondere die
Höhe des zu bewilligenden Kredits zum Gegenstand der Berathung im Central-
Ausschusse machen, darf jedoch alsdann das von ihm vorgeschlagene und von
dem Ausschusse gebilligte Maximum des zu gewährenden Kredits ohne Zustimmung des letzteren nicht überschreiten.

Sollten sich dieserhalb später Meinungsverschiedenheiten zwischen dem
Hauptbank-Direktorium und dem Centralausschusse herausstellen, so entscheidet
auf den Antrag des ersteren der Chef der Bank.

§. 93.

Die Anfertigung der Banknoten und der Umtausch der beschädigten
Banknoten (§. 30.) erfolgt unter Mitaufsicht, und die Ueberweisung derselben
an das Hauptbank-Direktorium über den bereits erhaltenen Betrag hinaus auf
den Antrag des Chefs der Bank, unter Zuziehung der Deputirten des Ausschusses.

Die Ausgabe von Banknoten, die auf ein besonderes Provinzial-Bank-
Komtoir ausgefertigt und bei diesem jederzeit zu realisiren sind (§. 32.), kann
nur mit Genehmigung des Chefs der Bank und nach Anhörung des Central-
Ausschusses erfolgen.

§. 94.

Für die Uebertragung und Verpfändung der Bankantheile in den Stammbüchern der Bank kann das Hauptbank-Direktorium mit Zustimmung des Centralausschusses eine mäßige Gebühr festsetzen und zum Vortheil der Bank erheben.

Bei Meinungsverschiedenheiten zwischen dem Direktorium und dem Ausschusse erfolgt die Entscheidung durch den Chef der Bank.

§. 95.

Nach vollendetem Jahresschlusse legt das Hauptbank-Direktorium dem Centralausschusse einen alle Zweige der Verwaltung umfassenden Geschäftsbericht, eine unter strenger Würdigung zweifelhafter Forderungen, nach Berichtigung der Zinsen, Abzug aller Unkosten und Verluste aufgestellte Vermögens-Bilanz und Gewinnberechnung nebst Vorschlägen über die Vertheilung des Gewinnes, die Höhe der Dividende für die Bankantheils-Eigner und die etwanigen Zu- und Abschreibungen bei den Einschußkapitalien und beim Reserve-Fonds, zur Prüfung vor und überreicht solche mit dem Gutachten des Centralausschusses begleitet dem Chef der Bank zur definitiven Festsetzung und Ertheilung der Decharge.

§. 96.

Die Prüfung der Bilanz erfolgt auf den Grund der Bücher der Hauptbank durch die Deputirten, die über das Ergebniß derselben an den Central-Ausschuß Bericht erstatten, das von diesem nach §. 95. zu erstattende Gutachten entwerfen, solches nach erfolgter Genehmigung von den Mitgliedern des Ausschusses vollziehen lassen und dem Hauptbank-Direktorium einreichen.

§. 97.

In der ordentlichen jährlichen Generalversammlung der Meistbetheiligten legt der Chef der Bank den von ihm auf Grund der §. 95. gedachten Verhandlung entworfenen Verwaltungsbericht nebst dem Jahresabschlusse vor, erklärt den Betrag der Dividende für das abgelaufene Jahr, läßt die erforderlichen Wahlen vornehmen und über die von ihm sonst zur Berathung gebrachten Angelegenheiten der Bank abstimmen.

Der Verwaltungsbericht nebst dem Jahresabschlusse und der Nachricht über die Dividende der Bankantheils-Eigner wird gedruckt und unter die Letzteren vertheilt; außerdem in einem Auszuge mit der Nachricht über Zeit und Ort der Dividendenzahlung durch die öffentlichen Blätter zur allgemeinen Kenntniß gebracht.

§. 98.

Die Auszahlung der Dividenden an die Bankantheils-Eigner gegen die den Bankantheilsscheinen beigefügten Dividendenscheine geschieht bei der Hauptbank, den Provinzialkomtoiren, oder auch an andern vom Chef der Bank zu bestimmenden Orten. Mit Zustimmung des Centralausschusses kann die Dividendenzahlung auch halbjährlich und zwar dergestalt erfolgen, daß mit Ablauf des ersten Halbjahres eine Dividende bis zu Zwei Prozent von den eingeschossenen Kapitalien, der Ueberrest aber nach dem Jahresabschlusse (§. 97.) gezahlt wird.

Dividendenrückstände verjähren in vier Jahren, von der Verfallzeit (§. 97.) an gerechnet, zum Vortheil der Bank.

§. 99.

Die Bank hat monatlich eine Uebersicht des Betrages der umlaufenden Banknoten, acceptirten Giroanweisungen und sonstigen Passiva, sowie anderer-seits der in den Bankkassen vorhandenen baaren Bestände, Kassenanweisungen,

Gold- und Silberbarren und der in öffentlichen Effekten oder in diskontirten und angekauften Wechseln oder gegen Unterpfand belegten Summen durch die Allgemeine Preußische Zeitung öffentlich bekannt zu machen.

Wir behalten Uns vor, dieser Veröffentlichung eine weitere Ausdehnung zu geben, insbesondere auch die wöchentliche Bekanntmachung anzuordnen.

§. 100.
Provinzial-Bankkomtoire.

Die Provinzial-Bankkomtoire besorgen an ihrem Orte alle vorkommenden oder ihnen besonders übertragenen Geschäfte und sind zunächst dem Hauptbank-Direktorium untergeordnet.

§. 101.

Der Vorstand besteht wenigstens aus Zwei Mitgliedern, die in der Regel lebenslänglich angestellt werden. Derselbe besorgt die vorkommenden Geschäfte unter Aufsicht Eines Bankkommissarius, der zugleich Justitiarius ist.

Die Ernennung des Bankkommissarius erfolgt durch Uns auf den Vorschlag des Chefs der Bank, der in den geeigneten Fällen auch für die Vertretung desselben zu sorgen hat.

Wo die Verwaltung gegenwärtig noch Einem Bankdirektor oder Bankkommissarius anvertraut ist, bleibt solche unter den übrigen durch diese Ordnung vorgeschriebenen Modalitäten bis zum Abgange dieses Beamten bestehen.

§. 102.

Der Vorstand fertigt jährlich die Klassifikation der den Handlungshäusern, Fabrikunternehmern und sonst bei dem Komtoir kreditsuchenden Geschäftsleuten zu bewilligenden Personalkredite, jedoch unter Einverständniß und Mitzeichnung des Bankkommissarius an, reicht solche dem Hauptbank-Direktorium zur Festsetzung ein, und beantragt nöthigenfalls im Laufe des Jahres die erforderlichen Vervollständigungen und Berichtigungen.

§. 103.

Die schriftlichen Ausfertigungen werden von dem Vorstande vollzogen. Alle Wechsel, Giri, Accepte, Geldanweisungen, Quittungen, Interimsscheine, Pfandscheine und sonstige Empfangsbekenntnisse und Verpflichtungen müssen von Zwei Vorstandsbeamten oder deren Stellvertretern unterschrieben sein. Wo gegenwärtig noch Ein Bankdirektor oder Bankkommissarius die Verwaltung führt, behält es bei der bestehenden Einrichtung sein Bewenden.

§. 104.
Provinzialausschuß.

Bei jedem Provinzial-Bankkomtoir soll, wenn sich eine hinreichende Anzahl geeigneter Bankantheils-Eigner am Sitze desselben vorfindet, ein Ausschuß von wenigstens 6 und höchstens 10 Mitgliedern bestehen.

Es scheidet jährlich die Hälfte aus, das erste Mal nach dem Loose, demnächst aber nach dem Alter des Eintritts.

§. 105.

Der Ausschuß wird von dem Chef der Bank aus einer doppelten Liste gewählt, die einerseits von dem Bankkommissarius, andererseits von dem Centralausschusse aus denjenigen Bankantheils-Eignern aufgestellt wird, welche am Sitze des Komtoirs oder in dessen unmittelbarer Nähe wohnhaft sind und wenigstens Drei Bankantheile besitzen.

Einzelne Erledigungen im Laufe des Jahres werden auf gleiche Weise ersetzt, und findet auf die Gewählten die Bestimmung des §. 70. Anwendung.

§. 106.

Der Ausschuß tritt regelmäßig alle Monate unter dem Vorsitze des Bankkommissarius zusammen. Dieser theilt demselben eine allgemeine Uebersicht der Geschäfte des Komtoirs in dem verflossenen Monate, die Veränderungen in der Geschäftseinrichtung und die von der Centralverwaltung ergangenen allgemeinen Geschäftsanweisungen mit und schickt die in der Versammlung zu Protokoll gegebenen Anträge und Vorschläge des Ausschusses mittelst Berichts an den Chef der Bank.

Die Vorstandsbeamten wohnen den Versammlungen bei und nehmen an den Berathungen Theil.

Ueber die Verhandlungen wird in der Versammlung ein Protokoll aufgenommen und von dem Bankkommissarius und Zwei Ausschußmitgliedern unterzeichnet.

§. 107.

Die Bestimmungen des §. 80. finden auch auf die Mitglieder des Provinzialausschusses Anwendung.

§. 108.

Beigeordnete.

Der Ausschuß wählt in der im §. 74. bestimmten Art aus seiner Mitte auf Ein Jahr Zwei bis Drei Beigeordnete nebst Einem oder Zwei Stellvertretern. Dieselben bleiben Mitglieder des Ausschusses.

§. 109.

Wo ein Ausschuß nicht besteht, erfolgt die Wahl in der §. 105. bestimmten Art durch den Chef der Bank.

§. 110.

Die Suspension eines Beigeordneten in dem im §. 85. vorgesehenen Falle erfolgt nach Anhörung des Centralausschusses allemal definitiv durch den Chef der Bank, der nöthigenfalls auch sofort wegen einer neuen Wahl das Erforderliche veranlaßt. Im Uebrigen finden die Bestimmungen des §. 80. auch auf die gemäß §. 109. von dem Chef der Bank bestellten Beigeordneten Anwendung.

§. 111.

Die Beigeordneten sind berechtigt und verpflichtet, soweit es ohne Störung der täglichen laufenden Geschäfte geschehen kann, dem Vorstande ihre

Ansichten über den Gang der Geschäfte und über zu ergreifende Maßregeln
mitzutheilen, sowie demselben in einzelnen Fällen auf dessen Angehen Rath und
Auskunft zu geben, von den Geschäften Kenntniß zu nehmen, die Bücher und
Portefeuilles einzusehen und dem Bankkommissarius bei den außerordentlichen
und ordentlichen Kassenrevisionen zu assistiren. Bei der Anfertigung der Klassifikation der zu bewilligenden Personalkredite (§. 102.) kann sich der Vorstand
ihres Rathes und ihrer Beihülfe bedienen.

Besondere Bemerkungen über den Gang und die Führung der Geschäfte
theilen sie dem Bankkommissarius mit, welcher sie auch bei den Konferenzen mit
dem Vorstande zuzuziehen hat.

§. 112.
Kommanditen und Agenturen.

Die Errichtung von Bankkommanditen und Agenturen in den Provinzen,
sowie die Aufhebung und Verlegung derselben bleibt dem Chef der Bank überlassen, und werden deren Verfassung und Befugnisse von demselben jedesmal
besonders bestimmt.

§. 113.
Bankgeheimniß.

Sämmtliche Beamte, die Mitglieder der verschiedenen Ausschüsse, namentlich Alle diejenigen, welche Behufs der Revision und Kontrole zur Einsicht der Bücher und Portefeuilles berechtigt sind, sind verpflichtet, über alle
einzelne Geschäfte der Bank, besonders über die mit Privatpersonen, über den
Umfang des denselben gestatteten Kredits, sowie über die Zahl der Bankantheile,
welche Einzelne besitzen, das unverbrüchlichste Schweigen zu beobachten. Die
Deputirten des Centralausschusses und ihre Stellvertreter, sowie die Beigeordneten bei den Provinzialkomtoiren sind zur Bewahrung des Geheimnisses mittelst Handschlages an Eides Statt vor Antritt ihrer Funktionen besonders zu
verpflichten.

Titel III.
Allgemeine und besondere Rechte der Bank.

§. 114.

Die Hauptbank sowohl als ihre Komtoire und Kommanditen haben die
Eigenschaften juristischer Personen und können als solche gültig Rechte erwerben und Verpflichtungen eingehen, insbesondere das Eigenthum von Grundstücken und Hypothekenrechte erwerben. Es finden auf ihr Rechtsverhältniß zu
einem Dritten die allgemeinen Gesetze und die darin hinsichtlich der Bank enthaltenen besonderen Bestimmungen insoweit Anwendung, als nicht in der
jetzigen Ordnung abweichende Bestimmungen getroffen sind.

§. 115.

Die Hauptbank hat ihren Gerichtsstand bei dem Kammergericht in Berlin; die Komtoire und Kommanditen in den Provinzen haben ihren Gerichts-

Stand bei dem Obergericht, und in dem Bezirke des Appellationsgerichts zu Cöln bei dem Landgerichte, innerhalb dessen Sprengel sie ihren Sitz haben.

§. 116.

Die Bank, sowie ihre Komtoire, Kommanditen und Agenturen, haben alle Rechte des Fiskus, insbesondere verbleibt ihnen die Stempel-, Sportel- und Portofreiheit in dem bisherigen Umfange. Das dem Fiskus bei Konkursen oder sonstigen Prioritätsverfahren gebührende Vorzugsrecht steht ihr jedoch nur zu im Vermögen ihrer Beamten wegen Ansprüche aus deren Amtsverwaltung.

§. 117.

Wenn im Lombardverkehr ein Darlehn zur Verfallzeit nicht zurückgezahlt wird, so ist die Bank berechtigt, das Unterpfand durch einen ihrer Beamten oder einen vereideten Mäkler an der Börse, oder mittelst einer von ihren Beamten oder einem Auktionskommissarius abzuhaltenden öffentlichen Auktion zu verkaufen und sich aus dem Erlöse wegen Kapital, Zinsen und Kosten bezahlt zu machen, ohne den Schuldner erst einklagen zu dürfen.

Bei eintretender Insuffizienz des Schuldners ist die Bank nicht verpflichtet, das Unterpfand zu dessen Konkurse herauszugeben. Ihr verbleibt vielmehr auch in diesem Falle das Recht des außergerichtlichen Verkaufs mit der Verbindlichkeit, gegen Rücklieferung des Pfandscheins den nach ihrer Befriedigung noch vorhandenen Rest der Lösung zur Konkursmasse abzuliefern.

§. 118.

Die der Bank anvertrauten Gelder können niemals mit Arrest belegt werden.

§. 119.

Wegen des Aufgebots und der Amortisation verlorener oder vernichteter Bankantheils-Scheine (§. 10.) kommen die wegen der inländischen Staatspapiere bestehenden Gesetze mit der Maßgabe in Anwendung, daß an Stelle der mit der Kontrole der Staatspapiere beauftragten Behörde überall das Hauptbank-Direktorium tritt.

Wegen der verlorenen oder vernichteten Dividendenscheine (§. 10.) ist ein öffentliches Aufgebot und gerichtliches Amortisationsverfahren überall nicht zulässig und ebenso wenig eine Klage auf Zustellung anderer Dividendenscheine an Stelle der verlorenen oder vernichteten.

§. 120.

Wer Bankantheilsscheine und Dividendenscheine (§. 10.), Noten (§. 29.), Depositalscheine (§. 3.) und Lombardpfandscheine der Bank, sowie die Obligationen und Interimsscheine, welche dieselbe für die bei ihr belegten Kapitalien ausfertigt, verfälscht oder nachmacht, oder dergleichen verfälschte oder nachgemachte Papiere wissentlich verbreiten hilft, soll gleich demjenigen bestraft wer-

5*

ben, welcher falsches Geld unter landesherrlichem Gepräge gemünzt oder verbreitet hat.

(A. L. R. Th. II. Tit. 20. §. 267. Gesetz v. 8. April 1823. Gesetz-
Sammlung S. 43. Kabinetsorder v. 18. April 1835. Gesetz-Sammlung
S. 67.)

Die gegenwärtige Bankordnung erhält mit dem 1. Januar 1847. Gesetzeskraft, und treten mit diesem Tage sowohl das Bankreglement vom 29. Oktober 1766., insbesondere die darin vom Staat übernommene allgemeine Garantie
für die Sicherheit der Bank als auch die Verordnung vom 3. November 1817.
(Gesetz-Sammlung S. 295.) sowie die ihren wesentlichen Bestimmungen nach
in diese Bankordnung aufgenommene, im Uebrigen aber erledigte Order vom
11. April 1846. (Gesetz-Sammlung S. 153.) außer Kraft.

Urkundlich unter Unserer Höchsteigenhändigen Unterschrift und beigedrucktem
Königlichen Insiegel.

Gegeben Erdmannsdorf, den 5. Oktober 1846.

(L. S.)   Friedrich Wilhelm.

v. Boyen.   Mühler.   Rother.   Eichhorn.   v. Thile.   v. Savigny.
v. Bodelschwingh.   Gr. zu Stolberg.   Uhden.   Frh. v. Canitz.
v. Düesberg.

Gesetz
wegen
Abänderung und Ergänzung einiger Bestimmungen der Bankordnung
vom 5. Oktober 1846.
Vom 7. Mai 1856.

Wir Friedrich Wilhelm, von Gottes Gnaden, König von
Preußen ꝛc. ꝛc.

verordnen, mit Zustimmung beider Häuser des Landtages Unserer Monarchie,
was folgt:

§. 1.

Die Preußische Bank wird ermächtigt, über den im §. 29. der Bankordnung vom 5. Oktober 1846. (Gesetz-Sammlung S. 435.) festgesetzten Betrag
von ein und zwanzig Millionen Thalern, nach Bedürfniß ihres Verkehrs Banknoten auszugeben.

Von dem im Umlaufe befindlichen Mehrbetrage muß in den Bankkaſſen ſtets mindeſtens ein Drittheil in baarem Gelde oder Silberbarren und der Ueber⸗ reſt in bislontirten Wechſeln vorhanden ſein.

Die Bank iſt berechtigt, die von ihr auszugebenden Noten fortan auch in Apoints von zwanzig Thalern, ſowie in Apoints von zehn Thalern, in letzteren jedoch nur bis zu dem Betrage von zehn Millionen Thalern auszufertigen. Eine Erhöhung dieſes Betrages der Noten in Apoints von zehn Thalern darf nur auf Grund Königlicher Verordnung erfolgen.

Alle übrigen für die Noten der Preußiſchen Bank geltenden Beſtimmun⸗ gen finden auf die hinzutretenden Banknoten ebenfalls Anwendung.

§. 2.

Das im §. 16. der gedachten Bankordnung dem Staate vorbehaltene Recht, die Zurückzahlung des Kapitals der Bankantheils⸗Eigner oder die Ab⸗ änderung der Bankordnung ohne Zuſtimmung der Verſammlung der meiſt⸗ betheiligten Bankantheils⸗Eigner anzuordnen, tritt bis zum 31. Dezember 1871. außer Kraft.

Die dort feſtgeſetzte einjährige Kündigung für den Ablauf dieſer Friſt muß demgemäß vor dem Jahre 1871. geſchehen.

Erfolgt alsdann keine Auffündigung, ſo kann die Zurückzahlung des Ka⸗ pitals oder die Abänderung der Bankordnung ohne Zuſtimmung der Verſamm⸗ lung der meiſtbetheiligten Bankantheils⸗Eigner nur alle zehn Jahre nach jedes⸗ maliger einjähriger Auffündigung angeordnet werden.

§. 3.

Die Beſtimmung des §. 17. der Bankordnung, nach welcher die jährlichen Dividenden von dem Einſchußkapital des Staates dieſem Kapital zutreten ſollen, tritt vom 1. Januar 1856. ab außer Kraft.

§. 4.

Aus dem reinen Gewinn der Bank ſoll ſtatt der im §. 36. sub 1. und §. 37. der Bank⸗Ordnung feſtgeſetzten Dividende vom 1. Januar 1856. ab den Bankantheils⸗Eignern für ihren Einſchuß vorweg vier ein halb Prozent gezahlt und erforderlichen Falls aus dem Reſervefonds gewährt werden.

§. 5.

Außer dem im §. 36. Nr. 3. der Bank⸗Ordnung und nach §. 6. dieſes Geſetzes dem Reſervefonds zugewieſenen Gewinnantheile ſoll demſelben der Gewinn bei Verkäufen der Effektenbeſtände der Bank, ſowie ſolcher Staats⸗ Papiere oder anderen öffentlichen zinstragenden Effekten, welche ſie in Gemäß⸗ heit des §. 90. der Bank⸗Ordnung mit Zuſtimmung des Central⸗Ausſchuſſes in der Folge erwirbt, überwieſen werden, wogegen der Reſervefonds in beiden Fällen auch die bei dieſen Verkäufen eintretenden Verluſte trägt.

§ 6.

Der Chef der Bank iſt ermächtigt, eine Erhöhung des Einſchußkapitals der Bankantheils⸗Eigner um fünf Millionen Thaler anzuordnen. In dieſem

Falle treten, in Stelle der im §. 11. der Bank-Ordnung vorbehaltenen anderweitigen Regulirung des Verhältnisses des Staates und der Bankantheils-Eigner, folgende Bestimmungen in Kraft:

1) Die Bestimmung des §. 36. sub 3. der Bank-Ordnung wird dahin abgeändert, daß von dem nach Berichtigung der Dividenden für die Einschußkapitalien des Staates und der Bankantheils-Eigner verbleibenden Ueberreste des reinen Gewinnes der Bank ein Sechstheil dem Reservefonds überwiesen wird.

2) Ein bei Vermehrung des Einschußkapitals der Bankantheils-Eigner einkommendes Aufgeld fließt zum Reservefonds.

3) Die Eigner der über die fünf Millionen Thaler auszufertigenden Bank-Antheilsscheine haben gleiche Rechte mit den übrigen Bankantheils-Eignern.

4) Sofern die Vermehrung des Einschußkapitals der Bankantheils-Eigner um fünf Millionen Thaler gegen ein von der Bankverwaltung festzusetzendes Aufgeld geschieht, soll den am Tage der beschlossenen Vermehrung des Einschußkapitals in den Stammbüchern der Bank eingetragenen Bankantheils-Eignern ein innerhalb eines Monats nach der durch Uebergabe rekommandirter Briefe an die Post erfolgten Aufforderung geltend zu machendes Vorzugsrecht in der Art zustehen, daß jedem Bankantheils-Eigner auf je zwei ihm gehörige Bankantheile gegen Einzahlung von Eintausend Thalern nebst Aufgeld ein neuer Bankantheils-Schein ausgehändigt wird.

Für andere Fälle der Erhöhung des Einschußkapitals bleiben die Bestimmungen des §. 11. der Bank-Ordnung in Kraft.

§. 7.

Der Minister für Handel, Gewerbe und öffentliche Arbeiten, Chef der Preußischen Bank, ist mit der Ausführung dieses Gesetzes beauftragt.

Urkundlich unter Unserer Höchsteigenhändigen Unterschrift und beigedrucktem Königlichen Insiegel.

Gegeben Charlottenburg, den 7. Mai 1856.

(L. S.)   Friedrich Wilhelm.

v. Manteuffel. v. d. Heydt. Simons. v. Raumer. v. Westphalen.
v. Bobelschwingh. Gr. v. Walbersee. Für den Minister für die landwirthschaftlichen Angelegenheiten:
v. Manteuffel.

Allerhöchster Erlaß

vom 24. Oktober 1864.,

betreffend

die Abänderung des §. 6. der Bankordnung vom 5. Oktober 1846.

(Gesetz-Sammlung für 1846. S. 435.)

Nachdem die Versammlung der Meistbetheiligten der Preußischen Bank sich mit der vorgeschlagenen Aufhebung des Schlußsatzes im §. 6. der Bankordnung vom 5. Oktober 1846., wonach die Bank bei ihren Lombardgeschäften sechs vom Hundert, auf das Jahr gerechnet, nicht überschreiten darf, einverstanden erklärt hat, will Ich auf Ihren Bericht vom 21. Oktober d. J. die gedachte Bestimmung hiermit außer Kraft setzen und beauftrage Sie, dies durch die Gesetz-Sammlung zur öffentlichen Kenntniß zu bringen.

Schloß Babelsberg, den 24. Oktober 1864.

Wilhelm.

Gr. v. Itzenplitz.

An den Minister für Handel, Gewerbe und öffentliche
Arbeiten, Chef der Preußischen Bank.

Gesetz,

betreffend

die Erhöhung des Stammkapitals der Preußischen Bank.

Vom 24. September 1866.

Wir Wilhelm, von Gottes Gnaden König von Preußen ꝛc.

verordnen, mit Zustimmung beider Häuser des Landtages Unserer Monarchie, was folgt:

§. 1.

Der Chef der Bank ist ermächtigt, eine Erhöhung des Einschußkapitals der Bankantheils-Eigner um fünf Millionen Thaler anzuordnen. In diesem Falle treten in Stelle der im §. 11. der Bankordnung vom 5. Oktober 1846.

(Gesetz-Samml. S. 435.) vorbehaltenen anderweitigen Regulirung des Theilnahme-Verhältnisses des Staats und der Bankantheils-Eigner am Gewinne der
Bank folgende Bestimmungen in Kraft:

1) Der Reservefonds (§. 18. der Bankordnung) soll dreißig Prozent des
   Einschußkapitals der Bankantheils-Eigner nicht übersteigen.
   Wenn der Gewinn bei Verkäufen der Effektenbestände der Bank
   — §. 5. des Gesetzes vom 7. Mai 1856. (Gesetz-Samml. S. 342.) —
   und das nach §. 6. Nr. 1. desselben Gesetzes für den Reservefonds bestimmte Sechstheil des reinen Gewinnes der Bank in einem Jahre mehr
   beträgt, als zur Ergänzung des Reservefonds bis zu dreißig Prozent des
   Einschußkapitals der Bankantheils-Eigner erforderlich ist, so soll der
   Mehrbetrag der Dividende zuwachsen.

2) Ein bei Vermehrung des Einschußkapitals der Bankantheils-Eigner einkommendes Aufgeld fließt zum Reservefonds.

3) Die Eigner der über die fünf Millionen Thaler auszufertigenden Bankantheils-Scheine haben gleiche Rechte mit den Bankantheils-Eignern.

4) Sofern die Vermehrung des Einschußkapitals der Bankantheils-Eigner
   um fünf Millionen Thaler gegen ein von der Bankverwaltung festzusetzendes Aufgeld geschieht, soll den am Tage der beschlossenen Vermehrung des Einschußkapitals in den Stammbüchern der Bank eingetragenen Bankantheils-Eignern ein innerhalb eines Monats nach der durch
   Uebergabe recommandirter Briefe an die Post erfolgten Aufforderung
   geltend zu machendes Vorzugsrecht in der Art zustehen, daß jedem
   Bankantheils-Eigner auf je drei ihm gehörige Bankantheile gegen Einzahlung von Eintausend Thalern nebst Aufgeld ein neuer Bankantheil
   ausgehändigt wird.

§. 2.

Der Minister für Handel, Gewerbe und öffentliche Arbeiten, Chef der
Preußischen Bank, ist mit der Ausführung dieses Gesetzes beauftragt.

Urkundlich unter Unserer Höchsteigenhändigen Unterschrift und beigedrucktem
Königlichen Insiegel.

Gegeben Berlin, den 24. September 1866.

(L. S.) Wilhelm.

Frh. v. d. Heydt.   v. Roon.   Gr. v. Itzenplitz.   v. Mühler.
Gr. zur Lippe.   v. Selchow.   Gr. zu Eulenburg.

Herausgegeben im Reichskanzler-Amte.

Berlin, gedruckt in der Königlichen Geheimen Ober-Hofbuchdruckerei
(R. v. Decker).

Gesetzblatt für Elsaß-Lothringen.

№ 3.

(Nr. 4.) **Gesetz, betreffend die Gültigkeit der vorjährigen Wahllisten. Vom 6. Juli 1871.**

Wir Wilhelm, von Gottes Gnaden Deutscher Kaiser, König von Preußen ꝛc.

verordnen im Namen des Deutschen Reichs, nach erfolgter Zustimmung des Bundesrathes, für Elsaß-Lothringen was folgt:

In denjenigen Gemeinden, in welchen die im Artikel 18. des organischen Dekrets vom 2. Februar 1852 (Bull. des lois No. 3636) vorgesehene und nach den Bestimmungen des ausführenden Dekrets von demselben Tage (Bull. des lois No. 3637) vorzunehmende jährliche Revision der Wahllisten nicht vorschriftsmäßig stattgefunden hat, bleiben bis zur Beendigung der nächsten vorschriftsmäßigen Revision die im Jahre 1870 festgestellten Wahllisten in Kraft.

Urkundlich unter Unserer Höchsteigenhändigen Unterschrift und beigedrucktem Kaiserlichen Insiegel.

Gegeben Berlin, den 6. Juli 1871.

(L. S.)   Wilhelm.

Fürst v. Bismarck.

Herausgegeben im Reichskanzler-Amte.

Berlin, gedruckt in der Königlichen Geheimen Ober-Hofbuchdruckerei (R. v. Decker).

Gesetzbl. f. Elsaß-Lothr. 1871.   6

Ausgegeben zu Berlin den 8. Juli 1871.

Gesetzblatt für Elsaß-Lothringen.

№ 4.

(Nr. 5.) Gesetz, betreffend die Einführung der Deutschen Zoll- und Steuergesetzgebung. Vom 17. Juli 1871.

Wir Wilhelm, von Gottes Gnaden Deutscher Kaiser, König von Preußen ꝛc.

verordnen im Namen des Deutschen Reichs, nach erfolgter Zustimmung des Bundesrathes, für Elsaß-Lothringen was folgt:

Artikel 1.

Die anliegenden Gesetze, nämlich:

das Vereinszollgesetz vom 1. Juli 1869,

das Gesetz, die Besteuerung des Zuckers betreffend, vom 26. Juni 1869,

das Gesetz, betreffend die Erhebung einer Abgabe von Salz, vom 12. October 1867,

der anliegende, am 23. Mai 1870 bekannt gemachte Vereins-Zolltarif,

und das Zollkartel vom 11. Mai 1833

treten, soweit sie nicht durch die Verordnung Unseres General-Gouverneurs vom 3. Mai 1871 (Straßburger Zeitung Nr. 105.) bereits in Wirksamkeit gesetzt sind, an dem, durch den Reichskanzler zu bestimmenden, im Gesetzblatte für Elsaß-Lothringen bekannt zu machenden Tage in Kraft.

Die in diesen Gesetzen der obersten Landesfinanzbehörde zugewiesenen Befugnisse werden von dem Reichskanzler ausgeübt.

Artikel 2.

Gleichzeitig mit dem im Artikel 1. genannten Vereinszollgesetze tritt das anliegende Gesetz über den Waffengebrauch der Grenz-Aufsichtsbeamten vom 28. Juni 1834 in Wirksamkeit, jedoch mit der Maßgabe, daß an Stelle der Bestimmungen in den §§. 8., 9. und 10. dieses Gesetzes die folgenden Bestimmungen treten:

§. 8.

Nach beendigter vorläufiger Untersuchung sind die Akten an den Staats-Prokurator des betreffenden Landgerichts einzusenden, welcher die-

Ausgegeben zu Berlin den 21. Juli 1871.

selben mit Antrag dem Inftruktionsrichter vorlegt Sobald diefer die
Verhandlungen für vollftändig erachtet, find diefelben der Zoll-Direktivbehörde zur Erklärung über die Einleitung der gerichtlichen Unterfuchung
einzufenden.

§. 9.

Nach Eingang diefer Erklärung entfcheidet der Inftruktionsrichter
nach Anhörung der Staatsbehörde über die Eröffnung der Unterfuchung.
Gegen diefe Entfcheidung finden die ordentlichen Rechtsmittel des code
d'instruction ftatt.

§. 10.

Bis zur Herftellung der ordentlichen Gerichte übernimmt der
Staatsanwalt und der Inftruktionsrichter des Kriegsgerichtes die oben
denfelben Beamten des Civilgerichtes zugewiefene Thätigkeit.

Artikel 3.

Bis zur Einfetzung der ordentlichen Gerichte erfolgt die Aburtheilung der
nicht mit Gefängnißftrafe bedrohten Zoll- oder Steuervergehen in erfter Inftanz
durch die Hauptämter. Gegen das Straferkenntniß des Hauptamts fteht dem
Angefchuldigten binnen längftens zehn Tagen nach erfolgter Eröffnung die Be-
fchwerde an die Zoll-Direktivbehörde offen. Letztere entfcheidet endgültig.
Die Aburtheilung der mit Gefängnißftrafe bedrohten Zoll- oder Steuervergehen erfolgt durch das Kriegsgericht.

Artikel 4.

Der Reichskanzler erläßt die zur Ausführung diefes Gefetzes erforderlichen
Anordnungen.

Urkundlich unter Unferer Höchfteigenhändigen Unterfchrift und beigedrucktem Kaiferlichen Infiegel.

Gegeben Bad Ems, den 17. Juli 1871.

(L. S.) **Wilhelm.**

Fürft v. Bismarck.

Vereinszollgesetz.

Vom 1. Juli 1869.

Wir Wilhelm, von Gottes Gnaden König von Preußen 2c.

verordnen im Namen des Norddeutschen Bundes, nach erfolgter Zustimmung des Bundesrathes des Deutschen Zollvereins und des Deutschen Zollparlaments, was folgt:

I. Verkehr mit dem Vereinsauslande.

§. 1.

Alle Erzeugnisse der Natur, wie des Kunst- und Gewerbefleißes dürfen im ganzen Umfange des Vereinsgebiets eingeführt, ausgeführt und durchgeführt werden. *Ein-, Aus- und Durchfuhr.*

§. 2.

Ausnahmen hiervon (§. 1.) können zeitweise für einzelne Gegenstände beim Eintritt außerordentlicher Umstände oder zur Abwehr gefährlicher ansteckender Krankheiten (Art. 4. Abs. 2. bis einschließlich 5. des Vertrages vom 8. Juli 1867) oder aus sonstigen gesundheits- oder sicherheitspolizeilichen Rücksichten für den ganzen Umfang oder einen Theil des Vereinsgebiets angeordnet werden.

§. 3.

Die aus dem Vereinsauslande eingehenden Gegenstände sind zollfrei, soweit nicht der Vereinszolltarif einen Eingangszoll festsetzt. *Eingangszoll.*

§. 4.

Im letzteren Fall tritt mit den im gegenwärtigen Gesetz (§§. 111. bis 118.) bestimmten Ausnahmen die Zollpflichtigkeit, ohne Rücksicht auf die etwaige Abstammung der Gegenstände aus dem freien Verkehr des Zollvereins, ein.

§. 5.

Bei der Ausfuhr gilt ebenfalls die Zollfreiheit als Regel. Die Ausnahmen ergiebt der Vereinszolltarif. *Ausgangszoll.*

§. 6.

Von der Durchfuhr werden Abgaben nicht erhoben. *Zollfreiheit des Durchganges.*

II. Verkehr im Innern des Vereinsgebiets.

§. 7.

Der Verkehr mit vereinsländischen, sowie mit zollfreien oder verzollten ausländischen Waaren innerhalb des Vereinsgebiets ist, vorbehaltlich der Bestimmungen in den Abschnitten XV. und XVI. dieses Gesetzes und soweit nicht durch Vertrag unter den Zollvereinsstaaten Ausnahmen begründet sind, frei.

§. 8.

Binnenzölle, sowohl des Staats, als der Kommunen und Privaten, sind unzulässig.

Dahin gehören jedoch nicht solche Abgaben, welche für die Benutzung von Häfen, Kanälen, Schleusen, Brücken, Fähren, Kunststraßen, Wegen, Krahnen, Waagen, Niederlagen und anderen zur Erleichterung des Verkehrs bestimmten Anstalten erhoben werden.

III. Erhebung des Zolles.

§. 9.

Die Erhebung des Zolles geschieht nach Gewicht, nach Maaß, nach Stückzahl oder nach dem Werthe.

Der Zoll ist nach denjenigen Tariffsätzen und Vorschriften zu entrichten, welche an dem Tage gültig sind, an welchem

1) die zum Eingange bestimmten Waaren bei der kompetenten Zollstelle zur Verzollung, zur Abfertigung auf Begleitschein II. (§. 33.), oder zur Anschreibung auf Privatkreditlager (§. 108.),

2) die zum Ausgange bestimmten ausgangszollpflichtigen Waaren bei einer zur Erhebung des Ausgangszolles befugten Abfertigungsstelle

angemeldet und zur Abfertigung gestellt werden (§. 34.).

§. 10.

Neben den Zöllen dürfen andere Abgaben und Gebühren nur insoweit erhoben werden, als dieselben in den §§. 8. 27. und 108. vorbehalten sind, oder als es sich um eine Entschädigung für den Mehraufwand an Beamtenkräften handelt, welchen die Verabsäumung gesetzlich den Betheiligten obliegender Verpflichtungen noch in anderen Fällen als denen des §. 27. oder die Gestattung einer Ausnahme von den Vorschriften dieses Gesetzes im Interesse der Zollsicherheit nothwendig macht.

Wegen der Meßgebühren (Meßunkosten) ist das Nöthige in den Meßordnungen enthalten.

§. 11.

Abänderungen des Vereinszolltarifs sollen der Regel nach wenigstens acht Wochen vor dem Zeitpunkte, mit welchem sie in Kraft treten, zur öffentlichen Kunde gebracht werden.

§. 12.

Zur richtigen Anwendung des Vereinszolltarifs dient das amtliche Waaren-
verzeichniß, welches die einzelnen Waarenartikel nach ihren im Handel und sonst
üblichen Benennungen in alphabetischer Ordnung aufzählt und die auf jeden
derselben anzuwendende Tarifnummer bezeichnet. Beschwerden über die Anwen-
dung des Tarifs im einzelnen Fall werden im Verwaltungswege entschieden. *Amtliches Waaren-verzeichniß.*

§. 13.

Zur Entrichtung des Zolles ist dem Staate gegenüber derjenige verpflichtet, *Verpflichtung zur Ent-richtung des Zolles.*
welcher zur Zeit, wo der Zoll zu entrichten, Inhaber (natürlicher Besitzer) des
zollpflichtigen Gegenstandes ist. Dem Inhaber steht derjenige gleich, welcher den
zollpflichtigen Gegenstand aus einer öffentlichen Niederlage entnimmt.

§. 14.

Die zollpflichtigen Gegenstände haften ohne Rücksicht auf die Rechte eines *Haftung der Waare.*
Dritten an denselben für den darauf ruhenden Zoll und können, so lange dessen
Entrichtung nicht erfolgt ist, von der Zollbehörde zurückbehalten oder mit Beschlag belegt werden. Das an den Inhaber des zollpflichtigen Gegenstandes von
einem Zollbeamten ergangene Verbot, über den fraglichen Gegenstand weiter zu
verfügen, hat die volle Wirkung der Beschlagnahme. Die Verabfolgung der
Waaren, auf welchen noch ein Zollanspruch haftet, kann in keinem Falle, auch
nicht von den Gerichten, Gläubigern oder (Gütervertretern (Massenkuratoren) bei
Konkursen eher verlangt werden, als bis die Abgaben davon bezahlt sind.

§. 15.

Alle Forderungen und Nachforderungen von Zollgefällen, desgleichen die *Verjährung der Abgabe.*
Ansprüche auf Ersatz wegen zu viel oder zur Ungebühr entrichteter Gefälle verjähren binnen Jahresfrist, von dem Tage an gerechnet, an welchem die Waare
in den freien Verkehr gesetzt oder an welchem der Zoll für die auf Privat-Kredit-
lager abgefertigten Waaren festgestellt oder die Abfertigung auf Begleitschein II.
erfolgt ist. Auf das Regreßverhältniß des Staates gegen die Zollbeamten und
auf Nachzahlung hinterzogener (defraudirter) Gefälle findet diese abgekürzte Ver-
jährungsfrist keine Anwendung.

IV. Einrichtungen zur Beaufsichtigung und Erhebung des Zolles.

§. 16.

Die Landesgrenzen gegen das Vereinsausland bilden die Zollgrenze oder *Zolllinie — Grenz-bezirk — Branntlinie.*
Zolllinie. Es können indeß einzelne Theile eines Vereinsstaates, wo die Ver-
hältnisse es erfordern, von der Zolllinie ausgeschlossen bleiben. Für den Verkehr
dieser Theile mit dem Vereinsgebiete werden nach Bedürfniß besondere Anordnungen getroffen.

Wo das Vereinsgebiet durch das Meer begrenzt wird, bildet die jedesmalige den Wasserspiegel begrenzende Linie des Landes die Zolllinie. Das Gleiche

gilt, wo das Vereinsgebiet an andere Gewässer grenzt, sofern deren Stand von Ebbe und Fluth abhängig ist.

Der zunächst innerhalb der Zolllinie belegene Raum, dessen Breite nach der Oertlichkeit bestimmt wird, bildet den Grenzbezirk, welcher von dem übrigen Vereinsgebiete durch die besonders zu bezeichnende Binnenlinie getrennt ist.

§. 17.

Zollstraßen und Landungsplätze.

Zollstraßen sind:

a) alle die Grenze gegen das Vereinsausland überschreitenden oder an der Grenze beginnenden, dem öffentlichen Verkehr dienenden Eisenbahnen für den Eisenbahntransport;

b) die Häfen am Meer, soweit sie nicht ausnahmsweise ausdrücklich aus· geschlossen sind, mit den dazu angewiesenen Einfahrten;

c) die aus dem Vereinsauslande in und durch den Grenzbezirk führenden Land· und Wasserstraßen, welche einen erheblichen Waarenverkehr mit dem Auslande vermitteln und als solche ausdrücklich zu bezeichnen sind.

Wo die Zollgrenze durch ein schiffbares Wasser gebildet wird, sollen die erforderlichen Landungsplätze bestimmt werden.

§. 18.

Zollbehörden.

Zur Sicherung, Feststellung und Erhebung der Ein· und Ausgangszölle werden Zoll· oder Steuerämter, und da, wo die Grenzzollämter nicht nahe genug an der Zolllinie liegen, an dieser besondere Ansagestellen errichtet.

§. 19.

Grenzbewachung.

Die Aufsicht auf den Waaren·Ein· und Ausgang wird längs der Zoll· grenze und im Grenzbezirk durch eine uniformirte und bewaffnete Grenzwache geübt, die zum Gebrauche ihrer Waffen nach den darüber bestehenden besonderen Bestimmungen befugt ist.

§. 20.

Mitwirkung anderer Beamten zum Zoll· schutze.

Andere Staatsbeamte, sowie die Kommunalbeamten, namentlich die Po· lizei· und Forstbeamten, sind zur Unterstützung der Grenzwache verpflichtet. Sie haben insbesondere Uebertretungen der Zollvorschriften, welche bei Ausübung ihres Dienstes zu ihrer Kenntniß kommen, möglichst zu hindern und jedenfalls zur näheren Untersuchung sofort anzuzeigen.

V. Allgemeine Bestimmungen für die Waaren·Einfuhr, Ausfuhr und Durchfuhr.

§. 21.

Straßen und Zeit, an welche die Ueberschrei· tung der Grenze ge· bunden ist.

Wer zollpflichtige Waaren oder solche Gegenstände mit sich führt, welche zwar zollfrei, aber dergestalt verpackt sind, daß ihre Beschaffenheit nicht sogleich erkannt werden kann, darf über die Zolllinie zu Wasser oder zu Lande in der

Regel nur während der Tageszeit und nur auf einer Zollstraße (§. 17.) eintreten, auch, Fälle bringender Gefahr oder höherer Gewalt ausgenommen, nur bei einem erlaubten Landungsplatze anlanden.

Ebenso darf bei der Ausfuhr von ausgangszollpflichtigen, sowie von solchen Waaren, deren Ausfuhr nachgewiesen werden muß, die Ueberschreitung der Grenze in der Regel nur während der Tageszeit und nur auf einer Zollstraße stattfinden. Waaren des freien Verkehrs, welche keinem Ausgangszolle unterliegen, sind auch in verpacktem Zustande bei der Ausfuhr an die Innehaltung der Zoll-straße und der Tageszeit nicht gebunden.

Als Tageszeit wird angesehen:

in den Monaten Januar und Dezember die Zeit von 7 Uhr Morgens bis 6 Uhr Abends;

in den Monaten Februar, Oktober und November die Zeit von 6 Uhr Morgens bis 6 Uhr Abends;

in den Monaten März, April, August und September die Zeit von 5 Uhr Morgens bis 8 Uhr Abends;

in den Monaten Mai, Juni und Juli die Zeit von 4 Uhr Morgens bis 10 Uhr Abends.

Eine Ausnahme leidet die Bestimmung, daß die Ueberschreitung der Grenze nur während der Tageszeit und nur auf einer Zollstraße erfolgen darf:

a) bei Fischerfahrzeugen, welche blos frische Erzeugnisse des Meeres ein-führen;

b) bei der Bergung von Strandgut;

c) wenn in besonderen Fällen die Erlaubniß des zuständigen Hauptzoll-amts oder Nebenzollamts vor dem Beginn des Transports ertheilt wor-den ist. Der Erlaubnißschein muß den Waarenführer, die Waare selbst, die Straße und Zeit, für welche er gültig ist, bezeichnen.

Die Ueberschreitung der Grenze außerhalb der angegebenen Zeit ist ferner gestattet:

d) beim Transport auf den dem öffentlichen Verkehr dienenden Eisen-bahnen;

e) beim Eingange und Ausgange, der seewärts erfolgt, oder von Ebbe und Fluth abhängig ist;

f) bei Waaren, welche mit den gewöhnlichen Fahrposten versendet werden, sowie bei Waaren, welche Reisende mit sich führen, mit Ausschluß der zum Handel bestimmten Waaren.

Rücksichtlich der Zeit, innerhalb deren Zollabfertigungen an der Grenze vorgenommen werden, gelten die Bestimmungen des §. 133.

§. 22.

Beim Eingange ist die Ladung zu deklariren. Die Deklarationen sind entweder generelle oder spezielle.

Deklaration — gene-relle und spezielle Deklaration.

Die generelle Deklaration (Labungsverzeichniß, Manifest), welche bei der Einfuhr auf Eisenbahnen und seewärts abzugeben ist, muß enthalten:

die Zahl der Wagen, aus denen der Transport besteht, bei Schiffen den Namen oder die Nummer des Schiffsgefäßes;

den Namen und Wohnort der Waarenempfänger;

die Zahl der Kolli, deren Verpackungsart, Zeichen und Nummern, sowie die allgemeine Bezeichnung der Gattung der geladenen Waaren;

beim Eingange auf den Eisenbahnen außerdem deren Bruttogewicht.

Sie muß ferner mit der Versicherung der Richtigkeit der gemachten Angaben und der Unterschrift des Deklaranten versehen sein.

In der speziellen Deklaration, deren es in der Regel zur weiteren Abfertigung der eingegangenen Waaren, sowie beim Eingange auf anderen als den oben bezeichneten Verkehrswegen bedarf, ist außerdem anzugeben:

die Menge und Gattung der Waaren — bei verpackten Waaren für jedes Kollo — nach den Benennungen und Maßstäben des Tarifs, sowie welche Abfertigungsweise begehrt wird.

Sind in einem Kollo Waaren zusammengepackt, welche verschiedenen Zollsätzen unterliegen, so muß in der speziellen Deklaration die Menge einer jeden Waarengattung nach dem Nettogewicht angegeben werden.

Die Deklarationen müssen in Deutscher Sprache abgefaßt und deutlich geschrieben sein. Auch dürfen sie weder Abänderungen noch Rasuren enthalten. Deklarationen, welche diesen Erfordernissen nicht entsprechen, können zurückgewiesen werden.

Die näheren Bestimmungen über den Umfang der Deklarationspflicht enthalten die Abschnitte VI. bis VIII.

§. 23.

Die Deklaration liegt dem Waarenführer ob. An Stelle desselben kann auch der Waarenempfänger die Gattung und Menge der Waaren mit der Angabe, welche Abfertigungsweise begehrt wird, speziell (§. 22.) deklariren.

Der Waarenführer, sowie der Waarenempfänger ist berechtigt, bei dem Grenzzollamte oder einem Amte im Innern, an welches die Waaren im Ansageverfahren (§. 33.) abgelassen sind, eine bereits abgegebene Deklaration, so lange die spezielle Revision noch nicht begonnen hat, zu vervollständigen oder zu berichtigen.

In gleicher Weise können die Angaben des Labungsverzeichnisses (§. 63.) in Betreff der Gattung und des Gewichts der Waaren vervollständigt oder berichtigt werden.

Die Berichtigung einer Deklaration über die mit Begleitschein I. (§. 33.) abgefertigten Waaren am Bestimmungsorte ist nur in der im §. 46. angegebenen Einschränkung zulässig.

§. 24.

Die Deklaration hat alle Theile der Labung, mithin, wenn zollpflichtige Waaren mit zollfreien Gegenständen zusammen geladen sind, auch die letzteren zu umfassen.

Die Deklarationen über Waaren, welche in den freien Verkehr treten sollen, brauchen nur in einfacher Ausfertigung abgegeben zu werden. Sind die Waaren zur Weiterversendung unter Begleitscheinkontrole bestimmt, so kann für jede Waarenpost, über die ein besonderer Begleitschein auszustellen ist, eine zweifache Ausfertigung der Deklaration verlangt werden.

Bei Ladungen, von denen der Eingangszoll weniger als 3 Thaler beträgt, genügt die mündliche Angabe.

Werden statt einer Deklaration mehrere Theildeklarationen übergeben, so hat der Deklarant eine besondere schriftliche Versicherung beizufügen, daß die ganze Ladung richtig deklarirt sei.

Rücksichtlich der Deklarationen der Reisenden kommen die Bestimmungen im §. 92. zur Anwendung.

§. 25.

Die Ausfertigung der Deklaration kann durch den Waarenführer beziehungsweise Waarenempfänger selbst oder durch einen Bevollmächtigten erfolgen.

Ist der Waarenführer des Schreibens unkundig, und befindet sich kein Kommissionair (Zollabrechner) am Orte, so geschieht auf den Antrag des Waarenführers die Ausfertigung der Deklaration durch das Zollamt auf Grund der übergebenen Papiere oder der mündlichen Anzeige. Ebenso kann der Waarenführer die Ausfertigung von dem Zollamte verlangen, wenn der Eingangszoll von der ganzen Ladung nicht über 10 Thaler beträgt.

Die vom Zollamte ausgefertigte Deklaration hat der Deklarant mit seiner Unterschrift oder seinem gewöhnlichen Handzeichen zu versehen, dessen Richtigkeit von einem zweiten Beamten oder einem Zeugen zu bescheinigen ist.

§. 26.

Der Deklarant haftet für die Richtigkeit der Deklaration auch in dem Falle, wenn dieselbe von einem Dritten in seinem Auftrage oder vom Zollamte gefertigt worden ist. Ebenso haftet der Waarenführer oder der Waarenempfänger für die Richtigkeit der etwa von ihm ergänzten oder berichtigten Deklaration.

Insoweit eine Berichtigung erfolgt ist, wird die ursprüngliche Deklaration als beseitigt angesehen.

§. 27.

Werden die Deklarationen nicht rechtzeitig (§§. 39. 63. 66. 75. und 81.) abgegeben, so werden die Waaren auf Kosten und Gefahr der Betheiligten unter amtlichen Gewahrsam oder amtliche Bewachung genommen.

Besitzt der Waarenführer keine Frachtbriefe oder andere über seine Ladung sprechende Papiere, oder nur solche, die zur Anfertigung der vorgeschriebenen Deklaration unzureichend sind, oder über deren Richtigkeit er Zweifel hegt, und ist ihm sonst die Ladung nicht genug bekannt, um die Deklaration zu fertigen oder fertigen zu lassen, und erfolgt auch nicht die Deklaration Seitens des Waarenempfängers, so hat der Waarenführer, wenn er nicht den höchsten Eingangszoll zu entrichten erbötig ist, in dem Abfertigungspapier oder besonders schriftlich oder zu Protokoll zu erklären, daß er außer Stande sei, eine zuverlässige

Deklaration abzugeben und hiermit den Antrag auf Vornahme der amtlichen Revision zu verbinden. Es schreitet sodann die Zollbehörde zur speziellen Revision (§. 28.), deren Befund der Waarenführer, welcher für die richtige Stellung der Ladung zur Revision haftet, mit zu unterzeichnen hat. Der Waarenführer und der Empfänger müssen in diesem Falle sich gefallen lassen, daß die gehörig deklarirten Ladungen, auch wenn sie später eintreffen, in der Abfertigung vorgezogen werden und daß die Ladung inzwischen auf seine Kosten unter amtlicher Bewachung und Verschluß gehalten wird.

§. 28.

Revision — allgemeine und spezielle Revision. Die Revision Seitens der Zollbehörde ist entweder eine allgemeine oder eine spezielle. Die erstere geschieht nur nach Zahl, Zeichen, Verpackungsart und Gewicht der Kolli ohne deren Eröffnung. Bei der speziellen Revision findet außerdem die Eröffnung der Kolli statt, um die Gattung und Menge der in denselben enthaltenen Waaren zu ermitteln.

§. 29.

Bruttogewicht — Tara — Nettogewicht. Bei der speziellen Revision wird entweder nur das Bruttogewicht oder auch das Nettogewicht der Waaren ermittelt.

Unter Bruttogewicht wird das Gewicht der Waare in völlig verpacktem Zustande, mithin in ihrer gewöhnlichen Umgebung für die Aufbewahrung und mit ihrer besonderen für den Transport verstanden.

Das Gewicht der für den Transport nöthigen äußeren Umgebung wird Tara genannt.

Ist die Umgebung für den Transport und für die Aufbewahrung nothwendig dieselbe, wie es z. B. bei Syrup u. s. w. die gewöhnlichen Fässer sind, so ist das Gewicht dieser Umgebung die Tara.

Das Nettogewicht ist das Bruttogewicht nach Abzug der Tara. Die kleinen, zur unmittelbaren Sicherung der Waare nöthigen Umschließungen (Flaschen, Papier, Pappe, Bindfaden u. dgl.) werden bei Ermittelung des Nettogewichts nicht in Abzug gebracht; ebensowenig, in der Regel nach, Unreinigkeiten und fremde Bestandtheile, welche der Waare beigemischt sein möchten. Eine Ausnahme von letzterer Bestimmung findet rücksichtlich der zu Wasser eingegangenen Waaren in der Weise statt, daß, wenn in Folge von Havarie durch eingedrungenes Wasser oder andere fremde Bestandtheile das Gewicht der Waare vermehrt ist, bei der Verzollung ein dem Gewicht des Wassers rc. entsprechender Abzug von dem vorgefundenen Gewicht der Waare zugestanden wird. — Auch ist es gestattet, die Waare unter amtlicher Aufsicht zu trocknen, worauf das nach der Trocknung vorgefundene Gewicht der Verzollung zu Grunde gelegt wird.

Welche Gegenstände nach dem Brutto- und welche nach dem Nettogewicht zu verzollen sind, bestimmt der Vereinszolltarif.

Es bleibt der Wahl des Zollpflichtigen überlassen, ob er bei Gegenständen, deren Verzollung nach dem Nettogewicht geschieht, die tarifmäßige Tara gelten, oder das Nettogewicht, entweder durch Verwiegung der Waare ohne die Tara oder der letzteren allein ermitteln lassen will. Bei Flüssigkeiten und andern Gegenständen, deren Nettogewicht nicht ohne Unbequemlichkeit ermittelt werden kann, weil ihre Umgebung für den Transport und für die Aufbewahrung dieselbe ist, wird die Tara nach dem Vereinszolltarif berechnet und der Zollpflichtige hat kein Widerspruchsrecht gegen Anwendung desselben. Die Zollbehörde ist befugt, die Nettoverwiegung eintreten zu lassen, wenn eine von der gewöhnlichen abweichende Verpackungsart der Waaren oder eine erhebliche Entfernung von den im Vereinszolltarif angenommenen Tarasätzen bemerkbar wird.

§. 30.

Liegen spezielle Deklarationen über die Waaren (§. 22.) vor, so kann die Feststellung des zu entrichtenden Zolles oder die weitere Abfertigung auf Grund probeweiser Revisionen erfolgen, sofern sich bei denselben vollkommene Uebereinstimmung mit den Angaben der Deklaration herausstellt.

In dem Falle des §. 27. ist eine probeweise Revision ausgeschlossen.

Probeweise Revision.

§. 31.

Der Zollpflichtige hat die Waaren in solchem Zustande darzulegen, daß die Beamten die Revision, wie erforderlich, vornehmen können; auch muß er die dazu nöthigen Handleistungen nach der Anweisung der Beamten auf eigene Gefahr und Kosten verrichten oder verrichten lassen.

Die Ab- oder Auslabung darf erst erfolgen, nachdem das Zoll- oder Steueramt die Anweisung dazu ertheilt hat.

Obliegenheiten des Zollpflichtigen.

§. 32.

Sollen die Waaren in den freien Verkehr treten, so erfolgt spezielle Revision (§§. 28—30.). Bei der Abfertigung an der Grenze oder bei einem Amte im Innern, auf welches die Waaren im Ansageverfahren (§. 33.) abgelassen sind, bilden stets, soweit nicht für havarirte Güter (§. 29.) eine Ausnahme nachgelassen ist, die ermittelte Menge und Beschaffenheit der Waare die Grundlage der Verzollung. Rücksichtlich der unter Begleitscheinkontrole abgefertigten Waaren kommen die Bestimmungen im §. 47. zur Anwendung.

Wünscht der Deklarant, daß die Ladung, oder ein Theil derselben, von der speziellen Revision befreit bleibe, so kann dem Antrage gegen Entrichtung des höchsten Zollsatzes im Tarif entsprochen werden, insofern nicht besonderer Verdacht vorhanden ist, daß eine Umgehung des Stückzolles oder Uebertretung anderer Landesgesetze beabsichtigt werde, z. B. die Einbringung falscher Münzen u. s. w., in welchem Fall die Revision und, nach dem Befunde, die Beschlagnahme der betreffenden Gegenstände eintreten muß.

Behandlung der Waaren, welche in den freien Verkehr treten sollen.

§. 33.

Sollen die Waaren unverzollt von dem Grenzzollamte auf ein zur weiteren zollamtlichen Abfertigung befugtes Amt im Innern, oder zur unmittelbaren Durchfuhr abgelassen werden, so geschieht dies entweder im Ansageverfahren (§§. 38. 52. und 83.), bei welchem die grenzzollamtliche Abfertigung — Deklaration und Revision — an das Amt im Innern verlegt, beziehungsweise der Wiederausgang der eingeführten Waaren lediglich durch amtliche Begleitung kontrolirt wird, oder es tritt die Abfertigung auf Ladungsverzeichniß oder Be-

Behandlung der Waaren, welche an der Grenze auf ein Amt im Innern abgelassen werden sollen — Ansage- verfahren — Begleit- schein · Verfahren, La- dungsverzeichniß.

gleitschein ein. Die Begleitscheine bestehen in Begleitscheinen Nr. I. oder Nr. II. Die Begleitscheine Nr. I. und die denselben gleichgestellten amtlichen Bezettelungen, sowie die Labungsverzeichnisse haben den Zweck, den richtigen Eingang der über die Grenze eingeführten Waaren am inländischen Bestimmungsorte oder die Wiederausfuhr solcher Waaren zu sichern. Begleitscheine Nr. II. dienen dazu, die Erhebung des durch spezielle Revision ermittelten Zollbetrages einem anderen Amte gegen Sicherheitsleistung zu überweisen.

§. 34.

Behandlung ausgehender ausgangszollpflichtiger Waaren.

Bei ausgehenden, einem Ausgangszolle unterliegenden Waaren geschieht die Ermittelung der Menge und Art derselben, sowie die Erhebung des Zolles nach der Wahl des Waarenführers entweder beim Grenzzollamte am Ausgangspunkte, oder bei einer dazu befugten Hebestelle im Innern mit Vorbehalt der Revision beim Grenzzollamte. Für den Eisenbahn- und Seeverkehr gelten besondere Vorschriften (§§. 71. und 88.).

§. 35.

Verschiedenheit des Abfertigungsverfahrens je nach der Art des Einganges und Ausganges.

Die näheren Bestimmungen über das bei der Waaren-Ein-, Aus- und Durchfuhr zu beobachtende Verfahren richten sich darnach, ob der Ein- und Ausgang auf Landstraßen, Flüssen und Kanälen, oder auf Eisenbahnen oder seewärts stattfindet.

VI. Bestimmungen über die Waaren-Einfuhr, Ausfuhr und Durchfuhr auf Landstraßen, Flüssen und Kanälen.

§. 36.

A. Waaren-Eingang. Verhalten beim Eingang über die Grenze.

Der Weg von der Zolllinie bis zum Grenzzollamte muß auf der Zollstraße ohne Abweichung und willkürlichen Aufenthalt und ohne daß die Ladung eine Veränderung erleidet, fortgesetzt werden.

§. 37.

Anmeldung bei dem Grenzzollamte oder dem Ansageposten.

Bei dem Grenzzollamte hat der Waarenführer seine sämmtlichen, die Ladung betreffenden Papiere zu übergeben.

§. 38.

Wo zwischen der Grenze und dem Grenzzollamte ein Ansageposten errichtet ist, hat der Waarenführer seine Papiere über die Ladung bei letzterem abzugeben. Die Papiere werden in Gegenwart des Waarenführers eingesiegelt, an das Grenzzollamt adressirt und einem Grenzaufseher überliefert, welcher das Fuhrwerk oder Schiffsgefäß zum Grenzzollamte begleitet.

§. 39.

Verfahren, wenn die Waaren an der Grenze in den freien Verkehr treten sollen.

Sollen die Waaren an der Grenze in den freien Verkehr treten, so sind dieselben unmittelbar nach der Ankunft dem Grenzzollamte nach Maßgabe der Bestimmungen in den §§. 22. ff. speziell zu deklariren, sofern nicht nach §. 27.

der Antrag auf Vornahme der amtlichen Revision gestellt wird. Es findet demnächst spezielle Revision (§§. 28. bis 30.) und gegebenen Falles Erhebung des Eingangszolles (§. 32.) statt.

Ueber den entrichteten Eingangszoll wird von der Zollbehörde eine Quittung ertheilt.

Der Deklarant haftet für die Richtigkeit der Deklaration sowohl hinsichtlich der Zahl und Art der Kolli, als hinsichtlich der Menge und der Gattung der Waaren. Es sollen indeß Abweichungen von dem deklarirten Gewicht, welche bei der Revision sich herausstellen, straffrei gelassen werden, wenn der Unterschied zehn Prozent des deklarirten Gewichts der einzelnen Kolli oder der in einem Kollo zusammengepackten verschieden tarifirten Waaren oder einer zusammen abgefertigten gleichnamigen Waarenpost nicht übersteigt.

§. 40.

Die Waaren können bei dem Eingangsamte niedergelegt werden, wenn der Ort das vollständige Niederlagerecht (§. 97.) hat, oder sich eine beschränkte Niederlage (§. 105.) daselbst befindet.

Niederlegung beim Grenzeingangsamte.

Das Abfertigungsverfahren wird durch das für die betreffende Niederlage erlassene Regulativ (§. 106.) bestimmt.

§. 41.

Sollen die Waaren unverzollt einer Hebestelle im Innern zur schließlichen zollamtlichen Abfertigung überwiesen werden, oder zur unmittelbaren Durchfuhr gelangen, so ist die Ladung speziell zu deklariren. Bei einer und derselben Post gleichartiger Waaren braucht das Gewicht in der Deklaration nur summarisch angegeben zu werden.

Verfahren, wenn die Waaren von der Grenze auf ein Amt im Innern oder zur Durchfuhr abgelassen werden sollen — Begleitschein I.

Die Revision Seitens des Abfertigungsamtes ist eine allgemeine, insofern nicht besondere Gründe eine Ausnahme erfordern, oder die Betheiligten selbst die spezielle Revision beantragen. Es tritt sodann in der Regel amtlicher Verschluß der Waare und die Ertheilung eines Begleitscheins I. ein, welcher ein Verzeichniß der Waaren, auf die er lautet, nach Maßgabe der vorhandenen Deklaration oder des Revisionsbefundes, die Zahl der Kolli und deren Bezeichnung, die Art des angelegten amtlichen Verschlusses, den Namen und Wohnort des Waarenempfängers, das Erledigungsamt, sowie den Zeitraum enthalten muß, innerhalb dessen der Beweis der erreichten Bestimmung zu führen ist.

Die Feststellung des Gewichts kann ausnahmsweise in Fällen des Bedürfnisses durch Probeverwiegungen erfolgen, wenn sich bei den einzelnen zur Verwiegung gelangenden Kolli keine Abweichungen ergeben, welche zwei Prozent des deklarirten Gewichts überschreiten.

Bei eingehenden Schiffs- oder Wagenladungen, bei welchen die Revision ohne vorherige Ausladung nicht ausführbar ist, soll der Begleitschein ohne vorgängige Revision auf Grund der abgegebenen Deklaration ausgefertigt werden, sofern amtliche Begleitung eintritt oder ein sichernder Verschluß angelegt werden kann.

Auf den Antrag der Betheiligten kann die Abfertigung auch solcher Waaren auf Begleitschein I. erfolgen, welche nach der Deklaration zollfrei sind.

§. 42.

Liegt keine vollständige spezielle Deklaration (§. 22.) vor, so sind in der Regel die Waaren bei dem Grenzzollamte der speziellen Revision zu unterwerfen. Es kann jedoch, im Falle die Deklaration nur insofern mangelhaft ist, daß die Gattung der Waaren nur allgemein nach ihrer sprachgebräuchlichen oder handels-üblichen Benennung bezeichnet worden oder die Angabe des Nettogewichts bei den in einem Kollo zusammenverpackten verschieden tarifirten Waaren fehlt, hier-über hinweggesehen werden und die Abfertigung auf Begleitschein I. ohne vor-herige spezielle Revision erfolgen, wenn ein sichernder Verschluß angelegt werden kann oder Begleitung von der Behörde angeordnet wird.

§. 43.

Amtlicher Verschluß.

In der Regel tritt Kolloverschluß ein. Es kann indeß statt desselben nach dem Ermessen des Abfertigungsamtes der Verschluß des Wagens oder des Schiffs-gefäßes eintreten (§§. 94. bis 96.).

Bei speziell revidirten Waaren kann von der Anlegung eines amtlichen Verschlusses, wenn die Betheiligten dieselbe nicht selbst beantragen, abgesehen werden, sofern eine Vertauschung der Waare nach deren Beschaffenheit auf dem Transporte nicht zu besorgen ist.

§. 44.

Verpflichtungen des Begleitschein-Extra-henten.

Derjenige, auf dessen Verlangen ein Begleitschein I. ausgestellt wird (Extrahent des Begleitscheins), übernimmt mit der Unterzeichnung desselben die Verpflichtung, die im Begleitschein bezeichneten Waaren in unveränderter Ge-stalt und Menge in dem bestimmten Zeitraume und an dem angegebenen Orte zur Revision und weiteren Abfertigung zu stellen, ingleichen die Verbindlichkeit, für den Betrag des Eingangszolles von diesen Waaren und wenn die Art der-selben durch spezielle Revision nicht festgestellt worden, beziehungsweise wenn es sich um Gegenstände handelt, welche nach der Deklaration zollfrei sind, für den Betrag des Zolles nach dem höchsten Erhebungssatz des Tarifs zu haften.

Der Waarenführer hat die Waaren unverändert ihrer Bestimmung zu-zuführen und dem Amte, von welchem die Schlußabfertigung zu bewirken ist, unter Vorlegung des Begleitscheins zu gestellen, auch bis dahin den etwa ange-legten amtlichen Verschluß unverletzt zu erhalten.

§. 45.

Sicherstellung des Zolls.

Für den Eingangszoll muß entweder durch Pfandlegung oder durch einen sicheren Bürgen, der sich als Selbstschuldner verpflichtet und den bürgschaftlichen Rechtsbehelfen entsagt, Sicherheit bestellt werden.

Die Pfandlegung oder Bürgschaft muß, wenn die Waarengattung ermit-telt ist, auf den zu berechnenden Betrag des Eingangszolles, sonst aber auf den höchsten Zollsatz gerichtet werden.

Das Abfertigungsamt ist befugt, bekannte sichere Waarenführer, sowohl In- als Ausländer, von der Sicherheitsbestellung zu entbinden.

§. 46.

Die im Begleitschein I. übernommenen Verpflichtungen erlöschen nur dann, wenn durch das darin bestimmte Amt bescheinigt wird, daß diesen Obliegenheiten völlig genügt sei, worauf sodann die Löschung der geleisteten Sicherheit oder Bürgschaft erfolgt. Auf den Antrag des Waarendisponenten kann der Begleitschein von dem Empfangsamte auch einem anderen dazu befugten Amte zur Erledigung überwiesen werden.

Die Angaben des Begleitscheins hinsichtlich der Gattung und des Nettogewichts der Waaren können von dem Waarenführer oder dem Waarenempfänger am Bestimmungsorte, so lange eine spezielle Revision noch nicht stattgefunden hat, ergänzt oder berichtigt werden.

Rücksichtlich der Haftung für die berichtigte Declaration, sowie rücksichtlich der Folgen einer Berichtigung gelten die Bestimmungen im §. 26.

§. 47.

Das beim Eingange ermittelte und im Begleitschein angegebene Gewicht der Waaren wird in der Regel der Verzollung oder weiteren Abfertigung zu Grunde gelegt, unbeschadet der näheren Untersuchung, welche wegen etwa vorgekommener Irrthümer in der Abfertigung oder wegen versuchter Zollbefraudation einzuleiten ist, wenn sich bei der am Bestimmungsorte veranlaßten abermaligen Verwiegung Abweichungen von dem beim Eingange ermittelten Gewicht ergeben.

Es wird indeß von dem Mindergewicht, welches sich bei den unter amtlichem Verschluß oder unter Begleitung abgelassenen Waaren am Bestimmungsorte gegen das beim Eingange ermittelte Gewicht herausstellt, kein Eingangszoll erhoben, vielmehr bildet das vorgefundene Gewicht die Grundlage der Verzollung oder weiteren Abfertigung, sofern der amtliche Verschluß unverletzt befunden wird und anzunehmen ist, daß das Mindergewicht lediglich durch natürliche Einflüsse herbeigeführt worden sei, namentlich kein Grund zu dem Verdachte vorliegt, daß ein Theil der Waare heimlich entfernt worden.

Unter den gleichen Voraussetzungen wird auch von der Erhebung des Eingangszolles für das Mindergewicht abgesehen, welches sich etwa bei dem zum Durchgange abgefertigten Waaren beim Ausgangsamte gegen das im Begleitschein angegebene Gewicht herausstellt.

Ist beim Eingangsamte nur eine probeweise Verwiegung erfolgt (§. 41.), so gilt rücksichtlich der nicht verwogenen Kolli das deklarirte Gewicht als das ermittelte.

Hat beim Eingangsamte überhaupt keine Verwiegung stattgefunden (§. 41.), so bildet das am Bestimmungsorte festgestellte Gewicht die Grundlage der Verzollung oder weiteren Abfertigung, sofern der Verschluß unverletzt befunden und nicht durch Umstände der Verdacht begründet wird, daß eine heimliche Entfernung von Waaren stattgefunden habe. In diesem Falle kann, nach dem Ergebniß der anzustellenden Erörterungen, das deklarirte Gewicht der Verzollung oder weiteren Abfertigung zu Grunde gelegt werden.

§. 48.

Zollerlaß für die auf dem Transport zu Grunde gegangenen oder in verdorbenem oder zerbrochenem Zustande ankommenden Waaren.

Wenn auf Begleitschein I. abgefertigte Waaren erweislich auf dem Transporte durch Zufall zu Grunde gegangen sind, so tritt ein Zollerlaß ein.

Ferner bleibt, sofern der angelegte amtliche Verschluß unverletzt befunden wird, oder amtliche Begleitung stattgefunden hat, der Eingangszoll unerhoben, wenn die Gegenstände, welche unter amtlichem Verschluß oder amtlicher Begleitung abgefertigt worden sind, am Bestimmungsorte in verdorbenem oder in zerbrochenem Zustande ankommen. Die in verdorbenem Zustande ankommenden Gegenstände müssen unter amtlicher Aufsicht vernichtet werden. Die zerbrochen ankommenden Gegenstände sind unter Aufsicht der Zollbehörde nöthigenfalls so zu zerstören, daß sie völlig unbrauchbar werden.

§. 49.

Verzögerung des Transportes.

Sollten Naturereignisse oder Unglücksfälle bei dem Transporte innerhalb des Vereinsgebiets den Waarenführer verhindern, seine Reise fortzusetzen und den Bestimmungsort in dem durch den Begleitschein festgesetzten Zeitraume zu erreichen, so ist er verpflichtet, dem nächsten Zoll- oder Steueramte Anzeige davon zu machen, welches entweder den Aufenthalt auf dem Begleitschein bezeugen, oder, wenn die Fortsetzung der Reise ganz unterbleibt, die Waaren unter Aufsicht nehmen muß.

§. 50.

Veränderte Bestimmung oder Theilung der Ladung.

Wenn eine Waarenladung, über welche ein Begleitschein ertheilt worden ist, eine andere Bestimmung erhält, so hat der Waarenführer den Begleitschein bei dem nächsten Zoll- oder Steueramte abzugeben, welches den Begleitschein mit dem erforderlichen Vermerk über den veränderten Bestimmungsort und Empfänger versieht.

Soll eine auf Begleitschein I. abgefertigte Ladung unterwegs getheilt werden, so sind die Waaren dem nächsten Hauptzoll- oder Hauptsteueramte oder einem zur Ausstellung von Begleitscheinen befugten Zoll- oder Steueramte vorzuführen, welches auf diesfälligen Antrag neue Begleitscheine ausfertigt, nachdem die Theilung der Ladung unter amtlicher Aufsicht erfolgt ist.

Die Theilung darf sich auch auf den Inhalt einzelner Kolli erstrecken.

§. 51.

Begleitschein II.

Soll nach dem Antrage des Deklaranten die Erhebung des durch spezielle Revision ermittelten Eingangszolles bei einem anderen dazu befugten Amte erfolgen, so geschieht dies durch Ertheilung eines Begleitscheins II., welcher die Menge und Gattung der Waaren nach den Ergebnissen der Revision, den Namen und Wohnort des Waarenempfängers, den Betrag des gestundeten Eingangszolles, wo derselbe zu entrichten, ob und welche Sicherheit geleistet, was wegen Vorlegung des Begleitscheins zu erfüllen ist, sowie den Zeitraum enthält, innerhalb dessen der Beweis der erfolgten Zollentrichtung geführt werden muß.

Begleitscheine II. werden jedoch nur dann ausgestellt, wenn der Eingangszoll von den Waaren, für welche der Begleitschein begehrt wird, fünf Thaler oder mehr beträgt.

§. 52.

Mit Genehmigung der obersten Landes-Finanzbehörde kann auf solchen Strecken, wo es im Bedürfniß des Verkehrs liegt, und amtliche Begleitung zulässig erscheint, die Ablassung der Waaren von dem Grenzzollamte auf ein zur weiteren zollamtlichen Abfertigung befugtes Amt im Innern im Wege des Ansagverfahrens erfolgen. Die Abfertigung findet in diesem Fall nach Maßgabe der Bestimmung im §. 38. statt.

Ansagverfahren.

§. 53.

Werden Waaren, welche mit einem Ausgangszoll belegt sind, zur unmittelbaren Durchfuhr deklarirt, so unterbleibt, sofern dieselben beim Eingange speziell revidirt werden, die Begleitschein-Ausfertigung.

Statt derselben wird in dem Duplikat der Deklaration angegeben, daß und wie die Waaren unter Verschluß gesetzt worden sind und innerhalb welcher Frist und über welches Zollamt der Wiederausgang derselben erfolgen dürfe.

II. Unmittelbare Durchfuhr: a) von ausgangszollpflichtigen Waaren,

§. 54.

Auf kurzen durch das Vereinsgebiet führenden Straßen können nach Maßgabe der von der obersten Landes-Finanzbehörde zu treffenden Anordnungen bei der Abfertigung Erleichterungen eintreten.

b) auf kurzen Straßenstrecken.

§. 55.

Sollen Waaren zur Ausfuhr gelangen, welche mit einem Ausgangszoll belegt sind, so müssen dieselben nach den Bestimmungen im §. 22. speziell angemeldet werden. Es erfolgt sodann spezielle Revision und die Erhebung des Ausgangszolles.

Ueber die Zollentrichtung wird Quittung ertheilt.

Ist der Ausgangszoll bei einem Amte im Innern entrichtet, so wird auf Grund der Angaben des Waarenführers in der Quittung zugleich bemerkt, binnen welcher Frist und auf welcher Straße die Ausfuhr erfolgen muß.

Der Ausgang darf, sofern nicht nach §. 21. eine Ausnahme zugestanden ist, nur über ein Grenzzollamt stattfinden, bei welchem die Quittung vorgezeigt werden muß.

C. Waaren-Ausgang. Behandlung der ausgangszollpflichtigen Waaren.

§. 56.

Waaren, bei denen es auf den Beweis der erfolgten Ausfuhr ankommt, müssen dem Waarenführer bei demjenigen Grenzzollamte angemeldet und gestellt werden, über welches die Ausfuhr nach Inhalt der empfangenen Bezettelungen geschehen soll. Dieses Amt bewirkt die Abfertigung, nachdem es sich durch Revision der Waare die Ueberzeugung verschafft hat, daß diejenigen Gegenstände vorhanden sind, auf welche die Bezettelung lautet. Bei Waaren, welche unter amtlichem Verschluß zum Ausgange abgefertigt sind, beschränkt sich die Ausgangs-Abfertigung in der Regel auf die Prüfung und Lösung des Verschlusses.

Ist die Gestellung der Waare bei dem Grenzausgangsamte unterblieben, so hängt es von dem Ermessen der Zollbehörde ab, ob der Ausgang in Bezug auf die Ansprüche der Zollverwaltung als erwiesen anzunehmen sei.

Behandlung der Waaren, deren Ausfuhr nachgewiesen werden muß.

§. 57.

D. Waaren-Ein- und
Durchfuhr auf Flüssen,
auf welche besondere
Staatsverträge An-
wendung finden.

Bei der Waaren-Einfuhr und Durchfuhr auf Flüssen, auf welche besondere Staatsverträge Anwendung finden, tritt das darin zur Sicherung des Zoll-Interesses vereinbarte Verfahren an die Stelle des gewöhnlichen Abfertigungs-verfahrens.

§. 58.

E. Begleitschein-
Regulativ.

Ueber das bei der Ausfertigung und Erledigung der Begleitscheine I. und II. zu beobachtende Verfahren wird ein besonderes Regulativ erlassen.

VII. **Bestimmungen über die Waaren-Einfuhr, Ausfuhr und Durch-fuhr auf den Eisenbahnen.**

A. Allgemeine Ver-
pflichtungen der Ei-
senbahnverwaltun-
gen:

1) bezüglich der für
die Abfertigung
und die einstwei-
lige Niederlegung
der nicht sofort
zur Abfertigung
gelangenden Ge-
genstände erfor-
derlichen Räume;

§. 59.

Die Eisenbahnverwaltung hat auf den für die Zollabfertigung bestimmten Stationsplätzen die für die zollamtliche Abfertigung und für die einstweilige Niederlegung der nicht sofort zur Abfertigung gelangenden Gegenstände erforder-lichen Räume zu stellen, beziehungsweise die nach der Anordnung der Zollbehörde hierfür nöthigen baulichen Einrichtungen zu treffen.

§. 60.

2) gegenüber den Zoll-
beamten.

Diejenigen Oberbeamten der Zollverwaltung, welche mit der Kontrole des Verkehrs auf den Eisenbahnen und der die Abfertigung desselben bewirkenden Zollstellen besonders beauftragt sind und sich darüber gegen die Angestellten der Eisenbahn ausweisen, sind befugt, zum Zwecke dienstlicher Revisionen oder Nach-forschungen, die Wagenzüge an den Stationsplätzen und Haltestellen so lange zurückzuhalten, als die von ihnen für nöthig erachtete und möglichst zu beschleu-nigende Amtsverrichtung solches erfordert.

Die bei den Wagenzügen oder auf den Stationsplätzen oder Haltestellen anwesenden Angestellten der Eisenbahnverwaltungen sind in solchen Fällen ver-pflichtet, auf die von Seite der Zollbeamten an sie ergebende Aufforderung bereitwillig Auskunft zu ertheilen und Hülfe zu leisten, auch den Zollbeamten die Einsicht der Frachtbriefe und der auf den Güterverkehr bezüglichen Bücher zu gestatten.

Nicht minder sind die bezeichneten Zollbeamten befugt, innerhalb der gesetz-lichen Tageszeit alle auf den Stationsplätzen und Haltestellen vorhandenen Ge-bäude und Lokalien, soweit solche zu Zwecken des Eisenbahndienstes und nicht blos zu Wohnungen benutzt werden, ohne die Beachtung weiterer Förmlichkeiten zu betreten und darin die von ihnen für nöthig erachteten Nachforschungen vor-zunehmen. Dieselbe Befugniß steht ihnen auf solchen Stationsplätzen und Halte-stellen, welche von Nachtzügen berührt werden, auch zur Nachtzeit zu.

Jeder mit der Kontrole des Eisenbahnverkehrs besonders beauftragte Ober-beamte muß innerhalb der von der betreffenden Zolldirektivbehörde bezeichneten Strecke der Eisenbahn in beiderlei Richtungen in einem Personenwagen II. Klasse unentgeltlich befördert werden.

Ebenso hat, wo die Zollverwaltung eine Begleitung der Wagenzüge durch Zollbeamte eintreten läßt, die Beförderung der Begleitungsbeamten unentgeltlich zu erfolgen und ist denselben ein Sitzplatz auf einem Wagen nach ihrer Wahl, sofern sie von der Begleitung zurückkehren aber ein Platz in einem Personenwagen mittlerer Klasse einzuräumen.

§. 61.

Bei Ueberschreitung der Grenze dürfen in den Personenwagen oder sonst anderswo als in den Güterwagen sich keine Gegenstände befinden, welche zollpflichtig sind oder deren Einfuhr verboten ist. Eine Ausnahme findet nur hinsichtlich der unter dem Handgepäck der Reisenden befindlichen zollpflichtigen Kleinigkeiten, sowie des Gepäcks statt, welches sich auf den mittelst der Eisenbahn beförderten Wagen von Reisenden befindet.

Auf den Locomotiven und in den dazu gehörigen Tendern dürfen nur Gegenstände vorhanden sein, welche die Angestellten oder Arbeiter der Eisenbahnverwaltung auf der Fahrt selbst zu eigenem Gebrauch oder zu dienstlichen Zwecken nöthig haben. Auch dürfen weder in den Eisenbahnwagen, noch in den Locomotiven und Tendern geheime oder schwer zu entdeckende, zur Aufnahme von Gütern oder Effekten geeignete Räume vorhanden sein.

B. Waaren-Eingang.
1) Zollamtliche Behandlung der Güterbahnwagen bei Grenze überschreiten.

§. 62.

Sämmtliche Frachtgüter und Effekten, deren Abfertigung nach Maßgabe der folgenden Bestimmungen stattfinden soll, müssen in der Regel schon im Auslande in leicht und sicher verschließbare Güterwagen (Kulissenwagen, Wagen mit Schutzdecken), oder in abhebbare Behälter, nach den von der Zollbehörde zu ertheilenden näheren Vorschriften verladen sein.

§. 63.

Unmittelbar nach Ankunft des Zuges auf dem Bahnhofe des Grenzzollamtes hat der Zugführer oder der sonstige Bevollmächtigte der Eisenbahnverwaltung dem Amte vollständige Ladungsverzeichnisse über die Frachtgüter in zweifacher Ausfertigung zu übergeben. Der einen Ausfertigung müssen die Frachtbriefe über die darin verzeichneten Güter beigefügt sein.

Die Ladungsverzeichnisse müssen die verladenen Kolli nach Inhalt, Verpackungsart, Zeichen, Nummer und Bruttogewicht nachweisen, die Gesammtzahl derselben angeben und dasjenige Amt bezeichnen, bei welchem die weitere Abfertigung verlangt wird. Ferner muß darin die Angabe der Wagen oder Wagenabtheilungen oder der abhebbaren Behälter, in welche die Kolli verladen sind, nach Zeichen, Nummer oder Buchstaben enthalten sein.

Ein jedes Ladungsverzeichniß darf in der Regel nur solche Güter enthalten, welche nach einem und demselben Abfertigungsorte bestimmt sind.

Generelle Deklaration. Ladungsverzeichniß.

§. 64.

Demnächst werden die Wagen unter amtlichen Verschluß gesetzt (§§. 94. bis 96.).

Abfertigung der weiter gehenden Wagen.

9*

Der Zugführer oder sonstige Vertreter der Eisenbahnverwaltung übernimmt durch Unterzeichnung des Ladungsverzeichnisses in Vollmacht der Eisenbahnverwaltung die Verpflichtung, die in diesen Verzeichnissen genannten Wagen u. s. w. binnen der darin bestimmten Frist in vorschriftsmäßigem Zustande und mit unverletztem Verschlusse den betreffenden Abfertigungsämtern zu gestellen, widrigenfalls aber für die Entrichtung des höchsten tarifmäßigen Eingangszolles von den in dem Ladungsverzeichnisse nachgewiesenen Gewichtsmengen zu haften.

Es werden sodann sowohl die Ladungsverzeichnisse mit den dazu gehörigen Frachtbriefen, als auch die Schlüssel zu den zum Verschlusse der Wagen verwendeten Schlössern, amtlich verschlossen, an die betreffenden Abfertigungsstellen adressirt, und nebst den vom Grenzzollamte auszufertigenden Begleitzetteln dem Zugführer oder sonstigen Bevollmächtigten der Eisenbahnverwaltung zur Abgabe an die Abfertigungsstellen übergeben. Die unterbliebene Ablieferung der Schlüssel oder die Verletzung des Verschlusses, unter welchem sich dieselben befinden, zieht für die Eisenbahnverwaltung und ihren Bevollmächtigten die nämlichen rechtlichen Folgen nach sich, wie die unmittelbare Verletzung des Verschlusses derjenigen Wagen u. s. w., zu welchen die Schlüssel gehören.

§. 65.

Umladungen und Auslabungen.

Auf den Antrag der Eisenbahnverwaltung kann unterwegs eine Umladung oder theilweise Ausladung von Frachtgütern bei einem dazu befugten Zoll- oder Steueramte unter amtlicher Aufsicht und unter den von der Zollbehörde näher vorzuschreibenden Bedingungen stattfinden.

An Hafenplätzen, wo die Eisenbahn bis an eine schiffbare Wasserstraße reicht, kann gleichfalls die Umladung der Güter von den Eisenbahnwagen in verschlußfähige Schiffe und umgekehrt unter den vorbezeichneten Bedingungen vorgenommen werden.

Die Abnahme des Verschlusses, die erfolgte Umladung oder Ausladung, ferner die Wiederanlegung des Verschlusses ist auf dem Begleitzettel zu bescheinigen.

§. 66.

Abfertigung am Bestimmungsorte — spezielle Deklaration, Revision und weitere Abfertigung.

Gleich nach Ankunft des Wagenzuges am Bestimmungsorte sind die Wagen und die abhebbaren Behälter der Abfertigungsstelle vorzuführen, welche dieselbe in Beziehung auf ihren Verschluß und ihre äußere Beschaffenheit revidirt.

Sodann ist binnen einer von der Zollbehörde örtlich zu bestimmenden Frist die Gattung und Menge der eingegangenen Waaren mit der Angabe, welche Abfertigungsweise begehrt wird, nach den Bestimmungen in den §§. 22. ff. speziell zu deklariren, sofern nicht nach §. 27. der Antrag auf amtliche Revision gestellt wird.

Zollfreie Gegenstände können auf Grund des Ladungsverzeichnisses ohne spezielle Deklaration abgefertigt werden.

Der Bevollmächtigte der Eisenbahnverwaltung, welcher das Ladungsverzeichniß unterzeichnet hat, haftet für die Richtigkeit der in demselben enthaltenen Angaben hinsichtlich der Zahl und Art der geladenen Kolli. Abweichungen, welche sich bei der Revision von dem in den speziellen Deklarationen angegebenen Gewicht herausstellen, bleiben innerhalb der im §. 39. bezeichneten Grenzen straffrei.

Hinsichtlich des der Verzollung oder weitern Abfertigung zu Grunde zu legenden Gewichts finden die Bestimmungen im Schlußsatze des §. 47. Anwendung. Auf den Antrag der Eisenbahnverwaltung können die Ladungsverzeichnisse auch einem anderen dazu befugten Amte zur Erledigung überwiesen werden.

§. 67.

Rücksichtlich der auf dem Transport zu Grunde gegangenen oder in verdorbenem oder zerbrochenem Zustande ankommenden Gegenstände gelten die Bestimmungen des §. 48.

§. 68.

Bei der Revision und weiteren Abfertigung kommen die Bestimmungen in den §§. 39. bis 51. zur Anwendung.

§. 69.

Die aus dem Auslande eingegangenen Waaren, für welche das im Eisenbahnverkehr zulässige erleichterte Abfertigungsverfahren in Anspruch genommen wird, sind von dem Waarenführer unter Uebergabe der Ladungspapiere dem Grenzzollamte vorzuführen, welches die Waaren unter amtliche Aufsicht und Kontrole stellt. Vor der Verladung in die Eisenbahnwagen hat der Bevollmächtigte der Eisenbahnverwaltung das im §. 63. vorgeschriebene Ladungsverzeichniß zu übergeben.

Die Verladung geschieht unter amtlicher Aufsicht und unter Vergleichung der einzuladenden Güter mit dem Ladungsverzeichniß.

Hinsichtlich des weiteren Verfahrens gelten die Bestimmungen in den §§. 64. bis 68.

2) Zollamtliche Behandlung der Güter, welche im gewöhnlichen Land-fracht- oder Schiffsverkehr einem Grenzzollamte Behufs Weiterbeförderung mittelst der Eisenbahn zugeführt werden.

§. 70.

Die zum unmittelbaren Durchgange auf den Eisenbahnen bestimmten Güter werden mit Begleitzetteln und Ladungsverzeichnissen und unter amtlichem Verschluß (§§. 63. und 64.) zur Durchfuhr abgefertigt. Die Zollabfertigung beim Grenzausgangsamte beschränkt sich in der Regel auf die Prüfung und Lösung des Verschlusses und die Bescheinigung des Ausgangs über die Grenze. Enden die Eisenbahnen bei dem Grenzausgangsamte, so hat das letztere eine Vergleichung der auszuladenden Güter mit dem Ladungsverzeichniß vorzunehmen.

Für den Durchfuhrverkehr auf Eisenbahnen, welche das Vereinsgebiet auf kurzen Strecken durchschneiden, können von der obersten Landes-Finanzbehörde weitere Erleichterungen zugestanden werden.

C. Waaren-Durchgang.

§. 71.

Ausgangszollpflichtige Güter dürfen zur Beförderung nach dem Auslande nicht verladen werden, bevor nicht der Ausgangszoll bei einer zu dessen Erhebung befugten Zoll- oder Steuerstelle entrichtet oder sichergestellt worden ist. Die Güter werden, wenn der Ausgangszoll bei einem Amte im Innern entrichtet ist, unter Kollo- oder Wagenverschluß unmittelbar nach dem Auslande abgefertigt. Bei dem Grenzausgangsamte findet alsdann nur die Prüfung und Lösung des Verschlusses statt.

D. Waaren-Ausgang.

Rücksichtlich der Güter, deren Ausfuhr nachgewiesen werden muß, kommen die Bestimmungen im §. 56. zur Anwendung.

§. 72.

Wenn die Abfertigung bei dem Grenzzollamte nach Maßgabe der vorstehenden Bestimmungen nicht in Anspruch genommen wird, so erfolgt die Abfertigung nach den in den §§. 39. bis 51. enthaltenen Bestimmungen.

§. 73.

E. Regulativ über die Behandlung des Eisenbahntransports.

Die näheren Bestimmungen über die zollamtliche Behandlung des Güter- und Effektentransports auf den Eisenbahnen werden durch ein zu erlassendes Regulativ getroffen.

VIII. Bestimmungen über die Waaren-Einfuhr und Ausfuhr seewärts.

§. 74.

A. Waaren-Eingang. Anmeldung bei dem Ansagepoften.

Wo für den Eingang seewärts Ansageposten errichtet sind, haben sich die Schiffsführer bei diesen zu melden und sämmtliche über ihre Ladung sprechenden Papiere abzugeben. Der Schiffsführer ist zugleich verpflichtet, dem Ansageposten eine von ihm unterzeichnete Deklaration der Zugänge zum Schiffsraum und etwaiger geheimer Behältnisse zu übergeben, auch dem Beamten diese Zugänge und Behältnisse an Ort und Stelle zu zeigen.

Die Ladungspapiere werden demnächst von dem Ansageposten in Gegenwart des Schiffsführers eingesiegelt, an das betreffende Grenzzollamt abtreffirt und, falls nach dem Ermessen des Ansagepostens Begleitung eintritt, dem begleitenden Beamten, anderenfalls dem Schiffsführer zur Aushändigung an das Grenzzollamt zugestellt.

§. 75.

Verfahren beim Grenzzollamte — generelle Deklaration (Manifeft).

Soll die Ladung bei dem Grenzzollamte zur Entlöschung gelangen, so hat der Schiffsführer dem Amte binnen spätestens 24 Stunden nach der Ankunft eine generelle Deklaration (Manifest) in einfacher Ausfertigung zu übergeben, welche den Namen des Schiffes und des Schiffsführers, die Nationalität und Tragfähigkeit des Schiffes, den Hafen oder die Häfen, wo die Ladung eingenommen ist, die Namen der Waarenempfänger, die Gattung der geladenen Waaren — bei verpackten Waaren auch die Zahl und Verpackungsart der Kolli, deren Zeichen und Nummer — ferner die besondere Bezeichnung der Kolli oder der unverpackt geladenen Waaren, welche sich außerhalb des Schiffsraumes befinden, endlich die Versicherung, daß die Angaben richtig sind und die Unterschrift des Schiffsführers oder seines Bevollmächtigten enthalten muß.

§. 76.

Der Schiffsführer haftet für die Richtigkeit der Angaben hinsichtlich der Zahl und Art der geladenen Kolli, sowie dafür, daß keine unverpackt geladene Waare in der Deklaration verschwiegen ist.

Die Gattung der geladenen Waaren hat der Schiffsführer nach bestem Wissen anzugeben. Ist ihm der Inhalt einzelner Kolli unbekannt, so hat er dieß in der generellen Deklaration zu bemerken.

§. 77.

Zugleich mit der generellen Deklaration muß der Schiffsführer eine Deklaration über die Zugänge zum Schiffsraum und etwaige geheime Behältnisse übergeben, sofern nicht eine solche bereits bei dem Ansagepoften (§. 74.) abgegeben ist.

Deklaration der Eingänge zum Schiffsraum und der geheimen Behältnisse.

§. 78.

Es ist ferner der generellen Deklaration eine Deklaration über die am Bord befindlichen, für den Gebrauch der Schiffsmannschaft und des Schiffs bestimmten Mund- und anderen Vorräthe, die Effekten der Schiffsmannschaft und die Schiffsinventarienstücke (Schiffsprovisionsliste) beizufügen. Das Gewicht der vorhandenen Vorräthe braucht nur annähernd angegeben zu werden.

Schiffsprovisionsliste.

Bei Schiffen, welche von ihrer Ankunft im Hafen bis zu ihrem Wiederausgange unter amtlicher Bewachung stehen, bedarf es der Abgabe einer Schiffs-Provisionsliste nicht.

§. 79.

Bevor die vorläufige Revision des Schiffes (§. 80.) Seitens der Zollbehörde stattgefunden hat, darf dasselbe ohne Erlaubniß der Zollbehörde weder am Ufer anlegen, noch irgend einen Verkehr mit dem Lande oder mit anderen Schiffen unterhalten.

Verbot des Verkehrs mit dem Lande oder mit anderen Schiffen.

Die Zollbehörde ist befugt, das Schiff sofort nach der Ankunft durch ihre Beamten besetzen zu lassen.

§. 80.

Nachdem die generelle Deklaration, sowie die Deklaration der Zugänge zum Schiffsraum und die Schiffsprovisionsliste übergeben ist, erfolgt die vorläufige Revision des Schiffes. Zugleich findet die spezielle Revision des Proviants, der Schiffsvorräthe, des Utensilien und Inventarienstücke, ferner der Effekten der Schiffsmannschaft und des Reisegepäckes der Passagiere statt, sofern nicht etwa für das letztere Abfertigung unter Begleitscheinkontrole beantragt wird.

Vorläufige Revision des Schiffes.

Demnächst werden die Waarenräume des Schiffes und die etwa die Verdeck- oder Kajütfracht bildenden Waaren unter amtlichen Verschluß gesetzt (§§. 94. bis 96.), oder das Schiff bleibt unter amtlicher Bewachung.

Der Schiffsproviant wird insoweit zollfrei und außer weiterer Kontrole gelassen, als derselbe den muthmaßlichen Bedarf der Schiffsmannschaft während der Dauer des Aufenthaltes des Schiffes im Lande nicht übersteigt. Dagegen werden die diesen Bedarf übersteigenden Mengen zur Verzollung gezogen oder auf den Antrag des Schiffsführers unter amtlichen Verschluß gesetzt.

§. 81.

Binnen einer von der Zollbehörde örtlich zu bestimmenden Frist hat demnächst der Waarenführer oder der Waarenempfänger die eingegangenen Waaren

Spezielle Deklaration, Revision und weitere Abfertigung.

dem Grenzzollamte speziell (§§. 22. ff.) zu deklariren, sofern nicht nach §. 27. der Antrag auf Vornahme der amtlichen Revision gestellt wird.

Hinsichtlich der Deklaration, Revision und weiteren Abfertigung der Waaren kommen die Bestimmungen der §§. 29. und 39. bis 51. zur Anwendung.

Abweichungen von dem deklarirten Gewicht können nach den von der obersten Landes-Finanzbehörde zu treffenden näheren Anordnungen bis zu 20 Prozent von dem deklarirten Gewicht der einzelnen Kolli oder einer zusammen abgefertigten gleichnamigen Waarenpost straffrei gelassen werden.

§. 82.

Beschädigte Strandgüter. Für beschädigte Güter, welche aus den an den Küsten von Zollvereins-staaten gestrandeten Schiffen geborgen sind und im Wege öffentlichen Ausgebotes zum Verkauf gelangen, ist auf den Antrag der Betheiligten ein Eingangszoll von zehn Prozent des Bruttoertrages des Auktionserlöses zu erheben, wenn sowohl die Behörde, welche die Auktion abhält, als die Zollbehörde die stattgehabte Beschädigung der Waare bescheinigt.

§. 83.

Ansageverfahren. Auf den Antrag des Schiffsführers können die Schiffe von dem Grenzzollamte im Ansageverfahren nach dem Bestimmungsorte abgelassen werden. Zu diesem Ende hat der Schiffsführer sogleich nach seinem Eintreffen, falls es nicht bereits bei einem Ansageposten geschehen ist, dem Grenzzollamte sämmtliche über seine Ladung sprechenden Papiere zu übergeben.

Das Schiff wird in der Regel mit zwei Beamten besetzt, welche dasselbe zu beaufsichtigen und nach dem Bestimmungsorte zu begleiten haben. Die Ladungspapiere werden amtlich abgestempelt, versiegelt und mit einem über das Schiff ausgefertigten Ansagezettel den Begleitungsbeamten zur Ablieferung an das Amt am Bestimmungsorte übergeben.

§. 84.

Umladung in Leichterschiffe. Die Ablassung im Ansageverfahren kann auch stattfinden, nachdem ein Theil der Ladung bei dem Grenzzollamte entlöscht oder die Ladung ganz oder theilweise in Leichterschiffe übergeladen worden ist. Es muß jedoch, wenn das Schiff seine Ladung ganz an Leichterfahrzeuge abgegeben hat und im Eingangshafen zurückbleibt, der Schiffsführer für die Berichtigung des Deklarationspunktes am Bestimmungsorte (§. 86.) persönlich oder durch einen Bevollmächtigten Sorge tragen. Die zollamtliche Abfertigung der beim Grenzeingangsamte entlöschten Waaren erfolgt nach Maßgabe der Bestimmungen in den §§. 39. bis 51.

§. 85.

Verpflichtungen des Schiffsführers auf der Fahrt zum Bestimmungsorte. Die Schiffsführer müssen ihre Fahrt zum Bestimmungsorte unverweilt und ohne weiteren Aufenthalt, als durch natürliche Hindernisse unvermeidlich wird, fortsetzen, auch während derselben die Ladung unberührt lassen. Die Schiffe dürfen ohne Erlaubniß der Zollbehörde auf der Fahrt weder am Ufer anlegen, noch mit dem Ufer oder mit anderen Schiffen Verkehr treiben.

§. 86.

Hinsichtlich der Deklaration, Revision und weiteren Abfertigung am Bestimmungsorte gelten die Bestimmungen der §§. 75. bis 81. **Abfertigung am Bestimmungsorte.**

Sollen die Waaren unverzollt auf einer Eisenbahn weiter versendet werden, so kann die Abfertigung mittelst Ladungsverzeichnisses nach Maßgabe der Bestimmungen in dem §. 69. erfolgen.

§. 87.

Soll die Ladung des Schiffes von dem Grenzzollamte unter Begleitscheinkontrole abgelassen werden, so kommen die Vorschriften in den §§. 41. bis 51. zur Anwendung.

§. 88.

Ueber die zur Ausfuhr seewärts bestimmten Güter, welche ausgangs- **B. Waaren-Ausgang.** zollpflichtig sind oder deren Ausfuhr nachgewiesen werden muß, hat der Schiffsführer der Zoll- oder Steuerstelle am Orte der Einladung eine Ausgangsdeklaration zu übergeben, welche den Namen des Schiffes und des Schiffsführers, die Nationalität und Tragfähigkeit des Schiffes, die Zahl, Verpackungsart, Zeichen und Nummern der Kolli, die Gattung der Waaren, die Namen der Versender und den Bestimmungsort, sowie die Bezeichnung der über die geladenen Waaren ertheilten amtlichen Bezettelungen enthalten muß.

Einer Anmeldung der zur Ausfuhr seewärts bestimmten Güter des freien Verkehrs, welche keinem Ausgangszolle unterliegen, bedarf es nicht.

Die Verladung erfolgt unter amtlicher Aufsicht. Ausgangszollpflichtige Gegenstände müssen vor der Verladung vorschriftsmäßig angemeldet und verzollt sein.

§. 89.

Die Löschung, sowie die Einnahme von Ladungen darf nur an den von C. **Lösch- und Ladeplätze.** der Zollbehörde dazu bestimmten Stellen erfolgen.

§. 90.

Die näheren Bestimmungen über das beim Eingange und Ausgange see- D. **Hafen-Regulative.** wärts zu beobachtende Verfahren enthalten die unter Berücksichtigung der örtlichen Verhältnisse zu erlassenden Hafenregulative.

IX. Behandlung des Verkehrs mit den Staatsposten.

§. 91.

Die mittelst der Posten eingehenden zollpflichtigen Waaren müssen mit einer Inhaltserklärung in Deutscher oder Französischer Sprache versehen sein; den oberen Zollbehörden bleibt vorbehalten, auf einzelnen Grenzstrecken im Falle des Bedürfnisses auch Inhaltserklärungen in anderen Sprachen zuzulassen. Die Waaren werden von der Zollstelle an der Grenze entweder schließlich abgefertigt oder an eine andere Zoll- oder Steuerstelle zur weiteren zollamtlichen Behandlung beziehungsweise zur Ausgangsabfertigung abgelassen.

10

Die Entrichtung des Eingangszolles von den zum Verbleib im Vereins-gebiet bestimmten Postgütern erfolgt im Wohnorte des Empfängers, oder, wenn keine Zoll- oder Steuerstelle daselbst vorhanden ist, bei einer geeignet gelegenen Hebestelle, deren Wahl der Postbehörde überlassen bleibt.

Bei den durchgehenden Poststücken findet seitens des Grenzausgangsamtes eine Vergleichung mit den Inhaltserklärungen und, wenn es für nöthig erachtet wird, den Postkarten oder den Begleitbriefen statt. Nach dem Ermessen der Zollbehörde kann die Durchführung der Poststücke durch das Vereinsgebiet auch unter Gesammtverschluß oder statt dessen unter amtlicher Begleitung erfolgen.

Sollen Gegenstände mit der Post nach dem Auslande versendet werden, welche einem Ausgangszolle unterliegen, so muß dieser vorher entrichtet werden.

Die näheren Bestimmungen wegen der Behandlung des Verkehrs mit den Posten sind in einem besonderen Regulativ enthalten.

X. Behandlung der Reisenden.

§. 92.

Die vom Auslande eingehenden Reisenden, welche zollpflichtige Waaren bei sich führen, brauchen dieselben, wenn sie nicht zum Handel bestimmt sind, nur mündlich anzumelden. Auch steht es solchen Reisenden frei, statt einer bestimmten Antwort auf die Frage der Zollbeamten nach verbotenen oder zollpflich-tigen Waaren, sich sogleich der Revision zu unterwerfen. In diesem Falle sind sie nur für die Waaren verantwortlich, welche sie durch die getroffenen Anstalten zu verheimlichen bemüht gewesen sind.

Einer Anmeldung bei dem Ansagepoften (§. 38.) bedarf es nicht. Der Ansagepoften kann, wenn er es für nöthig erachtet, die Reisenden bis zum Grenz-zollamte begleiten lassen.

Die Effekten der Reisenden werden in der Regel sogleich beim Grenz-Eingangsamte schließlich abgefertigt. Beim Ausgange sind dieselben nur aus besonderen Verdachtsgründen einer Revision unterworfen.

XI. Behandlung der einem Werthzolle unterliegenden Gegenstände.

§. 93.

Die in dem Vereinszolltarif festgesetzten Werthzölle sollen nach dem Werthe am Orte des Ursprungs oder der Fabrikation des eingeführten Gegenstandes, mit Hinzurechnung der bis zum Orte der Eingangsabfertigung erforderlichen Transport-, Versicherungs- und Kommissionskosten, berechnet werden.

Wer einen solchen Gegenstand einführt, hat dessen Werth schriftlich zu deklariren.

Wenn die Zollbehörde den deklarirten Werth für unzulänglich erachtet, so soll sie berechtigt sein, die Waaren zu behalten, gegen Zahlung des deklarirten Werthes mit einem Zuschlage von fünf vom Hundert an denjenigen, welcher dieselben eingeführt hat.

Diese Zahlung muß innerhalb der auf die Deklaration folgenden vierzehn Tage erfolgen, und es müssen die etwa erhobenen Zölle gleichzeitig erstattet werden.

Wenn die Zollbehörde das Vorkaufsrecht ausüben will, so kann derjenige, gegen welchen dasselbe ausgeübt werden soll, sofern er es vorzieht, die Abschätzung der Waare durch Sachverständige verlangen. Dieselbe Befugniß steht der Zollbehörde zu, wenn sie es nicht für angemessen erachtet, sofort von dem Vorkaufsrechte Gebrauch zu machen.

Wenn die Schätzung durch Sachverständige ergiebt, daß der Werth der Waare den bei der Einfuhr deklarirten nicht um fünf vom Hundert übersteigt, so soll der Zoll nach dem in der Deklaration angegebenen Betrage erhoben werden.

Wenn der Werth den deklarirten um fünf vom Hundert übersteigt, so kann die Zollbehörde nach ihrer Wahl das Vorkaufsrecht ausüben oder den Zoll nach dem durch die Sachverständigen ermittelten Werth erheben.

Dieser Zoll soll zur Strafe um die Hälfte seines Betrages erhöht werden, wenn der von den Sachverständigen ermittelte Werth um zehn vom Hundert höher ist, als der deklarirte.

Die Kosten der Untersuchung sind von dem Deklaranten zu tragen, wenn der durch die schiedsrichterliche Entscheidung ermittelte Werth den deklarirten Werth um fünf vom Hundert übersteigt; im entgegengesetzten Falle sind dieselben von der Zollbehörde zu tragen.

Im Falle einer Abschätzung der Waare wird der eine der beiden sachverständigen Schiedsrichter von dem Deklaranten, der andere von dem Vorstande der Lokal-Zollbehörde ernannt. Bei einer Meinungsverschiedenheit oder, wenn der Deklarant es verlangt, schon bei der Niedersetzung des Schiedsgerichts, wird ein Obmann von den Sachverständigen gewählt, oder sofern sich die letzteren über die Wahl nicht verständigen, von dem Präsidenten des zuständigen Handelsgerichts oder, wo ein solches nicht vorhanden ist, von dem Vorsitzenden des Civilgerichts erster Instanz ernannt.

Die schiedsrichterliche Entscheidung muß innerhalb der auf die Niedersetzung des Schiedsgerichts folgenden vierzehn Tage abgegeben werden.

XII. Waarenverschluß.

§. 94.

Der zollamtliche Verschluß erfolgt durch Kunstschlösser, Bleie oder Siegel.

Das abfertigende Amt hat zu bestimmen, ob Verschluß eintreten, welche Art desselben angewendet und welche Zahl von Schlössern, Bleien u. s. w. angelegt werden soll. Es kann verlangen, daß derjenige, welcher die Abfertigung begehrt, die Vorrichtungen treffe, welche es für nöthig hält, um den Verschluß anzubringen.

§. 95.

Das erforderliche Material an Blei, Lack, Licht und Versicherungsschnur, sowie die fortan erforderlichen Schlösser beschafft die Zollverwaltung, vorbehalt-

10*

lich des Anspruchs auf Ersatz der Kosten für verloren gegangene oder beschädigte Schlösser gegen diejenigen, welche die Schuld des Verlustes oder der Beschädigung trifft. Eisenbahnverwaltungen haben in dieser Beziehung für ihre Angestellten zu haften.

Das übrige zu der Verschlußvorrichtung nöthige Material muß von den Betheiligten besorgt werden.

§. 96.

Bei eingetretener Verletzung des Waarenverschlusses kann in Folge der im Begleitschein u. s. w. von den Extrahenten übernommenen Verpflichtung für die Waaren, je nachdem ihre Gattung ermittelt ist oder nicht, die Entrichtung des tarifmäßigen oder des höchsten Eingangszolles verlangt werden.

Wird der Verschluß nur durch zufällige Umstände verletzt, so kann der Inhaber der Waaren bei dem nächsten zur Verschlußanlegung befugten Zoll- oder Steueramte auf genaue Untersuchung des Thatbestandes, Revision der Waaren und neuen Verschluß antragen. Er läßt sich die darüber aufgenommenen Verhandlungen aushändigen und giebt sie an dasjenige Amt, welchem die Waaren zu stellen sind, ab. Der Zollbehörde bleibt die Entscheidung überlassen, ob nach den obwaltenden Umständen von den oben angegebenen Folgen der Verschlußverletzung abgesehen werden kann.

XIII.   Von den Niederlagen unverzollter Waaren.

§. 97.

A. Oeffentliche Niederlagen.

Zur Beförderung des mittelbaren Durchfuhrhandels und des inneren Verkehrs werden in den wichtigeren Handelsplätzen des Vereinsgebiets, sowie bei den Hauptzollämtern an der Grenze, wo ein Bedürfniß dazu sich zeigt, unter amtlicher Aufsicht stehende öffentliche Niederlagen eingerichtet, in welchen Waaren bis zu ihrer weiteren Bestimmung unverzollt gelagert werden können.

Die öffentlichen Niederlagen sind entweder:

allgemeine Niederlagen (Packhöfe, Hallen, Lagerhäuser, Freihäfen §§. 98. bis 104.), oder

beschränkte Niederlagen (§. 105.), oder

freie Niederlagen (Freiläger §. 107.).

An Orten, wo keine dem Staate gehörigen Gebäude, welche als Niederlage benutzt werden können, oder dergleichen Gebäude nicht in dem nöthigen Umfange vorhanden sind, ist es Sache der Kaufmannschaft oder der Kommune, welche eine solche Anlage oder deren Erweiterung wünschen, den erforderlichen sicheren Raum zur Benutzung des Staates zu stellen.

§. 98.

1) Allgemeine Niederlagen. Niederlagerecht — Lagerfrist.

Das Niederlagerecht wird in Regel nach nur für solche Waaren bewilligt, auf denen noch ein Zollanspruch haftet und welche nicht durch die besonderen Niederlage-Regulative (§. 106.) von der Lagerung ausgeschlossen sind.

Die Lagerfrist soll in der Regel einen Zeitraum von fünf Jahren nicht überschreiten.

§. 99.

Wo Lagergeld erhoben wird, soll dasselbe für jede Niederlage nach dem örtlichen Bedarf zur Deckung der Kosten festgestellt werden, jedoch, sofern die Niederlagen für Rechnung des Staates verwaltet werden, die folgenden Säze nicht überschreiten:

für das Lagern monatlich

    a) von trocknen Waaren vom Zentner $\frac{1}{20}$ Thaler (3 Kreuzer),

    b) von flüssigen Waaren vom Zentner $\frac{1}{24}$ Thaler ($4\frac{1}{2}$ Kreuzer).

Lagergeld.

§. 100.

Die in der Niederlage befindliche Waare haftet unbedingt für den darauf ruhenden Zoll.

Wird die Verabfolgung der Waaren aus der Niederlage vom Niederleger oder einer dritten Person verlangt, so ist diesem Verlangen nur unter den im §. 14. enthaltenen Beschränkungen zu willfahren.

Haftung der lagernden Waaren.

§. 101.

Den Eigenthümern und Disponenten der lagernden Güter steht es frei, in der Niederlage, unter Aufsicht der Beamten, die Waaren Behufs der Theilung, Sortirung, Reinigung, Erhaltung und sonstiger mit dem Zweck der Niederlage zu vereinbarenden Behandlung umzupacken, sofern geeignete Räumlichkeiten dazu vorhanden sind.

Zur Ergänzung, Auffüllung ꝛc. der lagernden Waaren können Waaren aus dem freien Verkehr in die Niederlage eingebracht werden. Dieselben nehmen damit die Eigenschaft fremder unverzollter Waaren an.

Gestattung der Umpackung.

§. 102.

Die Niederlageverwaltung muß für die wirthschaftliche Erhaltung der Niederlageräume in Dach und Fach, für sichern Verschluß derselben, für Aufrechthaltung der Ruhe und Ordnung unter den in der Niederlage beschäftigten Personen, sowie für Abwendung von Feuersgefahr im Innern des Gebäudes und dem dazu gehörigen umschlossenen Raum sorgen und haftet für Beschädigungen der lagernden Waaren, welche aus einer ihr zur Last fallenden Unterlassung oder Vernachlässigung dieser Fürsorge entstehen. Diese Verpflichtung tritt erst ein, nachdem die Waare in die Niederlage aufgenommen und die amtliche Bescheinigung hierüber ertheilt worden ist.

Andere Beschädigungen der lagernden Waaren und Unglücksfälle, welche dieselben treffen, hat die Niederlageverwaltung nicht zu vertreten.

Verpflichtungen der Niederlageverwaltung rücksichtlich der lagernden Waaren.

§. 103.

Die Verzollung oder weitere Abfertigung der von den Niederlagen abgemeldeten Waaren erfolgt nach Maßgabe der bei der Einlagerung festgestellten Menge und Beschaffenheit derselben.

Abmeldung von der Niederlage.

In Fällen, in welchen das Gewicht der Waaren während der Lagerung durch Umpacken (§. 101.) oder durch zufällige Ereignisse eine Verminderung erfahren hat, oder in denen anzunehmen ist, daß eine bei der Abmeldung wahrgenommene Gewichtsverminderung lediglich durch Eintrocknen, Einzehren, Verstauben, Verdunsten, oder gewöhnliche Leckage entstanden ist, bildet das Auslagerungsgewicht der Waaren die Grundlage der Abfertigung, sofern nicht von den Betheiligten die Verzollung oder Abfertigung nach dem Einlagerungsgewicht verlangt wird. Liegt der Verdacht vor, daß ein Theil der Waaren heimlich aus der Niederlage entfernt worden, so ist stets das Einlagerungsgewicht der Verzollung zu Grunde zu legen.

Das Gewicht der etwa von den Waaren entnommenen Proben wird besonders zur Verzollung gezogen.

Von den auf der Niederlage gänzlich verdorbenen und unbrauchbar gewordenen Waaren wird, nachdem dieselben unter amtlicher Aufsicht vernichtet worden sind, ein Zoll nicht erhoben.

§. 104.

Verfahren mit Waaren:
a) deren Eigenthümer unbekannt ist,

Sind Güter, deren Eigenthümer und Disponenten unbekannt sind, ein Jahr in der Niederlage geblieben, so soll dies unter genauer Bezeichnung derselben zu zwei verschiedenen Malen mit einem Zwischenraum von mindestens vier Wochen durch öffentliche Blätter bekannt gemacht werden, und wenn sich hierauf binnen sechs Monaten nach der letzten Bekanntmachung Niemand meldet, die Niederlageverwaltung berechtigt sein, die Güter öffentlich meistbietend zu verkaufen. Der Erlös bleibt nach Abzug der Bekanntmachungs- und Verkaufskosten, der Abgaben, sowie der etwa auf die Erhaltung der Waaren verwandten Kosten und des Lagergeldes sechs Monate hindurch aufbewahrt und fällt, wenn er bis zu deren Ablauf von Niemand in Anspruch genommen wird, der Staatskasse anheim.

Sind dergleichen Waaren einem schnellen Verderben ausgesetzt, so kann ein früherer Verkauf mit Genehmigung der dem Hauptamte vorgesetzten Behörde in der Art geschehen, daß der Licitationstermin im Orte zu zwei verschiedenen Malen innerhalb acht Tagen öffentlich bekannt gemacht wird.

b) welche binnen fünf Jahren aus der Niederlage nicht abgeholt werden.

Haben Güter, deren Eigenthümer oder Disponent bekannt ist, länger als fünf Jahre gelagert, so ist derselbe, sofern nicht auf seinen Antrag ausnahmsweise eine längere Lagerung bewilligt ist, aufzufordern, die Güter binnen einer Frist, welche vier Wochen nicht überschreiten darf, von der Niederlage zu nehmen. Genügt er dieser Aufforderung nicht, so wird zum öffentlichen Verkauf der Waaren geschritten und der Erlös nach Abzug der Kosten und Abgaben dem Eigenthümer oder Disponenten zugestellt.

§. 105.

2) Beschränkte Niederlagen.

Bei den Aemtern an solchen Orten, welche nicht im Genuß des Niederlagerechts sind, können, wo sich ein Bedürfniß dazu ergiebt und geeignete Räume vorhanden sind, Waaren unverzollt mit der Maßgabe niedergelegt werden, daß die Lagerfrist in der Regel nicht über sechs Monate dauern darf. Nach Ablauf derselben treten die im §. 104. enthaltenen Bestimmungen ein.

Wegen des Lagergeldes, der Gestattung von Umpackungen und der Behandlung des während der Lagerung entstandenen Mindergewichts kommen die Bestimmungen für allgemeine Niederlagen in den §§. 99, 101, und 103. in Anwendung.

§. 106.

Die näheren Bedingungen für die Benutzung der einzelnen Niederlagen, sowie die speziellen Vorschriften über die Abfertigung der zu denselben gelangenden und aus ihnen zu entnehmenden Waaren enthalten die zu erlassenden Regulative. ^{3) Regulative für die Niederlagen.}

§. 107.

In den wichtigeren Seeplätzen des Vereinsgebiets können örtlich mit dem Hafen in Verbindung stehende freie Niederlageanstalten (Freiläger) errichtet werden. ^{4) Freie Niederlagen.}

Derartige Niederlagen werden mit den Maßgaben, welche die für die einzelnen Niederlagen zu erlassenden Regulative enthalten, zollgesetzlich als Ausland behandelt. Die zur Ein- und Auslabung, sowie zur Lagerung bestimmten Räume sind durch sichernde Umschließung von dem umgebenden Gebiete abzuschließen.

§. 108.

Waaren, auf denen ein Zollanspruch haftet, können auch in Privaträumen unter oder ohne Mitverschluß der Zollbehörden niedergelegt werden. Sind die Waaren zum Absatz im Vereinsgebiete bestimmt und nur zur Sicherung des darauf ruhenden, aber kreditirten Eingangszolles niedergelegt (Privat-Kredit-läger), so darf die Lagerungsfrist sich der Regel nach nicht über sechs Monate und — bei längerer Lagerung — wenigstens nicht über das Kalenderjahr des Eingangs hinaus erstrecken. ^{B. Privatläger.}

Sind die zu lagernden Waaren zugleich oder ausschließlich zum Absatz nach dem Auslande bestimmt (Privat-Transitläger), so finden auf diese Läger, wenn sie unter amtlichem Mitverschluß stehen, die Bestimmungen in den §§. 101. und 103. Anwendung; rücksichtlich der Lagerfrist gilt die Vorschrift des §. 98. Dagegen haftet der Inhaber eines Privat-Transitlagers, welches sich nicht unter amtlichem Mitverschluß befindet, unbedingt für die Entrichtung des Eingangszolles von den zum Privatlager verabfolgten Waaren nach Maßgabe des bei der Verabfolgung festgestellten Gewichts, insofern er nicht die Entrichtung der Abgaben an anderen Orten oder die Ausfuhr der Waaren in vorgeschriebener Art nachweist.

Für die Bewachung der unter amtlichem Mitverschluß stehenden Privat-Transitläger während ihrer Oeffnung bleibt der Zollverwaltung vorbehalten, die Entrichtung von Gebühren zu fordern.

§. 109.

Die näheren Bestimmungen darüber, für welche Gegenstände und unter welchen Bedingungen Privatläger zu bewilligen sind, wird der Bundesrath des Zollvereins treffen.

§. 110.

C. Fortlaufende Konten.

Zur Erleichterung des Vertriebes ausländischer Waaren nach dem Auslande können an Großhandlungen unverzollte fremde Waaren unter Eintragung
in ein fortlaufendes Konto mit der Maßgabe verabfolgt werden, daß die Wiederausfuhr derselben nach dem Auslande nachgewiesen oder die Verzollung zum
Eingange bewirkt werden muß.

Die Bedingungen, unter denen derartige Konten zu bewilligen sind, und
die Verpflichtungen der Konteninhaber werden durch ein besonderes Regulativ
bestimmt.

XIV. Verkehrserleichterungen und Befreiungen.

§. 111.

1) Versendungen aus
dem Vereinsgebiet
durch das Aus-
land nach dem
Vereinsgebiet.

Bei Versendungen der im freien Verkehr stehenden Gegenstände aus dem
Vereinsgebiete durch das Ausland nach dem Vereinsgebiete ist dem Ausgangs-
Zollamte oder einem zu dieser Abfertigung befugten Amte im Innern eine Deklaration vorzulegen, worin die Art und Menge der zu versendenden Waaren
mit ihrer sprachgebräuchlichen oder handelsüblichen Benennung und deren Bestimmungsort anzugeben ist. Einer Angabe des Nettogewichts der in einem
Kollo zusammen verpackten, verschieden tarifirten Waaren bedarf es nicht.

Es tritt sodann die Revision und, der Regel nach, der amtliche Verschluß
der Waaren ein. Dem Abfertigungsamte bleibt es überlassen, auch andere
Maßregeln zur Sicherung gegen eine Vertauschung der Waaren zu treffen.
Bei Versendung von Wein können Proben entnommen werden, welche verschlossen
der Sendung beizufügen sind.

Der Absender erhält demnächst die hiernach bescheinigte Deklaration zurück,
auf welcher zugleich die zum Eintreffen beim Wiedereingangsamte verstattete Frist
bemerkt wird.

Hat die Ausgangsabfertigung bereits bei einem Amte im Innern stattgefunden, so bedarf es bei dem Grenzausgangsamte nur der Rekognition des
Verschlusses.

Bei derartigen Versendungen von ausgangszollpflichtigen Waaren kann
Sicherstellung des Ausgangszolles verlangt werden.

Bei dem Wiedereingangsamte werden die Gegenstände auf den Grund
der zu übergebenden Deklaration revidirt und nach richtigem Befund ohne Zollerhebung abgelassen. Sind die Waaren unter Kollo- beziehungsweise Wagen-
oder Schiffsverschluß abgefertigt, so beschränkt sich die Revision beim Wiedereingangsamte in der Regel auf die Prüfung und Lösung des angelegten Verschlusses. Auf den Antrag des Waarenführers können auch die Waaren von
dem Grenzzollamte unter Belassung des amtlichen Verschlusses auf ein Amt im
Innern zur schließlichen Abfertigung abgelassen werden.

Wird bei dem Transport von Waaren, welche unter Zollkontrole stehen,
zwischenliegendes Ausland berührt, so muß die Waare dem Ausgangs- und dem
Wiedereingangsamte zur Revision gestellt und der richtige Ausgang, beziehungsweise der Wiedereingang auf der die Sendung begleitenden Bezettelung bescheinigt werden.

Nach örtlichem Bedürfnisse können von der obersten Landes-Finanzbehörde für den Verkehr aus dem Vereinsgebiete durch das Ausland nach dem Vereins-gebiete Erleichterungen zugestanden werden.

§. 112.

Zur Erleichterung des Besuchs auswärtiger Messen und Märkte kann die zollfreie Rückbringung der unverkauft gebliebenen, aus dem freien Verkehr des Zollvereins stammenden Waare verstattet werden.

Nicht minder wird den fremden Handel- und Gewerbtreibenden, welche vereinsländische Messen und Märkte besuchen, von ihren unverkauften Waaren Erlaß des Eingangszolles bei der Wiederausfuhr gewährt.

2) Meß- und Markt-verkehr.

§. 113.

Vereinsländische Erzeugnisse oder Fabrikate, welche, außer dem Meß- und Marktverkehr, auf Bestellung, zum Kommissionsverkauf, zur Ansicht, zu öffent-lichen Ausstellungen oder zum vorübergehenden Gebrauch nach dem Auslande gesandt sind und von dort zurückkommen, können vom Eingangszolle frei gelassen werden, sofern kein Zweifel dawider besteht, daß dieselben Waaren wieder ein-gehen, welche ausgegangen sind.

3) Retourwaaren.

§. 114.

Die Freilassung vom Eingangszolle kann auch erfolgen, wenn Gegenstände aus dem Auslande zu öffentlichen Ausstellungen oder zum vorübergehenden Ge-brauche eingehen, und demnächst wieder ausgeführt werden.

§. 115.

Gegenstände, welche zur Verarbeitung, zur Vervollkommnung oder zur Reparatur mit der Bestimmung zur Wiederausfuhr eingehen, können vom Ein-gangszolle befreit werden.

In besonderen Fällen kann dies auch geschehen, wenn Gegenstände zu einem der bezeichneten Zwecke nach dem Auslande gehen und im vervollkomm-neten Zustande zurückkommen.

4) Veredelungsver-kehr.

§. 116.

In Bezug auf den kleinen Grenzverkehr können nach Maßgabe des ört-lichen Bedürfnisses besondere Erleichterungen angeordnet werden.

5) Grenzverkehr.

§. 117.

Inländische Strandgüter von Schiffen, welche nach dem Auslaufen ver-unglücken, bleiben, wenn die Thatsache vollständig nachgewiesen ist, frei vom Eingangszolle.

6) Strandgüter.

§. 118.

Die allgemeinen Bedingungen und Kontrolen, unter denen die in den §§. 111. bis 117. erwähnten Erleichterungen und Befreiungen eintreten, werden von dem Bundesrathe des Zollvereins vorgeschrieben werden.

Der Bundesrath wird ferner darüber Bestimmung treffen, ob und unter welchen Bedingungen auch in anderen als den oben erwähnten Fällen für die

7) Bedingungen der vorstehenden Er-leichterungen — anderweite Zoll-erlasse aus Billig-keitsrücksichten.

aus bem freien Verkehr des Zollvereins nach bem Auslande gesandten Gegenstände beim Wiebereingange, ober für bie vom Auslande eingegangenen Gegenstände beim Wiederausgange aus Billigkeitsrücksichten ein Zollerlaß gewährt
werden darf.

XV. Kontrolen im Grenzbezirke.

§. 119.

Transportkontrole. Innerhalb des Grenzbezirks unterliegen, nach Maßgabe ber von ber obersten
Landes-Finanzbehörde zu treffenden Anordnungen, solche Waaren, bei welchen es
nach den örtlichen Verhältnissen zur Sicherung gegen heimliche Einfuhr ober
Ausfuhr nothwendig erscheint, einer Transportkontrole. Zu biesem Zweck hat
Jeder, welcher Waaren bieser Art im Grenzbezirke transportirt, sich burch eine
amtliche Bescheinigung (Legitimationsschein) barüber auszuweisen, baß er zum
Transporte ber gehörig bezeichneten Waaren in einer gewissen Frist unb auf
ben vorgeschriebenen Wegen befugt sei.

Beim Eingange aus bem Auslande unb in ber Richtung von ber Grenze
nach ber Zollstelle bebarf es auf ber Zollstraße keines Transportausweises. Von
ber Zollstelle bis zur Binnenlinie haben sich biese Transporte burch bie bei ersterer
erhaltene Bezettelung zu legitimiren.

§. 120.

*Allgemeine Befreiung
von ber Legitimations-
schein-Pflichtigkeit.* Von ber Verpflichtung zur Legitimation im Grenzbezirke sind allgemein
befreit:

a) rohe Erzeugnisse des Bodens unb ber Viehzucht eines inländischen Land-
   guts für den Verkehr innerhalb des Gutsbezirks. Wird bas Landgut
   von ber Grenzlinie durchschnitten, so sind nach ber Oertlichkeit besondere
   Aufsichtsmaßregeln vorzuschreiben;

b) ber Transport auf ben bem öffentlichen Verkehr bienenden Eisenbahnen
   aus bem Binnenlande in ben Grenzbezirk;

c) Gegenstände, bie innerhalb einer Stadt, eines Dorfes ober einer geschlossenen Ortschaft des Grenzbezirks von Haus zu Haus gesendet wer-
   ben, vorbehaltlich ber auch über solche Transporte, sofern bieselben bie
   im Eingange des §. 119. gebachten Waaren zum Gegenstande haben,
   auf Verlangen ber Zollbeamten zu liefernden Nachweisung ber Verzollung ober zollfreien Abstammung ber letzteren;

d) ber Gütertransport mit ben Posten. Die Postanstalten im Grenzbezirke
   bürfen jedoch, wenn es für nöthig erachtet unb ihnen bekannt gemacht
   wird, entweder allgemein ober von gewissen Personen Päckereien zur
   Beförberung landeinwärts nur gegen eine, für jeden einzelnen Fall zu
   ertheilende schriftliche Erlaubniß des betreffenden Zollamts annehmen,
   welche bann bas Poststück zum Bestimmungsorte begleitet.

§. 121.

An den Ufern der Gewässer im Grenzbezirke und auf den in diesen Ge- Waarentransport auf
Gewässern. wässern gelegenen Inseln dürfen zollfreie Gegenstände im verpackten Zustande oder zollpflichtige Gegenstände ohne besondere Erlaubniß nur an solchen Stellen aus- und eingeladen werden, welche zu Landungsplätzen (§. 17.) bestimmt und als solche bezeichnet sind.

Für Gewässer, welche längs der Zollgrenze sich erstrecken, bleibt es der obersten Landes-Finanzbehörde überlassen, nach dem örtlichen Bedürfniß eine Entfernung zu bestimmen, bis auf welche beladene Fahrzeuge ohne Erlaubniß des nächsten Zollamtes sich dem Ufer nur nähern dürfen. Unverdeckte Nachen, welche zollfreie Gegenstände geladen haben, unterliegen dieser Beschränkung nicht.

§. 122.

Der Transport der der Legitimationsschein-Kontrole unterliegenden Waaren Beschränkung des
Transports in Bezug
auf die Zeit. im Grenzbezirke ist nur innerhalb der im §. 21. bezeichneten Tageszeit gestattet, sofern nicht der Transport auf den dem öffentlichen Verkehr dienenden Eisenbahnen stattfindet oder in besonderen Fällen von dem zuständigen Haupt- oder Nebenzollamte vor dem Beginne des Transportes eine Ausnahme nachgelassen ist.

§. 123.

Der zum Transport erforderliche Ausweis wird ausgestellt: Ausstellung des
Transportausweises.

a) beim Eingange aus dem Auslande von demjenigen Grenzzollamte, bei welchem die Anmeldung und Abfertigung geschieht;

b) beim Uebergange aus dem Binnenlande in den Grenzbezirk von denjenigen Aemtern und Expeditionsstellen in der Nähe der Binnenlinie, welche zur Ausfertigung von Legitimationsscheinen ermächtigt sind;

c) bei Versendungen aus Orten des Grenzbezirks von der nächsten Zoll- oder Expeditionsstelle;

d) auch können Ortsbehörden oder andere dazu geeignete Personen zur Ausstellung von Versendungsscheinen ausnahmsweise ermächtigt werden.

§. 124.

Hausirgewerbe, zu welchem auch das Halten von Wanderlagern gehört, Kontrole der Gewerbe-
treibenden. dürfen im Grenzbezirke nur mit besonderer Erlaubniß und unter den zum Zwecke des Zollschutzes erforderlichen, von der obersten Landes-Finanzbehörde anzuordnenden Beschränkungen betrieben werden.

Auf Material- und Spezereiwaaren, auf Wein, Branntwein und Liqueure, sowie auf Zeuge, ganz oder theilweise aus Baumwolle, Wolle oder Seide, soll sich der Regel nach die Erlaubniß nicht erstrecken. Es können indeß von der obersten Landes-Finanzbehörde für einzelne Grenzstrecken in Bezug auf solche Waaren, welche dort keinen Gegenstand des Schleichhandels bilden, Ausnahmen zugelassen werden.

Soweit es zur Sicherung des Zollinteresses für nöthig erachtet wird, ist auch der Marktbesuch, sowie der stehende Gewerbebetrieb im Grenzbezirke den

nach den örtlichen Verhältniffen von der oberften Landes-Finanzbehörde vorzu-
fchreibenden Kontrolen unterworfen. Insbefondere hat Jeder, welcher mit Waaren
einen Handel treibt, auf die fich die angeordnete fpezielle Kontrole erftreckt, ein
Buch zu führen, worin rückfichtlich der unmittelbar aus dem Auslande bezogenen
Waaren beim Empfang derfelben der Tag und Ort, an und in welchem die
Verzollung ftattgefunden hat, bemerkt, und rückfichtlich der aus dem Inlande
empfangenen Waaren der Nachweis hierüber enthalten fein muß.

XVI. Kontrolen im Binnenlande.

§. 125.

Ueber den Grenzbezirk hinaus find im Innern des Vereinsgebiets nach
Maßgabe der von der oberften Landes-Finanzbehörde nach den örtlichen Verhältniffen zu treffenden Anordnungen nur folche Waaren, welche einen Gegenftand
des Schleichhandels bilden, und nur infoweit einer Kontrole unterworfen, daß

1) die aus dem Auslande oder aus dem Grenzbezirke in das Innere des
Landes übergehenden Waaren mit den im Grenzbezirke empfangenen
Bezettelungen bis zum Beftimmungsorte begleitet fein müffen, und

2) von den Handeltreibenden, welche dergleichen Waaren unmittelbar aus
dem Auslande beziehen, über den Handel mit denfelben Buch zu führen
und darin der Tag und der Ort der Verzollung jedesmal beim Empfang
der Waare anzumerken ift.

XVII. Hausfuchungen und körperliche Vifitationen.

§. 126.

Sind Gründe vorhanden, zu vermuthen, daß irgend Jemand im Grenzbezirke fich einer Uebertretung der Zollgefetze fchuldig gemacht habe, oder zu einer
folchen Uebertretung durch Bergung verbotener oder zollpflichtiger Waaren mit-
wirke, fo können zur Ermittelung derartiger Kontraventionen Nachfuchungen nach
folchen Vorräthen unter Erforderung des Ausweifes über die gefchehene Verzollung oder den inländifchen Urfprung der vorgefundenen Waaren, auch Hausfuchungen von Zollbeamten unter Leitung eines Oberkontroleurs oder eines
anderen Beamten gleichen oder höheren Ranges vorgenommen werden. Hausfuchungen dürfen jedoch nur unter Beachtung der nach den Landesgefetzen für
Hausfuchungen im Allgemeinen vorgefchriebenen Förmlichkeiten ftattfinden. Der
Beobachtung diefer Förmlichkeiten bedarf es nicht, wenn auf der That betroffene,
von den Zollbeamten verfolgte Schleichhändler in Häufern, Scheunen u. f. w.
einen Zufluchtsort fuchen. In folchen Fällen müffen die verdächtigen Räume
den verfolgenden Zollbeamten auf Verlangen fofort und zu jeder Zeit geöffnet,
und es dürfen letztere in Ausübung ihrer Dienftpflicht gegen die Flüchtigen auf
keine Weife gehindert werden.

Auch sind unter den vorgedachten Nachsuchungen die Revisionen bei den auf den Grund des §. 124. dieses Gesetzes unter Kontrole stehenden Gewerb-treibenden nicht begriffen.

Haussuchungen außerhalb des Grenzbezirks zum Zwecke der Verfolgung einer Uebertretung der Zollgesetze können nur von den zur Untersuchung solcher Uebertretungen kompetenten Behörden angeordnet und unter deren Leitung vor-genommen werden.

§. 127.

Personen, gegen welche der Augenschein den Verdacht erregt, daß sie Waaren unter den Kleidern verborgen haben und welche der Aufforderung der Zollbeamten, sich dieser Gegenstände freiwillig zu entledigen, nicht sogleich voll-ständig genügen, können der körperlichen Visitation unterworfen werden. Sie müssen jedoch, wenn sie die Visitation nicht bei der nächsten Zollstelle oder Orts-behörde wollen geschehen lassen, deßhalb vor die zur Untersuchung der Zollstraf-fälle kompetente Behörde geführt werden.

XVIII. Von den Dienststellen und Beamten und deren amtlichen Befugnissen.

§. 128.

Jede Erhebungs- oder Abfertigungsstelle im Grenzbezirke soll durch ein Schild mit einer Inschrift bezeichnet werden, aus welcher hervorgeht, welche Be-hörde daselbst ihren Sitz hat. Die Zollämter sind entweder Hauptzollämter oder Nebenzollämter erster oder zweiter Klasse.

Bei den Hauptzollämtern ist jede Zollentrichtung und jede durch dieses Gesetz vorgeschriebene Abfertigung ohne Einschränkung sowohl bei der Einfuhr als bei der Ausfuhr und Durchfuhr zulässig.

Bei Nebenzollämtern erster Klasse können Gegenstände, von welchen die Gefälle nicht über zehn Thaler vom Zentner betragen, oder welche nach der Stückzahl zu verzollen sind, in unbeschränkter Menge eingehen.

Höher belegte oder nach dem Werthe zu verzollende Gegenstände dürfen nur dann über solche Aemter eingeführt werden, wenn die Gefälle von der-gleichen auf einmal eingehenden Waaren den Betrag von Einhundert Thalern nicht übersteigen.

Zur Abfertigung der auf den Eisenbahnen eingehenden Waaren mit La-dungsverzeichniß (§§. 63. und 69.) sind Nebenzollämter erster Klasse ohne Ein-schränkung befugt.

Ueber Nebenzollämter zweiter Klasse können Waaren, welche nicht höher als mit fünf Thalern für den Zentner belegt sind, oder welche nach der Stück-zahl oder nach dem Werthe zu verzollen sind, in Mengen eingeführt werden, von welchen die Gefälle für die ganze Waarenladung den Betrag von fünf und zwanzig Thalern nicht übersteigen. Der Eingang von höher belegten Gegen-ständen ist nur in Mengen von höchstens funfzig Pfund zulässig. Vieh kann über Nebenzollämter zweiter Klasse in unbeschränkter Menge eingehen.

A. Im Grenzbezirk.

Den Ausgangszoll können Nebenzollämter erster und zweiter Klasse in unbeschränktem Betrage erheben.

Dieselben sind ferner zur Abfertigung der mit der Post eingehenden Gegenstände ohne Einschränkung befugt.

Innerhalb der vorstehend bezeichneten Befugnisse können Nebenzollämter erster und zweiter Klasse Waaren, welche mit Berührung des Auslandes aus einem Theile des Vereinsgebiets in den anderen versendet werden (§. 111.), bei dem Aus- und Wiedereingange abfertigen.

Insoweit das Bedürfniß des Verkehrs es erfordert, werden einzelne Nebenzollämter von der obersten Landes-Finanzbehörde mit erweiterter Abfertigungsbefugniß, auch mit der Ermächtigung zur Ausstellung und Erledigung von Begleitscheinen 1. versehen werden.

§. 129.

Die Führer von Fuhrwerk oder Schiffen, sowie alle Personen, welche Waaren transportiren, sind verpflichtet, den Anordnungen der Grenzaufsichtsbeamten Folge zu leisten und dasjenige zu unterlassen, wodurch dieselben in Ausübung ihres Amtes gehindert werden würden.

Kiepen-, Korb- und Packträger, Fuhrwerke und beladene Lastthiere, welche nicht verpackte Waaren führen, sowie als leer angegebenes Fuhrwerk können von den Grenzaufsehern auf der Stelle revidirt werden.

Verpackte Waaren können die Grenzaufseher, wenn sie nicht durch äußere Besichtigung davon Ueberzeugung erlangen, daß solche keiner Transportkontrole im Grenzbezirke unterworfen sind, in der Richtung, in welcher sich die Transporte bewegen, zur nächsten Dienststelle begleiten oder solche zur Obrigkeit des nächsten Ortes führen, um mit dieser eine Nachsuchung vorzunehmen. Bei Personen, gegen welche der Augenschein den Verdacht erregt, daß sie Waaren unter den Kleidern verborgen haben, ist nach §. 127. zu verfahren.

Führer von Schiffsgefäßen von weniger als fünf Lasten Tragfähigkeit müssen auf den Anruf der Grenzaufseher so bald wie möglich anhalten und, je nachdem es verlangt wird, den Grenzaufsehern zur Stelle bie nöthige Auskunft zu geben, um sie zu überzeugen, daß die transportirten Gegenstände eines Ausweises nicht bedürfen. Kann dies nicht sofort genügend geschehen, so sind die Grenzaufseher befugt, den Transport dahin zu führen, wo die verlangte Auskunft mit Sicherheit zu erlangen ist.

Reisende, welche sich auf einer Zollstraße in der unbezweifelten Richtung nach dem Grenzzollamte befinden, dürfen von den Grenzaufsehern nicht angehalten werden.

§. 130.

Die im §. 20. bezeichneten Beamten haben, um der ihnen dort aufgelegten Verpflichtung genügen zu können, bei vorhandenem Verdachte, daß eine Verletzung der Zollgesetze beabsichtigt werde, die Befugniß, Personen und Waaren soweit anzuhalten, als solches den Grenzaufsehern selbst verstattet ist.

§. 131.

Im Innern des Vereinsgebiets bestehen zur Erhebung der Eingangs- und Ausgangszölle Hauptzoll- oder Hauptsteuerämter und Zoll- oder Steuerämter.

Hauptzoll- und Hauptsteuerämter, mit denen eine Niederlage für Waaren verbunden ist, auf denen noch ein Zollanspruch haftet (§. 97.), sind zu jeder Zollerhebung oder sonstigen zollamtlichen Abfertigung, soweit sie nach dem Gesetze im Innern stattfinden darf, ermächtigt.

Hauptsteuerämter ohne Niederlage können die ihnen durch Begleitschein II. überwiesenen Zollbeträge erheben. Zur Ertheilung von Begleitscheinen I. sind dieselben, soweit es sich nicht un Ausstellung neuer Begleitscheine in Folge der Theilung von Waarentransporten (§. 50.) handelt, nur auf Grund besonderer Genehmigung befugt. Der obersten Landes-Finanzbehörde bleibt es vorbehalten, ausnahmsweise diese Aemter auch zur Erledigung von Begleitscheinen I. zu ermächtigen.

Den Eingangszoll von den mit der Post eingehenden Gegenständen dürfen alle Zoll- und Steuerämter ohne Unterschied erheben. Welche Zoll- und Steuerämter im Innern zur Erhebung des Ausgangszolles befugt sind (§. 34.), ferner welche Aemter Abfertigungen nach Maßgabe des §. 111. vornehmen, auf welche Aemter Abfertigungen nach Maßgabe der §§. 63. und 66. bis 71., und bei welchen Aus- und Umladungen der auf den Eisenbahnen unter Wagenverschluß beförderten Güter (§. 65.) stattfinden können, bestimmt die oberste Landes-Finanzbehörde. Der letzteren bleibt es auch vorbehalten, nach Bedürfniß einzelnen Zoll- oder Steuerämtern im Innern die Befugniß zur Ertheilung und zur Erledigung von Begleitscheinen beizulegen.

§. 132.

Steueraufseher und andere Beamte im Innern, welche mit der Handhabung der Waarenkontrole im Binnenlande (§. 125.) beauftragt sind, müssen, wenn sie sich in Dienstausübung befinden, entweder in Uniform gekleidet oder mit einer vom Oberinspektor des Bezirks oder dessen vorgesetzter Behörde ausgestellten und untersiegelten Legitimationskarte versehen sein.

Sie sind befugt, Fuhrwerke und Packenträger, welche dem Anscheine nach kontrolpflichtige Waaren führen und aus dem Grenzbezirke kommen, während des Transportes anzuhalten und die Waarenführer zur Auskunft über die geladenen Waaren, sowie in geeigneten Fällen zur Vorzeigung der im Grenzbezirke erhaltenen Bezettelungen aufzufordern und durch äußere Besichtigung der Ladung, wobei eine Veränderung in der Lage der geladenen Kolli oder die Eröffnung der Verpackung nicht stattfinden darf, sich von der Uebereinstimmung der Ladung mit der erhaltenen Auskunft zu unterrichten.

Findet sich hierbei, daß über eine kontrolpflichtige Ladung die erforderliche Bezettelung fehlt, oder ergiebt sich ein Verdacht, daß andere, als die angegebenen

Waaren geladen sind, oder daß die Ladung in der Menge von der vorgezeigten Bezettelung erheblich abweicht, so müssen die Aufsichtsbeamten die Ladung zu der auf dem Wege zum Bestimmungsorte zunächst gelegenen Steuerstelle oder, wenn solche über eine halbe Meile von dem Orte entfernt liegt, wo der verdächtige Transport angetroffen worden, zu der nächsten in dieser Richtung vorhandenen Polizeibehörde begleiten, um daselbst die nähere Untersuchung der Ladung vorzunehmen.

In Städten, wo zur Erhebung und Beaufsichtigung innerer Steuern besondere Beamte an den Thoren stationirt sind, haben auch diese die Befugniß zur Nachfrage über die geladenen aus dem Grenzbezirke kommenden Gegenstände und, sofern sich darunter kontrolpflichtige Artikel befinden, zur Besichtigung der Ladung.

XIX. Geschäftsstunden bei den Zoll- und Steuerstellen.

§. 133.

Bei sämmtlichen Grenzzollämtern und sonstigen im Grenzbezirke vorhandenen Abfertigungsstellen sollen, soweit nicht unter Berücksichtigung der örtlichen Verhältnisse eine andere Regelung stattgefunden hat, an den Wochentagen in folgenden Stunden die Geschäftslokale geöffnet und die Beamten zur Abfertigung der Zollpflichtigen daselbst gegenwärtig sein, nämlich:

in den Monaten Oktober bis Februar einschließlich:

Vormittags von 7¼ bis 12 Uhr und Nachmittags von 1 bis 5¼ Uhr;

in den übrigen Monaten:

Vormittags von 7 bis 12 Uhr und Nachmittags von 2 bis 8 Uhr.

Bei den Hauptzoll- und Hauptsteuerämtern im Innern sollen die Dienststunden folgende sein:

in den Monaten Oktober bis einschließlich Februar:

Vormittags von 8 bis 12 Uhr und Nachmittags von 1 bis 5 Uhr;

in den übrigen Monaten:

von 7 bis 12 Uhr und von 2 bis 5 Uhr.

Die Abfertigung der Reisenden, welche keine zum Handel bestimmten Waaren mit sich führen, bei den Grenzzollämtern muß zu jeder Zeit ohne Ausnahme geschehen. Die Effekten der auf Eisenbahnen eingehenden Passagiere, sowie die auf den Eisenbahnen ankommenden, sofort unter Wagenverschluß weiter gehenden Frachtgüter (§. 63.) sind sowohl bei den Grenzämtern, als bei Aemtern im Innern zu jeder Zeit, auch an Sonn- und Festtagen, abzufertigen.

Wo es außerdem das Bedürfniß des Verkehrs erfordert, werden auch andere Abfertigungen zu anderen, als den oben festgesetzten Stunden, sowie an Sonn- und Festtagen, außerhalb der Zeit des Gottesdienstes, ertheilt werden. Es werden in dieser Beziehung die näheren Vorschriften von den Zolldirektivbehörden getroffen werden.

XX. Strafbestimmungen.

§. 134.

Wer es unternimmt, Gegenstände, deren Ein-, Aus- oder Durchfuhr *Begriff und Strafe*
verboten ist, diesem Verbote zuwider ein-, aus- oder durchzuführen, macht sich *der Kontrebande.*
einer Kontrebande schuldig und hat die Konfiskation der Gegenstände, in Bezug
auf welche das Vergehen verübt worden ist, und, insofern nicht in besonderen
Gesetzen eine höhere Strafe festgesetzt ist, zugleich eine Geldbuße verwirkt, welche
dem doppelten Werthe jener Gegenstände, und wenn solcher nicht zehn Thaler
beträgt, dieser Summe gleichkommen soll.

§. 135.

Wer es unternimmt, die Ein- oder Ausgangsabgaben (§§. 3. und 5.) zu *Begriff und Strafe*
hinterziehen, macht sich einer Defraudation schuldig und hat die Konfiskation der *der Defraudation.*
Gegenstände, in Bezug auf welche das Vergehen verübt worden ist, und zugleich
eine dem vierfachen Betrage der vorenthaltenen Abgaben gleichkommende Geldbuße verwirkt. Diese Abgaben sind außerdem zu entrichten.

§. 136.

Die Kontrebande, beziehungsweise Zollbefraudation, wird insbesondere dann *Thatbestand der Kon-*
als vollbracht angenommen: *trebande und der De-*
fraudation.

1) a) wenn verbotene Gegenstände von Frachtführern, Spediteuren oder
   anderen Gewerbetreibenden — von letzteren, insofern die Gegenstände zu ihrem Gewerbe in Bezug stehen — unrichtig oder gar
   nicht deklarirt, oder

   b) von anderen Personen wider besseres Wissen unrichtig deklarirt oder
   bei der Revision verheimlicht werden;

   c) wenn in Fällen der speziellen Deklaration (§§. 39. 41. 55. 66. 81. 88.)
   zollpflichtige Gegenstände von den unter a. bezeichneten Personen
   gar nicht oder in zu geringer Menge oder in einer Beschaffenheit,
   welche eine geringere Abgabe würde begründet haben, deklarirt
   werden;

   d) wenn in anderen Fällen (§§. 63. 69. 75. 78.) von den unter a.
   bezeichneten Personen Kolli, welche zollpflichtige Gegenstände enthalten, oder dergleichen unverpackte Gegenstände überhaupt nicht
   deklarirt werden;

   e) wenn von anderen als den unter a. bezeichneten Personen wider
   besseres Wissen zollpflichtige Gegenstände unrichtig deklarirt oder bei
   der Revision verschwiegen werden.

   Inwieweit Abweichungen, welche sich gegen das deklarirte
   Gewicht herausstellen, straffrei zu lassen sind, bestimmen die §§. 39.
   66. und 81.;

2) wenn bei einer Revision ohne vorherige Deklaration verbotene oder zollpflichtige Gegenstände
   a) im Falle des §. 27. nicht zur Revision gestellt, oder
   b) im Falle des §. 92. durch getroffene Anstalten verheimlicht werden;
3) wenn beim Eingange mittelst der Eisenbahn (§. 61.)
   a) verbotene oder zollpflichtige Gegenstände vorbehaltlich der im §. 61.
      bestimmten Ausnahmen in den Personenwagen oder sonst anderswo
      als in den Güterwagen, oder
   b) andere zollpflichtige Gegenstände, als solche, welche die Angestellten
      oder Arbeiter der Eisenbahnverwaltung auf der Fahrt selbst zum
      eigenen Gebrauch oder zu dienstlichen Zwecken nöthig haben, auf
      den Lokomotiven oder in den dazu gehörigen Tendern sich befinden,
   c) verbotene oder zollpflichtige Gegenstände vor der Ankunft des Zuges
      am Grenzzollamte ausgeladen oder ausgeworfen werden;
4) wenn ausgangszollpflichtige Gegenstände, ohne vorherige Anmeldung und
   Entrichtung oder Sicherstellung des Ausgangszolles entgegen den Bestimmungen in den §§. 71. und 88. zur Beförderung nach dem Auslande
   verladen worden sind;
5) wenn beim Transport verbotener oder zollpflichtiger Gegenstände im
   Grenzbezirke
   a) die Zollstätte, bei welcher dieselben bei dem Ein- oder Ausgange
      hätten angemeldet oder gestellt werden sollen, ohne solche Anmeldung
      überschritten oder umgangen,
   b) die vorgeschriebene Zollstraße oder der im Zollausweis (§§. 21. und
      119.) bezeichnete Weg nicht inne gehalten,
   c) der Transport ohne Erlaubniß der Behörde außer der gesetzlichen
      Tageszeit (§. 21.) bewirkt wird, oder
   d) Gegenstände ohne den vorschriftsmäßigen Zollausweis (§. 119.)
      betroffen werden, oder mit diesem nicht übereinstimmen;
6) wenn über verbotene oder zollpflichtige Gegenstände, welche aus dem
   Auslande eingehen, vor der Anmeldung und Revision bei der Zollstätte,
   oder wenn über derartige zur Durchfuhr oder zur Versendung nach einer
   öffentlichen Niederlage deklarirte oder sonst unter Zollkontrole befindliche
   Gegenstände auf dem Transporte eigenmächtig verfügt wird;
7) wenn Gewerbtreibende im Grenzbezirke sich nicht in Gemäßheit der nach
   §. 124. getroffenen Anordnungen über die erfolgte Verzollung oder die
   zollfreie Abstammung der bezogenen Gegenstände ausweisen können;
8) wenn unverzollte Waaren aus einer Niederlage ohne vorschriftsmäßige
   Deklaration (Abmeldung) entfernt werden;
9) wenn Gewerbtreibende, denen zur Beförderung ihres Gewerbes und unter
   der Bedingung der Verwendung zu diesem Zwecke der Bezug zollpflich-

tiger Gegenstände ganz frei oder gegen eine geringere Abgabe verwilligt wurde, dieselben ohne vorherige Nachzahlung der vollen Abgabe anderweit verwenden oder veräußern; oder wenn Personen, denen Waaren von der Zollverwaltung unverzollt anvertraut wurden, über dieselben zur Verkürzung der Zollgefälle gegen die Zollgesetze oder Verordnungen verfügen.

§. 137.

Das Dasein der in Rede stehenden Vergehen und die Anwendung der Strafe derselben wird in den in §. 136. angeführten Fällen lediglich durch die daselbst bezeichneten Thatsachen begründet.

Kann jedoch in den im §. 136. unter 1. a. c. und d., 3. 4. 5. 6. 7. und 8. angeführten Fällen der Angeschuldigte nachweisen, daß er eine Kontrebande oder Defraudation nicht habe verüben können, oder eine solche nicht beabsichtigt gewesen sei, so findet nur eine Ordnungsstrafe nach Vorschrift des §. 152. statt.

§. 138.

Wenn in den im §. 125. bezeichneten Fällen der zollordnungsmäßige Ausweis über die im Binnenlande transportirten Waaren nicht zur Stelle ertheilt werden kann, oder der dort vorgeschriebene Vermerk in den Handelsbüchern fehlt, so wird zwar hierdurch die Vermuthung einer begangenen Defraudation und dem Befinden nach die vorläufige Beschlagnahme der ohne die vorgeschriebene Bezettelung oder Vermerkung in den Handelsbüchern vorgefundenen Waaren begründet. Widerlegt sich aber diese Vermuthung bei näherer Untersuchung, so tritt nur eine Ordnungsstrafe nach §. 152. ein.

§. 139.

Werden Gegenstände, deren Ein-, Durch- oder Ausfuhr verboten ist,

1) bei dem Grenzzollamte von Gewerbtreibenden ausdrücklich angezeigt, oder von anderen Personen vorschriftsmäßig zur Revision gestellt, oder

2) kommen solche Gegenstände mit der Post an, und kann derjenige, an welchen sie gesendet sind, einer beabsichtigten Kontrebande nicht überführt werden,

so findet keine Strafe, sondern nur die Zurückschaffung der Gegenstände statt.

Im ersten Falle geschieht die Zurückschaffung auf Kosten desjenigen, welcher die verbotenen Gegenstände bei sich geführt hat, im zweiten Falle haften für die etwa dem Staate verursachten Kosten die Gegenstände selbst.

§. 140.

Im Wiederholungsfalle der Kontrebande oder Defraudation, nach vorhergegangener rechtskräftiger Verurtheilung, wird außer der Konfiskation der Gegenstände des Vergehens die nach §§. 134. und 135. eintretende Geldbuße verdoppelt.

Strafe des ersten Rückfalls.

12*

§. 141.

Strafe des ferneren Rückfalls.

Jeder fernere Rückfall zieht neben der Konfiskation der Gegenstände des Vergehens in der Regel eine Freiheitsstrafe nach sich, welche nach dem Doppelten der im §. 140. bestimmten Geldbuße zu bemessen ist (§. 162.), jedoch zwei Jahre nicht überschreiten darf.

Doch kann ausnahmsweise nach richterlichem Ermessen mit Berücksichtigung aller Umstände des vorliegenden Vergehens und der vorausgegangenen Fälle auf das Doppelte der im §. 140. bestimmten Geldbuße erkannt werden, wenn der Angeklagte das Kontrebandiren oder Defraubiren nicht gewerbsmäßig betreibt.

§. 142.

Die Strafen des Rückfalls (§§. 140. und 141.) treten ein, ohne Rücksicht darauf, ob die frühere Verurtheilung in demselben Zollvereinsstaate, in welchem das neue Vergehen begangen ist, oder in einem anderen Vereinsstaate erfolgt ist.

Bei Beurtheilung der Frage, ob ein Rückfall vorliegt, sind die Kontrebande und die Defraubation als gleichartige Vergehen zu betrachten.

Die Straferhöhung wegen Rückfalls findet jedoch nicht statt, wenn seit dem Zeitpunkte, in welchem die Freiheitsstrafe oder Geldbuße des zuletzt begangenen früheren Vergehens abgebüßt oder erlassen worden ist, drei Jahre verflossen sind.

Der rechtskräftigen Verurtheilung wird die Erledigung des Straffalles durch freiwillige Unterwerfung gleichgestellt.

§. 143.

Wenn ein Frachtführer oder Spediteur nach Vorschrift des §. 136. Nr. 1. Littr. c. und d. wegen unrichtiger Deklaration verurtheilt, derselbe jedoch durch die ihm von dem Befrachter mitgegebenen Deklarationen, Frachtbriefe oder anderen schriftlichen Notizen über den Inhalt der Kolli zu der unrichtigen Deklaration veranlaßt worden, oder wenn in den §. 136. Nr. 7. angeführten Fällen die Verurtheilung lediglich auf dem Grund der daselbst bezeichneten Thatsachen erfolgt ist, ohne daß die Defraubation selbst weiter nachgewiesen worden, so findet im Wiederholungsfalle die Strafe des Rückfalls nicht statt; auch soll eine solche Verurtheilung diese Strafe bei einem nachfolgenden Zollvergehen nicht begründen.

§. 144.

Kontrebande oder Zolldefraubation unter erschwerenden Umständen.

Die Strafe der Kontrebande oder Defraubation wird um die Hälfte geschärft:

1) wenn die Gegenstände beim Transport in geheimen Behältnissen, oder sonst auf künstliche oder schwer zu entdeckende Art verborgen,

2) wenn unter Zollkontrole gehende Gegenstände auf dem Transporte vertauscht oder in ihren Bestandtheilen verändert worden sind,

3) wenn die Kontrebande oder Defraudation mittelst Abnahme, Verletzung oder sonstiger Unbrauchbarmachung eines amtlichen Waarenverschlusses verübt wird,

wobei jedoch das im §. 162. festgesetzte höchste Maaß der Freiheitsstrafe nicht überschritten werden darf.

§. 145.

Diese Strafverschärfung tritt in den Fällen des §. 136. Ziffer 9. gleichfalls ein. Außerdem gehen die Schuldigen der ihnen gewährten Begünstigung verlustig.

§. 146.

Wenn drei oder mehrere Personen zur gemeinschaftlichen Ausübung einer Kontrebande oder Defraudation sich verbunden haben, so wird die Strafe für die gemeinschaftlich ausgeführten Vergehen gegen den Anführer durch eine drei- bis sechsmonatliche, gegen jeden der übrigen Theilnehmer aber durch ein- bis dreimonatliche Freiheitsstrafe geschärft.

Werden drei oder mehrere Personen zusammen in Ausübung eines Vergehens betroffen, so wird angenommen, daß sie sich zur gemeinschaftlichen Ausübung verbunden haben, wenn sie nicht nachweisen können oder aus den Umständen hervorgeht, daß ihr Zusammentreffen nur ein zufälliges gewesen sei.

Wird das Vergehen nach vorhergegangener rechtskräftiger Verurtheilung wiederholt, oder ist eine derartige Verbindung für die Dauer eingegangen worden, so trifft den Anführer ein- bis zweijährige, die übrigen Theilnehmer sechsmonatliche bis einjährige Freiheitsstrafe, neben der verwirkten Defraudations- oder Kontrebandestrafe.

§. 147.

a) Wer Kontrebande oder Defraudation unter dem Schutze einer Versicherung verübt, verfällt neben der auf das Vergehen selbst gesetzten Strafe in eine zwei- bis dreimonatliche Freiheitsstrafe.

b) Wird die Kontrebande oder Defraudation von drei oder mehreren zu diesem Zwecke verbundenen Personen unter dem Schutze einer Versicherung verübt, so ist die nach §. 146. verwirkte Strafe gegen den Anführer mit achtmonatlicher bis einjähriger und gegen die übrigen Theilnehmer mit vier- bis sechsmonatlicher Freiheitsstrafe zu schärfen.

c) Der Versichernde, sowie der Vorsteher einer Versicherungsgesellschaft verfällt in den Fällen a. und b. in eine Freiheitsstrafe von Ein und ein halb bis zwei Jahren, der Rechnungsführer der Versicherungsgesellschaft in eine solche von sechs Monaten bis zu zwei Jahren, jeder der übrigen Mitglieder der Gesellschaft in eine solche von sechs Monaten bis zu Einem Jahre.

Außerdem unterliegen die zum Zwecke der Versicherung angelegten Fonds der Versicherungsgesellschaft der Konfiskation. Kann die Konfiskation nicht vollstreckt werden, so ist an deren Stelle auf Erlegung einer Geldsumme von fünfhundert bis fünftausend Thalern zu erkennen, für welche sämmtliche Theilnehmer solidarisch verhaftet sind.

§. 148.

Wer bei Verübung einer Kontrebande oder Defraudation Waffen zum Widerstande gegen die zur Wahrnehmung des Zollinteresses verpflichteten Beamten mit sich führt, hat neben der ordentlichen Strafe des Vergehens sechsmonatliche bis einjährige Freiheitsstrafe verwirkt.

Gegen denjenigen, welcher im Grenzbezirke auf Nebenwegen oder zur Nachtzeit bei einer Kontrebande oder Defraudation mit Waffen betroffen wird, wird angenommen, daß er die Waffen zum Widerstande gegen die Beamten mit sich geführt habe, sofern nicht aus den Umständen hervorgeht oder der Beweis geführt wird, daß der Zweck der Führung der Waffen mit dem Vergehen in keinem Zusammenhange stehe.

Hat der Angeschuldigte sich der Waffen zum Widerstande gegen die Beamten wirklich bedient, so treten die nach den Landesgesetzen verwirkten Strafen ein.

Den Waffen stehen andere gleich gefährliche Werkzeuge gleich.

§. 149.

Strafe der Theilnahme. In Betreff der Bestrafung der Miturheber, Gehülfen und Begünstiger einer Kontrebande oder Defraudation sind, soweit nicht die besonderen Vorschriften der §§. 146. und 147. Anwendung finden, die allgemeinen Vorschriften der Landesstrafgesetze maßgebend.

Die für den Rückfall bestimmte Strafe trifft nur diejenigen Theilnehmer einer Kontrebande oder Defraudation, welche sich selbst eines Rückfalls schuldig gemacht haben.

§. 150.

Art der Vollstreckung der Freiheitsstrafe und deren Folgen. Rücksichtlich der zu erkennenden Art der Freiheitsstrafe und deren Vollstreckung, sowie rücksichtlich der Folgen, welche außerdem die Verurtheilung nach sich zieht, kommen die Landesgesetze zur Anwendung.

§. 151.

Ordnungsstrafen. Die Verletzung des amtlichen Waarenverschlusses ohne Beabsichtigung einer Gefälle-Entziehung wird, wenn nicht nachgewiesen werden kann, daß dieselbe durch einen unverschuldeten Zufall entstanden ist, mit einer Geldbuße bis zu dreihundert Thalern geahndet.

§. 152.

Die Uebertretung der Vorschriften dieses Gesetzes, sowie der in Folge derselben öffentlich bekannt gemachten Verwaltungsvorschriften wird, sofern keine besondere Strafe angedroht ist, mit einer Ordnungsstrafe bis zu funfzig Thalern geahndet.

§. 153.

Subsidiarische Vertretungsverbindlichkeit dritter Personen. 1) Handel- und Gewerbtreibende haben für ihre Diener, Lehrlinge, Markthelfer, Gewerbsgehülfen, Ehegatten, Kinder, Gesinde, und die sonst in ihrem Dienste oder Tagelohn stehenden oder sich gewöhnlich bei der Familie aufhaltenden Personen,

2) Eisenbahnverwaltungen und Dampfschifffahrtsgesellschaften für ihre Angestellten und Bevollmächtigten,

3) andere nicht zur handel- und gewerbtreibenden Klasse gehörenden Personen aber nur für ihre Ehegatten und Kinder

rücksichtlich der Geldbußen, Zollgefälle und Prozeßkosten zu haften, in welche die
solchergestalt zu vertretenden Personen wegen Verletzung der zollgesetzlichen oder
Zollverwaltungs-Vorschriften verurtheilt worden sind, die sie bei Ausführung der
ihnen von den subsidiarisch Verhafteten übertragenen oder ein- für allemal über-
lassenen Handels-, Gewerbs- und anderen Verrichtungen zu beobachten hatten.

Der Zollverwaltung bleibt in dem Falle, wenn die Geldbuße von dem
Angeschuldigten nicht beigetrieben werden kann, vorbehalten, die Geldbuße von
dem subsidiarisch Verhafteten einzuziehen, oder statt dessen und mit Verzichtung
hierauf die im Unvermögensfalle an die Stelle der Geldbuße tretende Freiheitsstrafe sogleich an dem Angeschuldigten vollstrecken zu lassen.

Weisen indessen die unter 1. und 3. bezeichneten subsidiarisch Verhafteten
nach, daß das Zollvergehen ohne ihr Wissen verübt worden, so haften sie nur
für die Zollgefälle.

§. 154.

Der in Folge einer Kontrebande oder Defraudation eintretende Verlust
der Gegenstände des Vergehens trifft jederzeit den Eigenthümer. Eine Ausnahme findet statt, wenn die Kontrebande oder Defraudation von dem bekann-
ten Frachtfuhrmann oder Schiffer, welchem der Transport allein anvertraut war,
ohne Theilnahme oder Mitwissen des Eigenthümers oder des in dessen Namen
handelnden Befrachters verübt worden ist, und der Waarenführer nicht zu denjenigen Personen gehört, für welche der Eigenthümer oder der Befrachter nach
Vorschrift des §. 153. subsidiarisch verhaftet ist. In diesem Falle tritt statt der
Konfiskation die Verpflichtung des Waarenführers ein, den Werth jener Gegenstände zu entrichten.

Bestimmungen wegen
der Konfiskation.

§. 155.

In allen Fällen, in denen die Konfiskation selbst nicht vollzogen werden
kann, ist statt derselben auf Erlegung des Werths der Gegenstände und, wenn
dieser nicht zu ermitteln ist, auf Zahlung einer Geldsumme von fünf und
zwanzig bis Eintausend Thalern zu erkennen.

§. 156.

Das Eigenthum der Gegenstände, die der Konfiskation unterliegen, geht
in dem Augenblick, wo dieselben in Beschlag genommen worden sind, auf den
Staat über, und kann nach den Grundsätzen der Civilgesetze über die Vindikation
gegen jeden dritten Besitzer verfolgt werden.

§. 157.

Zollpflichtige Gegenstände, welche im Grenzbezirke gefunden werden, unterliegen, sofern deren Eigenthum von Niemand in Anspruch genommen und der
Nachweis ihrer Verzollung oder ihrer Herkunft aus dem freien Verkehr des Zollvereins nicht erbracht wird, der Beschlagnahme durch die Zollverwaltung.

Mit den hiernach in Beschlag genommenen Gegenständen ist weiter nach den Bestimmungen im Absatz 1. und 2. des §. 104. zu verfahren.

§. 158.

Zusammentreffen mit anderen strafbaren Handlungen.

Treffen mit einer Kontrebande oder Defraudation andere strafbare Handlungen zusammen, so kommt die für erstere bestimmte Strafe zugleich mit der für letztere vorgeschriebenen zur Anwendung.

§. 159.

Wird eine Kontrebande oder Defraudation mittelst Fälschung eines amtlichen Waarenverschlusses verübt, so tritt neben der Strafe des verübten Zollvergehens die durch die Landesgesetze für die Fälschung öffentlicher Urkunden festgesetzte Strafe ein.

§. 160.

Strafe der Bestechung.

Wer einem zur Wahrnehmung des Zollinteresses verpflichteten Beamten oder den Angehörigen desselben wegen einer zu dessen amtlichem Wirkungskreise gehörigen Handlung oder Unterlassung einer solchen Geschenke oder andere Vortheile anbietet, verspricht oder gewährt, wird, wenn solches den gesetzlichen Karakter der Bestechung hat, mit der Strafe der Bestechung, andernfalls mit einer Ordnungsstrafe bis zu zwanzig Thalern belegt.

§. 161.

Strafe der Widersetzlichkeit.

Wer sich Handlungen oder Unterlassungen zu Schulden kommen läßt, wodurch ein solcher Beamter in der rechtmäßigen Ausübung seines Amtes verhindert wird, hat, insofern damit keine Beleidigung oder thätliche Widersetzlichkeit gegen die Person des Beamten verbunden ist, eine Geldbuße bis zu funfzig Thalern verwirkt.

Beleidigungen und thätliche Widersetzungen gegen einen zur Wahrnehmung des Zollinteresses verpflichteten Beamten bei rechtmäßiger Ausübung seines Amtes werden, sofern sie nicht unter die im §. 148. Absatz I. vorgesehenen gehören, nach den Landesgesetzen bestraft.

§. 162.

Umwandlung der Geldstrafe in Freiheitsstrafe.

Im Falle die Geldstrafe nicht beigetrieben werden kann, tritt statt derselben verhältnißmäßige Freiheitsstrafe ein, welche im ersten Falle der Kontrebande oder Defraudation die Dauer von einem halben Jahre, beim ersten Rückfall in eines dieser Vergehen die Dauer von Einem und bei jedem ferneren Rückfall die Dauer von zwei Jahren nicht überstreigen soll.

Das Verhältniß, nach welchem die Freiheitsstrafe abzumessen (§. 141.) oder die Geldbuße in Freiheitsstrafe umzuwandeln ist, wird durch die Landesgesetze bestimmt.

§. 163.

Unbekanntschaft mit den Zollgesetzen.

Unbekanntschaft mit den Vorschriften dieses Gesetzes und der in Folge derselben gehörig bekannt gemachten Verwaltungsvorschriften soll Niemand, auch nicht den Ausländern, zur Entschuldigung gereichen.

§. 164.

Die Vergehen der Kontrebande und der Defraudation (§§. 134. und 135.) Verjährung der Zoll-vergehen. verjähren in drei Jahren, Ordnungswidrigkeiten (§§. 151. und 152.) in Einem Jahre, von dem Tage an gerechnet, an welchem sie begangen sind.

Der Anspruch auf Nachzahlung befraudirter Gefälle verjährt in fünf Jahren.

§. 165.

Hinsichtlich des Strafverfahrens verbleibt es bei den Bestimmungen der Landesgesetze. Strafverfahren.

XXI. Schlußbestimmungen.

§. 166.

Dieses Gesetz tritt vom 1. Januar 1870. an in Kraft, und sind von diesem Zeitpunkte ab alle entgegenstehenden Bestimmungen aufgehoben.

§. 167.

Bei Verkündung des Gesetzes können solche Aenderungen des Wortlautes vorgenommen werden, welche nach den bestehenden Gesetzen in den einzelnen Vereinsstaaten in der Bezeichnung der Behörden, Beamten, Uebertretungen oder des Münzfußes nöthig sind.

Die zur Ausführung des Gesetzes erforderlichen Regulative und sonstigen Bestimmungen werden von dem Bundesrathe des Zollvereins festgestellt.

Urkundlich unter Unserer Höchsteigenhändigen Unterschrift und beigedrucktem Bundes-Insiegel.

Gegeben Schloß Babelsberg, den 1. Juli 1869.

(L. S.) Wilhelm.

Gr. v. Bismarck-Schönhausen.

Inhalts-Verzeichniß.

13*

— 90 —

§§.

Gesetz,

die Besteuerung des Zuckers betreffend.

Vom 26. Juni 1869.

Wir Wilhelm, von Gottes Gnaden König von Preußen ꝛc. verordnen im Namen des Norddeutschen Bundes, nach erfolgter Zustimmung des Bundesrathes des Deutschen Zollvereins und des Deutschen Zollparlaments, was folgt:

§. 1.

Vom 1. September d. J. ab wird die Steuer vom inländischen Rübenzucker mit acht Silbergroschen oder acht und zwanzig Kreuzern vom Zollzentner der zur Zuckerbereitung bestimmten rohen Rüben erhoben.

§. 2.

Vom 1. September d. J. ist an Eingangszoll vom Zentner ausländischen Zucker und Syrup zu erheben, und zwar von

1) Zucker: raffinirter Zucker aller Art, sowie Rohzucker, wenn letzterer den auf Anordnung des Bundesrathes bei den nach Bedürfniß öffentlich zu bezeichnenden Zollstellen niederzulegenden, nach Anleitung des Holländischen Standart Nr. 19. und darüber zu bestimmenden Mustern entspricht.. 6 Rthlr. — Sgr.

2) Rohzucker, soweit solcher nicht zu dem unter 1. gedachten gehört.................................... 4   .   —   .

3) Syrup... 2   .   15   .
   Auflösungen von Zucker, welche als solche bei der Revision bestimmt erkannt werden, unterliegen dem vorstehend unter 2. aufgeführten Eingangszolle.

4) Melasse unter Kontrole der Verwendung zur Branntweinbereitung....................................   frei.

Für Tara werden vom Zentner Bruttogewicht vergütet:
beim Eingang von Brod- (Hut-) Zucker, Kandis-, Bruch- oder Lumpenzucker:

14 Pfund in Fässern mit Dauben von Eichen- und anderem harten Holze,
10   .   in anderen Fässern,
13   .   in Kisten,
7   .   in Körben;

beim Eingange von Rohzucker und Farin(Zuckermehl), sowie gestoßenem Zucker:
13 Pfund in Fässern mit Dauben von Eichen- oder anderem harten Holze,
10 - in anderen Fässern,
13 - in Kisten,
8 - in außereuropäischen Rohrgeflechten (Kanasters, Kranjans),
7 - in anderen Körben,
4 - in Ballen;
beim Eingange von Syrup:
11 Pfund in Fässern.

§. 3.

Bei der Ausfuhr von inländischem wie von ausländischem Zucker über die Zollvereinsgrenze oder bei dessen Niederlegung in öffentlichen Niederlagen wird, wenn die auszuführende Menge mindestens zehn Zentner beträgt, eine Vergütung für den Zentner gewährt:

a) für Rohzucker von mindestens 88 Prozent Polari-
sation . . . . 3 Rthlr. 4 Sgr.

b) für Kandis und für Zucker in weißen, vollen, harten
Broden bis zu 25 Pfund Nettogewicht oder in
Gegenwart der Steuerbehörde zerkleinert . . . . 3 - 25 -

c) für allen übrigen harten Zucker, sowie für alle
weiße trockenen (nicht über 1 Prozent Wasser enthaltende) Zucker, in Krystall-, Krümel- und Mehl-
form von mindestens 98 Prozent Polarisation . . . . . 3 - 18 -

Der Bundesrath des Zollvereins hat die Zollämter zu bestimmen, über welche die Ausfuhr bewirkt werden kann. Derselbe ist auch befugt, zu bestimmen, daß die bei der Ausfuhr von Zucker gegen Vergütung abzugebende Deklaration auf den Zuckergehalt nach dem Grade der Polarisation gerichtet werde.

§. 4.

Wird bei der Ausfuhr von Zucker durch unrichtige Angabe des Zucker-gehalts oder der sonstigen Beschaffenheit (handelsüblichen Bezeichnung) des Zuckers, Steuer- oder Zollvergütung für Zucker, bei dessen Ausfuhr eine Vergütung über-haupt nicht gewährt wird, in Anspruch genommen, so hat der Deklarant den Betrag des vierten Theils der in Anspruch genommenen Vergütung als Strafe verwirkt. Wird durch die unrichtige Angabe des Zuckergehalts eine höhere Steuer- oder Zollvergütung, als die für die Klasse, zu welcher der auszuführende Zucker gehört, festgesetzte Vergütung in Anspruch genommen, so hat der Deklarant das Doppelte der Differenz zwischen der zuständigen und der beanspruchten Ver-gütung als Strafe verwirkt.

Außer den vorstehend gedachten Strafen tritt die Konfiskation des un-richtig deklarirten Zuckers ein, wenn solcher in der Absicht, die Staatskasse zu verkürzen, zwischen Zucker verpackt worden ist, für welchen eine Vergütung, be-ziehungsweise eine höhere Vergütung gewährt wird.

Ueberſteigt die Angabe des Zuckergehalts den bei der Reviſion ermittelten Zuckergehalt um nicht mehr als ein Drittel Prozent, ſo findet eine Beſtrafung nicht ſtatt. Iſt zwar dieſer Prozentbetrag überſchritten, aber der Beweis geführt, daß die Abſicht, die Staatskaſſe zu verkürzen, nicht vorgelegen habe, ſo iſt nur eine Ordnungsſtrafe von fünf bis funfzig Thalern (fünf bis fünf und ſiebenzig Gulden) verwirkt.

§. 5.

Die zur Ausführung dieſes Geſetzes erforderlichen Anordnungen werden vom Bundesrathe des Zollvereins feſtgeſtellt.

Urkundlich unter Unſerer Höchſteigenhändigen Unterſchrift und beigedrucktem Bundes-Inſiegel.

Gegeben Berlin, den 26. Juni 1869.

(L. S.)　Wilhelm.

Gr. v. Bismarck-Schönhauſen.

Geſetz,

betreffend die Erhebung einer Abgabe von Salz.

Vom 12. Oktober 1867.

Wir Wilhelm, von Gottes Gnaden König von Preußen ꝛc.

verordnen, in Folge der zwiſchen den Staaten des Deutſchen Zoll- und Handelsvereins am 8. Mai d. J. abgeſchloſſenen, hier beigefügten Uebereinkunft wegen Erhebung einer Abgabe von Salz, im Namen des Norddeutſchen Bundes, nach erfolgter Zuſtimmung des Bundesrathes und des Reichstages, für die zum Deutſchen Zoll- und Handelsvereine gehörenden Staaten und Gebietstheile des Bundes, was folgt:

Aufhebung des Salzmonopols.

§. 1.

Das ausſchließliche Recht des Staates, den Handel mit Salz zu betreiben, ſoweit ſolches zur Zeit beſteht, wird aufgehoben.

Einführung einer Salzabgabe.

§. 2.

Das zum inländiſchen Verbrauche beſtimmte Salz unterliegt einer Abgabe von zwei Thalern für den Zentner Nettogewicht, welche, inſoweit das Salz im Inlande gewonnen wird, von den Produzenten oder Steinſalz-Bergwerksbeſitzern, inſoweit ſolches aus anderen als den zum Zollvereine gehörigen Ländern eingeführt wird, von den Einbringern zu entrichten iſt.

Unter Salz (Kochſalz) ſind zwar außer dem Siede-, Stein- und Seeſalz alle Stoffe begriffen, aus welchen Salz ausgeſchieden zu werden pflegt, die oberſte Finanzbehörde jedes Bundesſtaates iſt jedoch ermächtigt, ſolche Stoffe von der Abgabe frei zu laſſen, wenn ein Mißbrauch nicht zu befürchten ſteht.

I. Abgabe (Steuer) von inländiſchem Salze.

1. Anmeldung.

§. 3.

Die Gewinnung oder Raffinirung von Salz iſt nur in den gegenwärtig im Betriebe befindlichen, ſowie in denjenigen Salzwerken (Salinen, Salzbergwerken, Salzraffinerien) geſtattet, deren Benutzung zu einem ſolchen Betriebe

minbeſtens ſechs Wochen vor Eröffnung deſſelben dem Haupt-Zoll- oder Haupt-
Steueramte, in deſſen Bezirk die Anſtalt ſich befindet, angemeldet worden iſt.

Zu einer gleichen Anmeldung ſind auch die Beſitzer von Fabriken verpflichtet, in welchen Salz in reinem oder unreinem Zuſtande als Nebenprodukt
gewonnen wird.

§. 4.

Jeder Beſitzer eines bereits im Betriebe befindlichen Salzwerkes oder einer
Fabrik, welche Salz als Nebenprodukt gewinnt, hat binnen einer von der Steuerbehörde zu beſtimmenden Friſt bei dem Hauptamte des Bezirks in doppelter Ausfertigung eine Beſchreibung und Nachweiſung des Salzwerkes oder der Fabrik
nebſt Zubehör nach näherer Beſtimmung der Steuerbehörde einzureichen. Jede
Veränderung in den Betriebsräumen, ſowie jeder Zu- und Abgang und jede
Veränderung an den in der Nachweiſung verzeichneten Geräthen und Vorrichtungen, iſt dem gedachten Hauptamte vor der Ausführung anzuzeigen.

Eine gleiche Verpflichtung liegt demjenigen ob, welcher eine neue Saline
oder ſonſtige Anſtalt, in welcher Salz gefördert, geſotten, raffinirt oder als
Nebenprodukt gewonnen wird, anlegen, oder eine außer Betrieb geſetzte Saline
oder ſonſtige Anſtalt der gedachten Art wieder in Betrieb ſetzen will. Bei Anlage neuer Salinen, Salzbergwerke oder Salzraffinerien ſind die Anordnungen
der Steuerbehörde wegen Einfriedigung des Salzwerkshofes zu befolgen, auch
für die zur Beaufſichtigung zu beſtimmenden Beamten Geſchäfts- und Wohnungs-
räume zu gewähren.

Wo nach beſtehenden Reglements den Beamten Miethsabzüge gemacht
werden, hat der Salzwerksbeſitzer dieſelben zu beziehen.

§. 5.

Jeder Beſitzer eines neuen oder wieder in Betrieb geſetzten Salzwerkes iſt
die Koſten der ſteuerlichen Ueberwachung deſſelben zu tragen verpflichtet, wenn
die Menge des auf demſelben jährlich zur Verabgabung gelangenden Salzes nicht
minbeſtens zwölftauſend Zentner beträgt.

2. Kontrole.

§. 6.

Die im §. 3. bezeichneten Anſtalten unterliegen zur Ermittelung des von
dem bereiteten Salze zu entrichtenden Abgabenbetrages, ſowie zur Verhütung von
Defraudationen hinſichtlich ihres Betriebes und geſchäftlichen Verkehrs der Kontrole der Steuer- (Zoll-) Verwaltung, welche durch eine von dieſer zu erlaſſende,
jedem Beſitzer ſolcher Anſtalten mitzutheilende und von dieſem zu befolgende
Anweiſung geregelt wird.

Dieſe Kontrole wird für jedes Salzwerk durch ein beſonders zu errich-
tendes oder zu beſtimmendes Salzſteueramt geübt. Die im §. 3. Abſatz 2. erwähnten Fabriken unterliegen der Kontrole des nächſtgelegenen Steuer- (Zoll-) Amts.

14*

§. 7.

Durch die im §. 6. gedachte Anweisung kann jeder Salzwerksbesitzer nach näherer Anordnung der Steuerverwaltung verpflichtet werden:

1) dafür Sorge zu tragen, daß der Zugang zu den Siedegebäuden und den Trockenräumen, sowie zu den Räumen, in welchen Steinsalz ausgeschieden oder zerkleinert wird, leicht beaufsichtigt und durch sicheren Verschluß behindert werden kann;

2) die Salzmagazine so einzurichten, daß sie vor gewaltsamer oder heimlicher Entfernung des Salzes genügend gesichert sind, und die zur Anlegung des steuerlichen Mitverschlusses erforderlichen Einrichtungen zu treffen;

3) das Salz nur in den dazu angemeldeten Gefäßen, Vorrichtungen und Räumen aufzubewahren;

4) über den Betrieb des Salzwerkes und das gewonnene und verabfolgte Salz genau Buch zu führen und die betreffenden Bücher den Steuerbeamten auf Verlangen jederzeit vorzulegen;

5) Personen, welche Salzhandel betreiben oder durch ihre Angehörigen betreiben lassen, auf dem Salzwerke keine Beschäftigung zu gewähren, und den Eintritt in das Salzwerk unbefugten Personen zu untersagen;

6) in den Wohnungen, welche sich innerhalb der Salzwerkslokalitäten und der zugehörigen Höfe oder in baulicher Verbindung mit den Salzwerken befinden, Salz irgend welcher Art nicht in größerer als der von der Steuerbehörde gestatteten Menge aufzubewahren;

7) die nöthigen Vorrichtungen zum Verwiegen und zur Denaturirung des Salzes (Unbrauchbarmachung zum Genuß für Menschen), sowie die Stoffe zur Denaturirung zu beschaffen und das dazu erforderliche Personal zu stellen;

8) der Steuerverwaltung auf Verlangen, gegen eine in Ermangelung einer gütlichen Vereinbarung durch die Ortsbehörde vorgesetzte Verwaltungsbehörde festzustellende Entschädigung, ein angemessenes Lokal Behufs der Geschäftsführung, des Aufenthalts und der Uebernachtung der Beamten zu stellen;

9) den Salzwerkshof auf Verlangen der Steuerbehörde mit einer angemessenen Umfriedigung — deren Kosten die Staatskasse bei der ersten Einrichtung zur Hälfte trägt — zu umgeben und während der Nacht verschlossen zu halten;

zu 8. und 9. vorbehaltlich der am Schlusse des §. 4. hinsichtlich neuer Werke ausgesprochenen Verpflichtung.

Die Verpflichtungen zu 2. bis 7. können auch den Besitzern von Fabriken, in denen Salz als Nebenprodukt gewonnen wird, auferlegt werden.

Wird die Erfüllung einer der vorbezeichneten Verpflichtungen verzögert oder verweigert, so kann nach vorheriger Androhung der Betrieb der Saline,

des Salzbergwerks oder der Fabrik von der obersten Finanzbehörde des Bundesstaates nach Anhörung der Bergpolizeibehörde so lange untersagt werden, bis der
zu stellenden Anforderung genügt ist.

§. 8.

Gewerkschaften, Korporationen oder Gesellschaften, welche Salzwerke besitzen, und Alleinbesitzer, welche den Betrieb ihrer Salzwerke nicht unmittelbar
leiten, sind verbunden, zur Erfüllung der ihnen der Steuerverwaltung gegenüber
obliegenden Verpflichtungen einen auf dem Salzwerke regelmäßig anwesenden
Vertreter zu bestellen, für dessen Handlungen und Unterlassungen sie haften.

§ 9.

Alles auf einem Salzwerke oder in einer Fabrik gewonnene Salz, sobald
es zur Lagerung reif ist, desgleichen das Schmutz- und Fegesalz, muß von dem
Besitzer in sichere, unter steuerlichem Mitverschluß stehende Räume (Salzmagazine)
gebracht werden, und darf in der Regel erst aus diesen in den Verkehr oder
zum Gebrauch des Besitzers gelangen. Mit der, nur nach zuvoriger Anmeldung
und Abfertigung zulässigen Entnahme des Salzes aus diesen Magazinen tritt
die Verpflichtung ein, die Steuer zu erlegen, sofern nicht Abfertigung auf Begleitschein, namentlich Behufs Versendung in andere (Packhofs-) Magazine, stattfindet. Hinsichtlich der Begleitscheine und der aus der Unterzeichnung und Em-
pfangnahme derselben erwachsenden Verpflichtungen finden die dieserhalb in dem
Zollgesetz und der Zollordnung enthaltenen Vorschriften und die zu deren Ausführung getroffenen Anordnungen auch auf inländisches Salz Anwendung.

Für Begleitscheine und Bleie werden keine Gebühren erhoben.

Von allen Salzwerken darf Salz nur in Mengen von mindestens einem
halben Zentner verabfolgt werden.

§. 10.

Der Verkehr mit versteuertem oder in benaturirtem Zustande steuerfrei
abgelassenem Salze unterliegt, vorbehaltlich der nachstehenden Bestimmungen,
ferner steuerlicher Kontrole.

1) Für den Bereich der Salzwerke und Fabriken (§. 3. am Schluß), sowie
auf Personen, welche solche verlassen, finden die Bestimmungen in den
§§. 37. und 39. des Zollgesetzes und in den §§. 83. 84. 87. 91. 96.
106. 107. und 113. der Zollordnung Anwendung. Dieselben Bestimmungen können für den viertelmeiligen Umkreis derjenigen Salzwerke,
welche als gehörig umfriedigt nicht anerkannt werden, durch eine von der
obersten Finanzbehörde des Bundesstaates zu erlassende Bekanntmachung
in Anwendung gebracht werden.

2) Die mit außervereinsländischen Nachbarstaaten bezüglich des Salzverkehrs
bestehenden Uebereinkünfte bleiben in Kraft.

3) Salzhaltige Quellen, deren Soole zur Versiedung nicht benutzt wird,
sowie Mutterlauge kann die Steuerbehörde unter Aufsicht stellen (unter
Verschluß nehmen), um mißbräuchliche Verwendung zu verhüten.

3. Strafbestimmungen.

§. 11.

Wer es unternimmt, dem Staate die Abgabe von inländischem Salze zu entziehen, ist der Salzabgaben-Defraudation schuldig und soll mit der Konfiskation der Gegenstände, in Bezug auf welche die Defraudation verübt ist, und mit einer Geldbuße, welche dem vierfachen Betrage der vorenthaltenen Abgabe gleichkommt, mindestens aber zehn Thaler — fünfzehn Gulden — beträgt, bestraft werden. Kann die Konfiskation selbst nicht vollzogen werden, so ist auf Erlegung des Werthes der Gegenstände zu erkennen. Daneben ist die Abgabe mit zwei Thalern für den Zentner zu entrichten. Ist die Defraudation durch unerlaubte Gewinnung oder Raffinirung von Salz verübt (§. 3.), so verfallen auch die dazu benutzten Geräthe (Siedepfannen, Kessel u. s. w.) der Konfiskation.

Mißbräuchliche Verwendung des steuerfrei oder gegen Erlegung der im §. 20. erwähnten Kontrolgebühr empfangenen Salzes (§. 13. Nr. 6.) zieht außerdem den Verlust des Anspruchs auf steuerfreien Salzbezug nach sich.

§. 12.

Im ersten Wiederholungsfalle, nach vorangegangener rechtskräftiger Verurtheilung, wird die nach §. 11. außer der Konfiskation eintretende Strafe verdoppelt, in jedem ferneren Rückfalle vervierfacht.

In denjenigen Staaten, nach deren Zollstrafgesetzen die freiwillige Unterwerfung unter die Strafe der rechtskräftigen Verurtheilung gleichsteht, ist diese Bestimmung auch für den vorstehenden Fall maßgebend.

§. 13.

Die Defraudation wird als vollbracht angenommen:

1) wenn Salz, den Bestimmungen des §. 3. zuwider, oder in Anstalten, deren Betrieb auf Grund des §. 7. untersagt ist, gefördert, hergestellt oder raffinirt wird;

2) wenn das in den zugelassenen Betriebsanstalten gewonnene Salz vor der Einbringung in die unter steuerlichem Mitverschluß stehenden Magazine ohne ausdrückliche Erlaubniß der Steuerbehörde aus den Siederäumen entfernt oder verbraucht wird;

3) wenn Salz aus solchen Magazinen ohne zuvorige Anmeldung oder ohne Buchung in den dazu bestimmten Registern weggeführt wird;

4) wenn auf Salzwerken oder deren Zubehörungen, sowie in Fabriken (§. 3. am Schlusse), Salz in anderer als der nach §. 7. gestatteten Weise und Menge aufbewahrt wird;

5) wenn Salz von Salzwerken oder von Fabriken (§. 3. am Schlusse) zu einer anderen als der von der Steuerbehörde vorgeschriebenen Zeit oder auf anderen als den von derselben vorgeschriebenen Wegen entfernt wird;

6) wenn über das unter Steuerkontrole oder unter Kontrole der Verwendung befindliche Salz eigenmächtig verfügt oder das steuerfrei oder gegen Kontrolgebühr abgelassene Salz zu anderen als den gestatteten Zwecken verwendet wird;

7) wenn Personen, welche sich nach §. 10. Nr. 1. über den Bezug des von ihnen transportirten Salzes auszuweisen haben, ohne Ausweis betroffen werden;

8) wenn Soole oder Mutterlauge ohne Erlaubniß der Steuerbehörde zu anderen Zwecken als denen der Versiedung in deklarirten Salzwerken oder Fabriken aus Soolquellen, Gradirwerken oder Soolbehältern (Mutterlaugebehältern) entnommen oder verabfolgt wird.

Das Dasein der Defraudation und die Anwendung der Strafe derselben wird in den vorstehend aufgeführten Fällen lediglich durch die bezeichneten Thatsachen begründet. Kann jedoch der Angeschuldigte vollständig nachweisen, daß er eine Defraudation nicht habe verüben können oder wollen, so findet nur eine Ordnungsstrafe nach §. 15. statt.

§. 14.

Ein Salzwerksbesitzer, welcher zum zweiten Male wegen einer von ihm selbst verübten Salzabgaben-Defraudation rechtskräftig verurtheilt wird, verliert mit der Rechtskraft der Entscheidung die Befugniß zur eigenen Verwaltung seines Salzwerkes.

Dieser Verlust hat die Wirkung des im §. 7. gedachten Verbots.

In denjenigen Staaten, nach deren Zollstrafgesetzen die freiwillige Unterwerfung unter die Strafe der rechtskräftigen Verurtheilung gleichsteht, ist diese Bestimmung auch für den vorliegenden Fall maßgebend.

§. 15.

Die Verletzung des amtlichen Verschlusses von Salz ohne Beabsichtigung einer Gefälle-Hinterziehung, ferner die Uebertretung der Vorschriften der gegenwärtigen Verordnung, sowie der in Folge derselben erlassenen und öffentlich oder den Salzwerksbesitzern und Fabrikanten, welche Salz als Nebenprodukt gewinnen, oder solches steuerfrei oder gegen Kontrolegebühr beziehen, besonders bekannt gemachten Ausführungsvorschriften, für welche keine besondere Strafe angedroht ist, wird mit einer Ordnungsstrafe von Einem bis zu zehn Thalern — Einem bis fünfzehn Gulden — geahndet.

§. 16.

Kann das Gewicht der Gegenstände, in Bezug auf welche eine Salzabgaben-Defraudation verübt ist, nicht ermittelt und demgemäß der Betrag der vorenthaltenen Abgabe, sowie die danach zu bemessende Geldstrafe nicht berechnet werden, so ist statt der Konfiskation und der Geldstrafe auf Zahlung einer Geldsumme von zwanzig bis zweitausend Thalern — dreißig bis dreitausend fünfhundert Gulden — zu erkennen.

§. 17.

Hinsichtlich der Verwandlung der Geld- in Freiheitsstrafen und der subsidiären Haftung dritter Personen, sowie der Bestrafung der Theilnehmer finden die Bestimmungen der Zollstrafgesetze Anwendung. Hinsichtlich der Anerbietungen von Geschenken an die mit Kontrolirung der Salzabgabe betrauten Beamten und deren Angehörige, sowie auf Widersetzlichkeiten gegen Erstere, finden die Bestimmungen der Zollstrafgesetze ebenfalls Anwendung, soweit nicht nach den allgemeinen Strafgesetzen eine härtere Strafe Platz greift.

§. 18.

Die Feststellung, Untersuchung und Entscheidung der Salzabgaben-Defraudationen erfolgt nach den Bestimmungen über Zuwiderhandlungen gegen die Zollgesetze.

Die Vorschriften für den Fall der Uebertretung der Zollgesetze durch einen Unbekannten finden auch auf Fälle der Umgehung der Steuer von inländischem Salze durch einen Unbekannten Anwendung.

II. Abgabe (Zoll) von ausländischem Salze.

§. 19.

Auf die Einfuhr von Salz und salzhaltigen Stoffen aus dem Auslande, sowie auf deren Durchfuhr und Ausfuhr finden die Bestimmungen des Zollgesetzes, der Zollordnung und der Zollstrafgesetze, nebst den solche abändernden, erläuternden oder ergänzenden Bestimmungen Anwendung.

Von der Bestimmung der obersten Finanzbehörde jedes Bundesstaates hängt es ab, inwieweit eine steuerfreie Lagerung fremden Salzes im Inlande zu gestatten sei.

III. Befreiungen von der Salzabgabe.

§. 20.

Befreit von der Salzabgabe (§. 2.) ist:

1) das zur Ausfuhr nach dem Zollvereins-Auslande und das zur Natronsulphat- und Sodafabrikation bestimmte Salz;

2) das zu landwirthschaftlichen Zwecken, d. h. zur Fütterung des Viehes und zur Düngung bestimmte Salz;

3) das zum Einsalzen von Heringen und ähnlichen Fischen, sowie das zum Einsalzen, Einpökeln u. s. w. von Gegenständen, die zur Ausfuhr bestimmt sind und ausgeführt werden, erforderliche und verwendete Salz;

4) das zu allen sonstigen gewerblichen Zwecken bestimmte Salz, jedoch mit Ausnahme des Salzes für solche Gewerbe, welche Nahrungs- und Genußmittel für Menschen bereiten, namentlich auch mit Ausnahme des Salzes für die Herstellung von Tabaksfabrikaten, Mineralwassern und Bädern;

5) das von der Staatsregierung oder mit deren Genehmigung zur Unterstützung bei Nothständen, sowie an Wohlthätigkeitsanstalten verabfolgte Salz.

Ueberall ist die abgabenfreie Verabfolgung abhängig von der Beobachtung der von der Steuerverwaltung angeordneten Kontrolemaßregeln.

Die durch die Kontrole erwachsenden Kosten können in den Befreiungsfällen unter Nr. 2., 3. und 4. mit einem Maximalbetrage von 2 Sgr. — 7 Kreuzern — für den Zentner von den Salzempfängern erhoben werden.

§. 21.

Dieses Gesetz tritt am 1. Januar 1868 in Wirksamkeit.

Urkundlich unter Unserer Höchsteigenhändigen Unterschrift und beigedrucktem Bundes-Insiegel.

Gegeben Baden-Baden, den 12. Oktober 1867.

(L. S.)   Wilhelm.

Gr. v. Bismarck-Schönhausen.

Uebereinkunft

wegen

Erhebung einer Abgabe von Salz.

Vom 8. Mai 1867.

Die Regierungen von Preußen, Bayern, Sachsen, Württemberg, Baden, Hessen, die bei dem Thüringischen Zoll- und Handelsvereine betheiligten Staaten, Braunschweig und Oldenburg, von dem Wunsche geleitet, die Beschränkungen, denen der Verkehr mit Salz im Gebiete des Deutschen Zoll- und Handelsvereins zur Zeit noch unterliegt, zu beseitigen, haben zu diesem Zwecke Verhandlungen eröffnen lassen, wozu als Bevollmächtigte ernannt haben:

Seine Majestät der König von Preußen:

Allerhöchstihren Geheimen Ober-Finanzrath Friedrich Wilhelm Alexander Scheele und

Allerhöchstihren Geheimen Ober-Regierungsrath Heinrich Albert Eduard Moser;

Seine Majestät der König von Bayern:

Allerhöchstihren Ober-Zollrath Georg Ludwig Carl Gerbig;

Seine Majestät der König von Sachsen:

Allerhöchstihren Geheimen Finanzrath Julius Hans v. Thümmel;

Seine Majestät der König von Württemberg:

Allerhöchstihren Finanzrath Karl Viktor Riecke;

Seine Königliche Hoheit der Großherzog von Baden:

Allerhöchstihren Ministerialrath Eugen Regenauer;

Seine Königliche Hoheit der Großherzog von Hessen und bei Rhein:

Allerhöchstihren Geheimen Ober-Steuerrath Ludwig Wilhelm Ewald;

die bei dem Thüringischen Zoll- und Handelsvereine betheiligten Souveraine, nämlich außer Seiner Majestät dem Könige von Preußen:

Seine Königliche Hoheit der Großherzog von Sachsen-Weimar-Eisenach,

Seine Hoheit der Herzog von Sachsen-Meiningen,

Seine Hoheit der Herzog von Sachsen-Altenburg,
Seine Hoheit der Herzog von Sachsen-Coburg-Gotha,
Seine Durchlaucht der Fürst von Schwarzburg-Rudolstadt,
Seine Durchlaucht der Fürst von Schwarzburg-Sondershausen,
Seine Durchlaucht der Fürst von Reuß älterer Linie,
Seine Durchlaucht der Fürst von Reuß jüngerer Linie:

> den Königlich Preußischen Geheimen Ober-Finanzrath Friedrich Wilhelm Alexander Scheele und
> den Königlich Preußischen Geheimen Ober-Regierungsrath Heinrich Albert Eduard Moser;

Seine Hoheit der Herzog von Braunschweig-Lüneburg:

> Höchstihren Ministerresidenten am Königlich Preußischen Hofe und Geheimen Rath Dr. Friedrich August v. Liebe, und

Seine Königliche Hoheit der Großherzog von Oldenburg:

> den Herzoglich Braunschweigischen Ministerresidenten am Königlich Preußischen Hofe und Geheimen Rath Dr. Friedrich August v. Liebe,

von welchen Bevollmächtigten, unter dem Vorbehalte der Ratifikation, folgende Uebereinkunft abgeschlossen worden ist.

Artikel 1.

Der Artikel 10. des Vertrages vom 16. Mai 1865., die Fortdauer des Zoll- und Handelsvereins betreffend, wird aufgehoben und im ganzen Umfang des Zollvereins freier Verkehr mit Salz hergestellt.

Artikel 2.

Das im Zollvereinsgebiet gewonnene, sowie das aus dem Auslande eingeführte Salz unterliegt einer Abgabe von zwei Thalern (drei Gulden dreißig Kreuzern) für den Zollzentner Nettogewicht.

Neben dieser Abgabe darf in keinem Falle eine weitere Abgabe von dem Salz, weder für Rechnung des Staates, noch für Rechnung von Kommunen oder Korporationen erhoben werden.

Unter Salz (Kochsalz) sind außer dem Siede-, Stein- und Seesalz alle Stoffe begriffen, aus welchen Salz ausgeschieden zu werden pflegt.

Artikel 3.

Der Ertrag der Abgabe ist gemeinschaftlich. Derselbe wird nach Abzug derjenigen Kosten der Erhebung und Kontrolirung der Abgabe, welche zur Besoldung der damit auf den Salzwerken (Salinen, Salzbergwerken, Raffinerien) beauftragten Beamten angewendet werden, sowie nach Abzug der Rückerstattungen für unrichtige Erhebungen, zwischen sämmtlichen Vereinsmitgliedern nach dem

15*

Verhältnisse der Bevölkerung, mit welcher sie in dem Gesammtverein sich befinden, vertheilt. Im Uebrigen findet die Abrechnung über den Ertrag dieser Abgabe nach den für die Zolleinnahmen verabredeten Grundsätzen statt.

Artikel 4.

Die Erhebung und Kontrolirung der Abgabe von dem im Zollvereins-gebiete gewonnenen Salz erfolgt nach Maßgabe der hierüber zwischen den vertragenden Regierungen verabredeten besonderen Bestimmungen, die Erhebung und Kontrolirung der Abgabe von dem aus dem Auslande eingeführten Salz nach der Zollgesetzgebung.

Artikel 5.

Abgabenfrei kann Salz, vorbehaltlich der Sicherungsmaßregeln gegen Mißbrauch, verabfolgt werden:

A. auf Vereinsrechnung

    1) zur Ausfuhr nach dem Zollvereins-Auslande,

    2) zu landwirthschaftlichen Zwecken, d. h. zur Fütterung des Viehes, sowie zur Düngung,

    3) zum Einsalzen, Einpökeln u. s. w. von Gegenständen, die zur Aus-fuhr bestimmt sind und ausgeführt werden,

    4) zu allen sonstigen gewerblichen Zwecken, jedoch mit Ausnahme des Salzes für solche Gewerbe, welche Nahrungs- und Genußmittel für Menschen bereiten, namentlich auch mit Ausnahme des Salzes für die Herstellung von Tabaksfabrikaten, Mineralwassern und Bädern.

    Salz, welches zu den unter 2. und 4. bezeichneten Zwecken verwendet werden soll, muß vor der abgabenfreien Verabfolgung unter amtlicher Aufsicht denaturirt, d. h. zum menschlichen Genusse unbrauchbar gemacht werden. In den Fällen zu 3. muß die Menge des verbrauchten Salzes unter stehender steuerlicher Kontrole vollständig nachgewiesen werden. Läßt sich ein solcher Nachweis nicht vollständig führen, so kann die abgabenfreie Verabfolgung von Salz, beziehungsweise die Erstattung der erlegten Steuer nur auf privative Rechnung stattfinden.

B. Auf privative Rechnung kann außer dem vorstehend gedachten Falle Salz abgabenfrei verabfolgt werden:

    1) zu Unterstützungen bei Nothständen, sowie an Wohlthätigkeits-Anstalten,

    2) zu Deputaten (Salz-Naturalabgaben), auf deren abgabenfreie Ver-abfolgung die Berechtigten Anspruch haben,

    3) zur Nachpökelung von Heringen.

C. Zur Hälfte auf Vereinsrechnung und zur anderen Hälfte auf privative Rechnung kann Salz zur Pökelung von Heringen und ähnlichen Fischen gleichfalls abgabenfrei abgelassen werden.

Artikel 6.

Jedem Staate bleibt vorbehalten, von dem abgabenfrei verabfolgten Salze — mit Ausnahme des zur Ausfuhr nach dem Zollvereins-Auslande, sowie des zur Natronsulphat- und Sodafabrikation bestimmten Salzes — eine Kontrolegebühr von höchstens zwei Silbergroschen (sieben Kreuzer) vom Zollzentner für eigene Rechnung zu erheben.

Artikel 7.

Die Funktionen der Zollvereins-Bevollmächtigten und Stations-Kontroleure erstrecken sich auch auf die Abgabe von dem im Zollvereinsgebiete gewonnenen Salze.

Ebenso findet das Zollkartel vom 11. Mai 1833. auf diese Abgabe Anwendung.

Artikel 8.

Gegenwärtige Uebereinkunft tritt mit dem 1. Januar 1868. in Wirksamkeit.

Dieselbe soll alsbald zur Ratifikation der vertragenden Regierungen vorgelegt und die Auswechselung der Ratifikations-Urkunden spätestens binnen sechs Wochen in Berlin bewirkt werden.

So geschehen Berlin, den 8. Mai 1867.

Scheele.	Moser.	Gerbig.	v. Thümmel.
(L. S.)	(L. S.)	(L. S.)	(L. S.)
Riede.	Regenauer.	Ewald.	v. Liebe.
(L. S.)	(L. S.)	(L. S.)	(L. S.)

Vereins-Zolltarif
vom 1. Oktober 1870 an.

Erste Abtheilung.
Bestimmungen über die Einfuhr.

Vorbemerkungen.

Die folgenden Gegenstände bleiben vom Eingangszolle frei, wenn die dabei bezeichneten Voraussetzungen zutreffen:

1) Erzeugnisse des Ackerbaues und der Viehzucht eines einzelnen, von der Zollgrenze durchschnittenen Landgutes, dessen Wohn- und Wirthschafts-gebäude innerhalb dieser Grenzen belegen sind.

2) Hausgeräthe und Effekten, gebrauchte, getragene Kleidungsstücke und Wäsche, gebrauchte Fabrikgeräthschaften und gebrauchtes Handwerkszeug, von Anziehenden zur eigenen Benutzung; auch auf besondere Erlaubniß neue Kleidungsstücke, Wäsche und Effekten, insofern sie Ausstattungsgegen-stände von Ausländern sind, welche sich aus Veranlassung ihrer Verhei-rathung im Lande niederlassen.

3) Hausgeräthe und Effekten, gebrauchte, getragene Kleidungsstücke und Wäsche, welche erweislich als Erbschaftsgut eingehen, auf besondere Erlaubniß.

4) Kleidungsstücke, Wäsche und anderes Reisegeräth, welches Reisende, Fuhr-leute und Schiffer zu ihrem Gebrauche, auch Handwerkszeug, welches reisende Handwerker, sowie Geräthe und Instrumente, welche reisende Künstler zur Ausübung ihres Berufes mit sich führen, ingleichen getra-gene Kleidungsstücke und Wäsche, sowie andere Gegenstände der bezeich-neten Art, welche den genannten Personen vorausgehen oder nachfolgen; Verzehrungsgegenstände zum Reiseverbrauche.

5) Wagen und Wasserfahrzeuge, welche bei dem Eingange über die Grenze zum Personen- und Waarentransporte dienen und nur deshalb eingehen, die Wasserfahrzeuge mit Einschluß der darauf befindlichen gebrauchten Inventarienstücke, insofern die Schiffe Ausländern gehören, oder insofern

inländische Schiffe die nämlichen oder gleichartige Inventarienstücke ein-
führen, als sie bei dem Ausgange an Bord hatten; Wagen der Reisenden, auf besondere Erlaubniß auch in dem Falle, wenn sie zur Zeit
der Einfuhr nicht als Transportmittel ihrer Besitzer dienten, sofern sie
nur erweislich schon seither im Gebrauche derselben sich befunden haben
und zu deren weiterem Gebrauche bestimmt sind.

6) Fässer, Säcke u. s. w., leere, welche zum Behufe des Einlaufs von
Oel, Getreide u. dgl. entweder vom Auslande mit der Bestimmung des
Wiederausganges eingebracht werden, oder welche, nachdem Oel u. s. w.
darin ausgeführt worden, aus dem Auslande zurückkommen, in beiden
Fällen unter Festhaltung der Identität und, nach Befinden, Sicherstellung
der Eingangsabgabe.

Bei gebrauchten leeren Säcken u. s. w. wird jedoch von einer
Kontrole der Identität abgesehen, sobald kein Zweifel dagegen besteht,
daß dieselben als Emballage für ausgeführtes Getreide u. s. w. gedient
haben, oder als solche zur Ausfuhr von Getreide u. s. w. zu dienen
bestimmt sind.

7) Musterkarten und Muster in Abschnitten oder Proben, welche nur zum
Gebrauch als solche geeignet sind.

8) Kunstsachen, welche zu Kunstausstellungen oder für landesherrliche Kunst-
Institute und Sammlungen, auch andere Gegenstände, welche für
Bibliotheken und andere wissenschaftliche Sammlungen öffentlicher Anstalten, ingleichen Naturalien, welche für wissenschaftliche Sammlungen
eingehen.

9) Alterthümliche Gegenstände (Antiken, Antiquitäten), wenn ihre Beschaffenheit darüber keinen Zweifel läßt, daß ihr Werth hauptsächlich nur in
ihrem Alter liegt, und sie sich zu keinem anderen Zwecke und Gebrauche,
als dem des Sammelns eignen.

Tarif.

№	**Benennung der Gegenstände.**
1.	**Abfälle:**

Abfälle:

a) Abfälle von der Eisenfabrikation (Hammerschlag, Eisenfeilspäne) und von verzinntem Eisenblech (Weißblech); von Glashütten, auch Scherben von Glas- und Thonwaaren; von der Wachsbereitung; von Salzsiedereien die Mutterlauge; von Seifensiedereien die Unterlauge; von Gerbereien das Leimleder, auch abgenutzte alte Lederstücke und sonstige lediglich zur Leimfabrikation geeignete Lederabfälle ....

b) Blut von geschlachtetem Vieh, flüssiges und eingetrocknetes; Thierflechsen; Treber; Branntweinspülig; Spreu; Kleie; Steinkohlenasche; Dünger, thierischer und andere Düngungsmittel, als: ausgelaugte Asche, Kalkäscher, Knochenschaum oder Zuckererde ....

Anmerk. zu b. Künstliche Düngungsmittel und Düngesalz werden auf besondere Erlaubniß, und letzteres nur unter Kontrole der Verwendung zollfrei zugelassen.

c) Lumpen aller Art; ungebleichtes oder gebleichtes Halbzeug aus Lumpen oder anderen Materialien, für die Papierfabrikation; Papierspäne; Makulatur, beschriebene und bedruckte alte Fischernetze, altes Tauwerk und alte Stricke; gezupfte Charpie ....

Anmerk. Abfälle, welche nicht besonders genannt sind, werden wie die Rohstoffe, von welchen sie herstammen, behandelt.

2. **Baumwolle und Baumwollenwaaren:**

a) Baumwolle, rohe, karbätschte, gekämmte, gefärbte; Baumwollwatte

b) Baumwollengarn, ungemischt oder gemischt mit Leinen, Seide, Wolle oder anderen Thierhaaren:

1) ein- und zweidrähtiges,

α) rohes ....

β) gebleichtes oder gefärbtes ....

2) drei- und mehrdrähtiges, roh, gebleicht oder gefärbt ....

c) Waaren aus Baumwolle, allein oder in Verbindung mit Leinen

Maaßstab der Verzollung.	Abgabensätze				Für Tara wird vergütet vom Zentner Brutto-Gewicht:
	nach dem 30-Thaler-Fuß.		nach dem 52½-Gulden-Fuß.		
	Thlr.	Sgr.	Fl.	Kr.	Pfund.
.	frei		frei		
.	frei		frei		
	frei		frei		
.	frei		frei		
1 Zentner	2	—	3	30	18 in Fässern und Kisten. 13 in Körben. 4 in Ballen.
1 Zentner	4	—	7	—	18 in Fässern und Kisten. 13 in Körben. 7 in Ballen.
1 Zentner	6	—	10	30	18 in Fässern und Kisten. 13 in Körben. 7 in Ballen.

16*

№	Benennung der Gegenstände.
	ober Metallfäden, ohne Beimischung von Seide, Wolle ober anberen unter Nr. 41. genannten Thierhaaren:
	1) rohe (aus rohem Garn verfertigte) unb gebleichte bichte Gewebe, auch appretirt, mit Ausschluß ber sammetartigen Gewebe
	2) alle nicht unter Nr. 1. unb 3. begriffene bichte Gewebe; rohe (aus rohem Garn verfertigte) unbichte Gewebe; Strumpfwaaren; Posamentier- unb Knopfmacherwaaren; auch Gespinnste in Verbinbung mit Metallfäden ....
	3) alle unbichte Gewebe, wie Jaconet, Muffelin, Tüll, Marly, Gaze, soweit sie nicht unter Nr. 2. begriffen sinb; Spitzen unb alle Stickereien ....
3.	**Blei unb Bleiwaaren, auch mit Spießglanz legirt:**
	a) 1) Rohes Blei in Blöcken, Mulben ꝛc., altes Bruchblei ....
	2) Blei-, Silber- unb Golbglätte; Mennige ....
	b) Gewalztes Blei; Buchbruckerschriften ....
	c) Grobe Bleiwaaren, als: Keffel, Röhren, Schroot, Draht ꝛc., auch in Verbinbung mit Holz ober Eisen, ohne Politur unb Lack .....
	d) Feine, auch lackirte Bleiwaaren; ingleichen Bleiwaaren in Verbinbung mit anberen Materialien, soweit sie baburch nicht unter Nr. 20. fallen...
4.	**Bürstenbinber- unb Siebmacherwaaren:**
	a) Grobe, in Verbinbung mit Holz ober Eisen, ohne Politur unb Lack ....
	b) Feine, in Verbinbung mit anberen Materialien, soweit sie baburch nicht unter Nr. 20. fallen ....
5.	**Droguerie-, Apotheker- unb Farbewaaren:**
	a) Aether aller Art, Chloroform, Colloblum; ätherische Oele, mit Ausnahme ber nachstehenb unter b., sowie ber unter Nr. 36. genannten; Effenzen, Extrakte, Tinkturen unb Wäffer, alkohol- ober ätherhaltige, zum Gewerbe- unb Mebizinalgebrauche; Firniffe aller Art, mit Ausnahme von Oelfirniß; Maler-, Wasch- unb Pastellfarben,

Maaßstab der Verzollung.	Abgabensätze				Für Tara wird vergütet vom Zentner Brutto-Gewicht:
	nach dem 30-Thaler-Fuß.		nach dem 52½-Gulden-Fuß.		
	Thlr.	Sgr.	Fl.	Kr.	Pfund.
1 Zentner	10	—	17	30	
1 Zentner	16	—	28	—	18 in Fässern und Kisten. 7 in Ballen.
1 Zentner	26	—	45	30	
.	frei	.	frei	.	
.	frei	.	frei	.	
.	frei	.	frei	.	
.	frei		frei		
1 Zentner	4	—	7	—	20 in Fässern und Kisten. 13 in Körben.
.	frei	.	frei	.	
1 Zentner	4	—	7	—	20 in Fässern und Kisten.

№

Benennung der Gegenstände.

Tusche, Farben- und Tuschkasten; Blei-, Roth- und Farbenstifte; Zeichenkreide . . . .

b) Wachholderöl, Rosmarinöl . . . .

c) Aeznatron; gelbes, weißes und rothes blausaures Kali . . . .

d) Soda, kalzinirte; doppelt-kohlensaures Natron . . . .

e) Alaun; Chlorkalk; Oelfirniß . . . .

f) Soda, rohe, natürliche oder künstliche; kryftallifirte Soda . . . .

g) Rohe Erzeugniffe zum Gewerbe- und Medizinalgebrauche, sofern sie nicht unter anderen Nummern des Tarifs begriffen sind . . . .

h) Albumin; Ammoniak, kohlensaures und schwefelsaures; arsenige Säure; Arsenikfäure; Baryt, schwefelsaurer, gepulvert; Benzoefäure; Berliner Blau; blaue und grüne Kupferfarben; Bleiweiß; Bleizucker; Borax und Borfäure; Brom; Bromkalium; Cabmiumgelb; Chlor-kalcium, Chlormagnefium; chromfaure Erd- und Metallfalze, chrom-faures Kali; Citronenfäure, Citronenfaft; citronenfaurer Kali; Eisen-beizen; Eisenvitriol, grüner; Englisch Pflaster; Färbe- und Gerbe-materialien, nicht besonders genannt; Farbholz- und Gerbeftoff-Extracte; Feuerwerk; Gelatine; gemahlene Kreide; gemischter Kupfer- und Eisenvitriol; Glycerin; Grünspan, roher und raffinirter; Hirschhorn-geist; Job; Jobkalium; Indigokarmin und Karmin aus Cochenille; Kaffelergelb; Kermes, mineralischer; Kitte; Knochenkohle; Knochen-mehl; Kupfervitriol; Lackmus; Lakrizenfaft; Leim; Metalloxyde, nicht besonders genannt; Milchzucker; Mineralwaffer, künstliches und natürliches, einschließlich der Flaschen und Krüge; Mundlack (Oblaten); Oxalfäure und oxalfaures Kali; Orfeille und Perfio; Pott- (Waib-) Asche; Ruß; Salmiak und Salmiakgeift; Salpeter, roh und gereinigt; Salpeterfäure; Salzfäure; Schüttgelb; Schuhwichfe; Schwärze; Schwefel; Schwefelarfenik; Schwefelfäure; schwefelfaures und falz-faures Kali; schwefelfaure und kohlenfaure Magnefia; schwefelfaures Natron (Glauberfalz), schwefligfaure und unterschwefligfaures Natron; Siegellack; Smalte; Streuglas; Ultramarin; Wagenschmiere; Waffer-glas; Weinhefe, trockene und teigartige; Weinstein und Weinstein-fäure; Zinkoxyd (Zinkweiß); Zinkvitriol; Zündwaaren.

Ferner: Chemische Fabrikate und Präparate für den Gewerbe- und Medizinalgebrauch, Säuren, Salze, eingedickte Säfte, überhaupt Droguerie-, Apotheker- und Farbewaaren, insofern diese Gegenstände nicht vorstehend unter a. bis f. oder unter anderen Nummern des Tarifs begriffen sind . . . .

Maaßstab der Verzollung.	Abgabensätze				Für Tara wird vergütet vom Zentner Brutto-Gewicht:
	nach dem 30-Thaler-Fuß.		nach dem 52½-Gulden-Fuß.		
	Thlr.	Sgr.	fl.	Kr.	Pfund.
1 Zentner	3	10	5	50	} 16 in Fässern und Kisten.
1 Zentner	2	—	3	30	9 in Körben.
1 Zentner	1	—	1	45	} 6 in Ballen.
1 Zentner	—	20	1	10	
1 Zentner	—	15	—	52½	
1 Zentner	—	7½	—	26¼	
.	frei		frei		
.	frei	.	frei	.	

№	**Benennung der Gegenſtände.**

6. Eiſen und Stahl, Eiſen= und Stahlwaaren:

a) Roheiſen aller Art, altes Brucheiſen..........................

b) Geſchmiedetes und gewalztes Eiſen in Stäben (mit Ausnahme des façonnirten); Luppeneiſen; Eiſenbahnſchienen, Winkeleiſen, [=Eiſen, einfaches und doppeltes T=Eiſen; Roh= und Cementſtahl; Guß= und raffinirter Stahl; Eiſen= und Stahldraht von mehr als ½ Pr. Linie Durchmeſſer; Eiſen, welches zu groben Beſtandtheilen von Maſchinen und Wagen (Kurbeln, Achſen u. dgl.) roh vorgeſchmiedet iſt, inſofern dergleichen Beſtandtheile einzeln funfzig Pfund oder darüber wiegen

Anmerk. zu b. 1) Rohſtahl, ſeewärts von der Ruſſiſchen Grenze bis zur Weichſel= mündung einſchließlich auf Erlaubnißſchein für Stahlfabriken eingehend....................................

2) Luppeneiſen, noch Schlacken enthaltend, in Maſſen oder Priſmen; roher Stahl in Blöcken oder Gußſtücken...................

3) Geſchmiedetes und gewalztes Eiſen und Stahl von ⅓ Pr. Linie und darunter Stärke oder von mehr als 7 Zoll Pr. Breite wird als Blech (Platte) verzollt.

4) Abfälle von Stahl (Schrott) werden wie Roheiſen verzollt.

c) Façonnirtes Eiſen in Stäben; Nabtranzeiſen zu Eiſenbahnwagen; Pflugſchaaren=Eiſen; ſchwarzes Eiſenblech; rohes Stahlblech; rohe (unpolirte) Eiſen= und Stahlplatten; Anker, ſowie Anker= und Schiffsketten; Eiſen= und Stahldraht von ½ Pr. Linie und darunter Durchmeſſer..........................

d) Gefirnißtes Eiſenblech; polirtes Stahlblech; polirte Eiſen= und Stahlplatten; Weißblech..........................

e) Eiſen und Stahlwaaren:
1) Ganz grobe Gußwaaren in Oefen, Platten, Gittern ꝛc......
2) Grobe, die aus geſchmiedetem Eiſen oder Eiſenguß, aus Eiſen und Stahl, Eiſenblech, Stahl= und Eiſendraht, auch in Verbin= dung mit Holz, gefertigt, ingleichen Waaren dieſer Art, welche abgeſchliffen, geſtruißt, verkupfert oder verzinnt, jedoch nicht polirt ſind, als: Aexte, Degenklingen, Feilen, Hämmer, Hecheln, Hobeleiſen, Kaffee=Trommeln und =Mühlen, Ketten (mit Ausſchluß der Anker= und Schiffsketten), Kochgeſchirre, Nägel, Pfannen, Schaufeln, Schlöſſer, Schraubſtöcke, grobe Meſſer zum Handwerksgebrauch, Senſen, Sicheln und Futterklingen

Maaßstab der Verzollung.	Abgabensätze nach dem 30-Thaler-Fuß. Thlr.	Sgr.	nach dem 52½-Gulden-Fuß. Fl.	Kr.	Für Tara wird vergütet vom Zentner Brutto-Gewicht: Pfund.
1 Zentner	—	2½	—	8¾	
1 Zentner	—	17½	1	1¼	
1 Zentner	—	10	—	35	
1 Zentner	—	12	—	42	
1 Zentner	—	25	1	27½	
1 Zentner	1	5	2	2½	10 in Fässern und Kisten. 6 in Körben. 4 in Ballen.
1 Zentner	—	12	—	42	

№	Benennung der Gegenstände.
	(Strohmesser), Stemmeisen, Striegeln, Thurmuhren, Tuch-macher- und Schneiderscheeren, Zangen u. dgl. m.; dann ge-walzte und gezogene schmiedeeiserne Röhren ....
	3) Feine:
	a) aus feinem Eisenguß, polirtem Eisen oder Stahl, oder aus Eisen oder Stahl in Verbindung mit anderen Ma-terialien, soweit sie dadurch nicht unter Nr. 20. fallen, als: Gußwaaren (feine), lackirte Eisenwaaren, Messer, Stricknadeln, Häkelnadeln, Scheeren, Schwertfeger-arbeit &c., jedoch mit Ausnahme der nachstehend unter β genannten ....
	β) Nähnadeln; Schreibfedern aus Stahl und anderen un-edlen Metallen; Uhrfournituren und Uhrwerke aus un-edlen Metallen; Gewehre aller Art ....
7.	**Erden, Erze und edle Metalle:**
	Erden und rohe mineralische Stoffe, auch gebrannt, geschlemmt oder gemahlen, ingleichen Erze, auch aufbereitete, soweit diese Gegen-stände nicht mit einem Zollsatze namentlich betroffen sind; edle Me-talle gemünzt, in Barren und Bruch, mit Ausschluß der fremden silberhaltigen Scheidemünze ....
8.	**Flachs und andere vegetabilische Spinnstoffe, mit Ausnahme der Baumwolle,** roh, geröstet, gebrochen oder gehechelt, auch Abfälle ....
9.	**Getreide und andere Erzeugnisse des Landbaues:**
	a) Getreide, auch gemalzt, und Hülsenfrüchte ....
	b) Sämereien und Beeren:
	1) Anis, Coriander, Fenchel und Kümmel..............
	2) Alle übrigen Sämereien einschließlich der Oelsämereien; frische Beeren, ingleichen Wachholderbeeren aller Art; Erbnüsse.....
	c) Garten- und Futtergewächse, frische; Blumenzwiebeln; Kartoffeln; Wurzeln, frische; Obst, frisches; lebende Gewächse, auch in Töpfen oder Kübeln; Heu; Stroh; Schilf ....

Maaßstab der Verzollung.	Abgabensätze				Für Tara wird vergütet vom Zentner Brutto-Gewicht:
	nach dem 30-Thaler-Fuß.		nach dem 52½-Gulden-Fuß.		
	Thlr.	Sgr.	fl.	Xr.	Pfund.
1 Zentner	1	10	2	20	{ 10 in Fässern und Kisten. 6 in Körben. 4 in Ballen.
1 Zentner	4	—	7	—	{ 13 in Fässern und Kisten. 6 in Körben. 4 in Ballen.
1 Zentner	10	—	17	30	
.	frei	.	frei	.	
	frei		frei		
.	frei	.	frei		
.	frei	.	frei	.	
.	frei		frei		
.	frei	.	frei	.	

17*

№	Benennung der Gegenstände.
10.	**Glas und Glaswaaren:**
	a) Grünes Hohlglas (Glasgeschirr) ....
	b) Weißes Hohlglas, ungemustertes, ungeschliffenes oder nur mit ab-geschliffenen Stöpseln, Böden oder Rändern; Fenster- und Tafel-glas in seiner natürlichen Farbe (grün, halb und ganz weiß); Behänge zu Kronleuchtern von Glas; Glasknöpfe, Glasperlen, Glasschmelz.
	c) Gepreßtes, geschliffenes, abgeriebenes, geschnittenes, gemustertes, massives weißes Glas ....
	d) Spiegelglas:
	1) rohes, ungeschliffenes ....
	2) geschliffenes, belegt oder unbelegt ....
	e) Farbiges, bemaltes oder vergoldetes Glas, ohne Unterschied der Form; Glaswaaren in Verbindung mit anderen Materialien, soweit sie dadurch nicht unter Nr. 20. fallen........................
	Anmerk. zu c. und e. Glasmasse, sowie Glasröhren, Glasstängelchen und Glas-plättchen, ohne Unterschied der Farbe, wie sie zur Perlen-bereitung, Kunstglasbläserei und Knopffabrikation gebraucht werden; Glasurmasse ....
11.	**Haare** von Thieren, mit Ausnahme der unter Nr. 41. genannten, sowie Waaren aus solchen Thierhaaren; Menschenhaare; Federn und Borsten:
	a) Haare, einschließlich der Menschenhaare, roh, gehechelt, gesotten, ge-färbt, auch in Lockenform gelegt; gesponnen, auch in Verbindung mit den unter Nr. 22. begriffenen Spinnstoffen; Schreibfedern (Federspulen), rohe und gezogene; Bettfedern; Schmuckfedern, auch gefärbte, soweit sie nicht unter Nr. 18. begriffen sind; Borsten; Oeltücher; ganz grobe Filze......................
	b) grobe Fußdecken ....
	c) Gewebe, andere, auch mit anderen Gespinnsten gemischt, sofern mindestens die ganze Kette oder der ganze Einschlag aus Haaren be-steht; Filze, soweit sie nicht unter a. begriffen sind...........
	Anmerk. zu c. Gewebe aus Haaren und anderen Gespinnsten, deren Kette oder Einschlag nicht ganz aus Haaren besteht, werden, wenn sie Seide enthalten, nach Nr. 30. d., in allen anderen Fällen so verzollt, als wenn sie Haare nicht enthielten.

Maaßstab der Verzollung.	Abgabensätze				Für Tara wird vergütet vom Zentner Brutto-Gewicht:
	nach dem 30-Thaler-Fuß.		nach dem 52½-Gulden-Fuß.		
	Thlr.	Sgr.	Fl.	Kr.	Pfund.
.	frei		frei		
1 Zentner	—	20	1	10	
1 Zentner	2	20	4	40	Für gepreßtes, geschliffenes, abgeriebenes, gemustertes Glas: 40 in Fässern und Kisten. 13 in Körben. Für geschnittenes, auch massives Glas: 13 in Kisten, Fässern und Körben.
1 Zentner	—	15	—	52½	
1 Zentner	4	—	7	—	17 in Kisten.
1 Zentner	4	—	7	—	20 in Fässern und Kisten. 18 in Körben.
.	frei	.	frei		
1 Zentner	frei —	. 15	frei —	. 52½	
1 Zentner	8	—	14	—	20 in Kisten. 7 in Ballen.

№	Benennung der Gegenstände.

12. **Häute und Felle:**

a) Häute und Felle, rohe (grüne, gesalzene, trockne) zur Lederberei-
tung; rohe behaarte Schaaf-, Lamm- und Ziegenfelle; rohe Hasen-
und Kaninchenfelle; rohe frische und getrocknete Seehund- und
Robbenfelle...

b) Felle zur Pelzwerk- (Rauchwaaren-) Bereitung.................

13. **Holz und andere vegetabilische und animalische Schnitz-
stoffe, sowie Waaren daraus, mit Ausnahme der Waaren von Schildpatt:**

a) Brennholz, auch Reisig; Holzkohlen; Holzborke oder Gerberlohe;
Lohkuchen (ausgelaugte Lohe als Brennmaterial)..............

b) Bau- und Nutzholz aller Art, auch gesägt oder auf andere Weise
vorgearbeitet, ingleichen andere vegetabilische und animalische Schnitz-
stoffe, nicht besonders genannt..............................

c) grobe, rohe, ungefärbte Böttcher-, Drechsler-, Tischler- und bloß
gehobelte Holzwaaren und Wagner-Arbeiten; grobe Böttcherwaaren
mit eisernen Reifen, gebrauchte; Besen von Reisig; grobe Korbflechterwaaren, weder gefärbt, gebeizt, lackirt, polirt, noch gefirnißt; Hornplatten und rohe, bloß geschnittene Knochenplatten.....

d) Holz in geschnittenen Fournieren; Korkplatten, Korkscheiben, Kork-
sohlen, Korkstöpsel; Stuhlrohr, gebeiztes oder gespaltenes.......

e) hölzerne Hausgeräthe (Möbel) und andere Tischler-, Drechsler- und
Böttcherwaaren, Wagnerarbeiten und grobe Korbflechterwaaren,
welche gefärbt, gebeizt, lackirt, polirt, gefirnißt oder auch in einzelnen Theilen in Verbindung mit unedlen Metallen, lohgarem
Leder, Glas oder Steinen (mit Ausnahme der Edelsteine und Halb-
edelsteine) verarbeitet sind; auch gerissenes Fischbein............

f) feine Holzwaaren (mit ausgelegter oder Schnitzarbeit), feine Korbflechterwaaren, sowie überhaupt alle unter c., d. und e. nicht be-
griffenen Waaren aus vegetabilischen oder animalischen Schnitzstoffen,
mit Ausnahme von Schildpatt; auch in Verbindung mit andern
Materialien, soweit sie dadurch nicht unter Nr. 20. fallen; Holzbronze

g) gepolsterte, auch überzogene Möbel aller Art..................

Maaßstab der Verzollung.	Abgabensätze				Für Tara wird vergütet vom Zentner Brutto-Gewicht:
	nach dem 30-Thaler-Fuß.		nach dem 52½-Gulden-Fuß.		
	Thlr.	Sgr.	Fl.	Kr.	Pfund.
.	frei	.	frei		
.	frei	.	frei	.	
.	frei	.	frei	.	
.	frei	.	frei		
.	frei	.	frei	.	
	frei	.	frei	.	
1 Zentner	1	—	1	45	
1 Zentner	4	—	7	—	20 in Fässern und Kisten. 13 in Körben. 9 in Ballen.
1 Zentner	3	10	5	50	16 in Fässern und Kisten. 13 in Körben. 6 in Ballen.

№	Benennung der Gegenstände.
14.	Hopfen ....
15.	Instrumente, Maschinen und Fahrzeuge:
	a) Instrumente, ohne Rücksicht auf die Materialien, aus welchen sie gefertigt sind:
	1) musikalische ....
	2) astronomische, chirurgische, optische, mathematische, chemische (für Laboratorien), physikalische ....
	b) Maschinen:
	1) Locomotiven, Tender und Dampfkessel ....
	2) andere, und zwar, je nachdem der, nach dem Gewichte überwiegende Bestandtheil besteht:
	α) aus Holz ....
	β) aus Gußeisen ....
	γ) aus Schmiedeeisen oder Stahl ....
	δ) aus anderen unedlen Metallen ....
	3) Walzen aus unedlen Metallen zum Druck und zur Appretur von Geweben:
	α) gravirt ....
	β) nicht gravirt ....
	4) Kratzen und Kratzenbeschläge ....
	c) Wagen und Schlitten:
	1) Eisenbahnfahrzeuge ....
	2) andere Wagen und Schlitten mit Leder- oder Polsterarbeit ..
	d) See- und Flußschiffe:
	1) hölzerne ....
	2) eiserne ....
	Anmerk. zu d. 1. und 2. Die Anker, Anker- und sonstigen Ketten, ingleichen alle, nicht zu den gewöhnlichen Schiffs-Utensilien gehörige bewegliche Inventarienstücke, sowie bei den Dampfschiffen die Dampfmaschinen, unterliegen den für diese Gegenstände festgesetzten Zollsätzen.
16.	Kalender
	werden nach den, der Stempelabgabe halber gegebenen besonderen Vorschriften behandelt.

Maaßstab der Verzollung.	Abgabensätze				Für Tara wird vergütet vom Zentner Brutto-Gewicht:
	nach dem 30-Thaler-Fuß.		nach dem 52½-Gulden-Fuß.		
	Thlr.	Sgr.	fl.	kr.	Pfund.
1 Zentner	1	20	2	55	
1 Zentner	·2	—	3	30	{ 23 in Fässern und Kisten. 9 in Ballen.
.	frei	.	frei	.	
1 Zentner	1	15	2	37½	
1 Zentner	—	15	—	52½	
1 Zentner	—	15	—	52½	
1 Zentner	—	25	1	27½	
1 Zentner	1	10	2	20	{ 13 in Fässern und Kisten. 6 in Körben. 4 in Ballen.
.	frei	.	frei	.	
.	frei	.	frei	.	
1 Zentner	6	—	10	30	{ 13 in Fässern und Kisten. 6 in Körben. 4 in Ballen.
vom Werth zehn Prozent.					
Stück	50	—	87	30	
.	frei	.	frei	.	
vom Werth acht Prozent.					

№	Benennung der Gegenstände.
17.	**Kautschuck und Guttapercha, sowie Waaren daraus:**
	a) Kautschuck in der ursprünglichen Form von Schühen, Flaschen ꝛc.; Guttapercha, roh, ungereinigt oder gereinigt ....
	b) Kautschuckfäden außer Verbindung mit anderen Materialien, oder mit baumwollenem, leinenem oder wollenem rohem (nicht gebleichtem oder gefärbtem) Garn nur dergestalt umsponnen, umflochten oder umwickelt, daß sie ohne Ausdehnung noch deutlich erkannt werden können; Kautschuckplatten; aufgelöstes Kautschuck..................
	c) Grobe Schuhmacher-, Sattler-, Riemer- und Täschnerwaaren, sowie andere Waaren aus unlackirtem, ungefärbtem, unbedrucktem Kautschuck, alle diese Waaren auch in Verbindung mit anderen Materialien, soweit sie dadurch nicht unter Nr. 20. fallen; übersponnene Kautschuckfäden .
	d) Waaren aus lackirtem, gefärbtem oder bedrucktem Kautschuck, auch in Verbindung mit anderen Materialien, soweit sie dadurch nicht unter Nr. 20. fallen; feine Schuhe ....
	e) Gewebe aller Art mit Kautschuck überzogen oder getränkt ....
	Anmerk. zu e. Kautschuck-Drucktücher für Fabriken und Straßenleder, künstliches, für Straßenfabriken, beide auf Erlaubnißscheine unter Kontrole ...
	f) Gewebe aus Kautschuckfäden in Verbindung mit anderen Spinn-materialien..........................
	Anmerk. zu b. bis f. Waaren aus Guttapercha werden wie Waaren aus Kautschuck behandelt.
18.	**Kleider und Leibwäsche, fertige, auch Putzwaaren:**
	a) Von Seide oder Floretseide, auch in Verbindung mit Metallfäden .
	b) Andere, soweit sie nicht nachstehend unter c. und e. genannt sind; Herrenhüte von Seide, unstaffirt, staffirt oder garnirt; künstliche Blumen; zugerichtete Schmuckfedern..........................
	c) Von Geweben mit Kautschuck oder Guttapercha überzogen oder ge-tränkt, sowie aus Gummifäden in Verbindung mit anderen Spinn-materialien..........................
	d) Herrenhüte von Filz, aus Wolle oder anderen Thierhaaren, unstaffirt, staffirt oder garnirt..........................
	e) Leinene Leibwäsche..........................
	Anmerk. Kleider und Wäsche, getragene oder gebrauchte, wenn sie nicht zum Verkauf eingehen..........................

Maaßstab der Verzollung.	Abgabensätze				Für Tara wird vergütet vom Zentner Brutto-Gewicht:
	nach dem 30-Thaler-Fuß.		nach dem 52½-Gulden-Fuß.		
	Thlr.	Sgr.	fl.	Kr.	Pfund.
.	frei		frei	.	
.	frei		frei	.	
1 Zentner	4	—	7	—	10 in Fässern und Kisten. 13 in Körben. 6 in Ballen.
1 Zentner	7	—	12	15	20 in Fässern und Kisten. 13 in Körben. 6 in Ballen.
1 Zentner	15	—	26	15	13 in Kisten. 9 in Körben. 6 in Ballen.
.	frei	.	frei	.	
1 Zentner	15	—	26	15	13 in Kisten. 9 in Körben. 6 in Ballen.
1 Zentner	40	—	70	—	20 in Kisten. 11 in Körben. 9 in Ballen.
1 Zentner	30	—	52	30	
1 Zentner	15	—	26	15	13 in Kisten. 9 in Körben. 6 in Ballen.
1 Zentner	15	—	26	15	20 in Kisten. 11 in Körben. 9 in Ballen.
1 Zentner	10	—	17	30	13 in Kisten. 9 in Körben. 6 in Ballen.
.	frei	.	frei	.	

18*

№	Benennung der Gegenstände.
19.	**Kupfer und andere nicht besonders genannte unedle Metalle und Legirungen aus unedlen Metallen, sowie Waaren daraus:**
	a) In rohem Zustande oder als alter Bruch; auch Kupfer und andere Scheidemünzen, insofern sie in einzelnen Vereinsstaaten eingeführt werden dürfen ....
	b) Geschmiedet oder gewalzt in Stangen oder Blechen, auch Draht ..
	c) In Blechen und Draht, plattirt ....
	d) Waaren, und zwar:
	1) Kupferschmiede- und Gelbgießer-Waaren, als: Blasen, Bügel-eisen, Eimer, Gewichte, Gewinde, Haken, Hähne, Kellen, Lampen, Leuchter, Lichtputzen, Mörser, Riegel, Röhren, Schlösser, Schrauben-Bolzen und -Muttern, Schüsseln, Thür-, Fenster-, Truhen- und Wagenbeschläge, Waageschalen und ähn-liche grobe Waaren, auch in Verbindung mit Holz oder Eisen, ohne Politur und Lack; dann Drahtgewebe ....
	2) Andere, auch in Verbindung mit anderen Materialien, soweit sie dadurch nicht unter Nr. 20. fallen....................
20.	**Kurze Waaren, Quincaillerien ꝛc.:**
	a) Waaren, ganz oder theilweise aus edlen Metallen, echten Perlen, Korallen oder Edelsteinen gefertigt; Taschenuhren; echtes Blattgold und Blattsilber..
	b) Waaren, ganz oder theilweise aus Schildpatt, aus unedlen, echt vergoldeten oder versilberten, oder mit Gold oder Silber belegten Metallen gefertigt; Stutz- und Wanduhren, letztere mit Ausnahme der hölzernen Hängeuhren; unechtes Blattgold und Blattsilber; feine Galanterie- und Quincaillerie-Waaren (Herren- und Frauenschmuck, Toiletten- und sogenannte Nippestischsachen u. s. w.) ganz oder theilweise aus Aluminium; ferner dergleichen Waaren aus anderen unedlen Metallen, jedoch fein gearbeitet und entweder mehr oder weniger vergoldet oder versilbert oder auch vernirt, oder in Ver-bindung mit Alabaster, Elfenbein, Email, Halbedelsteinen und nach-geahmten Edelsteinen, Lava, Perlmutter oder auch mit Schnitzarbeiten, Pasten, Kameen, Ornamenten in Metallguß und dergleichen; Brillen und Operngucker; Fächer; feine bossirte Wachswaaren; Perrücken-

Maaßstab der Verzollung.	Abgabensätze				Für Tara wird vergütet vom Zentner Brutto-Gewicht:
	nach dem 30-Thaler-Fuß.		nach dem 52½-Gulden-Fuß.		
	Thlr.	Sgr.	fl.	Kr.	Pfund.
1 Zentner	frei 1	22¼	frei 3	3¾	
1 Zentner	4	—	7	—	
					13 in Fässern. 6 in Körben. 4 in Ballen.
1 Zentner	2	20	4	40	
1 Zentner	4	—	7	—	
1 Zentner	50	—	87	30	20 in Fässern und Kisten. 13 in Körben. 9 in Ballen.

№	Benennung der Gegenstände.
	macherarbeit; Regen- und Sonnenschirme; Wachsperlen; ingleichen Waaren aus Gespinnsten von Baumwolle, Leinen, Seide, Wolle oder anderen Thierhaaren, welche mit animalischen oder vegetabilischen Schnitzstoffen, unedlen Metallen, Glas, Kautschuck, Guttapercha, Leder, Ledertuch (leather cloth), Papier, Pappe, Stroh oder Thonwaaren verbunden und nicht besonders tarifirt sind, z. B. Knöpfe auf Holzformen und dergl. ....
21.	**Leder und Lederwaaren:** a) Leder aller Art, mit Ausnahme des nachstehend unter b. genannten; Juchtenleder, auch gefärbtes; Pergament; Stiefelschäfte .... b) Brüsseler und Dänisches Handschuhleder; auch Korduan, Marokin, Saffian und alles gefärbte und lackirte Leder, mit Ausnahme von Juchtenleder .... Anmerk. zu b. Halbgare, sowie bereits gegerbte, noch nicht gefärbte oder weiter zugerichtete Ziegen- und Schaaffelle .... c) Grobe Schuhmacher-, Sattler-, Riemer- und Täschnerwaaren, sowie andere Waaren aus lohgarem, lohrothem oder blos geschwärztem Leder, alle diese Waaren auch in Verbindung mit anderen Materialien, soweit sie dadurch nicht unter Nr. 20. fallen.............. Anmerk. zu c. Grobe Schuhmacher- und Täschner-Waaren aus grauer Packleinwand, Segeltuch, roher Leinwand, rohem Zwillich oder Drillich, oder grobem unbedrucktem Wachstuch werden wie Waaren aus Leder behandelt. d) Feine Lederwaaren von Korduan, Saffian, Marokin, Brüsseler und Dänischem Leder, von sämisch- und weißgarem Leder, von gefärbtem oder lackirtem Leder und Pergament, auch in Verbindung mit anderen Materialien, soweit sie dadurch nicht unter Nr. 20. fallen; feine Schuhe aller Art .... e) Handschuhe ....
22.	**Leinengarn, Leinwand und andere Leinenwaaren,** d. i. Garn und Webe- oder Wirkwaaren aus Flachs oder anderen vegetabilischen Spinnstoffen, mit Ausnahme der Baumwolle: a) Garn mit Ausnahme des unter b. genannten: 1) von Flachs oder Hanf: α) Maschinengespinnst .... β) Handgespinnst ....

Maaßstab der Verzollung.	Abgabensätze				Für Tara wird vergütet vom Zentner Brutto-Gewicht:
	nach dem 30-Thaler-Fuß.		nach dem 52½-Gulden-Fuß.		
	Thlr.	Ggr.	fl.	kr.	Pfund.
1 Zentner	15	—	26	15	20 in Fässern und Kisten. 13 in Körben. 9 in Ballen.
1 Zentner	2	—	3	30	16 in Fässern und Kisten. 13 in Körben. 6 in Ballen.
1 Zentner	5	—	8	45	
1 Zentner	—	15	—	52½	
1 Zentner	4	—	7	—	16 in Fässern und Kisten. 13 in Körben. 6 in Ballen.
1 Zentner	7	—	12	15	20 in Fässern und Kisten 13 in Körben. 6 in Ballen.
1 Zentner	13	10	23	20	
1 Zentner	— frei	15	— frei	52½	

№	Benennung der Gegenstände.
	‹ 2) von Jute oder anderen nicht besonders genannten vegetabilischen Spinnstoffen ....
	b) Gefärbtes, bedrucktes, gebleichtes Garn ....
	c) Zwirn aller Art ....
	d) Seilerwaaren, ungebleichte; gebleichte Seile, Taue, Stricke, Gurten, Tragbänder und Schläuche; grobe Fußdecken aus Manillahanf-, Cocos-, Jute- und ähnlichen Fasern, auch in Verbindung mit den unter Nr. 11. benannten Haaren ....
	e) Graue Packleinwand und Segeltuch ....
	f) Leinwand, Zwillich, Drillich, mit Ausnahme der unter g. genannten Arten; Seilerwaaren, gefärbte und gebleichte, mit Ausnahme der unter d. genannten ....
	Anmerk. zu f. Leinwand, mit Ausnahme der unter g. genannten, eingehend:
	aa) in Preußen:
	auf der Grenzlinie von Leobschütz bis Seidenberg in der Oberlausitz nach Bleichereien oder Leinwandmärkten ....
	bb) in Sachsen:
	auf der Grenzlinie von Ostritz bis Schandau auf Erlaubnißscheine ......
	g) Leinwand, Zwillich, Drillich, gefärbt, bedruckt, gebleicht, auch aus gefärbtem, bedrucktem, gebleichtem Garn gewebt; Damast aller Art; verarbeitetes Tisch-, Bett- und Handtücherzeug; leinene Kittel; Battist und Linon ....
	h) Bänder, Borten, Fransen, Gaze, gewebte Kanten, Schnüre, Strumpfwaaren; Gespinnste und andere Waaren in Verbindung mit Metallfäden ....
	i) Zwirnspitzen ....
23.	**Lichte:**
	a) Talg- und Stearinlichte ....
	b) andere ....

Maaßstab der Verzollung.	Abgabensätze				Für Tara wird vergütet vom Zentner Brutto-Gewicht:
	nach dem 30·Thaler·Fuß.		nach dem 52½·Gulden·Fuß.		
	Thlr.	Sgr.	Gl.	Kr.	Pfund.
1 Zentner	—	15	—	52½	
1 Zentner	1	20	2	55	} 13 in Kisten. 6 in Ballen.
1 Zentner	4	—	7	—	
1 Zentner	—	15	—	52½	
1 Zentner	—	20	1	10	
1 Zentner	4	—	7	—	{ 13 in Kisten. 6 in Ballen.
.	frei		frei	.	
.	frei		frei	.	
1 Zentner	10	—	17	30	{ 13 in Kisten. 9 in Körben. 6 in Ballen.
1 Zentner	10	—	17	30	{ 13 in Kisten. 13 in Körben. 6 in Ballen.
1 Zentner	40	—	70	—	{ 23 in Kisten. 11 in Ballen.
1 Zentner	1	15	2	37½	} 10 in Kisten.
1 Zentner	1	15	2	37½	

19

№	Benennung der Gegenstände.

24. **Literarische und Kunst-Gegenstände:**

a) Papier, beschriebenes (Akten und Manuskripte); Bücher in allen Sprachen, Kupferstiche, Stiche anderer Art, sowie Holzschnitte; Lithographien und Photographien; geographische und Seekarten; Musikalien . . . .

b) Gestochene Metallplatten, geschnittene Holzstöcke, sowie lithographische Steine mit Zeichnungen, Stichen oder Schrift, alle diese Gegenstände zum Gebrauch für den Druck auf Papier . . . .

c) Gemälde und Zeichnungen; Statuen von Marmor und anderen Steinarten; Statuen von Metall, mindestens in natürlicher Größe; Medaillen. . . . .

25. **Material- und Spezerei-, auch Konditorwaaren und andere Konsumtibilien:**

a) Bier aller Art, auch Meth . . . .

b) Branntwein aller Art, auch Arrack, Rum, Franzbranntwein und versetzte Branntweine in Fässern und Flaschen . . . .

c) Hefe aller Art, mit Ausnahme der Weinhefe. . . . .

d) Essig aller Art in Fässern . . . .

e) Wein und Most, auch Cider in Fässern und Flaschen; Essig in Flaschen oder Kruken; künstlich bereitete Getränke, nicht unter anderen Nummern des Tarifs begriffen . . . .

Anmerk. zu e. Wein aus Ländern, welche den Zollverein nicht gleich dem meistbegünstigten Lande behandeln . . . .

f) Butter . . . .

Anmerk. zu f. 1) Frische ungesalzene Butter auf der Linie von Lindau bis Hemmenhofen eingehend . . . .
2) Einzelne Stücke in Mengen von nicht mehr als drei Pfund, vorbehaltlich der im Falle eines Mißbrauchs örtlich anzuordnenden Aufhebung oder Beschränkung dieser Begünstigung . . . . . .

Maaßstab der Verzollung.	Abgabensätze				Für Tara wird vergütet vom Zentner Brutto-Gewicht:
	nach dem 30-Thaler-Fuß.		nach dem 52½-Gulden-Fuß.		
	Thlr.	Sgr.	Fl.	Kr.	Pfund.
.	frei	.	frei	.	
.	frei		frei		.
	frei		frei		.
			-		
1 Zentner	—	20	1	10	
1 Zentner	6	—	10	30	24 in Kisten } nur bei dem Eingange in 16 in Körben } Flaschen. 11 in Ueberfässern.
1 Zentner	7	—	12	15	24 in Kisten. 11 in Ueberfässern. 7 in Körben.
1 Zentner	1	10	2	20	
1 Zentner	2	20	4	40	24 in Kisten } nur bei dem Eingange in 16 in Körben } Flaschen. 11 in Ueberfässern.
1 Zentner	4	—	7	—	
1 Zentner	1	10	2	20	16 in Fässern und Töpfen, sowie in Kübeln vom hartem Holz. 11 in Kübeln von weichem Holz. 7 in Körben.
1 Zentner	—	—	1	45	
.	frei	.	frei	.	

№	Benennung der Gegenstände.

g) 1) Fleisch, zubereitetes; Schinken, Speck, Würste; Fleischextrakt, Tafelbouillon; Fische, nicht anderweit genannt ....

2) Fleisch, ausgeschlachtetes, frisches; desgleichen großes Wild .....

h) Früchte (Südfrüchte):

1) frische Apfelsinen, Citronen, Limonen, Pomeranzen, Granaten und dergleichen ....

Verlangt der Steuerpflichtige die Auszählung, so zahlt er für Einhundert Stück 20 Sgr. oder 1 Fl. 10 Kr.

Im Falle der Auszählung bleiben verdorbene unversteuert, wenn sie in Gegenwart von Beamten weggeworfen werden.

2) a) getrocknete Datteln, Feigen, Korinthen, Mandeln, Pfirsichkerne, Rosinen, Pomeranzen und dergleichen ....

β) Kastanien, Maronen, Johannisbrot; Pinienkerne ....

i) Gewürze aller Art, nicht besonders genannt ....

k) Heringe ....

l) Honig ....

m) 1) Kaffee, roher und Kaffee-Surrogate (mit Ausnahme von Cichorie)

2) Kakao in Bohnen..

3) Kakaoschalen ....

n) Kaviar und Kaviar-Surrogate (eingesalzener Fischrogen) ....

Maaßstab der Verzollung.	Abgabensätze				Für Tara wird vergütet vom Zentner Brutto-Gewicht:
	nach dem 30-Thaler-Fuß.		nach dem 52½-Gulden-Fuß.		
	Thlr.	Sgr.	Fl.	Kr.	Pfund.
1 Zentner	—	15	—	52½	
.	frei	.	frei	.	
1 Zentner	2	—	3	30	{ 20 in Fässern und Kisten. 13 in Körben. 6 in Ballen.
1 Zentner	4	—	7	—	{ 13 in Fässern. 16 in Kisten. 13 in Körben. 6 in Ballen.
1 Zentner	—	15	—	52½	
1 Zentner	6	15	11	22½	{ 16 in Fässern. 18 in Kisten. 13 in Körben. 4 in Ballen.
1 Tonne	1	—	1	45	.
1 Zentner	—	10	—	35	
1 Zentner	5	25	10	12½	{ 12 in Fässern mit Dauben von Eichen- und anderem harten Holze. 8 in anderen Fässern. 12 in Kisten von 4 Zentner und darüber. 17 in Kisten unter 4 Zentner. 9 in Körben. 2 in Ballen oder Säcken.
1 Zentner	5	25	10	12½	{ 13 in Fässern mit Dauben von Eichen- und anderem harten Holze und in Kisten. 10 in anderen Fässern.
1 Zentner	2	—	3	30	{ 9 in Körben. 3 in Ballen.
1 Zentner	11	—	19	15	{ 20 in Fässern und Kisten. 18 in Körben. 6 in Ballen.

№	**Benennung der Gegenstände.**

o) Käse aller Art ....

p) 1) α) Konfitüren, Zuckerwerk, Kuchenwerk aller Art; Oliven, Kapern, Pasteten, Saucen und andere ähnliche Gegenstände des feineren Tafelgenusses; Kakaomasse, gemahlener Kakao, Chokolade und Chokolade-Surrogate; gebrannter Kaffee..............

β) Mit Zucker, Essig, Oel oder sonst, namentlich alle in Flaschen, Büchsen und dergleichen eingemachte, eingedampfte oder auch eingesalzene Früchte, Gewürze, Gemüse und andere Konsumtibilien (Pilze, Trüffeln, Geflügel, Seethiere und dergleichen); zubereitete Fische; zubereiteter Senf ....

2) Obst, Sämereien, Beeren, Blätter, Blüthen, Pilze, Gemüse, getrocknet, gebacken, gepulvert, bloß eingekocht, oder gesalzen, soweit sie nicht unter anderen Nummern des Tarifs begriffen sind; Cichorien, getrocknete, gebrannte oder gemahlene; Nüsse, trockene; Säfte von Obst, Beeren und Rüben zum Genuß, ohne Zucker eingekocht; Pomeranzenschalen, frische und getrocknete ....

q) 1) Kraftmehl, Puder, Stärke, Arrowroot.....................

2) Mühlenfabrikate aus Getreide und Hülsenfrüchten, nämlich: geschrotene oder geschälte Körner, Graupe, Gries, Grütze, Mehl, Backwerk, gewöhnliches (Bäckerwaare); Stärkegummi; Nudeln, Sago und Sago-Surrogate; Tapiola.....................

r) Muschel- oder Schaalthiere aus der See, als: Austern, Hummern, ausgeschälte Muscheln, Schildkröten und dergleichen ....

s) Reis, geschälter und ungeschälter ....

Anmerk. Reis zur Stärke-Fabrikation unter Kontrole ....

t) Salz (Koch-, Siede-, Stein-, Seesalz), sowie alle Stoffe, aus welchen Salz ausgeschieden zu werden pflegt ....

Maaßstab der Verzollung.	Abgabensätze				Für Tara wird vergütet vom Zentner Brutto-Gewicht:
	nach dem 30-Thaler-Fuß.		nach dem 52½-Gulden-Fuß.		
	Thlr.	Sgr.	Gl.	Kr.	Pfund.
1 Zentner	1	20	2	55	20 in Kisten von 1 Zentner und darüber. 16 in Kisten unter 1 Zentner. 11 in Fässern. 8 in Körben. 6 in Ballen. 12 in Kübeln von 3 Zentner und darunter. 8 in schwereren Kübeln.
1 Zentner	7	—	12	15	20 in Fässern und Kisten. 13 in Körben. 6 in Ballen. Für Kakaomasse, gemahlenen Kakao, Chokolade und Chokolade-Surrogate:
1 Zentner	5	—	8	45	14 in Kisten von weichem Holz.
.	frei	.	frei	.	
1 Zentner	—	15	—	52½	
.	frei	.	frei	.	
1 Zentner	2	—	3	30	
1 Zentner	—	15	—	52½	
.	frei	.	frei	.	
1 Zentner	2	—	3	30	1 in Säcken.

№	**Benennung der Gegenstände.**
	u) Syrup*)
	v) Tabak:
	1) Tabacksblätter, unbearbeitete und Stengel...................
	2) Tabackfabrikate:
	α) Rauchtabak in Rollen, abgerollten oder entrippten Blättern oder geschnitten; Carotten oder Stangen zu Schnupftaback, auch Tabacksmehl und Abfälle........,..................
	β) Cigarren und Schnupftaback.........................
	w) Thee..
	x) Zucker*)
26.	**Oel, anderweit nicht genannt, und Fette:**
	a) Oel:
	1) Oel aller Art in Flaschen oder Kruken, auch Baumöl in Fässern
	Anmerk. zu a. 1. Baumöl in Fässern eingehend, wenn bei der Abfertigung auf den Zentner ein Pfund Terpentinöl oder ein achtel Pfund Rosmarinöl zugesetzt worden................................

*) Die Zollsätze für Zucker und Syrup sind durch das die Zuckerbesteuerung betreffende Vereinsgesetz vom Jahre 1869. bestimmt und betragen von

1) raffinirtem Zucker aller Art, sowie Rohzucker, wenn letzterer den auf Anordnung des Bundesrathes bei dem nach Bedürfniß öffentlich zu bezeichnenden Zollstellen niederzulegenden, nach Anleitung des Holländischen Standort Nr. 19. und darüber zu bestimmenden Mustern entspricht ...

2) Rohzucker, soweit solcher nicht zu dem unter 1. gedachten gehört..........................

3) Syrup............

Auflösungen von Zucker, welche als solche bei der Revision bestimmt erkannt werden, unterliegen dem vorstehend unter 2. aufgeführten Eingangszolle.

4) Melasse unter Kontrole der Verwendung zur Branntweinbereitung............

Maaßstab der Verzollung.	Abgabensätze				Für Tara wird vergütet vom Zentner Brutto-Gewicht:
	nach dem 30-Thaler-Fuß.		nach dem 52½-Gulden-Fuß.		
	Thlr.	Sgr.	Fl.	Kr.	Pfund.
1 Zentner	4	—	7	—	22 in Kisten. 12 in Fässern, Seronen (nicht von Thierhäuten) und Kanasterkörben. 9 in Körben. 8 in Thierhäuten. 4 in Ballen aus Schilf, Bast und Binsen. 2 in Ballen anderer Art.
					16 in Fässern. 13 in Körben. 12 in Kanasterkörben. 6 in Ballen.
1 Zentner	11	—	19	15	Bei Cigarren außer der vorstehenden Tara für die äußere Umschließung noch 24 Pfund, falls die Cigarren
1 Zentner	20	—	35	—	in kleinen Kisten, und 12 Pfund, falls sie in Körbchen oder Pappkästen verpackt sind.
1 Zentner	8	—	14	—	23 in Kisten.
1 Zentner	—	25	1	27¼	
.	frei		frei	.	
					Für Brod- (Hut-) Zucker, Kandis-, Bruch- oder Lumpenzucker: 14 in Fässern mit Dauben von Eichen- und anderem harten Holze. 10 in anderen Fässern. 13 in Kisten. 7 in Körben. Für Rohzucker und Farin (Zuckermehl), sowie gestoßenen Zucker: 13 in Fässern mit Dauben von Eichen- und anderem harten Holze. 10 in anderen Fässern. 13 in Kisten. 8 in außereuropäischen Rohrgeflechten (Kanaster8, Kranjang8). 7 in anderen Körben. 4 in Ballen.
1 Zentner	5	—	8	45	
1 Zentner	4	—	7	—	
1 Zentner	2	15	4	22¼	11 in Fässern.
.	frei	.	frei	.	

№	Benennung der Gegenstände.
	2) anderes Oel in Fässern......................................
	3) Palmöl (Palmbutter) und Kokosnußöl.....................
	b) Fette:
	1) Fischthran, Paraffin, Wallrath; Stearin, einschließlich Stearin-säure...
	2) Fischspeck...
	3) anderes Thierfett, ungeschmolzen und eingeschmolzen........
	c) Rückstände, feste, von der Fabrikation fetter Oele, auch gemahlen
27.	**Papier und Pappwaaren:**
	a) graues Lösch- und Packpapier, Pappdeckel, Dreßspäne, künstliches Pergament; Papier zum Schleifen oder Poliren; Fliegenpapier; Gichtpapier; Schieferpapier................................
	b) ungeleimtes ordinaires (grobes graues, halbweißes und gefärbtes) Papier; alles ungeleimte Druckpapier; Formerarbeit aus Stein-pappe, Asphalt oder ähnlichen Stoffen, auch in Verbindung mit Holz oder Eisen, jedoch weder angestrichen noch lackirt.... ....
	c) alles nicht unter a., b. und d. begriffene Papier, auch lithogra-phirtes, bedrucktes oder liniirtes, zu Rechnungen, Etiketten, Fracht-briefen, Devisen ꝛc. vorgerichtetes Papier; Malerpappe...........
	d) Gold- und Silberpapier; Papier mit Gold- oder Silbermuster; durchschlagenes Papier; ingleichen Streifen von diesen Papiergat-tungen; Papiertapeten; Waaren aus Papier, Pappe oder Pappmasse; Formerarbeit aus Steinpappe, Asphalt oder ähnlichen Stoffen, soweit sie nicht unter b. und e. begriffen ist........................
	e) Waaren aus den vorgenannten Stoffen in Verbindung mit anderen Materialien, soweit sie dadurch nicht unter Nr. 20. fallen.......
28.	**Pelzwerk** (Kürschnerarbeiten):
	a) Ueberzogene Pelze, Mützen, Handschuhe, gefütterte Decken, Pelzfutter und Besätze u. dgl.................................
	b) Fertige, nicht überzogene Schaafpelze, desgleichen weißgemachte und gefärbte, nicht gefütterte Angora- oder Schaaffelle, ungefütterte Decken, Pelz-Futter und Besätze...........................

Maaßstab der Verzollung.	Abgabensätze				Für Tara wird vergütet vom Centner Brutto-Gewicht:
	nach dem 30-Thaler-Fuß.		nach dem 52½-Gulden-Fuß.		
	Thlr.	Sgr.	fl.	kr.	Pfund.
1 Zentner	—	15	—	52½	
.	frei	.	frei	.	
1 Zentner	—	15	...	52½	
1 Zentner	—	10	—	35	
.	frei	.	frei	.	
.	frei	.	frei	.	
.	frei	.	frei		
1 Zentner	—	20	1	10	
1 Zentner	1	—	1	45	
1 Zentner	1	10	2	20	16 in Kisten. 13 in Körben. 6 in Ballen.
1 Zentner	4	—	7	—	
1 Zentner	22	—	38	30	16 in Fässern. 20 in Kisten. 6 in Ballen.
.	frei	.	frei		

20*

7

№	**Benennung der Gegenstände.**
29.	**Schießpulver** ....
30.	**Seide und Seidenwaaren:**
	a) Seiden-Kokons; Seide, abgehaspelt (Greze) oder gesponnen; Floretseide, gekämmt, gesponnen oder gezwirnt, alle diese Seide nicht gefärbt; auch Abfälle von gefärbter Seide ....
	b) Seide und Floretseide gefärbt ....
	c) Waaren aus Seide oder Floretseide, auch in Verbindung mit Metallfäden ....
	d) Waaren aus Seide oder Floretseide in Verbindung mit Baumwolle, Leinen, Wolle oder anderen, unter Nr. 41. genannten Thierhaaren
	Anmerk. Ganz grobe Gewebe aus rohem Gespinnst von Seidenabfällen, welche das Ansehen von grauer Packleinwand haben und zu Preßtüchern, Duxlappen u. s. w. verwendet werden ....
31.	**Seife und Parfümerien:**
	a) Grüne, schwarze und andere Schmierseife........................
	b) Gemeine feste Seife ....
	c) Feine in Täfelchen, Kugeln, Büchsen, Krügen, Töpfen ꝛc.........
	d) Parfümerien aller Art..................................
	Anmerk. zu c. und d. Wenn die Umhüllungen, in welchen die Waare eingeht, für sich höher belegt sind, als die letztere, so wird dieser höhere Satz erhoben.
32.	**Spielkarten** von jeder Gestalt und Größe, insofern sie in einzelnen Vereinsstaaten zum Gebrauche im Lande eingeführt werden dürfen, und unter Berücksichtigung der besonderen Stempel- und Kontrolvorschriften
33.	**Steine und Steinwaaren:**
	a) Steine, rohe oder blos behauene; Flintensteine; Mühlsteine, auch mit eisernen Reifen; polirte Schieferplatten; Schleif- und Wetzsteine aller Art; grobe Steinmetzarbeiten, z. B. Thür- und Fensterstöcke, Säulen und Säulenbestandtheile, Rinnen, Röhren und Tröge und dergleichen, ungeschliffen, mit Ausnahme der Arbeiten aus Alabaster und Marmor; Schusser (Knicker) aus Marmor und dergleichen ....

— 145 —

Maaßstab der Verzollung.	Abgabensätze nach dem 30-Thaler-Fuß.		nach dem 52½-Gulden-Fuß.		Für Tara wird vergütet vom Zentner Brutto-Gewicht:
	Thlr.	Sgr.	Fl.	Xr.	Pfund.
.	frei	.	frei	.	
1 Zentner	frei 4	—	frei 7	—	16 in Fässern und Kisten. 9 in Ballen.
1 Zentner	40	—	70	—	22 in Kisten. 13 in Ballen.
1 Zentner	30	—	52	30	20 in Kisten. 11 in Ballen.
1 Zentner	—	20	1	10	
1 Zentner	—	25	1	27½	
1 Zentner	—	25	1	27½	
1 Zentner	2	—	3	30	16 in Kisten.
1 Zentner	3	10	5	50	
1 Zentner	10	—	17	30	
.	frei	.	frei	.	

№	Benennung der Gegenstände.
	b) Edelsteine, auch nachgeahmte, geschliffen, Perlen und Korallen ohne Fassung; Waaren aus Serpentinstein, Gyps und Schwefel; Schiefertafeln in Holzrahmen, auch lackirten oder polirten ....：
	c) Waaren aus Halbedelsteinen, auch in Verbindung mit anderen Materialien, soweit sie dadurch nicht unter Nr. 20. fallen ......
	d) Waaren aus allen anderen Steinen, mit Ausnahme der Statuen:
	1) Außer Verbindung mit anderen Materialien oder nur in Verbindung mit Holz oder Eisen ohne Politur und Lack ....
	2) In Verbindung mit anderen Materialien, auch Meerschaumwaaren, alle diese Waaren, soweit sie nicht unter Nr. 20. fallen ....
34.	**Steinkohlen, Braunkohlen, Torf:**
	Steinkohlen, Braunkohlen, Koals, Torf, Torfkohlen..............
35.	**Stroh-, Rohr- und Bastwaaren:**
	a) Matten und Fußdecken aus Bast, Stroh und Schilf, auch andere Schilfwaaren, ordinaire, ungefärbt und gefärbt; Strohbesen; Strohbänder aller Art; Hüte aus Holzspan ohne Garnitur ....
	b) Stroh- und Bastgeflechte, mit Ausnahme der Strohbänder; Decken von ungespaltenem Stroh...................
	c) Hüte aus Stroh, Rohr, Bast, Binsen, Fischbein und Palmblättern:
	1) ohne Garnitur.........................
	2) mit Garnitur, auch dergleichen aus Holzspan..............
36.	**Theer**; Pech; Harze aller Art; Asphalt (Bergtheer); Theer- und Mineralöle, roh und gereinigt, auch Benzin und Karbolsäure (Kreosot); Harzöl; Terpentin, Terpentinöl; Thieröl, rohes (Hirschhornöl) und gereinigtes (Dippelöl)............................
37.	**Thiere und thierische Produkte, nicht anderweit genannt:**
	a) Thiere, alle lebende, für welche kein Tarifsatz ausgeworfen ist; Geflügel und kleines Wildpret aller Art; Fische, frische und Flußkrebse; frische unausgeschälte Muscheln..............
	b) Eier und Milch...................

Maaßstab der Verzollung.	Abgabensätze				Für Tara wird vergütet vom Zentner Brutto-Gewicht:
	nach dem 30-Thaler-Fuß.		nach dem 52½-Gulden-Fuß.		
	Thlr.	Sgr.	Fl.	Kr.	Pfund.
.	frei		frei	.	
1 Zentner	8	—	14	—	16 in Fässern und Kisten.
1 Zentner	—	5	—	17½	
1 Zentner	4	—	7	—	16 in Fässern und Kisten.
.	frei	.	frei	.	
.	frei	.	frei	.	
1 Zentner	4	—	7	—	{ 20 in Kisten. { 9 in Ballen.
das Stück	—	2	—	7	
das Stück	—	4	—	14	
.	frei	.	frei	.	
.	frei	.	frei	.	
.	frei	.	frei	.	

Nr.	Benennung der Gegenstände.
	c) Bienenstöcke mit lebenden Bienen ....
	d) Blasen und Därme, thierische; Wachs; Waschschwämme und andere thierische Produkte, soweit sie nicht unter anderen Nummern des Tarifs begriffen sind ....
38.	**Thonwaaren:**
	a) Fliesen, Mauer- und Dachziegel und andere Waaren aus Thon zu baulichen Zwecken; Thonröhren; Schmelztiegel; gemeine Ofenkacheln; irdene Pfeifen; gemeines Töpfergeschirr ....
	b) Andere Thonwaaren mit Ausnahme von Porzellan:
	1) einfarbige oder weiße ....
	2) bemalte, bedruckte, vergolbete oder verfilberte ....
	c) Porzellan, weißes, auch mit farbigen Streifen ....
	d) Porzellan, farbiges, bemaltes oder vergolbetes, ingleichen Thonwaaren aller Art in Verbindung mit anderen Materialien, soweit sie dadurch nicht unter Nr. 20. fallen ....
39.	**Vieh:**
	a) Pferde, Maulesel, Maulthiere, Esel ....
	b) Rindvieh: Stiere, Ochsen, Kühe, Jungvieh und Kälber ....
	c) Schweine:
	1) gemästete und magere ....
	2) Spanferkel ....
	d) Schaafvieh und Ziegen ....
40.	**Wachstuch, Wachsmusselin, Wachstafft:**
	a) Grobes unbedrucktes Wachstuch (Packtuch) ....
	b) Alles andere ....
	Anmerk. zu b. Waaren hieraus werden wie feine Lederwaaren behandelt.
41.	**Wolle,** einschließlich der Ziegen-, Hasen-, Kaninchen- und Biberhaare, sowie Waaren daraus:
	a) Wolle, rohe, gekämmte, gefärbte, gemahlene ....
	b) Garn, auch mit anderen Spinnmaterialien, ausschließlich der Baumwolle, gemischt:
	1) einfaches, ungefärbt oder gefärbt; dublirtes, ungefärbt; Watten
	2) dublirtes gefärbt; drei- oder mehrfach gezwirntes, ungefärbt oder gefärbt ....

Maaßstab der Verzollung.	Abgabensätze				Für Tara wird vergütet vom Zentner Brutto-Gewicht:
	nach dem 30-Thaler-Fuß.		nach dem 52½-Gulden-Fuß.		
	Thlr.	Sgr.	Fl.	Kr.	Pfund.
.	frei	.	frei	.	
.	frei		frei	.	
.	frei	.	frei	.	
1 Zentner	1	20	2	55	⎫
1 Zentner	2	—	3	30	⎬ 22 in Kisten.
1 Zentner	1	20	2	55	⎪ 13 in Körben.
1 Zentner	4	—	7	—	⎭
.	frei	.	frei	.	
.	frei	.	frei	.	
1 Stück	—	20	1	10	
1 Stück	—	3	—	10½	
.	frei.	.	frei	.	
1 Zentner	—	20	1	10	⎰ 13 in Kisten.
1 Zentner	2	—	3	30	⎱ 9 in Körben. 6 in Ballen.
.	frei		frei	.	
1 Zentner	—	15	—	52½	
1 Zentner	4	—	7	—	⎰ 16 in Fässern und Kisten. ⎱ 6 in Ballen.

21

№	Benennung der Gegenstände.
	c) Waaren, auch in Verbindung mit Baumwolle, Leinen oder Metall-fäden:
	1) Stickereien, Spitzen und Tülle ....
	2) bedruckte Waaren aller Art ....
	3) unbedruckte, ungewalkte Waaren; Posamentier- und Knopfmacher-Waaren; auch Gespinnste in Verbindung mit Metallfäden ...
	4) unbedruckte gewalkte Tuch-, Zeug- und Filzwaaren; Strumpf-waaren; Fußteppiche.........................
	5) Tuchleisten ....
42.	**Zink und Zinkwaaren:**
	a) rohes Zink; altes Bruchzink.........................
	b) Zinkbleche.........................
	c) grobe Zinkwaaren, auch in Verbindung mit Holz oder Eisen, ohne Politur und Lack; Draht.........................
	d) feine, auch lackirte Zinkwaaren; ingleichen Zinkwaaren in Verbin-dung mit anderen Materialien, soweit sie dadurch nicht unter Nr. 20. fallen.........................
43.	**Zinn und Zinnwaaren, auch mit Spießglanz legirt:**
	a) Zinn in Blöcken, Stangen u. s. w.; altes Bruchzinn ....
	b) Zinn, gewalztes.........................
	c) grobe Zinnwaaren, als: Draht, Röhren, Schüsseln, Teller, Kessel und andere Gefäße, auch in Verbindung mit Holz oder Eisen, ohne Politur und Lack.........................
	d) feine, auch lackirte Zinnwaaren, ingleichen Zinnwaaren in Verbin-dung mit anderen Materialien, soweit sie dadurch nicht unter Nr. 20. fallen.........................
44.	**Artikel, welche unter keiner der vorstehenden Nummern begriffen sind**.........................

Maaßstab der Verzollung.	Abgabensätze				Für Tara wird vergütet vom Zentner Brutto-Gewicht:
	nach dem 30-Thaler-Fuß.		nach dem 52¼-Gulden-Fuß.		
	Thlr.	Sgr.	Fl.	Kr.	Pfund.
1 Zentner	30	—	52	30	⎫
1 Zentner	25	—	43	45	⎬ 20 in Kisten.
1 Zentner	20	—	35	—	⎪ 7 in Ballen.
1 Zentner	10	—	17	30	⎭
.	frei	.	frei	.	
.	frei	.	frei	.	
.	frei	.	frei	.	
.	frei		frei	.	
1 Zentner	4	—	7	—	⎰ 20 in Fässern und Kisten. ⎱ 13 in Körben.
.	frei	.	frei	.	
.	frei	.	frei	.	
.	frei	.	frei		
1 Zentner	4	—	7	—	⎰ 20 in Fässern und Kisten. ⎱ 13 in Körben.
.	frei	.	frei	.	

Zweite Abtheilung.

Bestimmungen über die Ausfuhr.

Bei der Ausfuhr sind einer Abgabe nur unterworfen:

Lumpen und andere Abfälle zur Papier-Fabrikation, und zwar:

1) nicht von reiner Seide, auch zu Halbzeug vermahlen, Makulatur und Papierspäne, mit 1⅓ Thlr. oder 2 Fl. 55 Kr. vom Zentner;

2) alles Tauwerk, alte Fischernetze und Stricke, getheert oder nicht getheert, mit ⅓ Thlr. oder 35 Kr. vom Zentner.

Dritte Abtheilung.

Allgemeine Bestimmungen.

I. Die Erhebung des Zolles geschieht nach Gewicht, nach Maaß, nach Stückzahl oder nach dem Werthe.

Der Zoll ist nach denjenigen Tarifsätzen und Vorschriften zu entrichten, welche an dem Tage gültig sind, an welchem

1) die zum Eingange bestimmten Waaren bei der kompetenten Zollstelle zur Verzollung, zur Abfertigung auf Begleitschein II., oder zur Anschreibung auf Privatkreditlager,

2) die zum Ausgange bestimmten ausgangszollpflichtigen Waaren bei einer zur Erhebung des Ausgangszolls befugten Abfertigungsstelle angemeldet und zur Abfertigung gestellt werden.

II. Der dem Tarife zu Grunde liegende Zollzentner (gleich funfzig Kilogramm) ist in hundert Pfunde getheilt.

III. a) Die Zölle werden entweder nach dem Bruttogewichte oder nach dem Nettogewichte erhoben.

Unter Bruttogewicht wird das Gewicht der Waare in völlig verpacktem Zustande, mithin in ihrer gewöhnlichen Umgebung für die Aufbewahrung und mit ihrer besonderen für den Transport verstanden.

Das Gewicht der für den Transport nöthigen äußeren Umgebung wird Tara genannt.

Ist die Umgebung für den Transport und für die Aufbewahrung nothwendig dieselbe, wie es z. B. bei Syrup u. s. w. die gewöhnlichen Fässer sind, so ist das Gewicht dieser Umgebung die Tara.

Das Nettogewicht ist das Bruttogewicht nach Abzug der Tara. Die kleinen, zur unmittelbaren Sicherung der Waare nöthigen Um-schließungen (Flaschen, Papier, Pappe, Bindfaden und dergl.) werden bei Ermittelung des Nettogewichts nicht in Abzug gebracht; ebensowenig, der Regel nach, Unreinigkeiten und fremde Bestandtheile, welche der Waare beigemischt sein möchten. Eine Ausnahme von letzterer Bestim-mung findet rücksichtlich der zu Wasser eingegangenen Waaren in der Weise statt, daß, wenn in Folge von Havarie durch eingedrungenes Wasser oder andere fremde Bestandtheile das Gewicht der Waare ver-mehrt ist, bei der Verzollung ein dem Gewicht des Wassers ꝛc. ent-sprechender Abzug von dem vorgefundenen Gewicht der Waare zugestanden wird. — Auch ist es gestattet, die Waare unter amtlicher Aufsicht zu trocknen, worauf das nach der Trocknung vorgefundene Gewicht der Ver-zollung zu Grunde gelegt wird.

b) Die Zölle werden vom Bruttogewichte erhoben:

    1) von denjenigen Waaren, für welche die Abgabe einen Thaler oder einen Gulden und fünf und vierzig Kreuzer vom Zentner nicht übersteigt;

    2) von anderen Waaren, wenn nicht eine Vergütung für Tara im Tarife ausdrücklich festgesetzt ist.

c) Von allen Gegenständen, von welchen nach vorstehender Bestimmung der Zoll nicht nach dem Bruttogewicht zu erheben ist, wird das Netto-gewicht der Verzollung zu Grunde gelegt.

d) Bei Bestimmung dieses Nettogewichts ist Folgendes zu beobachten:

    1) In der Regel wird die Vergütung für Tara nach den im Zoll-tarife bestimmten Sätzen berechnet.

    2) Werden Waaren, für welche eine Taravergütung zugestanden ist, blos in einfache Säcke von Pack- oder Sackleinen gepackt zur Ver-zollung gestellt, so wird eine Taravergütung von 2 Pfund vom Zentner bewilligt, insoweit nicht in der ersten Abtheilung eine ge-ringere Taravergütung für derartige Verpackungen vorgeschrieben ist. Bei einer Verpackung in Schilf- oder Strohmatten oder ähn-lichem Material können 4 Pfund vom Zentner für Tara gerechnet werden, insoweit nicht in der ersten Abtheilung eine geringere Tara-vergütung für Ballen vorgeschrieben ist.   :

Unter den im Tarife mit einem höheren Tarasatze als 2 Pfund

aufgeführten Ballen wird in der Regel eine doppelte Umschließung von dem für einfache Säcke bezeichneten Material verstanden. Auf einfache Emballage ist diese höhere Tara für Ballen nur dann anwendbar, wenn das dazu verwandte Material nach dem Ermessen der Zollbehörde erheblich schwerer als bei Säcken in das Gewicht fällt.

Bei Waaren, für welche der Tarif eine 2 Pfund übersteigende Tara für Ballen vorschreibt, ist es, wenn Ballen von einem Bruttogewichte über 8 Zentner zur Verzollung angemeldet werden, der Wahl des Zollpflichtigen überlassen, entweder sich mit der Taravergütung für 8 Zentner zu begnügen, oder auf Ermittelung des Nettogewichts durch Verwiegung anzutragen. Bei baumwollenen und wollenen Geweben (Tarif, Abtheilung I. 2. c. und 41. c.) findet diese Bestimmung schon Anwendung, wenn Ballen von einem Bruttogewichte über 6 Zentner angemeldet werden, dergestalt, daß dabei nur von 6 Zentnern eine Tara bewilligt wird.

3) Es bleibt der Wahl des Zollpflichtigen überlassen, ob er bei Gegenständen, deren Verzollung nach dem Nettogewichte geschieht, die tarifmäßige Tara gelten, oder das Nettogewicht, entweder durch Verwiegung der Waare ohne die Tara oder der letzteren allein ermitteln lassen will. Bei Flüssigkeiten und anderen Gegenständen, deren Nettogewicht nicht ohne Unbequemlichkeit ermittelt werden kann, weil ihre Umgebung für den Transport und für die Aufbewahrung dieselbe ist, wird die Tara nach dem Vereinszolltarif berechnet und der Zollpflichtige hat kein Widerspruchsrecht gegen Anwendung desselben. Die Zollbehörde ist befugt, die Nettoverwiegung eintreten zu lassen, wenn eine von der gewöhnlichen abweichende Verpackungsart der Waaren oder eine erhebliche Entfernung von den im Vereinszolltarif angenommenen Tarasätzen bemerkbar wird.

IV. Bei den Hauptzollämtern an der Grenze ist jede Zollentrichtung und jede durch das Vereinszollgesetz vorgeschriebene Abfertigung ohne Einschränkung sowohl bei der Einfuhr als bei der Ausfuhr und Durchfuhr zulässig.

Bei Nebenzollämtern erster Klasse können Gegenstände, von welchen die Gefälle nicht über zehn Thaler vom Zentner betragen, oder welche nach der Stückzahl zu verzollen sind, in unbeschränkter Menge eingehen.

Höher belegte oder nach dem Werthe zu verzollende Gegenstände dürfen nur dann über solche Aemter eingeführt werden, wenn die Gefälle von dergleichen auf einmal eingehenden Waaren den Betrag von Einhundert Thalern nicht übersteigen.

Zur Abfertigung der auf den Eisenbahnen eingehenden Waaren mit Ladungsverzeichniß sind Nebenzollämter erster Klasse ohne Einschränkung befugt.

Ueber Nebenzollämter zweiter Klasse können Waaren, welche nicht höher als mit fünf Thalern für den Zentner belegt sind, oder welche nach der Stückzahl oder nach dem Werthe zu verzollen sind, in Mengen eingeführt werden, von welchen die Gefälle für die ganze Waarenladung den Betrag von fünf und zwanzig Thalern nicht übersteigen. Der Eingang von höher belegten Gegenständen ist nur in Mengen von höchstens funfzig Pfund zulässig. Vieh kann über Nebenzollämter zweiter Klasse in unbeschränkter Menge eingehen.

Den Ausgangszoll können Nebenzollämter erster und zweiter Klasse in unbeschränktem Betrage erheben.

Dieselben sind ferner zur Abfertigung der mit der Post eingehenden Gegenstände ohne Einschränkung befugt.

Innerhalb der vorstehend bezeichneten Befugnisse können Nebenzollämter erster und zweiter Klasse Waaren, welche mit Berührung des Auslandes aus einem Theile des Vereinsgebietes in den anderen versendet werden, bei dem Aus- und Wiedereingang abfertigen.

Insoweit das Bedürfniß des Verkehrs es erfordert, werden einzelne Nebenzollämter von der obersten Landes-Finanzbehörde mit erweiterter Abfertigungsbefugniß, auch mit der Ermächtigung zur Ausstellung und Erledigung von Begleitscheinen I. versehen werden.

V. Es bleiben bei der Abgabenerhebung außer Betracht und werden nicht versteuert:

a) die mit den Staatsposten aus dem Auslande eingehenden Waarensendungen von $\frac{1}{16}$ Zollpfund und weniger, ferner

b) alle Waarenquantitäten unter $\frac{1}{10}$ Zollpfund.

Gefällbeträge von weniger als einem halben Groschen oder einem Kreuzer werden überhaupt nicht erhoben.

Oertliche Beschränkungen bleiben in allen zuvorgedachten Beziehungen im Falle des Mißbrauchs vorbehalten.

VI. Hinsichtlich des Verhältnisses, nach welchem die Gold- und Silbermünzen der sämmtlichen Vereinsstaaten — mit Ausnahme der Scheidemünze — bei Entrichtung der Eingangs- und Ausgangsabgaben anzunehmen sind, wird auf die besonderen Kundmachungen verwiesen.

Zoll-Kartel

zwischen

Preußen, Kurhessen und dem Großherzogthum Hessen, ferner Bayern und Württemberg, sodann Sachsen einerseits, und den zu dem Thüringischen Zoll- und Handelsvereine verbundenen Staaten andererseits.

Vom 11. Mai 1833.

Seine Majestät der König von Preußen, Seine Hoheit der Kurprinz und Mitregent von Hessen, und Seine Königliche Hoheit der Großherzog von Hessen,

ferner:

Seine Majestät der König von Bayern und Seine Majestät der König von Württemberg,

sodann:

Seine Majestät der König und Seine Königliche Hoheit der Prinz Mitregent von Sachsen

einerseits,

und die bei dem Thüringischen Zoll- und Handelsvereine betheiligten Souveraine, nämlich, außer Seiner Majestät dem Könige von Preußen und Seiner Hoheit dem Kurprinzen und Mitregenten von Hessen:

Seine Königliche Hoheit der Großherzog von Sachsen-Weimar-Eisenach, Ihre Durchlauchten die Herzöge von Sachsen-Meiningen, Sachsen-Altenburg und Sachsen-Coburg-Gotha, imgleichen Ihre Durchlauchten die Fürsten von Schwarzburg-Sondershausen, Schwarzburg-Rudolstadt, Reuß-Schleiz, Reuß-Greiz und Reuß-Lobenstein und Ebersdorf

andererseits,

haben zu dem Zwecke, um sich durch gemeinschaftliche Maßregeln in der Aufrechthaltung Ihres Handels- und Zollsystems und Unterdrückung des gemeinschädlichen Schleichhandels zu unterstützen, Unterhandlungen eröffnen lassen, und zu diesen als Bevollmächtigte ernannt:

               ꝛc.   ꝛc.   ꝛc.

von welchen Bevollmächtigten unter dem Vorbehalt der Ratifikation ihrer Höfe das folgende Zoll-Kartel abgeschlossen worden ist.

Artikel 1.

Die sämmtlichen kontrahirenden Staaten verpflichten sich, gegenseitig auf die Verhinderung und Unterdrückung des Schleichhandels, ohne Unterschied, ob derselbe zum Nachtheile der kontrahirenden Staaten in ihrer Gesammtheit, oder einzelner unter ihnen unternommen wird, durch alle ihrer Verfassung angemessene Maßregeln gemeinschaftlich hinzuwirken.

Artikel 2.

Es sollen auf ihrem Gebiete Rottirungen, imgleichen solche Waaren-Niederlagen, oder sonstige Anstalten nicht geduldet werden, welche den Verdacht begründen, daß sie zum Zwecke haben, Waaren, welche in den anderen kontrahirenden Staaten verboten oder beim Eingange in dieselben mit einer Abgabe belegt sind, dorthin einzuschwärzen.

Artikel 3.

Die Behörden, Beamten oder Bediensteten aller kontrahirenden Staaten sollen sich gegenseitig thätig und ohne Verzug den verlangten Beistand in allen gesetzlichen Maßregeln leisten, welche zur Verhütung, Entdeckung oder Bestrafung der Zoll-Kontraventionen dienlich sind, die gegen irgend einen der kontrahirenden Staaten unternommen worden oder begangen sind.

Unter Zoll-Kontraventionen werden hier und in allen folgenden Artikeln dieses Vertrages auch die Verletzung der von den einzelnen Regierungen erlassenen Einfuhr- oder Ausfuhrverbote, insbesondere auch der Verbote solcher Gegenstände, deren ausschließlichen Debit diese Regierungen sich vorbehalten haben, sowie ferner auch diejenigen Kontraventionen begriffen, durch welche die Abgaben beeinträchtigt werden, welche, nach der besonderen Verfassung einzelner Staaten, für den Uebergang von Waaren aus einem Staate in einen anderen vertragsmäßig angeordnet sind.

Artikel 4.

Auch ohne besondere Aufforderung sind die Behörden, Beamten oder Bediensteten der kontrahirenden Staaten verbunden, alle gesetzliche Mittel anzuwenden, welche zur Verhütung, Entdeckung oder Bestrafung der gegen irgend einen der gedachten Staaten beabsichtigten oder ausgeführten Zoll-Kontraventionen dienen können, und jedenfalls die betreffenden Behörden dieses Staates von demjenigen in Kenntniß zu setzen, was sie in dieser Beziehung in Erfahrung bringen.

Artikel 5.

Den Zollbeamten und anderen zur Wahrnehmung des Zoll-Interesse verpflichteten Bediensteten sämmtlicher kontrahirenden Staaten wird hierdurch gestattet, die Spuren begangener Zoll-Kontraventionen auch in das Gebiet der angrenzenden mitkontrahirenden Staaten, ohne Beschränkung auf eine gewisse Strecke, zu verfolgen, und es sollen, je nach der bestehenden Verfassung, die Orts-Obrigkeiten, Polizei- oder Gerichtsbehörden in solchen Fällen auf mündlichen oder schriftlichen Antrag dieser Beamten oder Bediensteten, und unter deren Zuziehung, durch Haussuchungen, Beschlagnahmen oder andere gesetzliche Maßregeln des Thatbestandes sich gehörig versichern.

Auch soll auf den Antrag der requirirenden Beamten oder Bediensteten bei dergleichen Visitationen, Beschlagnahmen, oder sonstigen Vorkehrungen ein Zoll-, Steuer- oder Gefällsbeamter oder Bediensteter desjenigen Staates, in dessen Gebiete Maßregeln dieser Art zur Ausführung kommen, zugezogen werden, falls ein solcher im Orte anwesend ist.

Bei Haussuchungen und Beschlagnahmen soll ein den ganzen Hergang vollständig darstellendes Protokoll aufgenommen, und ein Exemplar desselben den requirirenden Beamten oder Bediensteten eingehändigt, ein zweites Exemplar aber zu den Akten der Behörde genommen werden, welche die Haussuchung an-gestellt hat.

Artikel 6.

In den Fällen, wo wegen Zoll-Kontraventionen die Verhaftung gesetzlich zulässig ist, wird die Befugniß, den oder die Kontravenienten anzuhalten, den verfolgenden Beamten oder Bediensteten auch auf dem Gebiete der anderen mit-kontrahirenden Staaten, jedoch unter der Bedingung eingeräumt, daß der An-gehaltene an die nächste Ortsbehörde desjenigen Staates überliefert werde, auf dessen Gebiete die Anhaltung stattgefunden hat.

Wenn die Person des Kontravenienten dem verfolgenden Beamten oder Bediensteten bekannt, und die Beweisführung hinlänglich gesichert ist, so findet eine Anhaltung auf fremdem Gebiete nicht statt.

Artikel 7.

Eine Auslieferung der Zoll-Kontravenienten tritt in dem Falle nicht ein, wenn sie Unterthanen desjenigen Staates sind, in dessen Gebiete sie angehalten worden sind.

Im anderen Falle sind die Kontravenienten demjenigen Staate, auf dessen Gebiete die Kontravention verübt worden ist, auf dessen Requisition auszuliefern. Nur dann, wenn dergleichen flüchtige Individuen Unterthanen eines dritten der kontrahirenden Staaten sind, ist der letztere vorzugsweise berechtigt, die Aus-lieferung zu verlangen, und daher zunächst von dem requirirten Staate zur Er-klärung über die Ausübung dieses Rechtes zu veranlassen.

Artikel 8.

Sämmtliche kontrahirenden Staaten verpflichten sich, ihre Unterthanen und die in ihrem Gebiete sich aufhaltenden Fremden, letztere, wenn deren Aus-lieferung nicht nach Artikel 7. verlangt wird, wegen der auf dem Gebiete eines anderen der kontrahirenden Staaten begangenen Zoll-Kontraventionen oder ihrer Theilnahme an selbigen, auf die von diesem Staate ergehende Requisition ebenso zur Untersuchung und Strafe zu ziehen, als ob die Kontravention auf eigenem Gebiete und gegen die eigene Gesetzgebung begangen wäre.

Diese Verpflichtung erstreckt sich in gleicher Art auch auf die mit den Kontraventionen konkurrirenden gemeinen Verbrechen oder Vergehen, beispielsweise der Fälschung, der Widersetzlichkeit gegen die Beamten oder Bediensteten, der körperlichen Verletzung ꝛc.

Was solche Kontraventionen betrifft, welche gegen die besonderen Gesetze eines oder mehrerer Staaten begangen werden, wonach die Einfuhr gewisser Gegenstände auch aus anderen der kontrahirenden Staaten entweder gar nicht, oder doch nur gegen Erlegung einer vertragsmäßig bestimmten Abgabe stattfinden darf, oder die Ausfuhr gewisser Gegenstände verboten ist: so werden diejenigen Staaten, in welchen für die entsprechende Bestrafung solcher Kontraventionen etwa noch nicht vorgesehen sein sollte, veranlassen, daß

1) die Kontraventionen gegen die in anderen kontrahirenden Staaten bestehenden Ein- oder Ausfuhrverbote wenigstens mit einer dem zweifachen Werthe des verbotswidrig ein- oder ausgeführten Gegenstandes gleichkommenden Geldbuße;

2) die Defraudationen der vertragsmäßig bestimmten Abgaben wenigstens mit einer dem vierfachen Betrage der verkürzten Steuer gleichkommenden Geldbuße

bestraft werden.

Artikel 9.

In den nach Artikel 8. einzuleitenden Untersuchungen soll in Bezug auf die Feststellung des Thatbestandes den amtlichen Angaben der Behörden, Beamten oder Bediensteten desjenigen Staates, auf dessen Gebiete die Zoll-Kontravention begangen worden, dieselbe Beweiskraft beigemessen werden, welche den amtlichen Angaben der inländischen Behörden, Beamten oder Bediensteten für Fälle gleicher Art in den Landesgesetzen beigelegt ist.

Artikel 10.

Die festgesetzten Geldbußen und der Erlös aus den in Folge der Untersuchung und Verurtheilung in Beschlag genommenen und konfiszirten Gegenständen verbleiben demjenigen Staate, in welchem die Verurtheilung erfolgt ist, jedoch nach Abzug des dem Denunzianten (Aufbringer, Angeber) gesetzlich zustehenden Antheils, der auch in dem Falle an letzteren verabfolgt werden soll, wenn dieser ein Beamter oder Bediensteter eines anderen der kontrahirenden Staaten ist.

Die von dem Uebertreter verkürzten Gefälle sind dagegen, soweit sie von ihm beigetrieben werden können, jedesmal an die betreffende Behörde desjenigen Staates zu übersenden, auf dessen Gebiete die Kontravention begangen worden ist.

Artikel 11.

Den sämmtlichen kontrahirenden Staaten verbleibt die Befugniß, wegen der in ihrem Gebiete verübten Zoll-Kontraventionen, auch wenn die Uebertreter Unterthanen eines anderen derselben sind, selbst die Untersuchung einzuleiten, Strafen festzusetzen und solche beizutreiben, wenn der Angeschuldigte in ihrem Gebiete verhaftet ist. Jedenfalls sollen dem beeinträchtigten Staate, wenn er von dieser Befugniß keinen Gebrauch macht, die etwa in Beschlag genommenen Effekten des Angeschuldigten so lange verbleiben, bis von dem anderen Staate,

22*

an welchen der Uebertreter ausgeliefert worden, rechtskräftige Entscheidung erfolgt
sein wird. Die Auslieferung solcher Effekten kann selbst dann nur insoweit gefordert werden, als nicht auf deren Konfiskation erkannt, oder der Erlös aus
denselben nicht zur Berichtigung der verkürzten Abgaben und daneben entstandenen Kosten erforderlich ist.

Ganz dasselbe tritt auch dann ein, wenn ohne Verhaftung des Angeschuldigten Effekten desselben von dem Staate, in welchem er die Uebertretung begangen hat, in Beschlag genommen worden sind.

Artikel 12.

Die bisher schon dem Zollsysteme der einen oder der anderen der kontrahirenden Staatsregierungen entweder mit ihrem ganzen Länderbestande oder
mit einzelnen Theilen desselben beigetretenen Staaten sollen eingeladen werden,
diesem Zoll-Kartel sich anzuschließen.

Artikel 13.

Die Dauer des gegenwärtigen Vertrages wird vorläufig bis zum 1. Januar 1842. festgesetzt. Wird der Vertrag während dieser Zeit und spätestens
zwei Jahre vor deren Ablaufe nicht gekündigt, so soll derselbe auf zwölf Jahre,
und so fort von zwölf zu zwölf Jahren als verlängert angesehen werden.

Gegenwärtiger Vertrag soll alsbald zur Ratifikation der hohen kontrahirenden Höfe vorgelegt, und die Auswechselung der Ratifikations-Urkunden spätestens
binnen sechs Wochen in Berlin bewirkt werden.

So geschehen Berlin, den 11. Mai 1833.

(Folgen die Unterschriften.)

Gesetz

über

den Waffengebrauch der Grenzaufsichtsbeamten.

Vom 28sten Juni 1834.

Wir **Friedrich Wilhelm,** von Gottes Gnaden, König von
Preußen ꝛc. ꝛc.

haben für nothwendig erachtet, über das Recht der Grenzaufsichtsbeamten zum
Waffengebrauch und über das wegen Mißbrauchs desselben zu beobachtende Verfahren nähere Bestimmungen zu erlassen.

Wir verordnen demnach auf den Antrag Unseres Staatsministeriums und
nach erfordertem Gutachten Unseres Staatsraths für den ganzen Umfang Unserer
Monarchie, wie folgt:

§. 1.

Die Grenzaufsichtsbeamten sind bei Ausübung ihres Dienstes im Grenz-
Bezirke von den ihnen anvertrauten Waffen Gebrauch zu machen befugt:

a) wenn ein Angriff auf ihre Person erfolgt, oder wenn sie mit einem
solchen Angriffe bedrohet werden;

b) wenn diejenigen, welche Fuhrwerke oder Schiffsgefäße führen, Sachen
transportiren, oder Gepäck bei sich haben, sich ihrer Anhaltung, der Visitation und Beschlagnahme ihrer Effekten, Waaren und Transportmittel,
der Abführung zum nächsten Zollamte oder zur Obrigkeit des nächsten
Orts, oder der Ergreifung bei versuchter Flucht, thätlich oder durch gefährliche Drohungen widersetzen.

Der Gebrauch der Waffen darf aber nicht weiter ausgedehnt werden, als
es zur Abwehrung des Angriffs und zur Ueberwindung des Widerstandes nothwendig ist. Der Gebrauch der Schußwaffe findet nur alsdann statt, wenn der
Angriff oder die Widersetzlichkeit entweder mit Waffen oder andern gefährlichen
Werkzeugen, oder aber von einer Mehrheit, welche stärker ist, als die Zahl der
zur Stelle anwesenden Grenzaufsichtsbeamten unternommen oder angedroht wird.
Der Androhung eines solchen Angriffes wird es gleich geachtet, wenn die an-
gehaltenen Personen ihre Waffen oder anderen gefährlichen Werkzeuge nach
erfolgter Aufforderung nicht sofort ablegen, oder wenn sie solche demnächst wieder
aufnehmen.

§. 2.

Die Grenzaufsichtsbeamten können ferner bei Ausübung ihres Dienstes
der Waffen und namentlich der Schußwaffen sich bedienen:

a) wenn im Grenzbezirke, außerhalb eines bewohnten Ortes und außerhalb
der Landstraße mehr wie zwei Personen als Fußgänger, Reiter oder als
Begleiter von Lastfuhrwerken und Lastthieren zur Nachtzeit (d. h. eine
Stunde nach Sonnenuntergang bis eine Stunde vor Sonnenaufgang)
oder mit Gepäck oder Ladung auch zur Tageszeit betroffen werden und
auf einen zweimaligen Anruf, wobei der Anrufende sich als Grenz-Auf-
sichtsbeamter zu erkennen gegeben hat, nicht anhalten, sich vielmehr einzeln
oder sämmtlich entfernen;

und

b) wenn im Grenzbezirke Schiffer, welche zur Nachtzeit, oder mit verdeckten
oder beladenen Schiffsgefäßen zur Tageszeit in der Fahrt angetroffen
werden, auf einen solchen Anruf nicht anhalten, oder nicht wenigstens
ihre Bereitwilligkeit zum Anhalten durch die That unzweideutig zu erkennen geben, sondern sich vielmehr zu entfernen suchen.

Der Gebrauch der Schußwaffen ist jedoch in den vorstehend unter a. und
b. bezeichneten Fällen den Beamten nur dann erlaubt, wenn wenigstens zwei
von ihnen zur Wahrnehmung des Dienstes auf einem Posten zusammen sind.

§. 3.

Die nach §. 13. der Zollordnung vom 26. Mai 1818. zur Unterstützung der Grenzbesetzung verpflichteten Polizei- und Forstbeamten sind nur
dann, wenn sie mit den Grenzaufsichtsbeamten gemeinschaftlich handeln, in solchem
Falle aber eben so wie diese, die Waffen zu gebrauchen befugt.

§. 4.

Die Beamten müssen, wenn sie sich der Waffen bedienen, in Uniform
oder mit einem amtlichen Abzeichen versehen sein.

§. 5.

Sie sind nach Anwendung der Schußwaffen sogleich nachzuforschen schuldig, ob Jemand verletzt worden, soweit es ohne Gefahr für ihre Person geschehen kann.

§. 6.

Im Fall einer Verletzung haben sie dem Verletzten Beistand zu leisten
und dessen Fortschaffung zum nächsten Ort zu veranlassen, wo die Polizeibehörde
für ärztliche Hülfe und für die nöthige Bewachung Sorge zu tragen hat.

Die Kurkosten sind erforderlichen Falls aus der Steuerkasse vorzuschießen,
welche den Ersatz von dem Verletzten und den Theilnehmern der Kontravention,
oder von dem Beamten, je nachdem die Anwendung der Waffen gerechtfertiget
befunden worden ist oder nicht, verlangen kann.

§. 7.

Auf die Anzeige, daß jemand von den Grenzaufsichtsbeamten oder deren Hülfsbeamten im Dienste durch Anwendung der Waffen verletzt worden, hat das Gericht des Orts, wo die Verletzung vorgefallen ist, mit Zuziehung eines Ober-Steuerbeamten den Thatbestand festzustellen und zu ermitteln, ob ein Miß-brauch der Waffen stattgefunden habe oder nicht.

Das Gericht ist schuldig, hierbei auf die Anträge Rücksicht zu nehmen, welche der Ober-Steuerbeamte zur Aufklärung der Sache zu machen für noth-wendig erachtet.

§. 8.

Nach beendigter vorläufiger Untersuchung sind die Akten an das betref-fende Gericht einzusenden. Dasselbe hat die Verhandlungen, sobald dieselben als vollständig befunden werden, der betreffenden Provinzial-Steuerbehörde zur Er-klärung über die Einleitung der gerichtlichen Untersuchung mitzutheilen.

§. 9.

Nach Eingang dieser Erklärung faßt das Gericht einen Beschluß wegen Eröffnung der Untersuchung ab. Wird die Eröffnung der Untersuchung gegen die Ansicht und den Widerspruch der Provinzial-Steuerbehörde beschlossen, so muß die Sache nach Anleitung der über die Kompetenz-Konflikte zwischen den Verwaltungsbehörden und Gerichten ertheilten Vorschriften erledigt werden.

§. 10.

In den Rhein-Provinzen, soweit dort die Französische Justiz-Verfassung bestehet, werden die Verhandlungen über die vorläufige Untersuchung an den Ober-Prokurator des betreffenden Landgerichts eingesandt, und durch diesen der Rathskammer desselben mitgetheilt, welche auf den Bericht des Instruktions-Richters, nach Anhörung der Staatsbehörde, die unter §. 8. erwähnte Prüfung vornimmt und den im §. 9. vorgeschriebenen Beschluß abfaßt.

§. 11.

Mit der Verhaftung eines des Waffenmißbrauchs beschuldigten Beamten darf nicht eher verfahren werden, als bis die Eröffnung der gerichtlichen Unter-suchung definitiv feststehet.

§. 12.

Gegen den Beamten, welcher beschuldigt ist, seine Befugniß zum Gebrauch der Waffen gegen Zoll- oder Steuer-Kontravenienten überschritten zu haben, können die Angaben des verletzten Kontravenienten, der übrigen Theilnehmer der Kontravention, und solcher Personen, welche wegen Zoll- und Steuervergehen bereits bestraft worden sind, für sich allein keinen zur Anwendung einer Strafe hinreichenden Beweis begründen.

§. 13.

Wenn ein Beamter zur Nachtzeit gegen eine geringere Personenzahl als §. 2. unter Buchst. a. bestimmt worden, sich der Waffen bedient hat, bei der Untersuchung aber ermittelt wird, daß derselbe Ursache gehabt habe, die Personenzahl für stärker zu halten, so ist er, nach Bewandniß der Umstände, mit Strafe zu verschonen, oder mit einer gelinderen als der ordentlichen Strafe zu belegen.

§. 14.

In Ansehung der Strafe der Beamten, welche des Mißbrauchs der Waffen schuldig befunden worden, behält es bei den bisherigen Vorschriften der Gesetze sein Bewenden.

Urkundlich unter Unserer Allerhöchsteigenhändigen Unterschrift und beigedrucktem Königlichen Insiegel.

Gegeben Berlin, den 28. Juni 1834.

(L. S.)   **Friedrich Wilhelm.**

Carl, Herzog von Mecklenburg.

Maaßen. v. Kampß. Mühler.

Beglaubigt:
Friese.

—————

Herausgegeben im Reichskanzler-Amte.

Berlin, gedruckt in der Königlichen Geheimen Ober-Hofbuchdruckerei
(R. v. Decker).

Gesetzblatt für Elsaß=Lothringen.

№ 5.

(Nr. 6.) Gesetz, betreffend Abänderungen der Gerichtsverfassung. Vom 14. Juli 1871.

Wir Wilhelm, von Gottes Gnaden Deutscher Kaiser, König von Preußen ꝛc.

verordnen im Namen des Deutschen Reichs, nach erfolgter Zustimmung des Bundesrathes, für Elsaß-Lothringen was folgt:

§. 1.

An die Stelle der Appellationsgerichtshöfe tritt Ein Appellationsgericht.

An die Stelle der ordentlichen Kollegialgerichte erster Instanz treten kollegialisch eingerichtete Landgerichte.

Die Bezirke der Handelsgerichte und der Friedensgerichte werden anderweitig abgegränzt.

§. 2.

Ueber den Beginn der Wirksamkeit der neuen Gerichte, den Sitz, die Besetzung und die Theilung des Appellationsgerichts und der Landgerichte in Senate und Kammern, die Zahl und die Bezirke der Landgerichte, sowie diejenigen Landgerichte, bei welchen Schwurgerichte abzuhalten sind, und die Bezirke der letzteren wird durch Kaiserliche Verordnung bestimmt.

Die in Folge solcher Bestimmungen nothwendigen Aenderungen in Bezug auf den Rath der Advokaten, die Zahl und Kammern der Anwälte, die Bezirke und Kammern der Notare und die Kammern der Gerichtsvollzieher, sowie die Besetzung der Handelsgerichte und die anderweitige Abgränzung ihrer Bezirke bleiben gleichfalls Kaiserlicher Verordnung vorbehalten.

Die Bestimmung über die Zahl, den Sitz und die Bezirke der Friedensgerichte steht dem Reichskanzler zu.

§. 3.

Die Befugnisse des Justizministers werden von dem Reichskanzler ausgeübt.

§. 4.

Zur Ergänzung der gesetzlichen Richterzahl kann der Präsident des Landgerichts in Ermangelung von Ergänzungsrichtern Advokaten bei dem Gerichte oder Friedensrichter am Orte desselben zu einzelnen Sitzungen berufen.

Ausgegeben zu Berlin den 21. Juli 1871.

§. 5.

Zu Beisitzern im Schwurgerichtshofe werden nur Mitglieder des Land-gerichts ernannt.

Nach Ueberweisung einer Sache vor das Schwurgericht wird die Staatsanwaltschaft durch den Ober-Prokurator und dessen Substituten vertreten; der General-Prokurator ist jedoch befugt, diese Vertretung selbst zu übernehmen.

§. 6.

In Zuchtpolizeisachen entscheidet über die Berufung eine aus fünf Mit-gliedern gebildete Kammer des erkennenden Gerichts erster Instanz.

§. 7.

Nach Kassation eines Urtheils durch den obersten Gerichtshof ist dasjenige Gericht, an welches die Sache zur anderweitigen Verhandlung verwiesen word n ist, in Betreff des von dem obersten Gerichtshofe entschiedenen Rechtspunkts an dessen Entscheidung gebunden.

Betrifft die Kassation das Urtheil eines Senats des Appellationsgerichts, so erfolgt die Verweisung an einen andern Senat desselben Gerichts mit der im ersten Absatz dieses Paragraphen ausgesprochenen Wirkung.

§. 8.

Die mit der Vollstreckungsklausel zu ertheilenden Ausfertigungen erhalten die Eingangsformel:

»Im Namen Seiner Majestät des Kaisers. Wir (Name) von Gottes Gnaden Deutscher Kaiser, König von Preußen, thun kund und fügen hiermit zu wissen, daß (folgt die Ausfertigung).«

Die Schlußformel behält die im Artikel 2. des Dekrets vom 2. Dezember 1852 vorgeschriebene Fassung.

§. 9.

Vom Jahre 1872 ab beginnen die Gerichtsferien mit dem ersten August und endigen mit dem letzten September.

§. 10.

Für die Verhandlungen und den sonstigen amtlichen Verkehr der Gerichte, der Staatsanwaltschaft und der Notare, sowie für die amtlichen Handlungen der Anwälte, Advokaten und Gerichtsvollzieher in gerichtlichen Angelegenheiten ist die deutsche Sprache die Geschäftssprache.

Wird unter Mitwirkung oder Betheiligung von Personen verhandelt, welche der deutschen Sprache nicht mächtig sind, so ist ein Dolmetscher zuzuziehen; dasselbe gilt, wenn ein Schriftstück in fremder Sprache zu übersetzen ist.

§. 11.

In französischer Sprache kann die mündliche Verhandlung vor den Handels- und Friedensgerichten, sowie in Polizei- und Zuchtpolizeisachen ohne Zuziehung eines Dolmetschers erfolgen, wenn sämmtliche mitwirkende und betheiligte Personen dieser Sprache mächtig und Parteien, Zeugen oder Sachverständige der deutschen Sprache nicht mächtig sind.

Unter der gleichen Voraussetzung kann eine gerichtliche Vernehmung neben einer mündlichen Verhandlung oder außerhalb einer solchen in französischer Sprache erfolgen und in dieser niedergeschrieben, dabei auch auf Zuziehung eines Dolmetschers verzichtet werden.

§. 12.

Von den Ausfertigungen der in deutscher Sprache abgefaßten Urtheile ist den Parteien auf ihr Verlangen und auf ihre Kosten eine französische Uebersetzung zu ertheilen.

§. 13.

Notarielle Verhandlungen müssen innerhalb der nächsten drei Jahre in deutscher und französischer Sprache aufgenommen werden, wenn die Partei, nicht aber der Notar der deutschen Sprache mächtig ist. Während desselben Zeitraums können diese Verhandlungen ohne Zuziehung eines Dolmetschers ausschließlich in französischer Sprache aufgenommen werden, wenn die Voraussetzungen des §. 11. vorliegen.

Nach Ablauf der drei Jahre sind notarielle Verhandlungen mit der deutschen Sprache mächtigen Parteien nur von Notaren, welche der deutschen Sprache gleichfalls mächtig sind, und nur in dieser, mit nur der französischen Sprache mächtigen Parteien in beiden Sprachen aufzunehmen.

Die Bestimmungen dieses Paragraphen kommen auch auf urkundliche Verhandlungen zur Anwendung, welche Gerichtsschreiber ohne Mitwirkung eines Richters aufnehmen.

§. 14.

Die zur Zeit angestellten Anwälte und zur vollen Praxis zugelassenen Advokaten sind während der nächsten drei Jahre befugt, sich in schwurgerichtlichen Sachen, sowie in den zur Zuständigkeit der Landgerichte und des Appellationsgerichts gehörigen bürgerlichen Rechtsangelegenheiten der französischen Sprache zu bedienen.

§. 15.

Bis auf Weiteres erfolgen bei den Friedensgerichten Metz, Gorze, Courcelles-Chaussy (Vigy-Pange), Verny, Salzburg-Delme, Dieuze, Vic, Lorquin-Rechicourt, Schirmeck-Sâles und La Poutroye, sowie bei dem Handelsgerichte Metz gerichtliche Verhandlungen und Urtheile in französischer Sprache, und ist den Notaren und Gerichtsvollziehern in den genannten Friedensgerichtsbezirken gestattet, ihre Verhandlungen und Beurkundungen in französischer Sprache abzufassen.

Sind die betheiligten und mitwirkenden Personen der deutschen Sprache mächtig, so tritt, mit Ausnahme der Handlungen der Gerichtsvollzieher, die deutsche Sprache an die Stelle der französischen.

§. 16.

Nach Ablauf von fünf Jahren kann die Befähigung zur Anstellung als Richter bei einem Kollegialgericht, als Friedensrichter, Staatsanwalt, Anwalt oder Notar oder zur Zulassung als Advokat mit voller Praxis — nach näherer

23 *

Bestimmung eines vom Reichskanzler zu erlassenden Regulativs — nur durch Zurücklegung eines dreijährigen Rechtsstudiums auf einer Universität und durch Ablegung zweier juristischer Prüfungen erworben werden. Zwischen denselben muß eine Vorbereitungszeit liegen, welche zur Ausbildung in allen Zweigen des praktischen Dienstes ausreicht. Bis zum Ablaufe der Eingangs gedachten fünf Jahre bleiben die gegenwärtig geltenden Gesetze in Kraft.

Außerdem können in Aemtern des Justizdienstes alle Deutschen angestellt werden, welche in einem Bundesstaate die Befähigung zu einem gleichen Amte oder zum höheren Richteramte überhaupt erworben haben. Die zuletzt erwähnten Rechtskundigen können durch Verfügung des Reichskanzlers zur vollen Ausübung des Berufs eines Advokaten zugelassen werden.

§. 17.

Die Mitglieder des Appellationsgerichts und der Landgerichte, sowie der Staatsanwaltschaft werden durch den Kaiser, die Friedensrichter, Anwälte und Notare durch den Reichskanzler, die Sekretaire bei dem Appellationsgerichte und den Landgerichten durch den Ersten Präsidenten des Appellationsgerichts und den General-Prokurator, die Parketsekretaire, Handelsgerichtssekretaire, Friedensgerichtsschreiber und Gerichtsvollzieher durch den General-Prokurator ernannt.

§. 18.

Der Reichskanzler ist ermächtigt, die verkäuflichen Stellen im Justizdienste den Inhabern zu entziehen. Dieselben sind nach den bei dem Verkaufe dieser Stellen beobachteten Grundsätzen und auf Grundlage der vor dem 1. Juli 1870 bestandenen Verhältnisse aus der Landeskasse zu entschädigen.

Die Feststellung der Entschädigung erfolgt durch Kommissionen, welche aus einem Richter, einem Beamten der Enregistrements-Verwaltung und einem dritten Mitgliede bestehen, welches von der Kammer der Anwälte, der Notare oder Gerichtsvollzieher, oder von sämmtlichen Gerichtsschreibern des Landgerichtsbezirks gewählt wird, je nachdem es sich um die Stelle eines Anwalts, Notars, Gerichtsvollziehers oder Gerichtsschreibers handelt. Kommt die Wahl des dritten Mitgliedes nicht zu Stande, so wird dasselbe durch den Ersten Präsidenten des Appellationsgerichts ernannt. Die Kommissionen entscheiden unter Ausschluß des Rechtsweges nach Anhörung der Betheiligten und eines Vertreters der Landeskasse.

Das Nähere wird durch Kaiserliche Verordnung bestimmt.

Urkundlich unter Unserer Höchsteigenhändigen Unterschrift und beigedrucktem Kaiserlichen Insiegel.

Gegeben Bad Ems, den 14. Juli 1871.

(L. S.)   Wilhelm.

Fürst v. Bismarck.

(Nr. 7.) Verordnung zur Ausführung des Gesetzes, betreffend Abänderungen der Gerichts-verfassung. Vom 14. Juli 1871.

Wir Wilhelm, von Gottes Gnaden Deutscher Kaiser, König von Preußen ꝛc.

verordnen auf Grund des Gesetzes, betreffend Abänderungen der Gerichtsverfas-sung für Elsaß-Lothringen, was folgt:

§. 1.

Das Appellationsgericht hat seinen Sitz in Colmar.

Die Landgerichte, deren Zahl auf sechs bestimmt wird, haben ihren Sitz in Metz, Saargemünd, Zabern, Straßburg, Colmar und Mühl-hausen.

§. 2.

Die Landgerichte umfassen folgende Bezirke:

1) das Landgericht in Metz:

bie Bezirke der Arrondissementsgerichte Diedenhofen und Metz, mit Ausnahme des Kantons Falkenberg, die Deutschen Theile des vor-maligen Arrondissementsgerichts Briey, sowie aus dem Bezirke des bis-herigen Arrondissementsgerichts Salzburg (Château-Salins) bie Kantone Salzburg-Delme, Dieuze und Vic;

2) das Landgericht in Saargemünd:

den Bezirk des Arrondissementsgerichts Saargemünd, den Kanton Falkenberg; aus dem Bezirke des Arrondissementsgerichts Salzburg den Kanton Albestroff, aus dem Bezirke des Arrondissementsgerichts Zabern den Kanton Saar-Union;

3) das Landgericht in Zabern:

den Bezirk des Arrondissementsgerichts Saarburg, den Bezirk des Arrondissementsgerichts Zabern mit Ausnahme der Kantone Hochfelden und Saar-Union; aus dem Bezirke des Arrondissementsgerichts Straß-burg bie Kantone Wasselnheim und Molsheim; aus dem Bezirke des Arrondissementsgerichts Schlettstadt bie Kantone Oberehnheim-Rosheim, sowie den Kanton Schirmeck-Salles;

4) das Landgericht in Straßburg:

den Bezirk des Arrondissementsgerichts Weißenburg, den Bezirk des Arrondissementsgerichts Straßburg mit Ausnahme der mit dem Be-zirke des Landgerichts in Zabern verbundenen Kantone; aus dem Bezirke des Arrondissementsgerichts Zabern den Kanton Hochfelden; aus dem Bezirke des Arrondissementsgerichts Schlettstadt den Kanton Benfeld-Erstein;

5) das Landgericht in Colmar:

den Bezirk des Arrondissementsgerichts Colmar und aus dem Bezirke des Arrondissementsgerichts Schlettstadt die Kantone Schlettstadt,
Markolsheim, Weiler (Villé) und Barr;

6) das Landgericht in Mühlhausen:

den Bezirk des Arrondissementsgerichts Mühlhausen und die Deutschen Theile des vormaligen Arrondissementsgerichts Belfort.

§. 3.

Das Appellationsgericht zerfällt in zwei Senate, welche beide die Civil-
sachen erledigen. Der eine Senat versieht außerdem die Geschäfte des Anklage-
senats und darf in dieser Eigenschaft seine Urtheile in der Zahl von fünf Mitgliedern erlassen.

Die Landgerichte zerfallen in Kammern. Jedes Landgericht hat eine
Civil- und eine Strafkammer. Bei den Landgerichten in Metz, Straßburg
und Colmar besteht eine zweite Civilkammer.

§. 4.

An der Spitze des Appellationsgerichts steht ein Präsident mit dem Titel
Erster Präsident; derselbe führt den Vorsitz in einem Senate. An der Spitze
jedes Landgerichts steht ein Präsident; derselbe führt den Vorsitz in einer
Kammer.

Den Vorsitz in dem anderen Senate des Appellationsgerichts führt ein
Senatspräsident.

Den Vorsitz in denjenigen Kammern der Landgerichte, welchen die Land-
gerichts-Präsidenten nicht vorsitzen, führen ständige Kammerpräsidenten.

§. 5.

Die Zahl der Richter beträgt bei dem Appellationsgerichte sechszehn, bei
dem Landgerichte in Straßburg zehn, bei den Landgerichten in Metz und Colmar je neun, bei dem Landgerichte in Mühlhausen acht, bei dem Landgerichte
in Zabern sieben, bei dem Landgerichte in Saargemünd sechs.

Die Geschäfte des Untersuchungsrichters werden bei den Landgerichten in
Saargemünd und Zabern von je einem Richter, bei den übrigen Landgerichten
von je zwei Richtern wahrgenommen.

§. 6.

Die Staatsanwaltschaft besteht bei dem Appellationsgerichte aus einem
General-Prokurator, zwei General-Advokaten, der erforderlichen Zahl von Staats-
Prokuratoren, bei den Landgerichten aus je einem Ober-Prokurator und der er-
forderlichen Zahl von Staatsprokuratoren.

§. 7.

Das Appellationsgericht und jedes Landgericht erhält einen Obersekretair und die erforderliche Zahl von Sekretairen, die Staatsanwaltschaft die erforderliche Zahl von Parketsekretairen.

§. 8.

Die Zahl der Anwälte wird festgesetzt: für das Appellationsgericht auf neun, für die Landgerichte in Metz und Straßburg auf je zehn, für das Landgericht in Colmar auf neun, für das Landgericht in Mühlhausen auf acht, für die Landgerichte in Saargemünd und Zabern auf je sieben.

§. 9.

Schwurgerichte werden abgehalten: bei dem Landgerichte in Metz für die Landgerichtsbezirke Metz und Saargemünd,

bei dem Landgerichte in Straßburg für die Landgerichtsbezirke Straßburg und Zabern,

bei dem Landgerichte in Colmar für die Landgerichtsbezirke Colmar und Mühlhausen.

Fallen die Grenzen der Schwurgerichtsbezirke mit denen der Verwaltungsbezirke nicht zusammen, so bezeichnet der Reichskanzler den Verwaltungsbeamten, welcher die Geschwornenliste aufzustellen hat.

§. 10.

Die Handelsgerichte zu Metz, Straßburg, Colmar und Mühlhausen erhalten den Bezirk der an diesen Orten bestehenden Landgerichte.

Eine Aenderung der den Notaren angewiesenen Bezirke bleibt vorbehalten.

§. 11.

Im Anschluß an die im §. 2. dieser Verordnung erfolgte Abgränzung der Gerichtsbezirke werden die Handelsgerichte neu besetzt, und bei den einzelnen Gerichten der Rath der Advokaten, die Kammer der Anwälte, Notare und Gerichtsvollzieher neu gebildet.

§. 12.

Bei den Handelsgerichten und denjenigen Landgerichten, welche am Sitze eines Arrondissementsgerichts errichtet werden, sind folgende Sachen auch dann zu erledigen, wenn in Folge der Abtrennung eines Theils des Bezirks des Handelsgerichts oder Arrondissementsgerichts ein anderes Handels- oder Landgericht zuständig sein würde:

alle Sachen, in welchen zur Hauptsache kontradiktorische Anträge genommen sind, alle Sachen, in welchen die Eröffnung des Falliments ausgesprochen ist; die Immobilienversteigerungen, wenn in Gemäßheit des Artikels 691. des code de procédure civile der saisirte Theil und der Gläubiger in die Sitzung des Gerichts geladen sind; Kollokations-Sachen, wenn in Gemäßheit des Artikels 750. des code de procédure civile das Verfahren durch den Präsidenten eröffnet worden ist.

Alle anderen Sachen gehen auf das nach dieser Verordnung und den allgemeinen Grundsätzen zuständige Gericht über; Civilrechts-Streitigkeiten können jedoch dort nur fortgesetzt werden, nachdem die Gegenpartei durch geeignete Zustellung von der Fortsetzung des Verfahrens in Kenntniß gesetzt ist.

§. 13.

Der Reichskanzler führt diese Verordnung aus. Er bestimmt die Tage, an welchen die neuen Gerichte ihre Wirksamkeit beginnen.

Urkundlich unter Unserer Höchsteigenhändigen Unterschrift und beigedrucktem Kaiserlichen Insiegel.

Gegeben Bad Ems, den 14. Juli 1871.

(L. S.) Wilhelm.

Fürst v. Bismarck.

(Nr. 8.) Gesetz, betreffend die Ausgaben der Justizverwaltung für 1871 und 1872. Vom 14. Juli 1871.

Wir Wilhelm, von Gottes Gnaden Deutscher Kaiser, König von Preußen ꝛc.

verordnen im Namen des Deutschen Reichs, nach erfolgter Zustimmung des Bundesraths, für Elsaß-Lothringen was folgt:

Die fortdauernden Ausgaben der Justizverwaltung werden auf Grund des beiliegenden Etats für das Jahr 1872 auf 522,450 Thaler festgestellt.

Von Einsetzung der im Etat bezeichneten Gerichte an bis zum Schlusse des Jahres 1871 werden diese Ausgaben auf Grund des Etats nach Verhältniß der angegebenen Zeit geleistet.

Die einmaligen und außerordentlichen Ausgaben werden für den ganzen im Vorstehenden bezeichneten Zeitraum auf 5,250 Thaler festgestellt.

Urkundlich unter Unserer Höchsteigenhändigen Unterschrift und beigedruck-tem Kaiserlichen Insiegel.

Gegeben Bad Ems, den 14. Juli 1871.

(L. S.)   Wilhelm.

Fürst v. Bismarck.

Etat
der Justizverwaltung.

I. Fortdauernde Ausgaben.

Appellationsgericht.
1) Besoldungen.................... 57,400 Thaler,
2) Andere persönliche Ausgaben.... 4,000 ,
3) Sächliche Ausgaben........... 2,500 ,
            63,900 Thaler.

Landgerichte.
4) Besoldungen.................... 164,600 Thaler,
5) Andere persönliche Ausgaben.... 11,300 ,
6) Sächliche Ausgaben........... 9,600 ,
            185,500 Thaler.

Friedensgerichte.
7) Besoldungen.................... 123,750 Thaler,
8) Andere persönliche Ausgaben.... 1,800 ,
9) Sächliche Ausgaben........... 7,500 ,
            133,050 Thaler.

Handelsgerichte.
10) Besoldungen.................... 2,000 Thaler,
11) Andere persönliche und sächliche
 Ausgaben.................... 2,500 ,
            4,500 Thaler.

Allgemeine Ausgaben.
12) Kriminalkosten .... 100,000 Thaler,
13) Zur Annahme von Hülfsarbeitern 9,000 ,
14) Zu Unterstützungen............ 10,000 ,
15) Zu Unterhaltung der Gebäude .. 5,000 ,
16) Zu sonstigen Ausgaben........ 11,500 ,
            135,500 Thaler.

 Summe der fortdauernden Ausgaben..... 522,450 Thaler.

II. Einmalige und außerordentliche Ausgaben.
Zur ersten Einrichtung und zur Erweiterung der Bibliotheken 5,250 Thaler.
Bad Ems, den 14. Juli 1871.

(L. S.)   **Wilhelm.**

Fürst v. Bismarck.

Herausgegeben im Reichskanzler-Amte.

Berlin, gedruckt in der Königlichen Geheimen Ober-Hofbuchdruckerei
(R. v. Decker).

Gesetzblatt für Elsaß-Lothringen.

№ 6.

(Nr. 9.) Gesetz, betreffend die Einführung des Deutschen Reichsgesetzes über die Wechsel-stempelsteuer vom 10. Juni 1869. Vom 14. Juli 1871.

Wir Wilhelm, von Gottes Gnaden Deutscher Kaiser, König von Preußen ꝛc.

verordnen im Namen des Deutschen Reichs, nach erfolgter Zustimmung des Bundesrathes, für Elsaß-Lothringen was folgt:

Artikel 1.

Das anliegende Gesetz, betreffend die Wechselstempelsteuer, vom 10. Juni 1869 tritt am 15. August d. J. in Kraft.

Artikel 2.

In Kraft bleiben die Bestimmungen der jetzt geltenden Gesetzgebung in soweit, als sie sich auf die Stempelpflicht solcher Papiere beziehen, welche nicht nach dem anliegenden Gesetze zu beurtheilen sind.

Artikel 3.

Der Reichskanzler erläßt die zur Ausführung dieses Gesetzes erforderlichen Anordnungen.

Urkundlich unter Unserer Höchsteigenhändigen Unterschrift und beigedrucktem Kaiserlichen Insiegel.

Gegeben Bad Ems, den 14. Juli 1871.

(L. S.) Wilhelm.

Fürst v. Bismarck.

Ausgegeben zu Berlin den 24. Juli 1871.

Gesetz,

betreffend

die Wechselstempelsteuer im Norddeutschen Bunde.

Vom 10. Juni 1869.

Wir Wilhelm, von Gottes Gnaden König von Preußen 2c. verordnen im Namen des Norddeutschen Bundes, nach erfolgter Zustimmung des Bundesrathes und des Reichstages, was folgt:

§. 1.

Gezogene und eigene Wechsel unterliegen im Gebiete des Norddeutschen Bundes, mit Ausschluß der Hohenzollernschen Lande, einer nach Vorschrift dieses Gesetzes zu erhebenden, zur Bundeskasse fließenden Abgabe.

Von der Stempelabgabe befreit bleiben:

1) die vom Auslande auf das Ausland gezogenen, nur im Auslande zahlbaren Wechsel;

2) die vom Inlande auf das Ausland gezogenen, nur im Auslande und zwar auf Sicht oder spätestens innerhalb zehn Tagen nach dem Tage der Ausstellung zahlbaren Wechsel, sofern sie vom Aussteller direkt in das Ausland remittirt werden.

§. 2.

Die Stempelabgabe wird in folgenden, im Dreißigthalerfuße unter Eintheilung des Thalers in dreißig Groschen berechneten und nach der Summe, auf welche der Wechsel lautet, abgestuften Steuersätzen erhoben, nämlich:

von einer Summe von 50 Rthlrn. oder weniger ..... 1 Sgr.,
  ,   ,   ,   über 50 , bis 100 Rthlr. ..... 1½ ,
  ,   ,   ,   , 100 ,   , 200 , ... 3 ,
  ,   ,   ,   , 200 ,   , 300 , ... 4½ ,

und so fort von jedem ferneren 100 Rthlr. der Summe 1½ Sgr. mehr, dergestalt, daß jedes angefangene Hundert für voll gerechnet wird.

§. 3.

Die zum Zweck der Berechnung der Abgabe vorzunehmende Umrechnung der in einer anderen als der Thalerwährung (§. 2.) ausgedrückten Summen erfolgt, soweit der Bundesrath nicht für gewisse Währungen allgemein zum Grunde zu legende Mittelwerthe festsetzt und bekannt macht, nach Maßgabe des laufenden Kurses.

§. 4.

Für die Entrichtung der Abgabe sind der Bundeskasse sämmtliche Personen, welche an dem Umlaufe des Wechsels im Bundesgebiete Theil genommen haben, solidarisch verhaftet.

§. 5.

Als Theilnehmer an dem Umlaufe eines Wechsels wird hinsichtlich der Steuerpflichtigkeit angesehen: der Aussteller, jeder Unterzeichner oder Mitunterzeichner eines Acceptes, eines Indossaments oder einer anderen Wechselerklärung, und Jeder, der für eigene oder fremde Rechnung den Wechsel erwirbt, veräußert, verpfändet oder als Sicherheit annimmt, zur Zahlung präsentirt, Zahlung darauf empfängt oder leistet, oder Mangels Zahlung Protest erheben läßt, ohne Unterschied, ob der Name oder die Firma auf den Wechsel gesetzt wird oder nicht.

§. 6.

Die Entrichtung der Stempelabgabe muß erfolgen, ehe ein inländischer Wechsel von dem Aussteller, ein ausländischer Wechsel von dem ersten inländischen Inhaber (§. 5.) aus den Händen gegeben wird.

§. 7.

Dem Aussteller eines inländischen Wechsels und dem ersten inländischen Inhaber eines ausländischen Wechsels ist gestattet, den mit einem inländischen Indossament noch nicht versehenen Wechsel vor Entrichtung der Stempelabgabe lediglich zum Zwecke der Annahme zu versenden und zur Annahme zu präsentiren. Der Acceptant eines unversteuerten Wechsels ist verpflichtet, vor der Rückgabe oder jeder anderweiten Aushändigung des Wechsels die Versteuerung desselben zu bewirken.

Wird jedoch ein nicht zum Umlauf im Bundesgebiet bestimmtes Exemplar eines in mehreren Exemplaren ausgefertigten Wechsels zur Einholung des Acceptes benutzt, so bleibt der Acceptant von der Verpflichtung zur Versteuerung befreit, wenn die Rückseite des acceptirten Exemplars vor der Rückgabe dergestalt durchkreuzt wird, daß dadurch die weitere Benutzung desselben zum Indossiren ausgeschlossen wird.

§. 8.

Wird derselbe Wechsel in mehreren, im Kontexte als Prima, Sekunda, Tertia u. s. w. bezeichneten Exemplaren ausgefertigt, so ist unter diesen dasjenige zu versteuern, welches zum Umlaufe bestimmt ist.

§. 9.

Außerdem unterliegt der Versteuerung jedes Exemplar, auf welches eine Wechselerklärung — mit Ausnahme des Acceptes und der Nothadressen — gesetzt ist, die nicht auf einem nach Vorschrift dieses Gesetzes versteuerten Exemplare sich befindet. Die Versteuerung muß erfolgen, ehe das betreffende Exemplar von dem Aussteller der die Stempelpflichtigkeit begründenden Wechselerklärung,

ober, wenn letztere im Auslande abgegeben ist, von dem ersten inländischen Inhaber aus den Händen gegeben wird.

Soll ein unversteuertes Wechselduplikat ohne Auslieferung eines versteuerten Exemplars desselben Wechsels bezahlt oder Mangels Zahlung protestirt werden, so ist die Versteuerung desselben zu bewirken, ehe die Zahlung oder Protest-
aufnahme stattfindet.

Der Beweis des Vorhandenseins eines versteuerten Wechselduplikates oder
des Einwandes, daß die auf ein unversteuertes Exemplar gesetzte Wechselerklärung auf einem versteuerten Duplikate abgegeben sei, oder daß bei Bezahlung
eines unversteuerten Duplikates auch ein versteuertes Exemplar ausgeliefert sei,
liegt demjenigen ob, welcher wegen unterlassener Versteuerung eines Wechsel-
exemplars in Anspruch genommen wird.

§. 10.

Die Bestimmungen im §. 9. finden gleichmäßig auf Wechselabschriften
Anwendung, welche mit einem Original-Indossamente, oder mit einer anderen
urschriftlichen Wechselerklärung versehen sind. Jede solche Abschrift wird hinsichtlich der Besteuerung einem Duplikate desselben Wechsels gleichgeachtet.

§. 11.

Ist die in den §§. 6. bis 10. vorgeschriebene Versteuerung eines Wechsels,
eines Wechselduplikates oder einer Wechselabschrift unterlassen, so ist der nächste,
und, so lange die Versteuerung nicht bewirkt ist, auch jeder fernere inländische
Inhaber verpflichtet, den Wechsel zu versteuern, ehe er denselben auf der Vorder-
oder Rückseite unterzeichnet, veräußert, verpfändet, zur Zahlung präsentirt, Zahlung darauf empfängt oder leistet, eine Quittung darauf setzt, Mangels Zahlung
Protest erheben läßt oder den Wechsel aus den Händen giebt. Auf die von den
Vordermännern verwirkten Strafen hat die Entrichtung der Abgabe durch einen
späteren Inhaber keinen Einfluß.

§. 12.

Der Verwahrer eines zum Accepte versandten unversteuerten Wechsel-
exemplars wird, wenn er dasselbe gegen Vorlegung eines nicht versteuerten
Exemplars (oder einer nicht versteuerten Kopie) desselben Wechsels ausliefert, für
die Stempelabgabe verhaftet und verfällt, wenn dieselbe nicht entrichtet wird, in
die im §. 15. bestimmte Strafe.

§. 13.

Die Verpflichtung zur Entrichtung der Stempelabgabe wird erfüllt:

1) durch Ausstellung des Wechsels auf einem mit dem erforderlichen Bundesstempel versehenen Blanket,

oder

2) durch Verwendung der erforderlichen Bundesstempelmarke auf dem
Wechsel, wenn hierbei die von dem Bundesrathe erlassenen und bekannt
gemachten Vorschriften über die Art und Weise der Verwendung beobachtet worden sind.

§. 14.

Stempelmarken, welche nicht in der vorgeschriebenen Weise verwendet worden sind, werden als nicht verwendet angesehen.

§. 15.

Die Nichterfüllung der Verpflichtung zur Entrichtung der Stempelabgabe wird mit einer Geldbuße bestraft, welche dem funfzigfachen Betrage der hinterzogenen Abgabe gleichkommt.

Diese Strafe ist besonders und ganz zu entrichten von Jedem, welcher der nach den §§. 4—12. ihm obliegenden Verpflichtung zur Entrichtung der Stempelabgabe nicht rechtzeitig genügt hat, ingleichen von inländischen Maklern und Unterhändlern, welche wissentlich unversteuerte Wechsel verhandelt haben.

Die Verwandlung einer Geldbuße, zu deren Zahlung der Verpflichtete unvermögend ist, in eine Freiheitsstrafe findet nicht statt. Auch darf zur Beitreibung von Geldbußen ohne Zustimmung des Verurtheilten, insofern dieser ein Inländer ist, kein Grundstück subhastirt werden.

§. 16.

Der Acceptant eines gezogenen und der Aussteller eines trockenen Wechsels können daraus, daß der Wechsel zur Zeit der Annahme-Erklärung, beziehungsweise der Aushändigung, mangelhaft gewesen sei, keinen Einwand gegen die gesetzlichen Folgen der Nichtversteuerung desselben entnehmen.

§. 17.

Wechselstempel-Hinterziehungen (§. 15.) verjähren in fünf Jahren, von dem Tage der Ausstellung des Wechsels an gerechnet. Die Verjährung wird durch jede auf Verfolgung der Hinterziehung gegen den Angeschuldigten gerichtete amtliche Handlung unterbrochen.

§. 18.

In Betreff der Feststellung, Untersuchung und Entscheidung der Wechselstempel-Hinterziehung und der Vollstreckung der Strafe, sowie in Betreff der Strafmilderung und des Erlasses der Strafe im Gnadenwege kommen die Vorschriften zur Anwendung, nach welchen sich das Verfahren wegen Vergehen gegen die Zollgesetze — in den von der gemeinschaftlichen Zollgrenze ausgeschlossenen Bezirken aber das Verfahren wegen Vergehen gegen die Stempelgesetze — bestimmt.

Die im §. 15. vorgeschriebenen Geldbußen fallen dem Fiskus desjenigen Staates zu, von dessen Behörden die Strafentscheidung erlassen ist.

§. 19.

Jede von einer nach §. 18. zuständigen Behörde wegen Wechselstempel-Hinterziehung einzuleitende Untersuchung und zu erlassende Strafentscheidung kann auch auf diejenigen Inhaber des Wechsels, welche anderen Bundesstaaten angehören, ausgedehnt werden. Die Strafvollstreckung ist nöthigenfalls durch

Requisition der zuständigen Behörden und Beamten des Staates zu bewirken, in dessen Gebiete die Vollstreckungsmaßregel zur Ausführung kommen soll.

Die Behörden und Beamten der Bundesstaaten sollen sich gegenseitig thätig und ohne Verzug den verlangten Beistand in allen gesetzlichen Maßregeln leisten, welche zur Entdeckung oder Bestrafung der Wechselstempel-Hinterziehungen dienlich sind.

§. 20.

Die in den einzelnen Staaten des Bundes mit der Beaufsichtigung des Stempelwesens beauftragten Behörden und Beamten haben die ihnen obliegenden Verpflichtungen mit gleichen Befugnissen, wie sie ihnen hinsichtlich der nach den Landesgesetzen zu entrichtenden Stempelabgaben zustehen, auch hinsichtlich der Bundes-Stempelabgabe wahrzunehmen.

§. 21.

Außer den Steuerbehörden haben alle diejenigen Staats- oder Kommunalbehörden und Beamten, denen eine richterliche oder Polizeigewalt anvertraut ist, sowie die Notare und andere Beamte, welche Wechselproteste ausfertigen, die Verpflichtung, die Besteuerung der bei ihnen vorkommenden Wechsel und Anweisungen von Amtswegen zu prüfen und die zu ihrer Kenntniß kommenden Zuwiderhandlungen gegen dieses Gesetz bei der nach §. 18. zuständigen Behörde zur Anzeige zu bringen. Notare, Gerichtspersonen und andere Beamte, welche Wechselproteste ausfertigen, sind verbunden, sowohl in dem Proteste, als in dem über die Protestation etwa aufzunehmenden Protokolle ausdrücklich zu bemerken, mit welchem Stempel die protestirte Urkunde versehen, oder daß sie mit einem Bundesstempel nicht versehen ist.

§. 22.

Das Bundespräsidium ist ermächtigt, wegen der Anfertigung und des Debits der Bundesstempelmarken und gestempelten Blankets, sowie wegen der Bedingungen, unter welchen für verdorbene Stempelmarken und Blankets Erstattung zulässig ist, die erforderlichen Anordnungen zu erlassen.

§. 23.

Wer unechte Bundesstempelmarken anfertigt oder echte verfälscht, imgleichen wer wissentlich von falschen oder gefälschten Stempelmarken Gebrauch macht oder sich einer dieser Handlungen in Bezug auf gestempelte Blankets (§. 13. Nr. 1.) schuldig macht, hat die in den Landesgesetzen bestimmte Strafe der Fälschung des Stempelpapiers und, in Ermangelung besonderer Strafvorschriften über diesen Gegenstand, die Strafe der Fälschung öffentlicher Urkunden verwirkt.

Wer wissentlich eine schon einmal verwendete Stempelmarke, oder ein schon einmal verwendetes Blanket, oder ein von einer Urkunde abgetrenntes Bundesstempelzeichen zu einer stempelpflichtigen Urkunde verwendet, hat, außer der Strafe der Steuerhinterziehung, eine Geldbuße von zehn bis zweihundert Thalern oder verhältnißmäßige Freiheitsstrafe verwirkt. Wer wissentlich eine schon einmal verwendete Stempelmarke oder ein verwendetes Blanket, von welchem die darauf gesetzte Schrift wieder entfernt ist, veräußert, wird, insofern er nicht als Urheber des im vorhergehenden Satze vorgesehenen Vergehens oder als Theilnehmer an demselben anzusehen ist, mit Geldbuße von Einem bis zwanzig Thalern oder verhältnißmäßiger Gefängnißstrafe belegt.

§. 24.

Die Vorschriften dieses Gesetzes kommen gleichmäßig zur Anwendung auf die an Ordre lautenden Zahlungsversprechen (Billets à Ordre) und die von Kaufleuten oder auf Kaufleute ausgestellten Anweisungen (Assignationen) jeder Art auf Geldauszahlungen, Akkreditive und Zahlungsaufträge, gegen deren Vorzeigung oder Auslieferung die Zahlung geleistet werden soll, ohne Unterschied, ob dieselben in Form von Briefen oder in anderer Form ausgestellt werden.

Befreit von der Stempelabgabe sind:

1) die statt der Baarzahlung dienenden, auf Sicht zahlbaren Platzanweisungen und Checks (d. i. Anweisungen auf das Guthaben des Ausstellers bei dem die Zahlungen desselben besorgenden Bankhause oder Geldinstitute), wenn sie ohne Accept bleiben; andernfalls muß die Versteuerung erfolgen, ehe der Acceptant die Platzanweisung oder den Check aus den Händen giebt.

In welchen Fällen auch Anweisungen, die an einem Nachbarorte des Ausstellungsortes zahlbar sind, den Platzanweisungen gleichgeachtet werden sollen, bestimmt der Bundesrath nach Maßgabe der örtlichen Verhältnisse;

2) Akkreditive, durch welche lediglich einer bestimmten Person ein nur im Maximalbetrage begrenzter oder unbeschränkter, nach Belieben zu benutzender Kredit zur Verfügung gestellt wird;

3) Banknoten und andere auf den Inhaber lautende, auf Sicht zahlbare Anweisungen, welche der Aussteller auf sich selbst ausstellt.

§. 25.

Die in den Staaten des Norddeutschen Bundes bestehenden Stempelabgaben von Wechseln, Anweisungen und diesen gleichgestellten Papieren (§. 24.) werden aufgehoben.

Auch von den auf Wechsel oder Anweisungen und diesen gleichgestellte Papiere gesetzten Indossamenten, Giro's und anderen Wechselerklärungen, Quittungen und sonstigen auf die Leistungen aus dem Wechsel bezüglichen Vermerken dürfen landesgesetzliche Stempelabgaben nicht weiter erhoben werden.

§. 26.

Subjektive Befreiungen von der Bundesstempelabgabe finden nicht statt.

Für die Aufhebung der in den einzelnen Staaten des Bundes bestehenden subjektiven Befreiungen von der Wechselstempelsteuer, welche auf lästigen Privatrechtstiteln beruhen, wird, insoweit dieselben nach den Landesgesetzen nicht ohne Entschädigung aufgehoben werden können, aus der Bundeskasse Entschädigung geleistet. Sind in den der Befreiung zum Grunde liegenden Verträgen, Spezialprivilegien und sonstigen Rechtstiteln Bestimmungen über die Art und Höhe der Entschädigung enthalten, so behält es dabei sein Bewenden.

Anderenfalls wird bis zum Erlöschen der Befreiung dem Berechtigten der Stempelbetrag, welchen er nach Vorschrift dieses Gesetzes entrichtet hat, auf Grund periodischer Nachweisung aus der Bundeskasse erstattet. Die Aufstellung und Prüfung der periodischen Nachweisungen erfolgt nach den von dem Bundesrathe hierüber zu erlassenden näheren Anordnungen.

Für Stempelbeträge, deren Erstattung der Berechtigte von anderen Theilnehmern am Umlaufe des Wechsels oder von seinen Kommittenten zu fordern hat, wird in keinem Falle aus der Bundeskasse Entschädigung gewährt.

§. 27.

Jedem Bundesstaate wird von der jährlichen Einnahme für die in seinem Gebiete debitirten Wechselstempelmarken und gestempelten Blankets bis zum Schlusse des Jahres 1871 der Betrag von 36 Prozent, bis zum Schlusse des Jahres 1873 der Betrag von 24 Prozent, bis zum Schlusse des Jahres 1875 der Betrag von 12 Prozent und von da ab dauernd der Betrag von 2 Prozent aus der Bundeskasse gewährt.

§. 28.

Die zur Ausführung dieses Gesetzes nöthigen Bestimmungen werden vom Bundesrathe getroffen.

§. 29.

Dies Gesetz tritt mit dem 1. Januar 1870 in Kraft.

In Betreff aller vor diesem Tage ausgestellten inländischen oder von dem ersten inländischen Inhaber aus den Händen gegebenen ausländischen Wechsel kommen noch die bisherigen landesgesetzlichen Vorschriften zur Anwendung.

Urkundlich unter Unserer Höchsteigenhändigen Unterschrift und beigedrucktem Bundes-Insiegel.

Gegeben Berlin, den 10. Juni 1869.

(L. S.) Wilhelm.

Gr. v. Bismarck-Schönhausen.

Berichtigung.

In der im 5. Stück des Gesetzblattes für Elsaß-Lothringen abgedruckten Verordnung zur Ausführung des Gesetzes, betreffend Abänderungen der Gerichtsverfassung, vom 14. Juli 1871 ist Seite 169 im §. 2. unter Ziffer 2. Zeile 5. und unter Ziffer 3. Zeile 4. statt: „Saar-Union" zu setzen: „Saar-Union-Drülingen".

Herausgegeben im Reichskanzler-Amte.

Berlin, gedruckt in der Königlichen Geheimen Ober-Hofbuchdruckerei
(R. v. Decker).

Gesetzblatt für Elsaß=Lothringen.

№ 7.

(Nr. 10.) Bekanntmachung zur Ausführung des Gesetzes vom 14. Juli 1871, betreffend die Einführung des Deutschen Reichsgesetzes über die Wechselstempelsteuer vom 10. Juni 1869. Vom 27. Juli 1871.

Nachdem durch Gesetz vom 14. Juli 1871 (Gesetzbl. für Elsaß-Lothringen von 1871 S. 175 ff.) bestimmt ist, daß das Deutsche Reichsgesetz vom 10. Juni 1869 (Bundesgesetzbl. S. 193), betreffend die Wechselstempelsteuer, mit dem 15. August d. J. in Elsaß-Lothringen in Kraft tritt, werden die nachstehenden, vom Bundesrathe zur Ausführung des erwähnten Reichsgesetzes getroffenen Bestimmungen Anwendung zu finden haben.

I. Zu §. 3 des Reichsgesetzes vom 10. Juni 1869.

Behufs der Umrechnung der in einer anderen als der Thalerwährung ausgedrückten Summen zum Zwecke der Berechnung der Wechselstempelabgabe sind für die nachstehend bezeichneten Währungen die dabei bemerkten Mittelwerthe bis auf Weiteres festgesetzt und allgemein im ganzen Bundesgebiete bei der Berechnung des Wechselstempels zum Grunde zu legen:

Süddeutsche und Niederländische Währung	7 Gulden	=	4 Rthlr.	— Gr.
Bremer Louisd'or Thaler ..	10 Thaler Gold	=	11 ,	— ,
Hamburger Mark Banko ..	2 Mark	=	1 ,	— ,
Pfund Sterling	100 Pfund	=	675 ,	— ,
Francs oder Lire	300 Frks. oder Lire	=	80 ,	— ,
Oesterreichische Währung...	150 Gulden	=	85 ,	— ,
desgleichen	1 Gulden (effektiv)	=	2/3 ,	— ,
Russische Währung	100 Rubel Silber	=	85 ,	— ,
desgleichen	1 Rub. Silb. (effektiv)	=	1 ,	2 ,
Nordamerikanische Währung	1 Dollar	=	1 ,	— ,
desgleichen	1 Dollar (effektiv)	=	1 ,	12½ ,
Dänische Währung	100 Thaler R. M.	=	75 ,	— ,
Schwedische Währung	1000 Thaler R. M.	=	375 ,	— ,
Finnische Währung	1000 Mark	=	269 ,	— ,
Spanische Währung	8 Pesos fuertes de 20 reales de Vellon	=	11 ,	— ,
Portugiesische Währung ...	1 Milreis	=	1½ ,	— ,

Gesetzbl. f. Elsaß-Lothr. 1871.

26

Ausgegeben zu Berlin den 31. Juli 1871.

II. Zu §. 13 Nr. 2 deſſelben Geſetzes.

In Bezug auf die Art und Weiſe der Verwendung der Bundes-
ſtempelmarken zu Wechſeln und den dem Wechſelſtempel unterworfenen Anwei-
ſungen u. ſ. w. (§. 24 des Geſetzes) ſind nachfolgende Vorſchriften zu beobachten:

1) Die den erforderlichen Steuerbetrag darſtellenden Marken ſind auf der
Rückſeite der Urkunde, und zwar, wenn die Rückſeite noch unbeſchrieben
iſt, am oberen Rande derſelben, anderenfalls unmittelbar unter dem
letzten Vermerke (Indoſſament u. ſ. w.), der ſich auf der Rückſeite befindet, dergeſtalt aufzukleben, daß oberhalb der Marke kein zur Nieder-
ſchreibung eines Vermerkes (Indoſſamentes, Blanko-Indoſſamentes u. ſ. w.)
hinreichender Raum übrig bleibt.

Der inländiſche Inhaber, welcher die Marke aufklebt, hat ſein
Indoſſament oder ſeinen ſonſtigen Vermerk unterhalb derſelben nieder-
zuſchreiben.

Wird die Breite der Rückſeite durch die aufgeklebten Marken nicht
ausgefüllt, ſo iſt der zur Seite oder zu beiden Seiten der letzteren bleibende leere Raum in der Höhe der Marke dergeſtalt zu durchkreuzen,
daß zu einem Indoſſamente oder ſonſtigen Vermerke neben der Marke
kein Raum bleibt.

2) In jeder einzelnen der aufgeklebten Marken müſſen mindeſtens die An-
fangsbuchſtaben des Wohnortes und des Namens, beziehungsweiſe
der Firma desjenigen, der die Marke verwendet, und das Datum der
Verwendung (in Ziffern) mittelſt deutlicher Schriftzeichen (Buchſtaben
und Ziffern) ohne jede Raſur, Durchſtreichung oder Ueberſchrift nieder-
geſchrieben ſein (z. B.:

H. 7./1. 70., ſtatt: Hamburg, 7. Januar 1870; E. F. M. ſtatt:
Ernſt Friedrich Moldenhauer, oder N. D. B. ſtatt: Norddeutſche
Vereinsbank).

Es iſt jedoch auch zuläſſig, den Kaſſationsvermerk ganz oder einzelne Theile deſſelben (z. B. die Bezeichnung der Firma) durch ſchwarzen
oder farbigen Stempelabdruck herzuſtellen.

Enthält der Kaſſationsvermerk mehr als nach dem Vorſtehenden
erforderlich iſt (z. B. den ausgeſchriebenen Namen ſtatt der Anfangs-
buchſtaben, das Datum in Buchſtaben ſtatt in Ziffern u. ſ. w.), ſo iſt
derſelbe dennoch gültig, wenn nur die vorgeſchriebenen Stücke (Anfangs-
buchſtaben des Wohnortes und Namens, beziehungsweiſe der Firma
und Datum) auf der Marke ſich befinden.

3) Bei Ausſtellung des Wechſels auf einem geſtempelten Blanket kann der
an dem vollen geſetzlichen Betrage der Steuer etwa noch fehlende Theil
durch vorſchriftsmäßig zu verwendende Stempelmarken ergänzt werden.

Stempelmarken, welche nicht in der vorgeſchriebenen Weiſe verwendet worden ſind, werden als nicht verwendet angeſehen (§. 14 des Geſetzes).

III. Zu §. 24 Nr. 1 besselben Gesetzes.

Die nachstehend je unter einer Nummer aufgeführten Plätze werden insofern als Ein Platz betrachtet, daß die an dem einen ausgestellten und an dem anderen zahlbaren Anweisungen in Bezug auf die Wechselstempelabgabe als Platzanweisungen zu betrachten sind:

1) Hamburg und Altona,

2) Magdeburg, Subenburg, Buckau und Neustadt,

3) Elberfeld und Barmen,

4) Aachen und Burtscheid,

5) Frankfurt a. M. und Bockenheim,

6) Saarbrücken und St. Johann,

7) Ernstthal und Hohenstein,

8) Annaberg und Buchholz,

9) Bremerhafen und Geestemünde,

10) Stuttgart und Cannstadt,

11) Ulm und Neu-Ulm,

12) Mannheim und Ludwigshafen,

13) Regensburg und Stadtamhof,

14) Nürnberg und Fürth,

15) Mainz und Castel.

IV. Zu §. 26 besselben Gesetzes.

Diejenigen, welche in Elsaß-Lothringen von der Wechselstempelsteuer auf Grund lästiger Privatrechtstitel befreit und nach Maßgabe der Bestimmungen im §. 26 des Gesetzes Erstattung der von ihnen fortan entrichteten Wechselstempelbeträge aus der Bundeskasse in Anspruch zu nehmen berechtigt sind, haben zuerst bis zum 15. Oktober d. J. eine Nachweisung der seit dem 15. August d. J. und ferner für jedes Vierteljahr bis zur Mitte des darauf folgenden Monats eine Nachweisung der in den verflossenen drei Monaten von ihnen entrichteten Wechselstempelbeträge, deren Erstattung begehrt wird, dem Reichskanzler-Amte einzureichen. Die Nachweisung muß ein spezielles Verzeichniß der zu erstattenden Abgabenbeträge, eine genaue Bezeichnung der Wechsel, wofür dieselben entrichtet sind, und die Angabe der Eigenschaft, in welcher der Antragsteller an dem Umlaufe derselben im Bundesgebiete Theil genommen hat, sowie die Versicherung enthalten, daß der Antragsteller die Erstattung des Stempelbetrages von anderen Theilnehmern am Umlaufe des Wechsels oder von Kommittenten nicht zu fordern habe.

Es wird vorbehalten, nach Bewandniß der Umstände andere Fristen zur Vorlegung der periodischen Nachweisungen zu bestimmen.

Der Antragsteller bleibt verpflichtet, jede weitere zur Prüfung und Justifizirung der in die Nachweisung aufgenommenen Beträge erforderliche Auskunft dem Bundesrathe oder den von demselben beauftragten Behörden oder Beamten zu ertheilen.

Bei Einreichung der ersten Nachweisung ist zugleich der Anspruch auf Entschädigung selbst durch Angabe des lästigen Privatrechtstitels, worauf die bisherige subjektive Befreiung von der Wechselstempelsteuer beruht, unter Vorlegung der Beweismittel zu begründen.

Berlin, den 27. Juli 1871.

Der Reichskanzler.

Im Auftrage:

Eck.

Herausgegeben im Reichskanzler-Amte.

Berlin, gedruckt in der Königlichen Geheimen Ober-Hofbuchdruckerei
(R. v. Decker).

Gesetzblatt für Elsaß-Lothringen.

№ 8.

(Nr. 11.) Gesetz, betreffend die Quartierleistung für die bewaffnete Macht und die Naturalverpflegung der Truppen im Frieden. Vom 14. Juli 1871.

Wir Wilhelm, von Gottes Gnaden Deutscher Kaiser, König
von Preußen ꝛc.

verordnen im Namen des Deutschen Reichs, nach erfolgter Zustimmung des
Bundesrathes, für Elsaß und Lothringen was folgt:

§. 1.

Die anliegenden deutschen Militairgesetze und Verordnungen werden in
Elsaß-Lothringen eingeführt:

1) das Gesetz, betreffend die Quartierleistung für die bewaffnete Macht
während des Friedenszustandes, vom 25. Juni 1868 (Bundesgesetzbl.
des Norddeutschen Bundes S. 523) nebst der zur Ausführung desselben
erlassenen Instruktion vom 31. Dezember 1868 (Bundesgesetzbl. pro
1869 S. 1) und dem Allerhöchsten Erlaß vom 3. September 1870,
betreffend die Abänderung des §. 15 dieser Instruktion;

2) das Edikt über die Aufhebung der Naturalfourage und Brotlieferung
vom 30. Oktober 1810 (Preußische Gesetz-Samml. S. 78) nebst den
§§. 23, 24, 25, 30, 32, 33, 77, 80, 81, 82 und 164 des Reglements über die Naturalverpflegung der Truppen im Frieden vom
13. Mai 1858 (Bundesgesetzbl. pro 1867 S. 128).

§. 2.

Bis zur anderweiten gesetzlichen Feststellung findet die Eintheilung in die
Klassen-Eintheilung der Orte — §. 3 des im §. 1 unter Nr. 1 aufgeführten
Gesetzes vom 25. Juni 1868 — in der Art statt, daß

Ausgegeben zu Berlin den 1. August 1871.

die Orte mit 40,000 Einwohnern und darüber zur I. Servisklasse,
» » » 20,000 bis 40,000 Einwohnern zur II. Servisklasse,
» » » 10,000 bis 20,000 Einwohnern zur III. Servisklasse,
» » » 5,000 bis 10,000 Einwohnern zur IV. Servisklasse,
alle Orte unter 5,000 Einwohnern zur V. Servisklasse
gezählt werden.

§. 3.

Soweit zur Ausführung der vorgenannten Gesetze und Verordnungen besondere Vorschriften erforderlich sind, werden dieselben von dem Reichskanzler erlassen.

Urkundlich unter Unserer Höchsteigenhändigen Unterschrift und beigedrucktem Kaiserlichen Insiegel.

Gegeben Bad Ems, den 14. Juli 1871.

(L. S.)   Wilhelm.

Fürst v. Bismarck.

Gesetz,

betreffend

die Quartierleistung für die bewaffnete Macht während des
Friedenszustandes.

Vom 25. Juni 1868.

Wir Wilhelm, von Gottes Gnaden König von Preußen ꝛc.
verordnen im Namen des Norddeutschen Bundes, nach erfolgter Zustimmung des
Bundesrathes und des Reichstages, was folgt:

§. 1.

Die Fürsorge für die räumliche Unterbringung der bewaffneten Macht
während des Friedenszustandes, das heißt so lange nicht das Gesetz vom 11. Mai
1851 wegen der Kriegsleistungen und deren Vergütung in Wirksamkeit ist, ist
eine Last des Bundes, deren Naturalleistung nur gegen Entschädigung gefordert
werden kann.

§. 2.

Für die bewaffnete Macht sind während des Friedenszustandes an Woh-
nungs- und sonstigen Gelassen auf Erfordern zu gewähren:

1) für Truppen in Garnisonen, so lange und in soweit deren Unterbringung in Kasernen nach §. 10 des Preußischen Gesetzes über die Einrichtung des Abgabenwesens vom 30. Mai 1820 nicht zur Ausführung
   gebracht sein wird, sowie für Truppen in Kantonnements, deren Dauer
   von vornherein auf einen sechs Monate übersteigenden Zeitraum festgesetzt ist:

   a) Quartier für Mannschaften vom Feldwebel abwärts,
   b) Stallung für Dienstpferde;

2) bei Kantonnirungen von nicht längerer als der zu 1 angegebenen oder
   von unbestimmter Dauer, bei Märschen und Kommandos:

   a) Quartier für Offiziere, Beamte und Mannschaften,
   b) Stallung für die von denselben mitgeführten Pferde, soweit für die-
      selben etatsmäßig Rationen gewährt werden,
   c) das erforderliche Gelaß für Geschäfts-, Arrest- und Wachtlokalitäten.

Zur bewaffneten Macht im Sinne dieses Gesetzes sind zu rechnen:
die Truppen des Norddeutschen Bundes und der mit ihm zu Kriegs-
zwecken verbündeten Staaten, nebst dem Heergefolge.

27 *

§. 3.

Der Umfang der Leistungen wird durch das sub Litt. A. anliegende Regulativ, die dafür vom Bunde zu gewährende Entschädigung durch den sub
Litt. B. anliegenden Tarif und bis auf Weiteres durch die sub Litt. C. anliegende Klassen-Eintheilung der Orte bestimmt.

Vom Jahre 1872 ab unterliegen Tarif und Klassen-Eintheilung einer
allgemeinen, alle fünf Jahre zu wiederholenden Revision.

§. 4.

Der Bund ist berechtigt, gegen Gewährung der im §. 3, beziehungsweise
im beigefügten Tarif bestimmten Entschädigung die Beschaffung der Quartierleistungen zu verlangen und dazu alle benutzbaren Baulichkeiten in Anspruch zu
nehmen, soweit dadurch der Quartiergeber in der Benutzung der für seine Woh-
nungs-, Wirthschafts- und Gewerbebetriebs-Bedürfnisse unentbehrlichen Räumlichkeiten nicht behindert wird.

Befreit hiervon sind nur:

1) die Gebäude, welche

   a) sich im Besitze der Mitglieder regierender Familien befinden,

   b) zu den Standesherrschaften der vormals reichsständischen oder derjenigen Häuser gehören, denen diese Befreiung durch Verträge zu-
   gesichert ist oder auf Grund besonderer Rechtstitel zusteht,

   insofern diese Gebäude für immer oder zeitweise zum Wohnsitze ihrer
   Eigenthümer bestimmt sind;

2) die Wohnungen der Gesandten und des Gesandtschaftspersonals fremder
   Mächte; ferner, in Voraussetzung der Gegenseitigkeit, die Wohnungen
   der Berufskonsuln fremder Mächte, sofern sie Angehörige des entsenden-
   den Staates sind und in ihrem Wohnort kein Gewerbe betreiben oder
   keine Grundstücke besitzen;

3) diejenigen Gebäude und Gebäudetheile, welche zu einem öffentlichen Dienst
   oder Gebrauch bestimmt sind, ohne Rücksicht auf deren Eigenthums-Ver-
   hältnisse; insonderheit also die zum Gebrauch von Behörden bestimmten,
   sowie die zum Betriebe der Eisenbahnen erforderlichen Gebäude und Gebäudetheile;

4) Universitäts- und andere zum öffentlichen Unterricht bestimmte Gebäude,
   Bibliotheken und Museen;

5) Kirchen, Kapellen und andere dem öffentlichen Gottesdienste gewidmete
   Gebäude, sowie die gottesdienstlichen Gebäude der mit Korporationsrechten
   versehenen Religionsgesellschaften;

6) Armen-, Waisen- und Krankenhäuser, Besserungs-, Aufbewahrungs- und
   Gefängnißanstalten, sowie Gebäude, welche milden Stiftungen angehören
   und für deren Zwecke unmittelbar benutzt werden;

7) neu erbaute oder vom Grunde aus wieder aufgebaute Gebäude bis zum Ablauf zweier Kalenderjahre nach dem Kalenderjahre, in welchem sie bewohnbar, beziehungsweise nutzbar geworden sind.

Zu neuen, einen Kostenaufwand verursachenden Herstellungen können die Verpflichteten ohne Gewährung vollständiger Entschädigung seitens des Bundes nicht angehalten werden.

§. 5.

Die örtliche Vertheilung der Quartierleistung erfolgt auf die Gemeinde- resp. selbstständigen Gutsbezirke im Ganzen.

Die weitere Untervertheilung geschieht durch die Gemeindevorstände resp. die Besitzer der selbstständigen Gutsbezirke, welche für die gehörige und rechtzeitige Erfüllung der Quartierleistungen zu sorgen haben.

In den Städten kann die dauernde Verwaltung der Einquartierungs-Angelegenheiten einer aus Mitgliedern des Gemeindevorstandes und der Gemeindevertretung, oder aus letzteren und aus von der Gemeindevertretung gewählten Gemeindemitgliedern gebildeten Deputation übertragen werden.

§. 6.

In allen Ortschaften, welche mit Garnison belegt werden sollen, wird der Umfang, in welchem die Quartierleistungen gefordert werden können, durch Kataster bestimmt, welche alle zur Einquartierung benutzbaren Gebäude unter Angabe ihrer Leistungsfähigkeit enthalten müssen und von dem Gemeindevorstand, beziehungsweise der Servisdeputation alljährlich aufgestellt werden.

Die von den Gemeinden in Gemäßheit eines mit der Militairverwaltung getroffenen Uebereinkommens, behufs Kasernirung der Truppen, hergerichteten Gebäude bleiben außer Ansatz.

Nach geschehener Aufstellung ist das Kataster während 14 Tage öffentlich auszulegen und dies bekannt zu machen.

Erinnerungen gegen die Kataster sind sowohl seitens der Militairbehörde, als auch seitens der übrigen Interessenten innerhalb einer Präklusivfrist von 21 Tagen nach beendeter Offenlegung in den Städten bei dem Gemeindevorstand, in allen übrigen Ortschaften bei der vorgesetzten Kommunal-Aufsichtsbehörde anzubringen. Ueber dieselben entscheidet endgültig die obere Verwaltungsbehörde.

Nach erfolgter Erledigung der Erinnerungen werden die Kataster von den mit ihrer Aufstellung beauftragten Behörden definitiv abgeschlossen und darüber öffentliche Bekanntmachungen erlassen.

Die Aufstellung eines Katasters unterbleibt, wenn der Gemeindevorstand und die Gemeindevertretung dies übereinstimmend beschließen.

§. 7.

Für die Landkreise resp. analogen Verbände derjenigen Bundesstaaten, welche Kreis- oder ähnliche Bezirksvertretungen haben, regeln Kommissionen, welche aus dem Landrath, Amtshauptmann u. s. w. und zwei Mitgliedern der

Kreisversammlung bestehen, die Grundsätze und Ausführung der allgemeinen Vertheilung der Einquartierung auf den betreffenden Kreis.

In den Bundesstaaten, wo derartige Vertretungen nicht bestehen, bleibt der Landesgesetzgebung die Regulirung dieser Angelegenheit überlassen.

Die Grundsätze, nach welchen die Vertheilung der Quartierleistungen in jedem Gemeindebezirk erfolgen soll, werden durch Gemeindebeschluß oder durch ein Ortsstatut bestimmt, für deren Erlaß die für die Einführung von Gemeindesteuern vorgeschriebenen Formen maßgebend sind, und bis zu deren Zustandekommen die bisher für die betreffende Gemeinde geltenden Vorschriften über die Vertheilung der Quartierleistungen in Kraft bleiben.

Das Statut kann auch Festsetzungen über Aufbringung von Gemeindezuschüssen zu den Quartierentschädigungen oder über sonstige Geldausgleichung enthalten.

Durch Ortsstatut kann auch festgesetzt werden, daß in allen oder in bestimmt bezeichneten Fällen die einzuquartierenden Truppen in gemietheten Quartieren durch den Gemeindevorstand, bezüglich die Servisdeputation untergebracht und in welcher Weise die dadurch entstehenden Kosten aufgebracht werden sollen.

Den Besitzern der selbstständigen Gutsbezirke steht frei, sich behufs Leistung der Einquartierungslast mit einem benachbarten Gemeindeverbande mit dessen Zustimmung zu vereinigen. In solchem Falle sind die Besitzer den Bestimmungen des Ortsstatuts unterworfen. Für solche selbstständigen Gutsbezirke, die eine Vereinigung mit einer Gemeinde nicht abgeschlossen haben, muß in jedem einzelnen Falle die zunächst vorgesetzte Kommunal-Aufsichtsbehörde den Umfang der Quartierleistung unter Beobachtung der in den §§. 5 und 6 gegebenen Vorschriften bestimmen.

§. 8.

Die Verpflichtung zur Gewährung der Quartierleistungen tritt in den einzelnen Fällen in Wirksamkeit:

a) in der Garnison — durch Requisition der militairischen Kommandobehörde, beziehungsweise deren Beauftragten,

b) auf dem Marsche, bei Kommandos und im Kantonnement — durch die von der oberen Verwaltungsbehörde ausgefertigte Marschroute oder Quartieranweisung.

§. 9.

In den nach ihrer lokalen Beschaffenheit dazu geeigneten Ortschaften können besondere Quartierbezirke gebildet werden.

§. 10.

Den Quartierträgern ist gestattet, ihre Verbindlichkeit durch Gestellung anderweiter Quartiere zu erfüllen. Dieselben müssen jedoch allgemein den gesetzlichen Anordnungen entsprechen und auf Verlangen der im §. 8 bezeichneten Behörden in den im §. 9 bezeichneten Quartierbezirken belegen sein, bei der das

Quartier vertheilenden Behörde angemeldet und von dieser geprüft werden. Erfolgt die Annahme solcher Quartiere, so übernimmt der Inhaber des Quartiers die Obliegenheiten des ursprünglich Verpflichteten.

Gegen die das anderweitige Quartier zurückweisende Verfügung der das Quartier vertheilenden Behörde findet keine Berufung statt.

§. 11.

Quartierträger, welche ihren Obliegenheiten nicht nachkommen, sind durch den Gemeindevorstand, beziehungsweise die vorgesetzte Kommunal-Aufsichtsbehörde unter Anwendung administrativer Zwangsmittel hierzu anzuhalten.

Zu letzteren gehört auch die Beschaffung anderweiter Quartierräume und der benöthigten Utensilien auf Kosten der Verpflichteten. Die Kosten sind in diesem Falle von dem Verpflichteten auf dem für die Einziehung der Gemeindeabgaben vorgeschriebenen Wege beizutreiben.

§. 12.

Beschwerden über mangelhafte oder nicht vollständige Quartierleistung sind durch die im §. 11 genannten Behörden zur Stelle endgültig zu erledigen.

Zur Erhebung der Beschwerde ist befugt, in Garnisonen: der Garnisonälteste oder dessen Beauftragter; auf Märschen ꝛc.: der Truppenbefehlshaber, beziehungsweise der Fourieroffizier.

§. 13.

Beschwerden der Quartierträger sind durch die im §. 11 bezeichneten Behörden in Gemeinschaft mit dem im §. 12 bezeichneten Offizier zu erledigen. Können sich beide nicht einigen, so wird die Angelegenheit der höheren Verwaltungsbehörde zur endgültigen Entscheidung unter Zuziehung des Truppenkommandos vorgelegt.

Derartige Beschwerden in Einquartierungs-Angelegenheiten sind innerhalb vier Wochen statthaft.

§. 14.

Der Ortsvorstand kann nach Ablauf von drei Monaten einen allgemeinen oder theilweisen Wechsel der Quartiere vornehmen, nach Ablauf einer kürzeren Frist nur mit Zustimmung der Militairbehörde.

§. 15.

Die tarifmäßige Entschädigung (Servis) wird für jeden Einquartierungstag unter Ausschluß des Abgangstages mit $1/_{30}$ des Monatsbetrages gewährt.

Fällt Ankunft und Abzug auf Einen Tag, so findet eine Vergütung nicht statt. Für ganze Kalendermonate wird der Servis auf 30 Tage, ohne Rücksicht auf die Tageszahl des Monats, gezahlt.

Die Wintermonate umschließen die Zeit vom 1. Oktober bis 31. März.

Die Zahlung des Servises erfolgt an den Ortsvorstand, in Garnisonen allmonatlich.

Die Befriedigung der einzelnen Quartiergeber ist Sache des Ortsvorstandes.

§. 16.

Ueber die Zeit der wirklichen Quartierleistung hinaus wird der Servis fortgezahlt:

a) in der Garnison:

1) für kommandirte, kranke, arretirte und beurlaubte Mannschaften vom Feldwebel abwärts, welche im Laufe des nächsten Monats in das Naturalquartier zurückkehren, sofern dasselbe reservirt und nicht anderweit benutzt worden ist;

2) für die zu eigenen Stuben berechtigten Militairpersonen, sowie allgemein für alle Chargen in mindestens auf 50 Mann kasernenmäßig eingerichteten Einquartierungshäusern während der Abwesenheit der Truppen zu den Uebungen;

3) während der Truppenübungen für die in Privat- oder Kommunalställen untergebrachten Pferde, sofern die Stallungen zum ausschließlichen Gebrauch des Militairs bestimmt und während der Abwesenheit nicht anderweit benutzt worden sind.

Dasselbe gilt unter gleichen Voraussetzungen für Kommandos, wenn die Pferde im Laufe des nächsten Monats zurückkehren;

b) im Kantonnement:

für die Quartiere der zu Uebungszwecken aus den Kantonnements ausgerückten Truppen, sofern kein Kantonnementswechsel stattgefunden hat.

§. 17.

Entschädigungsansprüche für gewährtes Naturalquartier, sowie alle Nachforderungen müssen zur Vermeidung der Verjährung spätestens im Laufe des Kalenderjahres, welches auf dasjenige folgt, in welchem die Zahlungsverpflichtung begründet worden ist, bei dem Gemeindevorstand, beziehungsweise der vorgesetzten Kommunal-Aufsichtsbehörde angemeldet werden.

Diese Frist läuft auch gegen Minderjährige und bevormundete, sowie moralische Personen, denen gesetzlich die Rechte der Minderjährigen zustehen, ohne Zulassung der Wiedereinsetzung in den vorigen Stand, jedoch mit Vorbehalt des Regresses gegen die Vormünder und Verwalter.

§. 18.

Die zu keinem Gemeindeverband gehörigen Güter stehen in allen durch dieses Gesetz berührten Beziehungen den selbstständigen Gutsbezirken gleich.

§. 19.

Das Bundespräsidium wird ermächtigt, unter Zustimmung des Bundes-rathes bei hervortretendem Bedürfniß die Versetzung einzelner Orte aus einer niederen Servisklasse in eine höhere anzuordnen.

§. 20.

Alle den Vorschriften dieses Gesetzes zuwiderlaufenden landesgesetzlichen Bestimmungen werden aufgehoben.

Die zur Ausführung dieses Gesetzes erforderlichen allgemeinen Anordnungen erfolgen durch besondere Verordnungen des Bundespräsidiums.

Urkundlich unter Unserer Höchsteigenhändigen Unterschrift und beigedrucktem Bundes-Insiegel.

Gegeben Mainz, den 25. Juni 1868.

(L. S.)   Wilhelm.

Gr. v. Bismarck-Schönhausen.

Beilage Littr. A.

Regulativ

für die

Quartierbedürfnisse der bewaffneten Macht.

§. 1.

I. Garnison-
quartier-
Raumbe-
bürfniß.

Das Quartierbedürfniß besteht im Falle des §. 2 Nr. 1 des Gesetzes für:

1) Feldwebel und die übrigen im Tarife unter A. 4 und B. 11 genannten Chargen in
   je einer Stube von ungefähr 225 Quadratfuß;

2) Portepeefähnriche und die im Tarife unter A. 5 und B. 12 erwähnten Chargen in
   je einer Stube von 150—180 Quadratfuß;

3) Unteroffiziere, Unter-Roßärzte und die im Tarife unter A. 6 aufgeführten Militairpersonen in
   einer Stube von mindestens 180 Quadratfuß für je zwei Personen dieses Grades;

4) für alle übrigen Chargen in Schlafkammern.

§. 2.

Wird das Raumerforderniß der zu eigenen Stuben berechtigten Personen durch die überwiesenen Zimmer nicht erfüllt, so können zur Ergänzung auch Schlafkammern beigegeben werden.

Die Stuben sind bis 10 Uhr Abends zu erleuchten und im Winter zu heizen.

§. 3.

Beschaffenheit
des Raumes.

Die Schlafkammern müssen mit verputzten oder dicht schließenden Wänden und Decken, einer ordnungsmäßigen Dielung, mit Fenstern, die geöffnet und geschlossen werden können, und, insofern die Kammern im oberen Stockwerke gelegen sind, auch mit einer gangbaren Treppe versehen, trocken und gegen Einfluß der Witterung gesichert sein.

Die Belegung der Kammern erfolgt, soweit es der vorhandene Raum gestattet, dergestalt, daß zwischen jeder Lagerstätte mindestens ein leerer Raum von
drei Fuß und außerdem in der Kammer ein verhältnißmäßiger, gemeinschaftlich
zu benutzender Raum zum Ankleiden und Reinigen verbleibt. Während des Tages
hat der Quartiergeber den Aufenthalt der in Schlafkammern Einquartierten nach
seiner Wahl in seinem eigenen oder einem anderen (Abends bis 9 Uhr erleuchteten
und im Winter erwärmten) Wohnzimmer zu gestatten.

Ist eine solche Unterkunft der Einquartierten mit den häuslichen Verhältnissen des Quartiergebers nicht vereinbar, so muß derselbe an Stelle der Schlafkammern Stuben überweisen, die gehörig erwärmt und in der angegebenen Zeit
erleuchtet sein müssen.

Die Belegung derselben ist nur soweit zulässig, als für jeden Mann ein
körperlicher Raum von 420 Kubikfuß verbleibt.

§. 4.

An Utensilien, Geräth, Wäsche ꝛc. ist vom Quartiergeber zu gewähren: Quartieraus-
stattung.

a) für jede Person eine Bettstelle nebst Stroh, Unterbett oder Matratze,
   Kopfkissen, Betttuch und einer ausreichend wärmenden Decke mit Ueber-
   zug, oder ein Deckbett;

b) für jede Person ein Handtuch;

c) für jede Stube beziehungsweise Kammer, bei den im §. 1 ad 4 genannten Chargen für je vier Köpfe, ein Tisch von 3 bis 4 Fuß Länge
   und 2 bis 3 Fuß Breite mit Verschluß, ein Schrank oder eine verdeckte
   Vorrichtung zum Aufhängen der Montirungs- und Ausrüstungsstücke
   und der Waffen, zwei Stühle und zwei Schemel, in den Gemeinen-
   quartieren für jede Person ein Schemel;

d) das nöthige Wasch- und Trinkgefäß;

e) Benutzung des Kochfeuers und der Koch-, Eß- und Waschgeräthe des
   Quartiergebers.

Das Stroh in den Lagerstätten ist nach Ablauf von zwei Monaten zu
erneuern, der Wechsel der Handtücher erfolgt wöchentlich, derjenige der Bettwäsche
bei jedesmaligem Quartierwechsel, spätestens allmonatlich, die Reinigung der
wollenen Decken nach Bedarf, mindestens jährlich einmal.

§. 5.

Für Dienstpferde der Garnison sind Stallungen erforderlich, welche mit   Stallung.
Raufen, Krippen und Lattirbäumen versehen, nicht dunkel, von angemessener
Höhe und gehörig zu lüften sind.

Jeder Pferdestand muß 10 Fuß lang und 5 Fuß breit sein. Zu den vom
Quartiergeber zu gewährenden Stallbedürfnissen gehört ferner: eine Vorrichtung
zum Aufhängen des Sattelzeuges und der Geschirre im Stalle, ein Raum zur

Aufbewahrung eines dreitägigen Fouragevorraths, Erleuchtungsmaterial, die Hergabe und Unterhaltung der Stall-Utensilien.

Letztere sind für 1 bis 10 Pferde:

ein Eimer,
eine Schaufel,
eine Futterschwinge,
eine Handlaterne,
eine Mistgabel,
ein bis zwei Besen,
eine Hechsellade,

und außerdem für jedes Pferd eine Halfterkette.

Bei Stallungen von 15 Pferden und darüber ist ein angemessener Raum für die Stallwacht zu reserviren.

Für kranke Pferde sind abgesonderte Stallungen anzuweisen.

§. 6.

Den Quartiergebern verbleibt der Dünger zur Verwerthung, als Vergütung für Erleuchtungsmaterial und Stall-Utensilien. Bei zusammenhängenden Stallungen für eine Escadron und darüber kann der Truppentheil die Quartiergeber mit deren Zustimmung gegen Aufgabe des Anspruchs auf den Dünger von der Unterhaltung des Utensils und der Verpflichtung zur Hergabe des Erleuchtungsmaterials entbinden.

§. 7.

II. Vorüber-gehende Quartier-Raumer-forder-nis. In den Fällen des §. 2 Nr. 2 des Gesetzes ist vom Quartiergeber zu gewähren:

1) für die Charge der Generale und der im Tarife unter B. 8 genannten Militairbeamten

3 Zimmer und 1 Gesindestube;

2) für die Charge der Stabsoffiziere und der im Tarife sub B. 9 aufgeführten Militairbeamten

2 Zimmer und 1 Gesindestube;

3) für die Charge der Hauptleute, Rittmeister, Lieutenants und der Militairbeamten ad B. 10 des Tarifs

1 Zimmer und 1 Burschen- resp. Dienergelaß;

4) für die Militairpersonen vom Feldwebel abwärts die Quartier-Bedürfnisse wie im §. 1, 1 bis 4 unter den im §. 9 enthaltenen Einschränkungen;

5) Stallungen in derjenigen Beschaffenheit, in welcher der Quartiergeber solche in seinem Wirthschaftsgebrauche benutzt;

6) Büreau-, Wacht- und Arresträume.

§. 8.

Jeder Offizier ꝛc. hat Anspruch auf angemessene Ausstattung des Zimmers; zum Mindesten auf ein reines Bett, einen Spiegel, für jedes Zimmer auf einen Tisch und einige Stühle, auf einen Schrant und Wasch- und Trinkgeschirr.　*Ausstattung des Offizier- ꝛc. Quartiers.*

Für Beheizung und Erleuchtung der überwiesenen Zimmer ist seitens der Quartiergeber zu sorgen, auch die gleichzeitige Benutzung des Kochfeuers und des Eßgeschirrs zu gestatten.

Die Ausstattung der Gesindestuben, Burschen- und Dienergelasse auf die Zahl der mitgeführten Diener ist dieselbe wie diejenige der Mannschafts-Quartiere.

§. 9.

Von den im §. 1 ad 2 genannten Militairpersonen können zwei desselben Grades in Ein Zimmer gelegt werden. In der Verpflichtung zur Hergabe der Utensilien und Geräthe wird hierdurch nichts geändert.　*Mannschafts-Quartiere.*

Die daselbst ad 4 erwähnten Personen müssen, wenn Schlaftammern, Betten oder Decken nicht gewährt werden können, sich mit einer Lagerstätte aus frischem Stroh, welches in angemessenen Zeiträumen spätestens nach achttägiger Benutzung zu erneuern ist, in einem gegen die Witterung gesicherten Obdache, und mit einer Gelegenheit zum Aufhängen oder Niederlegen der Montirungs-, Ausrüstungsstücke und Waffen begnügen.

§. 10.

Für die Stallungen ist an Streustroh, Stalllicht, Stalleinrichtung und Stallgeräth nur das Nothwendigste und Hausübliche zu beanspruchen.　*Stallungen.*

Der Dünger verbleibt dem Quartiergeber.

§. 11.

Geschäftszimmer für die Truppen und Administrationen sind mit zweckdienlicher Einrichtung, mindestens mit zwei Tischen und einigen Stühlen, Wachtlokale mit zwei Bänken, einem Tische, einer Pritsche oder Streu zu versehen.　*Geschäfts-, Wacht- und Arrestlokalien.*

Sind disponible Arrestlokale vorhanden, so sind diese den Truppen auf Erfordern zu überweisen. Andernfalls genügt ein Raum zur Unterbringung der Arrestanten.

Die Beheizung dieser hier genannten Lokalien und die Erleuchtung der Geschäfts- und Wachträume liegt den Quartiergebern ob.

§. 12.

Stadttheile, die allgemein als der Gesundheit nachtheilig anerkannt sind, im Bau begriffene Häuser, feuchte Kellerwohnungen und andere ungeeignete oder nicht gehörig geschützte Räumlichkeiten dürfen mit Militairpersonen nicht belegt werden.　*III. Allgemeine Bestimmungen.*

§. 13.

Die Quartiere der Offiziere ꝛc., die Gesindestuben, sowie die Burschen- und Dienergelasse müssen in denselben Häusern, Stallungen innerhalb der für die Kompagnie oder Eskadron ꝛc. bestimmten militairischen Quartierbezirke in möglichster Nähe der Quartiere gewährt werden.

Miethsquartiere (§. 10 des Gesetzes) müssen innerhalb desselben militairischen Quartierbezirks belegen sein, welchem der verpflichtete Quartiergeber angehört.

§. 14.

Die Zuweisung der Quartiere ꝛc. an die Truppen erfolgt mittelst Quartier-Billets, welche vom Ortsvorstande ausgefertigt werden.

Dieselben enthalten die genaue Bezeichnung der zu belegenden Quartiere mit Beifügung der Charge und Kopfzahl der Einzuquartierenden und dienen den Truppen zur Legitimation den einzelnen Quartiergebern gegenüber, denen sie demnächst gegen Gewährung des Quartiers ausgehändigt werden.

§. 15.

Revisionen belegter Quartiere können durch Organe des Ortsvorstandes, der vorgesetzten Verwaltungsbehörde, sowie der Truppenbefehlshaber jederzeit erfolgen.

Servis - Tarif.

Bezeichnung der Charge.

A. Aktive Militairs.

1
General der Infanterie oder Kavallerie, Kriegsminister, kommandirender General, General-Inspekteur der Artillerie oder der Festungen.
Generallieutenant, Divisionskommandeur.
Generalmajor, Brigadekommandeur, Departementsdirektor im Kriegsministerium, Remonte-Inspekteur, Artillerie- und Ingenieur-Inspekteur.

2
Oberst, Regimentskommandeur, Abtheilungs-Chef im Kriegsministerium oder im großen Generalstabe, Chef des Generalstabes bei einem Generalkommando oder der General-Inspektion der Artillerie, Inspekteur der Jäger und Schützen, Train-Inspekteur, Festungs- oder Pionier-Inspekteur.
Major, aggregirter Oberst, Oberstlieutenant, Bataillonskommandeur, Kommandeur einer Artillerieabtheilung oder der Feuerwerksabtheilung, Bezirkskommandeur.

3
Hauptmann oder **Rittmeister,** Kompagnie-, Batterie- und Schwadrons-Chef.
Lieutenant, Oberjäger im reitenden Feldjägerkorps.

4
Feldwebel, Wachtmeister, Oberfeuerwerker, Feldjäger im reitenden Feldjägerkorps, etatsmäßige Schreiber und Registratoren bei den Generalkommandos und bei den General-Inspektionen der Artillerie und der Festungen, etatsmäßige Schreiber bei den Divisions- und Brigadekommandos, bei den Artillerie- und Ingenieur-Inspektionen, bei der Artillerie-Prüfungskommission, Wallmeister, Zeugfeldwebel.

5
Portepeefähnriche, Vizefeldwebel und Wachtmeister, Feuerwerker, etatsmäßige Regiments-, Bataillons- und Abtheilungsschreiber, etatsmäßige Schreiber bei der Inspektion der Jäger und Schützen, den Festungs- und Pionier-Inspektionen, der Train-Inspektion, der Direktion der Artillerie- und Ingenieurschule, bei den Kriegsschulen, Kapitaind'armes, Quartiermeister, Stabs-Hautboisten, -Trompeter und -Hornisten der Jäger, Schützen und Pioniere.

6
Unteroffiziere, Sergeant, Oberjäger, Regiments- und Bataillons-Tambour, Ober- und Lazarethgehülfen, etatsmäßiger Hautboist, Trompeter und Hornist der Jäger und Schützen, Zeugsergeant.

7
Gemeiner, Obergefreiter, Gefreiter, überzähliger (Hülfs-) Trompeter, Hautboist und Hornist, Spielleute, Unter-Lazarethgehülfen.

A. für Berlin.			B. für die Iste			C. für die IIte		
			Servis-Klasse.					
Jährlicher Servis-Betrag.	Davon werden gezahlt pro		Jährlicher Servis-Betrag.	Davon werden gezahlt pro		Jährlicher Servis-Betrag.	Davon werden gezahlt pro	
	Winter-Monat	Sommer-Monat		Winter-Monat	Sommer-Monat		Winter-Monat	Sommer-Monat
438 — —	42 17 6	30 12 6	324 — —	31 15 —	22 15 —	252 — —	24 15 —	17 15 —
324 — —	31 15 —	22 15 —	234 — —	22 22 6	16 7 6	192 — —	18 20 —	13 10 —
180 — —	17 15 —	12 15 —	150 — —	14 17 6	10 12 6	120 — —	11 20 —	8 10 —
72 — —	7 — —	5 — —	60 — —	5 25 —	4 5 —	48 — —	4 20 —	3 10 —
42 — —	4 2 6	2 27 6	36 — —	3 15 —	2 15 —	30 — —	2 27 6	2 2 6
30 — —	2 27 6	2 2 6	24 — —	2 10 —	1 20 —	20 — —	1 27 6	1 12 6
12 — —	1 5 —	— 25 —	10 — —	1 — —	— 20 —	9 — —	— 27 6	— 17 6

Laufende Nummer.

Bezeichnung der Charge.

B. Militairbeamten.

8 | General-Intendant, Generalstabsarzt der Armee, General-Auditeur..................

9 | Intendant eines Armeekorps, Korpsarzt, Korpsauditeur, Feldpropst, Militair-Oberprediger, Intendantur-Rath, Ober-Stabsarzt mit dem Range eines Majors.

10 | Intendantur-Assessor, Ober-Stabsarzt mit dem Hauptmannsrang, Stabsarzt, Divisions- ꝛc. Auditeur, Divisions- und Garnisonprediger, Intendantur-Sekretariats- und Registraturbeamte, Assistenzarzt, Zahlmeister, Fortifikationssekretair und Büreau-Assistent, Ingenieurgeograph und Registrator beim großen Generalstab, Militairgerichts-Aktuar.

11 | Unterärzte, Militairpharmazeuten, Militairküster, Stabs-Roß- und Roßärzte.........

12 | Büchsenmacher und Sattler.......................

13 | Unter-Roßärzte................................

C. Stallung.

14 | Für ein Pferd eines Offiziers oder Militairbeamten.......................
Bei mehreren dergleichen Pferden für jedes folgende.......................

15 | Für ein Dienstpferd.......................

D. Geschäftszimmer, Wacht- und Arrestlokale.

16 | Geschäftszimmer.......................

17 | Für eine einzelne Wacht- oder Arreststube.......................
Für zwei dergleichen zusammenhängende Lokale.......................
Für drei dergleichen.......................
Für vier dergleichen.......................

A. für Berlin.									B. für die Iste Serviß-Klasse									C. für die IIte Serviß-Klasse								
Jährlicher Serviß-Betrag			Davon werden gezahlt pro Winter-Monat			Sommer-Monat			Jährlicher Serviß-Betrag			Davon werden gezahlt pro Winter-Monat			Sommer-Monat			Jährlicher Serviß-Betrag			Davon werden gezahlt pro Winter-Monat			Sommer-Monat		
Thlr	Sgr	Pf	Thlr	Sgr	Pf	Thlr	Sgr	Pf	Thlr	Sgr	Pf	Thlr	Sgr	Pf	Thlr	Sgr	Pf	Thlr	Sgr	Pf	Thlr	Sgr	Pf	Thlr	Sgr	Pf
438	—		42	17	6	30	12	6	324	—		31	15	—	22	15	—	252	—		24	15	—	17	15	—
324	—		31	15		22	15		234	—		22	22	6	16	7	6	192	—		18	20	—	13	10	—
180	—		17	15		12	15		150	—		14	17	6	10	12	6	120	—		11	20	—	8	10	—
72	—		7	—		5	—		60	—		5	25	—	4	5		48	—		4	20	—	3	10	—
42	—		4	2	6	2	27	6	36	—		3	15	—	2	15		30	—		2	27	6	2	2	6
30	—		2	27	6	2	2	6	24	—		2	10	—	1	20		20	—		1	27	6	1	12	6
36	—		3	—		3	—		25	—		2	10	—	2	10	—	24	—		2	—		2	—	
12	—		1	—		1	—		8	—		—	20	—	—	20	—	6	—		—	15	—	—	15	—
4	—		—	10		—	10		4	—		—	10	—	—	10	—	4	—		—	10	—	—	10	—
60	—		5	25		4	5		48	—		4	20	—	3	10	—	42	—		4	2	6	2	27	6
18	—		1	15		1	15		18	—		1	15	—	1	15	—	18	—		1	15	—	1	15	—
30	—		2	15		2	15		30	—		2	15		2	15		30	—		2	15		2	15	
48	—		4	—		4	—		48	—		4	—		4	—		48	—		4	—		4	—	
66	—		5	15		5	15	—	66	—		5	15	—	5	15	—	66	—		5	15		5	15	

Laufende Nummer.

Bezeichnung der Charge.

B. Militairbeamten.

8　General-Intendant, Generalstabsarzt der Armee, General-Auditeur................

9　Intendant eines Armeekorps, Korpsarzt, Korpsauditeur, Feldpropst, Militair-Oberprediger, Intendantur-Rath, Ober-Stabsarzt mit dem Range eines Majors.

10　Intendantur-Assessor, Ober-Stabsarzt mit dem Hauptmannsrang, Stabsarzt, Divisions- ꝛc. Auditeur, Divisions- und Garnisonprediger, Intendantur-Sekretariats- und Registraturbeamte, Assistenzarzt, Zahlmeister, Fortifikationssekretair und Büreau-Assistent, Ingenieurgeograph und Registrator beim großen Generalstab, Militairgerichts-Aktuar.

11　Unterärzte, Militairpharmazeuten, Militairküster, Stabs-Roß- und Roßärzte.........

12　Büchsenmacher und Sattler....................................

13　Unter-Roßärzte....................................

C. Stallung.

14　Für ein Pferd eines Offiziers oder Militairbeamten...........................

　　Bei mehreren dergleichen Pferden für jedes folgende............................

15　Für ein Dienstpferd....................................

D. Geschäftszimmer, Wacht- und Arrestlokale.

16　Geschäftszimmer....................................

　　Für eine einzelne Wacht- oder Arreststube............................

17　Für zwei dergleichen zusammenhängende Lokale............................

　　Für drei dergleichen....................................

　　Für vier dergleichen....................................

D. für die IIIte			E. für die IVte			F. für die Vte		
Jährlicher Serviß-Betrag.	Davon werden gezahlt pro		Jährlicher Serviß-Betrag.	Davon werden gezahlt pro		Jährlicher Serviß-Betrag.	Davon werden gezahlt pro	
	Winter-Monat	Sommer-Monat		Winter-Monat	Sommer-Monat		Winter-Monat	Sommer-Monat
228 —	22 5 —	15 25 —	198 —	19 7 6	13 22 6	198 —	19 7 6	13 22 6
168 —	16 10 —	11 20 —	144 —	14 —	10 —	144 —	14 —	10 —
102 —	9 27 6	7 2 6	96 —	9 10 —	6 20 —	96 —	9 10	6 20 —
42 —	4 2 6	2 27 6	36 —	3 15 —	2 15 —	30 —	2 27 6	2 2 6
27 —	2 17 6	1 27 6	24 —	2 10	1 20 —	21 —	2 —	1 15 —
18 —	1 22 6	1 7 6	15 —	1 15	1 —	14 —	1 10 —	1 —
20 —	1 20 —	1 20 —	18 —	1 15 —	1 15 —	16 —	1 10 —	1 10 —
5 —	— 12 6	— 12 6	4 —	— 10	— 10 —	4 —	— 10	— 10 —
4 —	— 10 —	— 10 —	4 —	— 10 —	— 10 —	4 —	— 10 —	— 10 —
36 —	3 15 —	2 15 —	36 —	3 15 —	2 15 —	36 —	3 15 —	2 15 —
18 —	1 15 —	1 15 —	18 —	1 15 —	1 15 —	18 —	1 15 —	1 15 —
30 —	2 15 —	2 15 —	30 —	2 15 —	2 15 —	30 —	2 15 —	2 15 —
48 —	4 —	4 —	48 —	4 —	4 —	48 —	4 —	4 —
66 —	5 15 —	5 15 —	66 —	5 15 —	5 15 —	66 —	5 15 —	5 15 —

Allerhöchster Erlaß

vom 31. Dezember 1868,

betreffend

die Genehmigung der Instruktion zur Ausführung des Bundesgesetzes wegen der Quartierleistung für die bewaffnete Macht während des Friedenszustandes vom 25. Juni 1868.

Auf Ihren gemeinschaftlichen Bericht vom 22. Dezember d. J. genehmige Ich im Namen des Norddeutschen Bundes die anliegende Instruktion zur Ausführung des Bundesgesetzes, betreffend die Quartierleistung für die bewaffnete Macht während des Friedenszustandes, vom 25. Juni 1868 (Bundesgesetzbl. S. 523. ff.).

Der gegenwärtige Erlaß ist nebst der Instruktion durch das Bundesgesetzblatt zu veröffentlichen.

Berlin, den 31. Dezember 1868.

Wilhelm.

Gr. v. Bismarck-Schönhausen.   v. Roon.

An den Kanzler des Norddeutschen Bundes und an den Kriegsminister.

Instruktion

zur

Ausführung des Gesetzes, betreffend die Quartierleistung für die bewaffnete Macht während des Friedenszustandes, vom 25. Juni 1868 (Bundesgesetzbl. S. 523 ff.).

---

§. 1.

Die Verpflichtung der Bundesangehörigen zur Quartierleistung ist eine subsidiaire. Sie tritt nur in dem Falle und nur insoweit in Wirksamkeit, als das militairische Bedürfniß an dem mit Einquartierung zu belegenden Orte weder durch fiskalische Kasernen und Stallungen, noch durch freiwillig gestellte Quartiere oder Privatkasernements vollständig gedeckt wird.

§. 2.

Zur Einquartierung können alle, ihrer Beschaffenheit nach zur Unterbringung von Mannschaften und Pferden geeigneten Räume, mit alleiniger Ausnahme der nach §. 4 des Gesetzes befreiten, sowie derjenigen in Anspruch genommen werden, welche für das eigene Wohnungs-, Wirthschafts- und Gewerbebetriebs-Bedürfniß des Inhabers unentbehrlich sind.

Alle bisherigen im §. 4 des Gesetzes nicht genannten landesgesetzlichen Befreiungen, gleichviel, ob sich dieselben auf ganze Distrikte oder Ortschaften oder auf einzelne Kategorien von Personen oder Grundstücken bezogen, sind aufgehoben.

Inwieweit für den Fortfall der Befreiung Entschädigung aus öffentlichen Kassen in Anspruch zu nehmen ist, bleibt nach den Landesgesetzen zu beurtheilen.

Alle für die Befreiung bisher an den Staat gezahlten Abgaben u. s. w. kommen mit dem Inkrafttreten des Gesetzes in Wegfall.

§. 3.

Nach §. 5 des Gesetzes erfolgt die örtliche Vertheilung der Quartierleistung auf die Gemeinden und selbstständigen Gutsbezirke im Ganzen, und bleibt die Untervertheilung nach Maßgabe des Ortsstatuts, beziehungsweise bis zum Zustandekommen eines solchen nach Maßgabe der bisher für die betreffende Gemeinde geltenden Vorschriften (§. 7 des Gesetzes) dem Gemeindevorstande oder der Servisdeputation, beziehentlich den Besitzern der selbstständigen

Gutsbezirke überlassen, welche sich in Bezug auf die Einquartierung einer Nachbar-
gemeinde nicht angeschlossen haben.

Ist ein solcher Anschluß (§. 7 des Gesetzes) erfolgt, so liegt die Untervertheilung auch innerhalb des Gutsbezirkes dem Vorstande der Anschlußgemeinde,
beziehentlich der Servisdeputation ob.

Die mit der Untervertheilung der Quartierleistung beauftragten Organe
sind auch für die gehörige und rechtzeitige Erfüllung der Leistung verantwortlich.

§. 4.

Die Grundsätze für die Vertheilung der Einquartierung auf alle, beziehungsweise auf einzelne Ortschaften der Landkreise oder ähnlicher Verbände
werden durch die nach §. 7 des Gesetzes zu bildenden Kommissionen im Voraus
festgestellt.

Denselben liegt namentlich ob, die Belegungsfähigkeit der einzelnen länd-
lichen Ortschaften nach Maßgabe des vorhandenen Raumes und der sonst in
Betracht kommenden lokalen Verhältnisse zu ermitteln.

Die Resultate dieser Ermittelungen sind von ihnen in besonderen Nachweisungen zusammenzutragen, welche der oberen Verwaltungsbehörde eingereicht
werden und zum Anhalte bei Ausstellung der Marschrouten und für die Bestimmung des Umfanges der Quartierleistung im besonderen Falle dienen (§. 6
dieser Instruktion).

§. 5.

Die Belegung einer Ortschaft mit Garnison erfolgt in jedem einzelnen
Falle auf Grund Allerhöchster Entscheidung des Bundesfeldherrn, welcher eine
Kommunikation des Generalkommandos mit der oberen Verwaltungsbehörde über
die Zulässigkeit der Belegung und die Garnisonstärke vorangehen hat.

Nach erfolgter Entscheidung wird die Belegung durch Requisition der
militairischen Kommandobehörde beziehentlich deren Beauftragte an den Gemeindevorstand oder die sonstigen Organe für die Untervertheilung der Einquartierung
(§. 3 dieser Instruktion) zur Ausführung gebracht.

§. 6.

Für Kantonnements und Märsche tritt die Verpflichtung zur Quartierleistung auf Grund der von der oberen Verwaltungsbehörde ausgefertigten
Marschroute in Wirksamkeit, welche die Zahl der unterzubringenden Militairpersonen und Dienstpferde, sowie die zur Aufnahme bestimmten Ortschaften anzugeben hat.

Die Marschroute, deren Original das Kommando der marschirenden
Truppe erhält, wird von der ausstellenden Behörde der Kommunal-Aufsichtsbehörde des mit Einquartierung zu belegenden Bezirks (Landrath, Amtshauptmann, Amtmann u. f. w.) in Abschrift mitgetheilt, welche letztere die in Anspruch zu nehmenden Gemeinden oder Besitzer selbstständiger Gutsbezirke sofort
mit Nachricht versieht und dabei über den Umfang und die Vertheilung der
Quartierleistung nähere Bestimmung trifft.

Gemeindevorstände, welche in kommunaler und polizeilicher Hinsicht der unmittelbaren Aufsicht der oberen Verwaltungsbehörde unterliegen, empfangen die Abschrift der Marschroute durch diese letztere direkt.

Ist die rechtzeitige Benachrichtigung durch die Kommunal-Aufsichtsbehörde unthunlich, so tritt die Verpflichtung zur Quartierleistung schon durch die Vorzeigung der Marschroute seitens des Truppenkommandos oder der Fouriere in Wirksamkeit.

Machen die Lokalverhältnisse oder außerordentliche Umstände Abweichungen von der Marschroute erforderlich, so werden dieselben im Einverständniß mit dem Truppenkommando oder dem Fourieroffizier durch die Kommunal-Aufsichtsbehörde angeordnet. Eine derartige Anordnung, von welcher in erheblicheren Fällen der oberen Verwaltungsbehörde Anzeige zu machen ist, begründet die Verpflichtung zur Quartierleistung in gleicher Weise, wie die Marschroute.

§. 7.

Hinsichtlich der Einquartierungskataster in den Garnisonorten (§. 6 des Gesetzes) gelten die nachfolgenden Vorschriften:

1) die Aufstellung erfolgt alljährlich durch den Gemeindevorstand resp. die Servisdeputation;

2) in das Kataster sind alle zur Einquartierung benutzbaren Gebäude des Gemeindebezirks und der etwa angeschlossenen selbstständigen Gutsbezirke unter Angabe der Ortsnummer, sowie der Namen der Eigenthümer und der Inhaber einzelner Gebäudetheile einzutragen;

3) bei jedem einzelnen Gebäudetheile ist unter Berücksichtigung des eignen, auf das Maß des Unentbehrlichen beschränkten Wohnungs-, Wirthschafts- und Gewerbebetriebs-Bedürfnisses des Inhabers in einer besonderen Kolonne die höchste Zahl der Mannschaften vom Feldwebel abwärts beziehungsweise der Dienstpferde zu vermerken, welche darin untergebracht werden kann;

4) bei ganzen Gebäuden oder einzelnen Theilen derselben, denen Befreiungen nach §. 4 des Gesetzes zustehen, bedarf es des Vermerkes zu 3 nicht, vielmehr ist an Stelle desselben der Grund der Befreiungen einzutragen;

5) Räume, welche behufs Unterbringung von Militairpersonen, vom Feldwebel abwärts oder von Dienstpferden venniethet sind, bleiben für die Dauer des Miethsverhältnisses von der Einquartierung frei, und ist dies entsprechend wie bei 4 zu vermerken.

§. 8.

Die nach Maßgabe des Vorstehenden angefertigten und nach Vorschrift des §. 6 des Gesetzes endgültig festgestellten und veröffentlichten Kataster bestimmen den Umfang, in welchem die garnisonmäßigen Quartierleistungen von der

Gemeinde im Ganzen gefordert werden können, und bilden zugleich die Grundlage für deren reale Untervertheilung in der Art, daß die in den Katastern verzeichneten Maximalsätze nicht überschritten werden dürfen.

Ist die Aufstellung eines Katasters in Folge übereinstimmenden Beschlusses
des Gemeindevorstandes und der Gemeindevertretung unterblieben (§. 6 des
Gesetzes), so hat der Gemeindevorstand beziehungsweise die Servisdeputation für
die Befriedigung des garnisonmäßigen Quartierbedürfnisses lediglich nach Maßgabe der §§. 1 bis 4 des Gesetzes und des Ortsstatutes Sorge zu tragen.

§. 9.

Die Aufstellung eines Ortsstatutes, beziehentlich ein Gemeindebeschluß •
über die Grundsätze, nach welchen die Vertheilung der Quartierleistungen geschehen
soll, muß für jeden Gemeindebezirk erfolgen, gleichviel ob derselbe mit Garnison
belegt ist oder nicht (§. 7 Alinea 3 des Gesetzes). Die Kommunal-Aufsichtsbehörde hat auf die schleunige diesfällige Beschlußfassung hinzuwirken, wobei für
Garnisonorte die Aufnahme einer Festsetzung in das Ortsstatut thunlichst zu befördern ist, durch welche dem Gemeindevorstand beziehungsweise der Servisdeputation die Befugniß eingeräumt wird, die einzuquartierenden Truppen in
gemietheten Quartieren unterzubringen. In diesem Falle muß das Ortsstatut
zugleich über die Art der Aufbringung der entstehenden Kosten disponiren (§. 7
Alinea 5 des Gesetzes).

§. 10.

Die Marschrouten sind nach dem sub Litt. A. beigefügten Formulare
auszustellen.

Das sub Litt. B. anliegende Verzeichniß ergiebt, welche oberen Verwaltungsbehörden in den einzelnen Bundesstaaten zur Ausstellung der Marschrouten
befugt sind, und welchen Behörden die örtliche Zuweisung der Einquartierung
obliegt.

Für besonders schleunige Fälle haben die oberen Verwaltungsbehörden den
Generalkommandos vollzogene Blankets zu Marschrouten zur selbstständigen Ausfüllung zur Verfügung zu stellen. Wird seitens der Generalkommandos von
denselben Gebrauch gemacht, so ist gleichzeitig ein Duplikat des ausgefüllten
Blankets der oberen Verwaltungsbehörde mitzutheilen.

§. 11.

Die Zuweisung der Einquartierung an die einzelnen Quartierträger erfolgt
in jedem Falle mittelst besonderer Quartierbillets nach dem sub Litt. C. beigefügten Formular. Hierbei werden gleichgerechnet je eine der Chargen

$$
\begin{array}{lll}
\text{zu 1 und 8 des Servistarifs} & = 30 & \text{Gemeinen,} \\
\text{» 2 » 9 »} & = 20 & \text{»} \\
\text{» 3 » 10 »} & = 10 & \text{»} \\
\text{» 4 » 11 »} & = 5 & \text{»} \\
\text{» 5 » 12 »} & = 3 & \text{»} \\
\text{» 6 » 13 »} & = 2 & \text{»}
\end{array}
$$

Welche Quartiere für die vorstehend bezeichneten Chargen und welche für Gemeine in Anspruch zu nehmen sind, wird nach dem militairischen Bedürfnisse, beziehungsweise unter Zugrundelegung der im §. 7 des Regulativs (Beil. Litt. A. des Gesetzes) enthaltenen Vorschriften bestimmt.

§. 12.

Die Ausfertigung der Quartierbillets für einen Gemeindebezirk und die angeschlossenen Gutsbezirke erfolgt durch den Gemeindevorstand beziehentlich die Servisdeputation.

In den an einen Gemeindebezirk nicht angeschlossenen selbstständigen Gutsbezirken bedarf es der Ausstellung von Quartierbillets nur in dem Falle, wenn auch die Hinterfassen des Gutes zur Quartierleistung herangezogen werden sollen. In diesem Falle erfolgt die Ausstellung durch den Besitzer des Gutsbezirkes oder dessen Stellvertreter.

Von den Kommunal-Aufsichtsbehörden ist darauf zu halten, daß in den einzelnen Ortschaften Quartierbillets vorräthig sind, wobei es sich empfiehlt, für Quartier mit und ohne Verpflegung verschiedenfarbige Billets zu wählen.

§. 13.

Müssen wegen verweigerter oder unvollständiger Quartierleistung Zwangs- mittel gegen Quartierpflichtige in Anwendung gebracht werden, und ist der Zweck nicht anders, als durch Uebertragung der ganzen oder theilweisen Leistung auf Dritte zu erreichen, so sind die Gemeindevorstände berechtigt, den erforderlichen Vorschuß aus der Gemeindekasse zu entnehmen. Bis zur Höhe des Vorschusses können auch die auf den Pflichtigen entfallenden Servisvergütungen einbehalten werden.

§. 14.

Wird ein allgemeiner Quartierwechsel nach Ablauf von drei Monaten be- absichtigt (§. 14 des Gesetzes), so hat der Ortsvorstand unter Angabe des neuen Quartierbezirks den Truppentheil noch vor Beginn des dritten Monats hiervon in Kenntniß zu setzen.

§. 15.

Ueber die in den Garnisonen seitens der einzelnen Truppentheile gezahl- ten Servisvergütungen stellen die Gemeindevorstände nach dem sub Litt. D. beigefügten Formular Quittungen aus.

Für Quartiergewährung in Kantonnements und auf Märschen empfangen die Ortschaften von den Truppentheilen Quartierbescheinigungen nach dem sub Litt. E. beigefügten Formular.

Auf Grund dieser Bescheinigungen liquidiren in den Städten die Ge- meindevorstände, auf dem Lande die Kommunal-Aufsichtsbehörden die Servis- entschädigungen nach dem sub Litt. F. beigefügten Formular in Zeitabschnitten von drei Monaten bei der Intendantur desjenigen Armeekorps, welchem der Truppentheil angehört.

Die Auszahlung des Servises erfolgt an die mit der Untervertheilung der Einquartierung (Ausstellung der Quartierbillets) beauftragten Organe.

§. 16.

Wo nach der Bestimmung des §. 15 des Gesetzes keine Vergütung für die Quartierleistung gewährt wird, ist unter der Bezeichnung: „Tag" der bürgerliche Tag von Mitternacht zu Mitternacht zu verstehen.

§. 17.

Die durch den Anhang zur Klasseneintheilung der Orte (Beil. Litt. C. des Gesetzes) für die zum Zwecke der Artillerie-Schießübungen zu beschaffenden, sowie für sonstige vorübergehende Quartierleistungen bewilligten höheren Servis-vergütungen beginnen erst mit der wirklichen Eröffnung der Artillerie-Schieß-übungen, beziehentlich nach Ablauf einer ununterbrochenen Kantonnementszeit von 30 Tagen ohne Quartierwechsel.

§. 18.

In der gesetzlichen eventuellen Verpflichtung der Gemeindevorstände zur Uebernahme der Garnisonverwaltungs-Geschäfte in den Garnisonen wird nichts geändert.

Berlin, den 31. Dezember 1868.

Der Kanzler des Norddeutschen Bundes.   **Der Kriegsminister.**

Gr. v. Bismarck-Schönhausen.   **v. Roon.**

Marschroute.

(Zahl) Generale
  " Stabsoffiziere
  " Hauptleute, Rittmeister
      und Lieutenants
  " Aerzte
  " Zahlmeister
  " Feldwebel, Wachtmeister
  " Unteroffiziere
  " Spielleute
  " Gemeine
  " Offizierburschen und Diener
  " einjährig Freiwillige
  " Rekruten
  " Reservisten
  " Trainsoldaten
  " Stabs-Roß- und Roßärzte
  " Büchsenmacher und Sattler
  " Offizierpferde
  " Dienstpferde
  " Remontepferde

(Angabe der Truppentheile, welchen die Marschirenden angehören und ob dieselben auf dem Marsche das Quartier mit oder ohne Verpflegung zu empfangen haben.)

gehen unter dem Kommando des (Namen, Charge und Truppentheil des Führers), wie umstehend näher angegeben ist, von .... über .... nach ...., wobei auf der Strecke von .... bis .... die Eisenbahn (das Dampfschiff ꝛc.) zu benutzen ist.

Für die Marschirenden ist erforderlich und unter Beachtung der umstehend abgedruckten Bestimmungen prompt zu verabreichen:

1) Quartier (Obdach, Gelegenheit zum Kochen und Lagerstroh);
2) Marschverpflegung für die Mannschaften, sofern dieselbe (nach der obigen Angabe) überhaupt zu gewähren ist;
3) An Verpflegung für die Pferde nach Preußischem Maaß und Gewicht:

(Zahl) Rationen zu { .... Hafer (..... Metzen)
                    { ..... Pfund Heu
                    { ..... do. Stroh

(Zahl) Rationen zu { .... Hafer (..... Metzen)
                    { ..... Pfund Heu
                    { ..... do. Stroh

$$\text{(Zahl) Rationen zu } \begin{cases} \ldots\ldots\ldots \text{ Hafer } (\ldots\ldots \text{ Metzen)} \\ \ldots\ldots \text{ Pfund Heu} \\ \ldots\ldots \text{ do. Stroh} \end{cases}$$

4) An Transportmitteln zur Fortschaffung.............................
....

(Zahl) angeschirrte Vorlegepferde

* einspännige ⎫
* zweispännige ⎬ Vorspannwagen
* vierspännige ⎭
* Vorspann-Reitpferde

5) Geschäfts-, Arrest- und Wachtlokale.

Ort und Datum.

Firma der ausstellenden Behörde.

(Unterschrift.)

Bestimmungen.

A. Verpflegung der Mannschaften.

1) Die Verpflegung des Soldaten auf dem Marsche liegt dem Quartiergeber ob. Im Allgemeinen soll sich der Soldat mit der Mahlzeit des letzteren begnügen; um jedoch Beeinträchtigungen, sowie übermäßigen Forderungen vorzubeugen, wird die täglich zu verabreichende Verpflegung auf

½ Pfund Fleisch — (Gewicht des rohen Fleisches — Zugemüse und Salz, soviel zu einer Mittags- und Abendmahlzeit gehört, und das für einen Tag erforderliche Brod (bis zu 1 Pfund 26 Loth)

festgesetzt.

Frühstück und Getränk hat der Soldat von seinem Wirthe nicht zu fordern. Die vollständige Beköstigung muß dem Soldaten aber selbst dann verabreicht werden, wenn er zu später Tageszeit im Quartier eintrifft. Die Marschverpflegung wird den Quartiergebern mit 5 Sgr., und wenn sie kein Brod gegeben haben, mit 3 Sgr. 9 Pf. vergütet.

2) Die Verabreichung von Marschverpflegung an Offiziere, Aerzte und Zahlmeister erfolgt, wenn keine anderweite Einigung zu Stande kommt, nach den unter 1 enthaltenen Vorschriften.

B. Verpflegung der Pferde.

3) Können die Rationen nicht durch Anstalten des Bundes beschafft werden, so haben die Gemeinden nach dem Edikte vom 30. Oktober 1810 die Verpflichtung, den durchmarschirenden Truppen den erforderlichen Bedarf auf Grund der Marschrouten zu gewähren.

Sind die Gemeinden nach Bescheinigung der Kommunal-Aufsichts-behörde außer Stande, den Fouragebedarf aus eigenen Mitteln herzu-geben, so müssen sie denselben von der nächsten Verabreichungsstelle holen, worüber der Kommandoführer eine Vorspannquittung auszustellen, diesen Vorspann also nicht zu bezahlen hat. Ueber die von den Gemeinden entnommene Fourage, welche nie zur Stelle bezahlt wird, ist vom Kommandoführer in vorschriftsmäßiger Form zu quittiren.

4) Nach dem Edikte vom 28. Oktober 1810 sind die Gemeinden verpflichtet, C. Vorſpann- den Truppenabtheilungen die auf dem Marsche zustehenden Transport- Geſtellung. mittel in Vorspann zu gestellen. Es sind fortzuschaffen:

auf einem einspännigen Wagen oder Karren...... 7½ Zentner,
auf einem zweispännigen Wagen oder Karren...... 10 „
auf einem vierspännigen Wagen oder Karren...... 20 „
durch jedes Vorlegepferd...................... 5 „

Der einspännige Karren oder Wagen wird den Gemeinden mit 11 Sgr. 3 Pf., jedes besonders gestellte Pferd, es möge als Reit- oder Wagenpferd dienen, mit 7 Sgr. 6 Pf. für die Meile vergütet. Wo die Wagen mit Ochsen bespannt werden, sind 3 Ochsen gleich 2 Pfer-den zu rechnen. Für die gestellten Wagen wird keine besondere Vergü-tung gewährt. Bei Berechnung der Vergütung bleibt sowohl der Weg vom Wohnorte des Anspänners bis zum Gestellungspunkte, als auch der Weg von dem Entlassungsorte zurück nach dem Wohnorte, außer Betracht.

5) Die Vergütung für empfangene Marschverpflegung und für Vorspann, D. Bezahlung ausschließlich der ad B. 3. dieser Bestimmungen erwähnten Fälle, muß und Quittung. in jedem Marschquartier sofort gegen Quittung der Gemeinden bezahlt werden. Die Zahlung darf nur unter ganz außergewöhnlichen Verhält-nissen bei größeren Transporten unterbleiben und wird alsdann den Ge-meinden über die gewährte Marschverpflegung, sowie über Vorspann vom Kommandoführer vorschriftsmäßig Quittung geleistet.

6) Der zu entrichtende Geldbetrag wird:

a) in Städten auf dem Gemeindehause dem Gemeindevorstande be-ziehentlich dessen hierzu legitimirten Organen,

b) auf dem platten Lande dagegen an den Gemeindevorstand beziehent-lich den Besitzer des selbstständigen Gutsbezirks

gezahlt.

7) Auf Ansuchen hat der Kommandoführer im Austausch gegen die Quit-tung eine Bescheinigung über die empfangene und bezahlte Verpflegung, sowie über den Vorspann rc. in vorschriftsmäßiger Form auszustellen.

Marsch- und Ruhetage.	von	bis	Meilen- zahl.	Bezeichnung der Kreise.	
am .					

Verzeichniß

der

in den einzelnen Bundesstaaten mit Leitung des Marschwesens beauftragten Verwaltungs-Behörden.

Laufende Nr.	Bundesstaat.	Die obere Leitung des Marschwesens und die Aus-stellung der Marschrouten steht zu:	Die örtliche Zuweisung der Quartiere und der sonst erforderlichen Marschbedürf-nisse nach Maßgabe der Marschrouten wird vermittelt durch:	Bemerkungen.
1.	Königreich Preußen mit Lauenburg.	den Regierungen (Land-drosteien).	die Gemeinde-Vorstände, beziehentlich für das platte Land im Herzogthum Lauenburg die Aemter.	I. Für die Durch-märsche von Bun-destruppen durch das Gebiet eines Bundesstaats ist, unter Hinwegfall der bisherigen Etappen-Konven-tionen, eine vor-gängige Mitthei-lung von Staats-regierung zu Staatsregierung nicht weiter erfor-derlich.
2.	Königreich Sachsen.	dem Königlichen Kriegs-ministerium in Dresden.	die Amtshauptmannschaf-ten.	
3.	Großherzogthum Mecklenburg-Schwerin.	dem Großherzoglichen Mi-nisterium des Innern zu Schwerin.	die Großherzoglichen Aemter im Domanium, die Gutsobrigkeiten in der Ritterschaft, die Magisträte in den Städten.	
4.	Großherzogthum Sachsen.	den Großherzoglichen Be-zirksdirektionen in Wei-mar, Apolda, Eisenach, Dermbach und Neustadt a. O. (Bei Märschen und Kan-tonnirungen ganzer Divi-sionen oder noch größerer Truppenkörper ist das Großherzogliche Staats-ministerium, Departe-ment des Innern, in Weimar gleichzeitig zu benachrichtigen.)	die Gemeinde-Vorstände.	II. Die den Marsch anordnen-de Kommando-Behörde giebt die Direktionslinie mit den zu berüh-renden Haupt- und Zwischenpunkten an. III. Die Ausfüh-rung der Märsche wird zwischen den Kommando-Be-hörden beziehent-lich den marschi-renden Truppen und den Verwal-tungsbehörden durch direkte Kommunikation geregelt.
5.	Großherzogthum Mecklenburg-Strelitz.	der Landesregierung in Neu-Strelitz.	die Amts- und Orts-behörden.	

31*

Laufende Nr.	Bundesstaat.	Die obere Leitung des Marschwesens und die Aus-stellung der Marschrouten steht zu:	Die örtliche Zuweisung der Quartiere und der sonst erforderlichen Marschbedürf-niffe nach Maßgabe der Marschrouten wird vermittelt durch:	Bemerkungen.
6.	Großherzogthum Oldenburg.	den Regierungen zu Ol-denburg, Birkenfeld und Eutin.	die Verwaltungsämter und Bürgermeistereien.	
7.	Herzogthum Braunschweig.	den Herzoglichen Kreis-direktionen zu Braun-schweig, Wolfenbüttel, Helmstedt, Gandersheim, Holzminden und Blan-kenburg.	die Kommunalbehörden.	
8.	Herzogthum Sachsen-Meiningen-Hildburghausen.	dem Herzoglichen Staats-ministerium, Abtheilung des Innern, zu Meinin-gen.	die Herzoglichen Verwal-tungsämter in Salzun-gen, Meiningen, Hild-burghausen, Römhild, Eisfeld, Sonneberg, Saalfeld und Kamburg.	
9.	Herzogthum Sachsen-Altenburg.	dem Herzoglichen Minifte-rium, Abtheilung des In-nern, zu Altenburg.	die Kreis-Hauptleute der Oft- und Weftkreise.	
10.	Herzogthum Sachsen-Koburg-Gotha.	a) im Herzogthum Koburg: dem Landrathsamt zu Koburg und dem Juftiz-amt zu Königsberg; b) im Herzogthum Gotha: den Landrathsämtern zu Gotha, Ohrdruf und Waltershausen, und den Juftizämtern zu Naza und Volkenroda.	die Gemeinde-Vorftände.	
11.	Herzogthum Anhalt.	der Herzoglichen Regie-rung, Abtheilung des Innern und der Polizei, zu Deffau.	die Kreisdirektionen.	
12.	Fürftenthum Schwarzburg-Rudolftadt.	den Landrathsämtern zu Rudolftadt, Königfee und Frankenhaufen.	die Gemeinde-Vorftände und Vertreter der Guts-bezirke.	

Laufende Nr.	Bundesstaat.	Die obere Leitung des Marschwesens und die Aufstellung der Marschrouten steht zu:	Die örtliche Zuweisung der Quartiere und der sonst erforderlichen Marschbedürfnisse nach Maßgabe der Marschrouten wird vermittelt durch:	Bemerkungen.
13.	Fürstenthum Schwarzburg-Sondershausen.	dem Fürstlichen Ministerium, Abtheilung des Innern, zu Sondershausen.	die Landräthe zu Sondershausen, Ebeleben, Arnstadt und Gehren.	
14.	Fürstenthum Waldeck.	der Landesdirektion zu Arolsen.	die Kreisräthe in Arolsen, Corbach, Wildungen und Pyrmont.	
15.	Fürstenthum Reuß älterer Linie.	dem Landrathsamt zu Greiz.	die Gemeinde-Behörden.	
16.	Fürstenthum Reuß jüngerer Linie.	dem Fürstlichen Ministerium, Abtheilung für das Innere, zu Gera.	die Landrathsämter; für die Stadt Gera mit Pöppeln den Stadtrath zu Gera; für die Stadt Schleiz den Stadtgemeinde-Vorstand.	
17.	Fürstenthum Schaumburg-Lippe.	der Fürstlichen Regierung zu Bückeburg.	die Aemter und Stadtmagisträte.	
18.	Fürstenthum Lippe.	der Fürstlichen Regierung zu Detmold.	die Magisträte und Aemter, sowie den Justiz-Amtmann zu Lippstadt für die Enklaven Lipperode und Stift Cappel.	
19.	Freie und Hansestadt Lübeck.	der Central-Einquartierungs-Kommission zu Lübeck.	die Einquartierungs-Kommissionen zu Lübeck a) für die Stadt, b) für das Städtchen und Amt Travemünde, c) für die übrigen Landbezirke; bei Märschen einzelner Militairpersonen oder kleinerer Abtheilungen das Polizei-Amt in Lübeck, das Amt in Travemünde, die Bauernvögte in den Dorfschaften.	

Laufende Nr.	Bundesstaat.	Die obere Leitung des Marschwesens und die Ausstellung der Marschrouten steht zu:	Die örtliche Zuweisung der Quartiere und der sonst erforderlichen Marschbedürfnisse nach Maßgabe der Marschrouten wird vermittelt durch:	Bemerkungen.
20.	Freie Hansestadt Bremen.	der Quartier-Deputation in Bremen.	(wie neben.)	
21.	Freie und Hansestadt Hamburg.	(bis auf Weiteres) der Militair-Kommission in Hamburg.	(wie neben.)	
22.	Großherzogthum Hessen.	den Provinzial-Direktionen in Gießen resp. Mainz.	die Kreisämter, Einquartierungs-Kommissionen und Bürgermeistereien.	

№ der Marschroute
(fällt bei den Garnisonquartieren fort).

Quartierbillet.

Für .... Generale
Stabsoffiziere
Hauptleute und Lieutenants
Feldwebel, Wachtmeister x.
Portepeefähnriche x.
Unteroffiziere
Gemeine

ist Quartier mit (ohne) Verpflegung

auf .... Tage

vom (Name) in der .... Straße Nr. ..... zu leisten.

Ort und Datum.

Der Gemeindevorstand.

Beilage Litt. D.

Servisquittung

der

Kommune X. .... pro Monat .... 18.. für das
.... Bataillon .... Regiments Nr. .....

Anzahl der einquartierten Offiziere und Mannschaften	Charge.	Anzahl der eingestellten Pferde.	Monatlicher Betrag des Personal- und Stallservises			Das Quartier resp. die Stallung ist gewährt worden			An Personal- und Stallservis ist dafür gezahlt worden			Bemerkungen.
			ℳ	℈	₰	dem	bis (zum Abgangstage)	Mithin auf Monate (excl. Abgangstag)	ℳ	℈	₰	
	(Servis II. Klasse.)											
1	Lieutenant N.	.	8	10	—	17/1	1/5	14/31	3	26	8	
2	Feldwebel	.	3	10	—	1/1	1/5	1	6	20	—	
1	Bataillonsschreiber .	.	2	2	6	1/1	1/5	1	2	2	6	
8	Unteroffiziere	.	1	12	6	1/1	1/5	1	11	10	—	
1	do.	.	1	12	6	16/1	1/5	15/30	—	21	3	
75	Gemeine	.	—	17	6	1/1	1/5	1	43	22	6	
3	do	.	—	17	6	16/1	1/5	17/30	—	29	9	
1	do.	.	—	17	6	14/1	1/5	17/30	—	9	11	
	Attachirte.											
1	Hauptmann R.....	1	10	10	—	1/1	1/5	1	10	10	—	
1	Lieutenant K.	.	8	10	—	16/1	1/5	15/30	4	5	—	
1	do. O.	.	8	10	—	7/1	1/5	21/30	6	20	—	
1	Feldwebel	.	3	10	—	1/1	1/5	1	3	10	—	
4	Unteroffiziere	.	1	12	6	1/1	1/5	1	5	20	—	
1	do.	.	1	12	6	1/1	21/1	19/30	—	26	11	
							Summa...		100	24	6	

Obige = 100 Thaler 24 Sgr. 6 Pf.
(wörtlich) :c.
sind aus der Kasse des ..... Bataillons ..... Infanterie-Regiments Nr. ..... richtig gezahlt worden, worüber hiermit quittirt
Ort, Datum.

(L. S.) (Unterschriften.)

Quartierbescheinigung.

Daß die Gemeinde S............... dem ... Bataillon ....
Infanterie-Regiments Nr. ... in der Stärke von:

Anzahl der einquartierten Offiziere und Mannschaften.	Charge.	Anzahl der eingestellten Pferde.	vom (Tag des Eintreffens)	bis (Tag des Abganges)	also auf Monate (excl. des Abgangstages)	Bemerkungen.
1	Bataillons - Kommandeur, Major M....	2	$^1/_4$	$^{21}/_6$	$1^{20}/_{30}$	
1	Adjutant, Sekondelieutenant K..........	1	$^1/_4$	$^{21}/_6$	$1^{20}/_{30}$	
1	Hauptmann R.	1	do.	do.	$1^{20}/_{30}$	
1	Premierlieutenant A. .	.	do.	do.	$1^{20}/_{30}$	
1	Sekondelieutenant N. .	.	do.	do.	$1^{20}/_{30}$	
1	„ P. .	.	do.	do.	$1^{20}/_{30}$	
1	„ W..	.	do.	do.	$1^{20}/_{30}$	
1	Stabsarzt V..........	.	do.	do.	$1^{20}/_{30}$	
1	Zahlmeister K........	.	do.	do.	$1^{20}/_{30}$	
1	Feldwebel............	.	do.	do.	$1^{20}/_{30}$	
1	Portepeefähnrich......	.	do.	do.	$1^{20}/_{30}$	
14	Unteroffiziere	.	do.	do.	$1^{20}/_{30}$	
145	Gemeine x..........	.	do.	do.	$1^{20}/_{30}$	
	Offizierpferde...	4	do.	do.	$1^{20}/_{30}$	

Quartier in vorschriftsmäßiger Ausdehnung und Beschaffenheit gegeben hat, sowie daß in der vorangegebenen Zeitdauer der Tag des Einrückens in das Kantonnement — nicht aber der Tag des Ausmarsches — mitgerechnet ist, auch unter der angegebenen Zahl der Gemeinen Diener und Burschen der Offiziere x. sich nicht befinden, wird hierdurch pflichtmäßig bescheinigt.

Die Bezahlung des Quartiers ist .... erfolgt.
Ort, Datum.

(L. S.)   (Unterschriften.)

Quartierbescheinigung.

Daß die Gemeinde D. .... bem ... Bataillon ....
Infanterie-Regiments Nr. ... in der Stärke von:

Anzahl der ein- quartierten Offiziere und Mann- schaften.	Charge.	Anzahl der einge- ftellten Pferde.	vom (Tag des Ein- treffens)	bis (Tag des Ab- gangs)	also auf Monate (excl. des Ab- gangs- tages)	Bemerkungen.
1	Hauptmann W.	1	$^{20}/_6$	$^{10}/_6$	$1^{21}/_{30}$	
1	Premierlieutenant L..	.	do.	do.	$1^{20}/_{30}$	
1	Sekondelieutenant O..	.	do.	do.	$1^{20}/_{30}$	
1	„ C..	.	do.	do.	$1^{20}/_{30}$	
1	Affistenzarzt D.	.	do	do.	$1^{20}/_{30}$	
1	Feldwebel	.	do.	do.	$1^{20}/_{30}$	
1	Portepeefähnrich......	.	do.	$^{9}/_6$	$1^{19}/_{30}$	
10	Unteroffiziere	.	do.	$^{10}/_6$	$1^{20}/_{30}$	
1	Unteroffizier	.	do.	$^{11}/_6$	$1^{21}/_{30}$	
140	Gemeine	.	do.	$^{10}/_6$	$1^{20}/_{30}$	
2	„	.	$^{4}/_6$	$^{10}/_6$	$^{16}/_{30}$	
	Offizierpferde...	1	$^{20}/_6$	$^{10}/_6$	$1^{20}/_{30}$	

Quartier in vorschriftsmäßiger Ausdehnung und Beschaffenheit gegeben hat, sowie daß in der vorangegebenen Zeitdauer der Tag des Einrückens in das Kantonnement — nicht aber der Tag des Ausmarsches — mitgerechnet ist, auch unter der angegebenen Zahl der Ge- meinen Diener und Burschen der Offiziere ꝛc. sich nicht befinden, wird hierdurch pflicht- mäßig bescheinigt.

Die Bezahlung des Quartiers ist .... erfolgt.

Ort, Datum.

(L. S.) (Unterschriften.)

Quartierbescheinigung.

Daß die Gemeinde A............... der ... Kompagnie ....
Festungs-Artillerie-Regiments Nr. ... in der Stärke von:

Anzahl der einquartierten Offiziere und Mannschaften.	Charge.	Anzahl der eingestellten Pferde.	vom (Tag des Eintreffens)	bis (Tag des Abganges)	also auf Monate (excl. des Abgangstages)	Bemerkungen.
1	Hauptmann E........					Pro ... bis ... hatte die
1	Premierlieutenant T. .		do.	do.		Kompagnie das Kan-
1	Sekondelieutenant J. .		do.	do.		tonnement während der
1	. F. .	.		do.		Revue - Vorarbeiten
1	Feldwebel	.		do.		inne;
1	Portepeefähnrich	.	do.	do.		am 10. Juni begann die
10	Unteroffiziere	.	do.	do.		Schießübung.
75	Kanoniere	.	do.	do.		Schluß derselben am ...
1	Kanonier	.		do.		
	Attachirt:					
	Von der ... Batterie des .... Feld-Artillerie-Regts.Nr.. 1 Dienstpferd	1				

Quartier in vorschriftsmäßiger Ausdehnung und Beschaffenheit gegeben hat, sowie daß in der vorangegebenen Zeitdauer der Tag des Einrückens in das Kantonnement — nicht aber der Tag des Ausmarsches — mitgerechnet ist, auch unter der angegebenen Zahl der Gemeinen Diener und Burschen der Offiziere ꝛc. sich nicht befinden, wird hierdurch pflichtmäßig bescheinigt.

Die Bezahlung des Quartiers ist .... erfolgt.

Ort, Datum.

(L. S.) (Unterschrift.)

Quartierbescheinigung.

Daß die Gemeinde M. .... der ... n gen Fußbatterie ....
Feld-Artillerie-Regiments Nr. ... in der Stärke von:

Anzahl der einquartierten Offiziere und Mannschaften.	Charge.	Anzahl der eingestellten Pferde.	vom (Tag des Eintreffens)	bis (Tag des Abgangs)	also auf Monate (excl. des Abgangstages)	Bemerkungen.
1	Sekondelieutenant N..	.	⁸/₆	⁹/₆	1¹/₃₀	
2	Unteroffiziere	.	do.	do.	1¹/₃₀	Revue-
12	Kanoniere	.	²⁰/₆	do.	1¹/₃₀	Vorkommando.
1	Kanonier	.	²⁰/₆	do.	1⁴/₃₀	
1	Hauptmann W.	.	¹⁰/₆	²⁰/₆	²⁰/₃₀	Am 10. Juni zur Schieß-
1	Premierlieutenant L..	.	do.	do.	²⁰/₃₀	übung eingetroffen; am
1	Sekondelieutenant N..	.	do.	do.	²⁰/₃₀	²⁰/₆ den Rückmarsch an-
1	' P..	.	do.	do.	²⁰/₃₀	getreten.
1	Feldwebel	.	do.	do.	²⁰/₃₀	
1	Portepeefähnrich	.	do.	²⁰/₆	¹⁰/₃₀	
14	Unteroffiziere	.	do.	do.	²⁰/₃₀	
1	Unteroffizier..........	.	¹⁸/₆	do.	¹⁸/₃₀	
2	Trompeter	.	¹⁰/₆	do.	²⁰/₃₀	
85	Kanoniere	.	do.	do.	²⁰/₃₀	
1	Kanonier	.	do.	¹⁶/₆	⁶/₃₀	
1	do.	.	do.	¹⁶/₆	⁷/₃₀	
	Dienstpferde	35	do.	²⁰/₆	²⁰/₃₀	
	do.	1	do.	¹²/₆	⁷/₃₀	

Quartier in vorschriftsmäßiger Ausdehnung und Beschaffenheit gegeben hat, sowie daß in der vorangegebenen Zeitdauer der Tag des Einrückens in das Kantonnement — nicht aber der Tag des Ausmarsches — mitgerechnet ist, auch unter der angegebenen Zahl der Gemeinen Diener und Burschen der Offiziere re. sich nicht befinden, wird hierdurch pflichtmäßig bescheinigt.

Die Bezahlung des Quartiers ist .... erfolgt.

Ort, Datum.

(L. S.) (Unterschrift.)

Servis-Liquidation

von

den Gemeinden des .... Kreises

für die Monate .... 18..

№ der Beläge.	Anzahl der einquartierten Offiziere und Mannschaften.	Charge.	Anzahl der eingestellt gewesenen Pferde.	Monatlicher Betrag des Personal- und Stall-Servises. ℛ. ℤ. ꝉ	Die Servis-Kompetenz ist zu liquidiren			Es ist daher an Personal- und Stall-Servis zu empfangen. ℛ. ℤ. ꝉ	Bemerkungen.
					vom	bis zum Abgangstage.	Mithin auf Monate excl. b. Abgangstages.		

Gemeinde S..... .... (Servisklasse III.)

... Bataillon .... Infanterie-Regiments Nr. ...

№	Anzahl	Charge.	Pferde	Monatl. Betrag	vom	bis	Mithin	Empfang	Bemerkungen.
1	1	Major .... {	.	11 20 —	$\frac{1}{6}$	$\frac{31}{6}$	1	11 20 —	Pro 1. bis inkl. $\frac{5}{6}$ den Servis der 3. Klasse, vom $\frac{1}{6}$ ab den Servis der nächst höheren (II.) Klasse (cfr. die Zusatzbestimmung zur Klassifikation) liquidirt.
				13 10 —	$\frac{1}{6}$	$\frac{21}{6}$	$^{20}/_{30}$	8 26 8	
		Offizierpferde.... {	1	1 20	$\frac{1}{6}$	$\frac{31}{6}$	1 .	1 20 —	
				2		$\frac{1}{6}$ 21	$^{20}/_{30}$	1 10 —	
			1	— 12 6		$\frac{1}{6}$ 31	1	— 12 6	
			1	— 15 —		$\frac{1}{6}$ 31	$^{20}/_{30}$	— 10 —	
	1	Lieutenant, Adjutant {	.	7 2 6		$\frac{1}{6}$ 31	1	7 2 6	
			.	8 10 —		$\frac{1}{6}$ 21	$^{20}/_{30}$	5 16 8	
		Offizierpferd ..... {	1	1 20		$\frac{1}{6}$ 31	1	1 20	
				2		$\frac{1}{6}$ 21	$^{20}/_{30}$	1 10	
	1	Hauptmann .... {	.	7 2 6		$\frac{1}{6}$ 31	1	7 2 6	
			.	8 10 —		$\frac{1}{6}$ 21	$^{20}/_{30}$	5 16 8	
		Offizierpferd ..... {	1	1 20		$\frac{1}{6}$ 31	1	1 20	
				2		$\frac{1}{6}$ 21	$^{20}/_{30}$	1 10	
	4	Lieutenants .... {	.	7 2 6		$\frac{1}{6}$ 31	1	28 10	
			.	8 10 —		$\frac{1}{6}$ 21	$^{20}/_{30}$	22 6 8	
	1	Stabsarzt .... {	.	7 2 6		$\frac{1}{6}$ 31	1	7 2 6	
			.	8 10 —		$\frac{1}{6}$ 21	$^{20}/_{30}$	5 16 8	
							Latus ..	118 23 4	

№ der Beilage.	Anzahl der einquartierten Offiziere und Mannschaften.	Charge.	Anzahl der eingestellt gewesenen Pferde.	Monatlicher Betrag des Personal- und Stall-Servises.			Die Servis-Kompetenz ist zu liquidiren			Es ist daher an Personal- und Stall-Servis zu empfangen.			Bemerkungen.
				ℛ	ℊ	₰	vom bis zum abgeschlagen	Mithin auf Monatstage	Monate resp. abgeschlagen	ℛ	ℊ	₰	
							Transport..			118	23	4	
1		Zahlmeister	.	7	2	6	1/30		1	7	2	6	
			.	8	10	—	1/30		29/30	5	16	8	
1		Feldwebel	.	2	27	6	1/30		1	2	27	6	
			.	3	10	—	1/30		29/30	2	6	8	
1		Portepeefähnrich ...	.	1	27	6	1/30		1	1	27	6	
			.	2	2	6	1/30		29/30	1	11	8	
14		Unteroffiziere	.	1	7	6	1/30		1	17	15	—	
			.	1	12	6	1/30		29/30	13	6	8	
145		Gemeine	.	—	15	—	1/30		1	72	15	—	
			.	—	17	6	1/30		29/30	56	11	8	
							Summa ..			299	14	2	

№ der Beiträge.	Anzahl der einquartierten Offiziere und Mannschaften.	Charge.	Anzahl der eingestellt gewesenen Pferde.	Monatlicher Betrag des Personal- und Stall-Servises.			Die Servis-Kompetenz ist zu liquidiren			Es ist daher an Personal- und Stall-Servis zu empfangen.			Bemerkungen.
							vom ... bis zum Ab-gangstage.	Mithin auf Monate excl.b. Abgangstage.					
				ℛ	ℳ	₰				ℛ	ℳ	₰	
		Gemeinde D............... (V. Servisklasse.)											
		... Bataillon .... Infanterie-Regiments Nr. ...											
2	1	Hauptmann	.	6	20		70/4	20/4	1	6	20		Vom 20/4 ab den Servis der III. Klasse liquibirt (cfr. die Zusatzbestimmung zur Klassifikation). Der 1/4 war außer Berechnung zu lassen, da für den vollen Monat Mai der Servis liquidirt ist, wenngleich in verschiedenen Sätzen.
			.	7	2	6	20/4	19/6	20/30	4	21	8	
		Offizierpferde....	1	1	10		20/4	20/4	1	1	10		
			.	1	20		20/4	19/6	20/30	1	3	4	
	3	Lieutenants	.	6	20		20/4	20/4	1		20		
			.	7	2	6	20/4	19/6	20/30	14	5		
	1	Assistenzarzt	.	6	20		20/4	20/4	1	6	20		
			.	7	2	6	20/4	19/6	20/30	4	21	8	
	1	Feldwebel	.	2	2	6	20/4	20/4	1	2	2	6	
			.	2	27	6	20/4	19/6	20/30	1	28	4	
	1	Portepeefähnrich ...	.	1	15		20/4	20/4	1	1	15		
			.	1	27	6	20/4	9/6	10/30	—	19	2	
	10	Unteroffiziere	.	1			20/4	20/4	1	10			
			.	1	7	6	20/4	19/6	20/30	8	10		
	1	Unteroffizier	.	1			20/4	14/6	15/30	—	15		
	140	Gemeine	.	—	12	6	20/4	20/4	1	58	10		
			.	—	15		20/4	19/6	20/30	46	20		
	2	do.	.	—	15		4/4	19/6	15/30	—	15		
		Summa ...								189	26	8	

№ der Beläge.	Anzahl der einquartierten Offiziere und Mannschaften.	Charge.	Anzahl der einzustellenden gemeinen Pferde.	Monatlicher Betrag des Personal- und Stall-Servises.	Die Servis-Kompetenz ist zu liquidiren			Es ist daher an Personal- und Stall-Servis zu empfangen.	Bemerkungen.
					vom	bis zum Anzugstage.	Mithin auf Monate excl.b Abzugstage		

Gemeinde A............... (IV. Servisklasse.)
...Kompagnie............... Festungs-Artillerie-Regiments Nr....

3	1	Hauptmann.......	·	6 20	⁶/₁ ⁷/₁	1		6 20	Pro ⁴⁻³/₀ den Servis der III. Klasse (cfr. die Zusatzbestimmung zur Klassifikation); pro ⁵⁻⁶/₀ den Servis der II. Klasse (cfr. die Zusatzbestimmung zur Klassifikation) zur Liquidation gebracht.
			·	7 2 6	⁶/₀	⁵/₃₀		1 5 5	
			·	8 10	¹⁰/₃₀ ⁶/₀	²⁰/₃₀		5 16 8	
	2	Lieutenants.......	·	6 20	⁷/₁ ⁴/₁	1		13 10	
			·	7 2 6	⁶/₀	⁵/₃₀		2 10 10	
			·	8 10	¹⁰/₃₀ ⁶/₀	²⁰/₃₀		11 3 4	
	1	Lieutenant.......	·	6 20	²¹/₁ ⁴/₁	¹⁵/₃₀		3 10	
			·	7 2 6	⁶/₀	⁵/₃₀		1 5 5	
			·	8 10	¹⁰/₃₀ ⁶/₀	²⁰/₃₀		5 16 8	
	1	Feldwebel.........	·	2 15	⁶/₁ ⁷/₀	1		2 15	
			·	2 27 6	⁶/₀	⁵/₃₀		— 14 7	
			·	3 10	¹⁰/₃₀ ⁶/₀	²⁰/₃₀		2 6 8	
	1	Portepeefähnrich...	·	1 20	⁶/₁ ⁷/₀	1		1 20	
			·	1 27 6	⁶/₀	⁵/₃₀		— 9 7	
			·	2 2 6	⁶/₀	²⁰/₃₀		1 11 8	
	10	Unteroffiziere......	·	1	⁶/₁ ⁷/₀	1		10	
			·	1 7 6	⁶/₀	⁵/₃₀		2 2 6	
			·	1 12 6	¹⁰/₃₀ ⁶/₀	²⁰/₃₀		9 13 4	
	75	Kanoniere........	·	— 12 6	⁶/₁ ⁷/₀	1		31 7 6	
			·	— 15	⁶/₀	⁵/₃₀		6 7 6	
			·	— 17 6	¹⁰/₃₀ ⁶/₀	⁷⁷/₃₀		29 5	
	1	Kanonier.........	·	— 17 6	¹⁸/₃₀	¹⁴/₃₀		— 8 2	
		Dienstpferde.....	1	— 10	⁶/₁ ²⁰/₁	1 ²⁰/₃₀		— 18 4	

Summa..... 147 28 2

№ der Beläge	Anzahl der einquartierten Offiziere und Mannschaften	Charge.	Anzahl der eingestellt gewesenen Pferde.	Monatlicher Betrag des Personal- und Stall-Servises. Thlr. Sgr. Pf.	Die Servis-Kompetenz ist zu liquidiren			Es ist daher an Personal- und Stall-Servis zu empfangen. Thlr. Sgr. Pf.	Bemerkungen.
					vom	bis zum Abhangetage	Mithin auf Monate excl.b. Abhangetages		
4	1	Lieutenant	.	7	2	6	⁶/₈ ⁵/₈	1 ¹/₃₀	8 — 10	
	2	Unteroffiziere	.	1	7	6	do.	1 ¹/₃₀	2 25 —	
	12	Kanoniere	.	— 15 —	do.		1 ¹/₃₀	6 24 —	
	1	Kanonier	.	— 15 —	²⁶/₈ ⁵/₈		¹¹/₃₀	— 7 —	
	1	Hauptmann	.	8 10 —	$\frac{10\ 30}{6}$		²⁰/₃₀	5 16 8	Servis II. Klasse liquidirt (cfr. die Zusatzbestimmung zur Klassifikation).
	3	Lieutenants	.	8 10 —	do.		²⁰/₃₀	16 20 —	
	1	Feldwebel	.	3 10 —	do.		²⁰/₃₀	2 6 8	
	1	Portepeefähnrich ...	.	2 2 6	$\frac{10\ \ \ \ }{6}$		¹⁰/₃₀	— 20 10	
	14	Unteroffiziere	.	1 12 6	$\frac{10\ 30}{6}$		²⁰/₃₀	13 6 8	
	1	Unteroffizier	.	1 12 6	$\frac{18\ \ \ \ }{6}$		¹²/₃₀	— 17 —	
	2	Trompeter	.	1 12 6	$\frac{10\ \ \ \ }{6}$		²⁰/₃₀	1 26 8	
	85	Kanoniere	.	— 17 6	do.		²⁰/₃₀	33 1 8	
	1	Kanonier	.	— 17 6	$\frac{10\ 16}{6}$		⁹/₃₀	— 3 6	
	1	do.	.	— 17 6	$\frac{10\ 18}{6}$		⁹/₃₀	— 4 8	
		Dienstpferde	35	— 10 —	$\frac{10\ 30}{6}$		²⁰/₃₀	7 23 4	
		do.	1	— 10 —	$\frac{10\ 12}{6}$		⁹/₃₀	— — 8	
		Summa.....						99 25 2	

Gemeinde M............... (III. Serviklasse.)
..... kge Fuß-Batterie .... Feld-Artillerie-Regiments Nr. ...

	Es ist daher an Personal- und Stall-Servis zu empfangen.		
	ℳ	ℤ	₰
Rekapitulation.			
1) Gemeinde S.	299	14	2
2) ⸱ D.	189	26	8
3) ⸱ A.	147	28	2
4) ⸱ M.	99	25	2
Summa	737	4	2

Ort, Datum.

(Unterschrift.)

Allerhöchster Erlaß

vom 3. September 1870,

betreffend

die Abänderung des §. 15 der Instruktion zur Ausführung des Bundesgesetzes wegen der Quartierleistung für die bewaffnete Macht während
des Friedenszustandes vom 25. Juni 1868.

Auf Ihren gemeinschaftlichen Bericht vom 24. August d. J. genehmige Ich
im Namen des Norddeutschen Bundes, daß an die Stelle des dritten Absatzes
des §. 15 der durch Meinen Erlaß vom 31. Dezember 1868 (Bundesgesetzbl.
für 1869 S. 1) genehmigten Instruktion zur Ausführung des Bundesgesetzes,
betreffend die Quartierleistung für die bewaffnete Macht während des Friedenszustandes, vom 25. Juni 1868 (Bundesgesetzbl. S. 523 ff.) die nachstehende
Vorschrift tritt:

Auf Grund dieser Bescheinigungen liquidiren in den Städten die
Gemeindevorstände, auf dem Lande die Kommunal-Aufsichtsbehörden die
Servisentschädigungen nach dem unter Littr. F. beigefügten Formular
in Zeitabschnitten von drei Monaten bei derjenigen Intendantur, zu deren
Bezirk die mit Einquartierung belegten Ortschaften gehören.

Der gegenwärtige Erlaß ist durch das Bundesgesetzblatt zu veröffentlichen.

Hauptquartier Vendresse, den 3. September 1870.

Wilhelm.

In Vertretung des Bundeskanzlers:

Delbrück.   v. Roon.

An den Kanzler des Norddeutschen Bundes und den Kriegsminister.

Edikt

über

die Aufhebung der Natural-, Fourage- und Brodlieferung.

Vom 30. Oktober 1810.

Wir Friedrich Wilhelm, von Gottes Gnaden, König von Preußen ꝛc. ꝛc.

Thun kund und fügen hiemit zu wissen:

Im Verfolg des Edikts vom 27. Oktober über die künftige Finanzverwaltung setzen Wir fest:

1) Die Natural-Fouragelieferung und die Getreidelieferung zur Verpflegung des Militairs mit Brod hört vom 1. Januar 1811 auf.

2) Der Bedarf wird künftig in der Regel durch freiwillige Lieferung der Unterthanen auf den Grund abzuschließender Kontrakte und erst wenn dies Schwierigkeiten findet, durch Entrepreneurs herbeigeschafft.

3) Die Bezahlung erfolgt nach den kontraktmäßigen Preisen aus den Staatskassen.

4) Im Fall die Abstellung der bisherigen Zwangslieferungen durch die Unterthanen vom 1. Januar 1811 für das nächstfolgende Quartal zu schwierig, oder die Ablieferungen schon geschehen sein sollten, so wird doch die für diesen Zeitraum gelieferte Fourage nach dem diesjährigen Martinimarktpreis der Hauptstadt der Provinz gezahlt.

5) Sollte bei eiligen Märschen des Militairs die Fourage aus den Magazinen nicht zur Stelle geschafft werden können, so bleiben Unsere in der Nähe wohnenden Unterthanen verpflichtet, den erforderlichen Bedarf gegen Bezahlung des Martinimarktpreises abzuliefern.

Signatum Berlin, den 30. Oktober 1810.

Friedrich Wilhelm.

v. Harbenberg.

Auszug

aus

dem Reglement über die Naturalverpflegung der Truppen im Frieden

vom 13. Mai 1858.

---

§. 23.

Die Verpflegung auf dem Marsche wird dem Soldaten durch den Quartier-geber verabreicht und soll im Allgemeinen die sein, welche der Tisch des letzteren bietet. Um jedoch Beeinträchtigungen, sowie übermäßigen Forderungen vorzu-beugen, wird die täglich zu verabreichende Verpflegung auf

½ Pfund Fleisch — (Gewicht des rohen Fleisches — Zugemüse und Salz, so viel zu einer Mittags- und Abendmahlzeit gehört, und das für einen Tag erforderliche Brod (bis zu 1 Pfd. 26 Lth.)

festgesetzt.

Frühstück und Getränk hat der Soldat von seinem Wirthe nicht zu fordern.

§. 24.

Die vollständige Beköstigung muß dem Soldaten selbst dann verabreicht werden, wenn er zu später Tageszeit in dem Quartier eintrifft.

Ist der Soldat von seiner Garnison aus für einzelne Tage des Marsches mit der Brodportion resp. dem Brodgelde versehen, oder wird ausnahmsweise die Brodportion — die dann, wie im Kantonnement ꝛc., 1 Pfund 12 Loth be-trägt — aus Magazinen oder vom Lieferanten entnommen, so hat der Quartier-geber dem Soldaten Brod nicht weiter zu verabreichen.

§. 25.

Die Marschverpflegung wird gewährt für jeden Marsch- und bestimmungs-mäßigen Ruhetag (einschließlich des Tages des Eintreffens in der Garnison, dem Kommando- resp. Kantonnementsorte).

Ausgenommen sind nur Märsche:

a) von einem Tage, bei denen der Soldat an demselben Tage in die ver-lassene Garnison resp. den Kommando- oder Kantonnementsort zurück-kehrt;

b) bei Manövern — selbst bei gleichzeitigem Kantonnementswechsel — sobald die Märsche einen Theil des Manövers bilden.

In beiden Fällen darf nur die Garnison- resp. Kantonnements-Verpflegung gewährt werden.

§. 30.

Die Marschverpflegung wird den Quartiergebern mit 5 Sgr., und wenn sie kein Brod gegeben haben, mit 3 Sgr. 9 Pf. vergütet.

§. 32.

Die Vergütung der empfangenen Marschverpflegung muß in jedem Marschquartier sofort gegen Quittung der Gemeinden bezahlt werden.

Die Zahlung darf nur unter ganz außergewöhnlichen Verhältnissen bei größeren Transporten unterbleiben, und wird alsdann den Gemeinden über die gewährte Marschverpflegung Quittung geleistet.

Ein theilweiser oder gänzlicher Erlaß der Bezahlung soll den Ortsbehörden oder Quartiergebern nie zugemuthet werden.

§. 33.

Die Marschverpflegung kann nur auf Grund von Marschrouten von den in denselben bezeichneten Gemeinden und für die angegebenen Marsch- und Ruhetage empfangen werden.

§. 77.

Auf dem Marsche beträgt, wenn die Verabreichung durch Königliche Magazine oder durch Lieferungs-Unternehmer erfolgt (§. 80), die

schwere Ration	$10\frac{1}{4}$ Pfd. Hafer,	3 Pfd. Heu,	$3\frac{1}{2}$ Pfd. Stroh,
mittlere	$9\frac{1}{4}$ " "	3 " "	$3\frac{1}{2}$ " "
leichte	9 " "	3 " "	$3\frac{1}{2}$ " "

Geschieht die Verabreichung durch die Gemeinden (§. 81), so kann die Haferration in Maaß gewährt werden, und zwar

die schwere zu	$3\frac{1}{2}$ Metzen,
die mittlere "	$3\frac{1}{4}$ "
die leichte "	3 "

Die Marschration wird auf die ganze Dauer des Marsches für jeden Marsch- und Ruhe-, sowie auch für einzelne Liegetage gewährt.

§. 80.

Die Rationen werden durch Königliche Magazinverwaltungen oder angenommene Lieferungs-Unternehmer verabreicht.

§. 81.

An Orten, wo die Verabreichung der Fourage auf die vorgedachte Weise nicht erfolgt, haben die Gemeinden nach dem Edikte vom 30. Oktober 1810 ad 5 die Verpflichtung, den durchmarschirenden Truppen den erforderlichen Bedarf auf Grund der Marschrouten zu gewähren.

Die gelieferte Fourage wird mit den Martini- oder kurrenten Marktpreisen vergütet, diese Vergütigung aber nicht zur Stelle bezahlt, sondern von den Gemeinden besonders zur Liquidation gebracht.

§. 82.

Sind die Gemeinden nach Bescheinigung des betreffenden Landrathsamtes (resp. der betreffenden vorgesetzten Civilbehörde) außer Stande, den Fouragebedarf aus eigenen Mitteln herzugeben, so müssen sie denselben von der nächsten Verabreichungsstelle (§. 80) holen.

Für den Transport wird alsdann die tarifmäßige Vorspann-Entschädigung, jedoch nicht zur Stelle, gewährt, sondern von den Gemeinden auf Grund der von dem Kommandoführer auszustellenden Vorspannquittung bei der Intendantur liquidirt.

§. 164.

Die Gemeinden richten sich bei Verabreichung der Marschverpflegung und der Fourage nach den Angaben der Marschrouten.

Gesetzblatt für Elsaß=Lothringen.

№ 9.

(Nr. 12.) Bekanntmachung, betreffend die Bestimmung des Tages, an welchem die Deutsche Zoll- und Steuergesetzgebung in Kraft tritt. Vom 2. August 1871.

Auf Grund des Artikel 1 des Gesetzes, betreffend die Einführung der Deutschen Zoll- und Steuergesetzgebung, vom 17. Juli 1871 (Gesetzblatt für Elsaß-Lothringen Seite 37) bestimme ich, daß die in dem gedachten Artikel 1 angeführten Gesetze, nämlich:

> das Vereinszollgesetz vom 1. Juli 1869,
> das Gesetz, die Besteuerung des Zuckers betreffend, vom 26. Juni 1869,
> das Gesetz, betreffend die Erhebung einer Abgabe von Salz, vom 12. Oktober 1867,
> der am 23. Mai 1870 bekannt gemachte Vereins-Zolltarif
> und das Zollkartel vom 11. Mai 1823,

soweit sie nicht durch die Verordnung des Kaiserlichen General-Gouverneurs vom 3. Mai 1871 (Straßburger Zeitung Nr. 105) bereits in Wirksamkeit gesetzt sind,

am 7. August 1871

in Kraft treten.

Diese Bekanntmachung ist durch das Gesetzblatt für Elsaß-Lothringen zu veröffentlichen.

Varzin, den 2. August 1871.

Der Reichskanzler.

Fürst v. Bismarck.

Herausgegeben im Reichskanzler-Amte.

Berlin, gedruckt in der Königlichen Geheimen Ober-Hofbuchdruckerei (R. v. Decker).

Ausgegeben zu Berlin den 5. August 1871.

ꓳ

Gesetzblatt für Elsaß-Lothringen.

№ 10.

(Nr. 13.) Bekanntmachung, betreffend den Debit der Reichs-Stempelmarken und gestempelten Blankets zur Entrichtung der Wechselstempelsteuer, sowie das Verfahren bei Erstattung verdorbener Stempelmarken und Blankets. Vom 3. August 1871.

Zur Ausführung der Bestimmungen im §. 22 des durch das Gesetz vom 14. Juli d. J. (Gesetzblatt für Elsaß-Lothringen von 1871 Seite 175) in Elsaß-Lothringen eingeführten Reichsgesetzes vom 10. Juni 1869, betreffend die Wechselstempelsteuer, wird hiermit bekannt gemacht, daß vom 12. August d. J. ab die zur Entrichtung der Wechselstempelsteuer (nach §. 13 des Reichsgesetzes vom 10. Juni 1869) erforderlichen Reichs-Stempelmarken und gestempelten Blankets zu dem Preise des Stempelbetrages, auf welchen dieselben lauten, bei den Postanstalten in Elsaß-Lothringen verkauft werden.

Die Reichs-Stempelmarken sind mit der Umschrift »Deutscher Wechsel-stempel« und der Angabe des Steuerbetrages in Groschen, für welchen sie gelten, bezeichnet und für Werthbeträge von 1, $1\frac{1}{2}$, 3, $4\frac{1}{2}$, 6, $7\frac{1}{2}$, 9, 12, 15, $22\frac{1}{2}$, 30, 45, 60, 90, 150 und 300 Groschen zum Verkauf gestellt. Die mit dem Reichs-stempel versehenen Wechselblankets lauten auf Steuerbeträge von 1, $1\frac{1}{2}$, 3, $4\frac{1}{2}$, 6, $7\frac{1}{2}$, 9, 12, 15, $22\frac{1}{2}$ und 30 Groschen.

Bei Bezahlung der Marken in Franken und Centimes gilt 1 Frank gleich 8 Groschen, 1 Groschen gleich $12\frac{1}{2}$ Centimes. Bei Beträgen, welche nicht in vollen Centimes auszudrücken sind, ist der überschießende Bruchtheil eines Centime für einen vollen Centime zu rechnen, so daß zum Beispiel für eine Marke im Betrage von 1 Groschen 13 Centimes, für 2 Marken à 1 Groschen dagegen nur 25 Centimes zu bezahlen sind.

Stempelmarken und Blankets zum Werthe von 1, $1\frac{1}{2}$ und 3 Groschen werden bei allen Postanstalten verkauft. Die Debitsstellen für Marken und Blankets, welche auf höhere Stempelbeträge lauten, werden nach den örtlichen Verhältnissen, dem Bedürfniß entsprechend, bestimmt. Die bezüglichen Anord-nungen sollen durch Aushang an Amtsstelle der Postanstalten und, soweit er-forderlich, durch amtliche Bekanntmachung zur öffentlichen Kenntniß gebracht werden.

Für die bei den Postanstalten angekauften, demnächst aber verdorbenen Stempelmarken und Blankets kann nur dann Erstattung beansprucht werden, wenn

1) der Schaden mindestens einen Thaler beträgt und wenn

Ausgegeben zu Berlin den 7. August 1871.

2) vollständig erwiesen wird, daß der Schaden lediglich durch Zufall oder Versehen veranlaßt und von den betreffenden Stempelmaterialien, beziehungsweise von den Schriftstücken, zu welchen sie verwendet sind, noch kein oder doch kein solcher Gebrauch gemacht ist, wodurch das steuerliche Interesse gefährdet werden kann;

wenn endlich

3) der Erstattungsanspruch innerhalb 14 Tagen, nachdem der Schaden dem Berechtigten bekannt geworden, bei der Ober-Postdirektion des Bezirks angemeldet wird.

Die Erstattung erfolgt durch Umtausch der verdorbenen gegen andere Stempelmaterialien bei der zu bestimmenden Debitsstelle.

Hinsichtlich der Art und Weise der Verwendung der Reichs-Stempelmarken wird auf die Bekanntmachung zur Ausführung des Gesetzes vom 14. Juli d. J., betreffend die Einführung des Deutschen Reichsgesetzes über die Wechselstempelsteuer vom 10. Juni 1869, vom 27. Juli d. J. (Gesetzblatt für Elsaß-Lothringen Seite 183) unter Nr. II. verwiesen.

Berlin, den 3. August 1871.

Der Reichskanzler.

Im Auftrage:
Eck.

Herausgegeben im Reichskanzler-Amte.

Berlin, gedruckt in der Königlichen Geheimen Ober-Hofbuchdruckerei
(R. v. Decker).

Gesetzblatt für Elsaß=Lothringen.

№ 11.

(Nr. 14.) Gesetz, betreffend die Einführung des Artikels 33. der Reichsverfassung. Vom 17. Juli 1871.

Wir Wilhelm, von Gottes Gnaden Deutscher Kaiser, König von Preußen ꝛc.

verordnen im Namen des Deutschen Reichs, nach erfolgter Zustimmung des Bundesrathes, für Elsaß=Lothringen was folgt:

§. 1.

Der Artikel 33. der Verfassung des Deutschen Reichs, welcher lautet:

Deutschland bildet ein Zoll= und Handelsgebiet, umgeben von ge= meinschaftlicher Zollgrenze. Ausgeschlossen bleiben die wegen ihrer Lage zur Einschließung in die Zollgrenze nicht geeigneten einzelnen Gebiets= theile.

Alle Gegenstände, welche im freien Verkehr eines Bundesstaates befindlich sind, können in jeden anderen Bundesstaat eingeführt und dürfen in letzterem einer Abgabe nur insoweit unterworfen werden, als daselbst gleichartige inländische Erzeugnisse einer inneren Steuer unter= liegen.

tritt in Elsaß=Lothringen am 1. Januar 1872 in Wirksamkeit.

§. 2.

In Beziehung auf einzelne Gegenstände kann die Vorschrift im zweiten Absatz des vorstehenden Artikels durch Kaiserliche Verordnung schon vor dem 1. Januar 1872 unbeschränkt oder mit Beschränkungen in Wirksamkeit gesetzt werden.

§. 3.

Der Ertrag der durch das Gesetz vom heutigen Tage eingeführten Zölle und Steuern und der durch die Verordnung Unseres General=Gouverneurs vom 7. Juni d. J. (Straßburger Zeitung Nr. 137) eingeführten Tabacksteuer fließt von dem im §. 1. bezeichneten Tage ab in die Reichskasse.

Ausgegeben zu Berlin den 13. August 1871.

Dieser Ertrag besteht aus der gesammten von den Zöllen und den übrigen Abgaben aufgekommenen Einnahme nach Abzug:

1) der auf Gesetzen oder allgemeinen Verwaltungs-Vorschriften beruhenden Steuer-Vergütungen und Ermäßigungen;

2) der Rückerstattungen für unrichtige Erhebungen;

3) der Erhebungs- und Verwaltungskosten und zwar:

    a) bei den Zöllen der Kosten, welche an den gegen das Ausland gelegenen Grenzen und in dem Grenzbezirke für den Schutz und die Erhebung der Zölle erforderlich sind,

    b) bei der Salzsteuer der Kosten, welche zur Besoldung der mit Erhebung und Kontrolirung dieser Steuer auf den Salzwerken beauftragten Beamten aufgewendet werden,

    c) bei der Rübenzuckersteuer und Tabacksteuer der Vergütung, welche nach den jeweiligen Beschlüssen des Bundesrathes den einzelnen Bundesregierungen für die Kosten der Verwaltung dieser Steuern zu gewähren ist.

Urkundlich unter Unserer Höchsteigenhändigen Unterschrift und beigedrucktem Kaiserlichen Insiegel.

Gegeben Bad Ems, den 17. Juli 1871.

(L. S.)   Wilhelm.

Fürst v. Bismarck.

Herausgegeben im Reichskanzler-Amte.

Berlin, gedruckt in der Königlichen Geheimen Ober-Hofbuchdruckerei
(R. v. Decker).

Gesetzblatt für Elsaß-Lothringen.

№ 12.

(Nr. 15.) Gesetz, betreffend die Bestellung des Bundes-Oberhandelsgerichts zum obersten Gerichtshofe für Elsaß und Lothringen. Vom 14. Juni 1871.

Wir Wilhelm, von Gottes Gnaden Deutscher Kaiser, König von Preußen ꝛc.

verordnen im Namen des Deutschen Reichs, nach erfolgter Zustimmung des Bundesrathes und des Reichstages, was folgt:

§. 1.

Das Bundes-Oberhandelsgericht zu Leipzig tritt als oberster Gerichtshof für Elsaß und Lothringen an die Stelle des Kassationshofes zu Paris.

§. 2.

Die Zuständigkeit und das Prozeßverfahren bestimmen sich nach den in Elsaß und Lothringen für den obersten Gerichtshof geltenden Gesetzen. Ein besonderes Admissionsverfahren über das Kassationsgesuch hat jedoch nicht statt.

Auf die Einziehung der Gerichtskosten und Stempel, sowie die Erstattung der Reisekosten auswärtiger Anwalte oder Advokaten finden die Bestimmungen im §. 22 des Gesetzes vom 12. Juni 1869, betreffend die Errichtung eines obersten Gerichtshofes für Handelssachen (Bundesgesetzbl. S. 201), Anwendung.

§. 3.

Bei dem Bundes-Oberhandelsgerichte kann ein besonderer Beamter mit Wahrnehmung der Verrichtungen der Staatsanwaltschaft beauftragt werden. Bis dies geschieht, hat der Präsident des Gerichtshofes zur Vertretung der Staatsanwaltschaft in den aus Elsaß und Lothringen an denselben gelangenden Sachen ein Mitglied des Bundes-Oberhandelsgerichts, einen in Leipzig ange-stellten Staatsanwalt oder einen dort wohnhaften Advokaten zu ernennen.

§. 4.

Zu Mitgliedern des Bundes-Oberhandelsgerichts können auch Rechtskundige aus Elsaß und Lothringen ernannt werden, welche nach den dortigen Gesetzen

Ausgegeben zu Berlin den 17. August 1871.

befähigt sind, zu rechtskundigen Mitgliedern eines oberen Gerichtshofes ernannt zu werden.

§. 5.

Zur Praxis bei dem Bundes-Oberhandelsgerichte, einschließlich der zur Instruktion der Rechtsmittel dienenden Handlungen, sowie zur Niederlassung am Sitze des Gerichtshofes sind auch die in Elsaß und Lothringen zur gerichtlichen Praxis fest zugelassenen Abvokaten berechtigt.

Urkundlich unter Unserer Höchsteigenhändigen Unterschrift und beigedrucktem Kaiserlichen Insiegel.

Gegeben Berlin, den 14. Juni 1871.

Wilhelm.

Fürst v. Bismarck.

(Nr. 16.) **Gesetz, betreffend die Einrichtung und Zuständigkeit der Bergbehörden. Vom 14. Juli 1871.**

Wir Wilhelm, von Gottes Gnaden Deutscher Kaiser, König von Preußen ꝛc.

verordnen im Namen des Deutschen Reichs, nach erfolgter Zustimmung des Bundesrathes, für Elsaß-Lothringen was folgt:

Artikel 1.

Die Bergbehörden sind:

bie Revierbeamten,
das Oberbergamt,
der Reichskanzler.

Artikel 2.

Der Reichskanzler bildet die oberste Bergbehörde und entscheidet in allen unter die Berggesetze fallenden Angelegenheiten in letzter Instanz; derselbe setzt die Bezirke der Revierbeamten fest.

Dem Oberbergamte stehen alle durch die Berggesetzgebung, insbesondere das Bergwerksgesetz vom 21. April 1810 den Präfekten beigelegten Befugnisse zu.

Dasselbe bildet die Aufsichtsbehörde für die Revierbeamten.

Die Revierbeamten üben die den bisherigen Bergwerks-Ingenieuren zugestandenen Befugnisse aus.

Artikel 3.

Das Oberbergamt ertheilt die Konzessionen und Permissionen für alle Bergwerke, Betriebs-Unternehmungen und Anlagen, welche unter die Berggesetzgebung fallen.

Liegen bei beendigtem Instruktionsverfahren Einsprüche oder Kollisionen mit Dritten nicht vor und findet sich auch sonst gegen das betreffende Gesuch nichts zu erinnern, so fertigt das Oberbergamt ohne Weiteres die Konzessions- oder Permissions-Urkunde aus.

Sind dagegen Einsprüche oder Kollisionen mit Dritten vorhanden, oder kann aus anderen Gründen dem Gesuche gar nicht oder nicht in seinem ganzen Umfange entsprochen werden, so entscheidet das Oberbergamt über die Ertheilung oder Versagung der Konzession oder Permission durch einen Beschluß, welcher dem Bewerber und dem betheiligten Dritten in Ausfertigung zugestellt wird.

Sind die der Ertheilung der Konzession oder Permission entgegenstehenden Hindernisse durch eine endgültige Entscheidung beseitigt, so fertigt das Oberbergamt die betreffende Urkunde aus.

Die in dem Verfahren durch unbegründeten Widerspruch entstehenden Kosten hat der Widersprechende zu tragen.

An den Vorschriften über die Zulässigkeit des Rechtsweges wird durch die vorstehenden Bestimmungen nichts geändert.

Artikel 4.

Gegen Verfügungen und Beschlüsse des Revierbeamten ist der Rekurs an das Oberbergamt, gegen Verfügungen und Beschlüsse des letzteren der Rekurs an den Reichskanzler zulässig.

Artikel 5.

Der Rekurs muß binnen vier Wochen vom Ablaufe des Tages, an welchem die Verfügung oder der Beschluß zugestellt oder sonst bekannt gemacht worden ist, bei derjenigen Behörde, welche die beschwerende Entscheidung erlassen hat, eingelegt werden, widrigenfalls das Rekursrecht erlischt.

In den Fällen, wo eine Gegenpartei vorhanden ist, wird derselben die Rekursschrift zur Beantwortung binnen einer vierwöchentlichen, vom Ablaufe des Tages der Behändigung beginnenden Frist mitgetheilt. Geht innerhalb dieser Frist die Beantwortung nicht ein, so werden die Verhandlungen ohne Weiteres zur Rekursentscheidung eingesendet.

Artikel 6.

Die Zustellungen durch die Post erfolgen gegen Post-Insinuationsschein.

Artikel 7.

Der Artikel 24 des Bergwerksgesetzes vom 21. April 1810 ist aufgehoben.

Artikel 8.

Der Reichskanzler erläßt die zur Ausführung dieses Gesetzes erforderlichen Anordnungen. Derselbe ist insbesondere ermächtigt, eine in den Bundesstaaten bestehende obere Bergbehörde zum Oberbergamt für Elsaß-Lothringen zu bestellen.

Urkundlich unter Unserer Höchsteigenhändigen Unterschrift und beigedrucktem Kaiserlichen Insiegel.

Gegeben Bad Ems, den 14. Juli 1871.

(L. S.)   Wilhelm.

Fürst v. Bismarck.

Gesetzblatt für Elsaß-Lothringen.

№ 13.

(Nr. 17.) Verordnung, betreffend die Einführung des Artikels 33 der Reichsverfassung. Vom 19. August 1871.

Wir Wilhelm, von Gottes Gnaden Deutscher Kaiser, König von Preußen ꝛc.

verordnen auf Grund des §. 2 des Gesetzes, betreffend die Einführung des Artikels 33 der Reichsverfassung vom 17. Juli 1871 (Gesetzbl. für Elsaß-Lothringen S. 247), was folgt:

§. 1.

Die Vorschrift im zweiten Absatz des Artikels 33 der Reichsverfassung tritt ohne Einschränkung in Kraft in Bezug auf alle Gegenstände, welche in der ersten Abtheilung des Vereinszolltarifs unter folgenden Nummern begriffen sind, nämlich: Nr. 1, Nr. 2 a. und b., Nr. 3 bis einschließlich Nr. 15, Nr. 17, Nr. 18 c. bis einschließlich e., Nr. 19, Nr. 21, Nr. 22 a. bis einschließlich g., Nr. 23, Nr. 24, Nr. 25 a., c., d., e., mit Ausschluß von Wein, rücksichtlich dessen weitere Bestimmung vorbehalten bleibt, f., g., h. 1 und 2 a., k., l., o., p., mit Ausschluß von Kakaomasse, gemahlenem Kakao, Chokolade, Chokolade-Surrogaten und gebranntem Kaffee, q., r., Nr. 26 bis einschließlich Nr. 29, Nr. 30 a., b. und Anmerkung zu d., Nr. 31, Nr. 33 bis einschließlich Nr. 40, Nr. 41 a., b. und c. 5, Nr. 42 bis einschließlich Nr. 44, sowie ferner in Bezug auf die in der zweiten Abtheilung des Vereinszolltarifs genannten Gegenstände.

§. 2.

In Bezug auf die in der ersten Abtheilung des Vereinszolltarifs unter den Nummern 2 c., 22 h. und i., 30 c. und 41 c. 1 bis einschließlich 4 genannten Gegenstände tritt die Vorschrift im zweiten Absatz des Artikels 33 der Reichsverfassung mit der Einschränkung in Kraft, daß die Abstammung derselben aus Elsaß-Lothringen durch Ursprungszeugnisse nachgewiesen werden muß.

§. 3.

Auf Tabacksblätter, unbearbeitete, und Stengel (Nr. 25 v. 1 der ersten Abtheilung des Vereinszolltarifs) findet die Vorschrift im zweiten Absatz des

Ausgegeben zu Berlin den 21. August 1871.

Artikels 33 der Reichsverfassung mit der Einschränkung Anwendung, daß beim Eingang derselben in das Deutsche Zollgebiet eine Abgabe von 20 Sgr. oder 1 Fl. 10 Kr. für den Zentner zu entrichten ist.

§. 4.

Die gegenwärtige Verordnung tritt mit dem 27. August 1871 in Kraft.

Der Reichskanzler ist mit der Ausführung derselben beauftragt.

Urkundlich unter Unserer Höchsteigenhändigen Unterschrift und beigedrucktem Kaiserlichen Insiegel.

Gegeben Gastein, den 19. August 1871.

(L. S.) Wilhelm.

Fürst v. Bismarck.

Geſetzblatt für Elſaß-Lothringen.

№ 14.

(Nr. 18.) Geſetz, betreffend die Einführung des Strafgeſetzbuches für das Deutſche Reich in Elſaß-Lothringen. Vom 30. Auguſt 1871.

Wir Wilhelm, von Gottes Gnaden Deutſcher Kaiſer, König von Preußen ꝛc.

verordnen im Namen des Deutſchen Reichs, nach erfolgter Zuſtimmung des Bundesrathes, für Elſaß und Lothringen was folgt:

Artikel I.

Das anliegende Strafgeſetzbuch für das Deutſche Reich tritt in Elſaß-Lothringen mit dem 1. Oktober 1871 in Kraft.

Die Beſtimmungen dieſes Geſetzbuches, in welchen von Bundesſtaaten oder deren Beziehungen die Rede iſt, finden auch auf Elſaß-Lothringen und deſſen entſprechende Beziehungen Anwendung.

Artikel II.

Mit dem 1. Oktober 1871 treten alle Strafbeſtimmungen, inſoweit ſie Materien betreffen, welche Gegenſtand des Strafgeſetzbuchs für das Deutſche Reich ſind, außer Kraft.

In Kraft bleiben die beſonderen Vorſchriften über die durch das Strafgeſetzbuch nicht berührten Materien, namentlich über ſtrafbare Verletzungen der Preßpolizei-, Poſt-, Steuer-, Zoll-, Fiſcherei-, Jagd-, Forſt- und Feldpolizei-Geſetze, über Mißbrauch des Vereins- und Verſammlungsrechts, über den Holz- (Forſt-) Diebſtahl und über Schulverſäumniſſe.

Artikel III.

Wenn in Landesgeſetzen auf ſtrafrechtliche Vorſchriften, welche durch das Strafgeſetzbuch für das Deutſche Reich außer Kraft geſetzt ſind, verwieſen wird, ſo treten die entſprechenden Vorſchriften des letzteren an die Stelle der erſteren.

Artikel IV.

Die in den §§. 81, 88, 90, 307, 311, 312, 315, 322, 323 und 324 des Strafgeſetzbuchs für das Deutſche Reich mit lebenslänglichem Zuchthauſe bedrohten Verbrechen ſind mit dem Tode zu beſtrafen, wenn ſie in einem Theile

Ausgegeben zu Berlin den 4. September 1871.

des Reichs, welcher in Kriegszustand erklärt ist, oder während eines gegen das Reich ausgebrochenen Krieges auf dem Kriegsschauplatze begangen werden.

Artikel V.

Vom 1. Oktober 1871 ab darf nur auf die im Strafgesetzbuche für das Deutsche Reich enthaltenen Strafarten erkannt werden.

Wenn in den Landesgesetzen Todesstrafe, travaux forcés, déportation oder réclusion angedroht sind, ist auf Zuchthaus, wenn détention angedroht ist, auf Festungshaft, wenn dégradation civique angedroht ist, auf Gefängniß mit oder ohne Aberkennung der bürgerlichen Ehrenrechte, wenn emprisonnement oder prison angedroht ist, auf Gefängniß, falls aber die angedrohte Strafe die Dauer von sechs Wochen nicht übersteigt, auf Haft zu erkennen.

Wenn in den Landesgesetzen anstatt der Gefängniß- oder Geldstrafe Forst- oder Gemeindearbeit angedroht oder nachgelassen ist, so behält es hierbei sein Bewenden.

Artikel VI.

Die Verjährung der Civilklagen aus strafbaren Handlungen tritt in den nämlichen Zeiträumen ein, welche für die Verjährung der Strafverfolgung von solchen Handlungen in dem Strafgesetzbuche für das Deutsche Reich bestimmt sind.

Artikel VII.

Kaufleute, welche ihre Zahlungen eingestellt haben, können mit Gefängniß bis zu zwei Jahren bestraft werden:

1) wenn sie nach Dotalrecht oder mit vertragsmäßiger Gütertrennung verheirathet, die Vorschriften des Artikel 69 des Code de commerce nicht befolgt haben;

2) wenn sie nicht innerhalb der drei Tage nach Einstellung der Zahlungen die durch Artikel 438 und 439 des Code de commerce vorgeschriebene Erklärung abgegeben haben, oder wenn ihre Erklärung nicht die Namen aller solidarisch haftenden Gesellschafter enthält;

3) wenn sie sich ohne rechtmäßige Verhinderung in den festgesetzten Fällen und Fristen nicht bei den Syndiken persönlich eingefunden, oder, nachdem sie ein freies Geleit erhalten, nicht vor Gericht gestellt haben.

Die in den Artikeln 69 und 585 bis 600 des Code de commerce enthaltenen Strafbestimmungen sind aufgehoben.

Artikel VIII.

Ein Gläubiger, welcher nach erlangter Kenntniß von der Zahlungseinstellung zu seiner Begünstigung und zum Nachtheil der übrigen Gläubiger einen besonderen Vertrag mit dem Gemeinschuldner oder dessen Erben eingeht, oder welcher sich von demselben oder anderen Personen besondere Vortheile dafür gewähren oder versprechen läßt, daß er bei der Berathung und Beschlußnahme der Gläubiger in einem gewissen Sinne stimme, wird mit Gefängniß bis zu einem Jahre bestraft. Auch kann gegen denselben zugleich auf Verlust der bürgerlichen Ehrenrechte erkannt werden.

Artikel IX.

Civilstandsbeamte werden mit Geldstrafe bis zu Einhundert Thalern oder mit Gefängniß bis zu sechs Monaten bestraft:

1) wenn sie ihre Urkunden anders als in die dazu bestimmten Register schreiben;

2) wenn sie die Heirathsurkunde einer schon verehelicht gewesenen Frau vor dem Ablaufe der in dem Artikel 228 des Code civil festgesetzten Frist aufnehmen;

3) wenn sie in Fällen, in denen zur Gültigkeit der Ehe die Einwilligung der Eltern oder anderer Personen erforderlich ist, die Heirathsurkunde aufnehmen, ohne sich vorher von dem Dasein dieser Einwilligung überzeugt zu haben.

Die Anwendbarkeit der Bestimmungen in Nr. 2 und 3 ist nicht dadurch bedingt, daß die Gültigkeit der Ehe angefochten wird.

Artikel X.

Wer einer Entbindung beigewohnt oder ein neugebornes Kind gefunden hat, und die ihm durch die Civilgesetze auferlegte Anmeldung nicht innerhalb der in denselben vorgeschriebenen Frist bewirkt, wird mit Geldstrafe bis zu Einhundert Thalern oder Gefängniß bis zu sechs Monaten bestraft.

Artikel XI.

Die in §. 1 des Strafgesetzbuchs aufgestellte Eintheilung der strafbaren Handlungen in Verbrechen, Vergehen, Uebertretungen greift auch Platz für diejenigen strafbaren Handlungen, auf welche andere Strafgesetze als das gegenwärtige Strafgesetzbuch anzuwenden sind. Ist die Strafe in diesen Gesetzen als eine willkürliche bezeichnet, so ist die Handlung eine Uebertretung.

Artikel XII.

Die Untersuchung und Entscheidung erfolgt:

in Ansehung der Uebertretungen
   durch die Polizeigerichte,

in Ansehung der Vergehen
   durch die Zuchtpolizeikammern der Landgerichte,

in Ansehung der Verbrechen
   .durch die Schwurgerichtshöfe.

Das Hauptverfahren wegen einfachen Diebstahls, einfacher Hehlerei (§. 261 des Strafgesetzbuchs, Absatz 2) und Betrugs im wiederholten Rückfalle ist, sofern mildernde Umstände vorhanden sind, durch den Anklagesenat an die Zuchtpolizeigerichte zu verweisen, welche sich aus dem Grunde, daß keine mildernde Umstände vorhanden seien, nicht inkompetent erklären dürfen.

In Ansehung aller Verbrechen und Vergehen solcher Personen, welche zur Zeit der That das achtzehnte Lebensjahr noch nicht vollendet haben, erfolgt die

Entscheidung durch die Zuchtpolizeikammern, sofern nicht wegen Konnexität die Verweisung vor den Schwurgerichtshof auszusprechen ist.

Ob ein Verweis mündlich oder schriftlich zu ertheilen, bleibt dem richterlichen Ermessen überlassen.

Artikel XIII.

Die Vorschrift des Art. 341 des Code d'Iustruction criminelle findet in den durch das Strafgesetzbuch mit Strafe bedrohten Fällen nur dann Anwendung, wenn dasselbe mildernde Umstände ausdrücklich zuläßt.

Artikel XIV.

Hinsichtlich der Bestrafung der Schulversäumnisse bleibt es bei dem bestehenden Verfahren.

Artikel XV.

Alle wegen eines und desselben Verbrechens oder Vergehens verurtheilten Personen sind zu den Kosten, zur Rückgabe und zum Schadenersatze, auf welche erkannt wird, solidarisch zu verurtheilen.

Ist auf Einziehung oder Geldstrafe, zugleich aber auf Rückgabe oder Schadenersatz erkannt worden, so haben die letzteren den Vorzug, wenn das Vermögen des Verurtheilten nicht ausreicht, alle diese Leistungen zu bestreiten.

Artikel XVI.

Die während des Krieges erlassenen Vorschriften über die Kompetenz der Kriegsgerichte, sowie die materiellen Strafbestimmungen, welche sich auf die diesen Gerichten überwiesenen Verbrechen und Vergehen beziehen, bleiben, so lange sie nicht durch Kaiserliche Verordnungen aufgehoben sind, in Kraft.

Urkundlich unter Unserer Höchsteigenhändigen Unterschrift und beigedrucktem Kaiserlichen Insiegel.

Gegeben Bad Gastein, den 30. August 1871.

(L. S.)   Wilhelm.

Fürst v. Bismarck.

Strafgesetzbuch
für
das Deutsche Reich.

Einleitende Bestimmungen.

§. 1.

Eine mit dem Tode, mit Zuchthaus, oder mit Festungshaft von mehr als fünf Jahren bedrohte Handlung ist ein Verbrechen.

Eine mit Festungshaft bis zu fünf Jahren, mit Gefängniß oder mit Geldstrafe von mehr als funfzig Thalern bedrohte Handlung ist ein Vergehen.

Eine mit Haft oder mit Geldstrafe bis zu funfzig Thalern bedrohte Handlung ist eine Uebertretung.

§. 2.

Eine Handlung kann nur dann mit einer Strafe belegt werden, wenn diese Strafe gesetzlich bestimmt war, bevor die Handlung begangen wurde.

Bei Verschiedenheit der Gesetze von der Zeit der begangenen Handlung bis zu deren Aburtheilung ist das mildeste Gesetz anzuwenden.

§. 3.

Die Strafgesetze des Deutschen Reichs finden Anwendung auf alle im Gebiete desselben begangenen strafbaren Handlungen, auch wenn der Thäter ein Ausländer ist.

§. 4.

Wegen der im Auslande begangenen Verbrechen und Vergehen findet in der Regel keine Verfolgung statt.

Jedoch kann nach den Strafgesetzen des Deutschen Reichs verfolgt werden:

1) ein Ausländer, welcher im Auslande eine hochverrätherische Handlung gegen das Deutsche Reich oder einen Bundesstaat, oder ein Münzverbrechen begangen hat;

2) ein Deutscher, welcher im Auslande eine hochverrätherische oder landesverrätherische Handlung gegen das Deutsche Reich oder einen Bundesstaat, eine Beleidigung gegen einen Bundesfürsten oder ein Münzverbrechen begangen hat;

3) ein Deutscher, welcher im Auslande eine Handlung begangen hat, die nach den Gesetzen des Deutschen Reichs als Verbrechen oder Vergehen anzusehen und durch die Gesetze des Orts, an welchem sie begangen wurde, mit Strafe bedroht ist.

Die Verfolgung ist auch zulässig, wenn der Thäter bei Begehung der Handlung noch nicht Deutscher war. In diesem Falle bedarf es jedoch eines Antrages der zuständigen Behörde des Landes, in welchem die strafbare Handlung begangen worden, und das ausländische Strafgesetz ist anzuwenden, soweit dieses milder ist.

§. 5.

Im Falle des §. 4 Nr. 3 bleibt die Verfolgung ausgeschlossen, wenn

1) von den Gerichten des Auslandes über die Handlung rechtskräftig erkannt und entweder eine Freisprechung erfolgt oder die ausgesprochene Strafe vollzogen,

2) die Strafverfolgung oder die Strafvollstreckung nach den Gesetzen des Auslandes verjährt oder die Strafe erlassen, oder

3) der nach den Gesetzen des Auslandes zur Verfolgbarkeit der Handlung erforderliche Antrag des Verletzten nicht gestellt worden ist.

§. 6.

Im Auslande begangene Uebertretungen sind nur dann zu bestrafen, wenn dies durch besondere Gesetze oder durch Verträge angeordnet ist.

§. 7.

Eine im Auslande vollzogene Strafe ist, wenn wegen derselben Handlung im Gebiete des Deutschen Reichs abermals eine Verurtheilung erfolgt, auf die zu erkennende Strafe in Anrechnung zu bringen.

§. 8.

Ausland im Sinne dieses Strafgesetzes ist jedes nicht zum Deutschen Reiche gehörige Gebiet.

§. 9.

Ein Deutscher darf einer ausländischen Regierung zur Verfolgung oder Bestrafung nicht überliefert werden.

§. 10.

Auf deutsche Militairpersonen finden die allgemeinen Strafgesetze des Reichs insoweit Anwendung, als nicht die Militairgesetze ein Anderes bestimmen.

§. 11.

Kein Mitglied eines Landtages oder einer Kammer eines zum Reiche gehörigen Staats darf außerhalb der Versammlung, zu welcher das Mitglied gehört, wegen seiner Abstimmung oder wegen der in Ausübung seines Berufes gethanen Aeußerung zur Verantwortung gezogen werden.

§. 12.

Wahrheitsgetreue Berichte über Verhandlungen eines Landtages oder einer Kammer eines zum Reiche gehörigen Staats bleiben von jeder Verantwortlichkeit frei.

Erster Theil.

Von der Bestrafung der Verbrechen, Vergehen und Uebertretungen im Allgemeinen.

Erster Abschnitt.
Strafen.

§. 13.
Die Todesstrafe ist durch Enthauptung zu vollstrecken.

§. 14.
Die Zuchthausstrafe ist eine lebenslängliche oder eine zeitige.

Der Höchstbetrag der zeitigen Zuchthausstrafe ist funfzehn Jahre, ihr Mindestbetrag Ein Jahr.

Wo das Gesetz die Zuchthausstrafe nicht ausdrücklich als eine lebenslängliche
androht, ist dieselbe eine zeitige.

§. 15.
Die zur Zuchthausstrafe Verurtheilten sind in der Strafanstalt zu den eingeführten Arbeiten anzuhalten.

Sie können auch zu Arbeiten außerhalb der Anstalt, insbesondere zu öffentlichen oder von einer Staatsbehörde beaufsichtigten Arbeiten verwendet werden.
Diese Art der Beschäftigung ist nur dann zulässig, wenn die Gefangenen dabei
von anderen freien Arbeitern getrennt gehalten werden.

§. 16.
Der Höchstbetrag der Gefängnißstrafe ist fünf Jahre, ihr Mindestbetrag
Ein Tag.

Die zur Gefängnißstrafe Verurtheilten können in einer Gefangenenanstalt
auf eine ihren Fähigkeiten und Verhältnissen angemessene Weise beschäftigt werden; auf ihr Verlangen sind sie in dieser Weise zu beschäftigen.

Eine Beschäftigung außerhalb der Anstalt (§. 15) ist nur mit ihrer Zustimmung zulässig.

§. 17.
Die Festungshaft ist eine lebenslängliche oder eine zeitige.

Der Höchstbetrag der zeitigen Festungshaft ist funfzehn Jahre, ihr Mindestbetrag Ein Tag.

Wo das Gesetz die Festungshaft nicht ausdrücklich als eine lebenslängliche
androht, ist dieselbe eine zeitige.

Die Strafe der Festungshaft besteht in Freiheitsentziehung mit Beaufsichtigung der Beschäftigung und Lebensweise der Gefangenen; sie wird in Festungen
oder in anderen dazu bestimmten Räumen vollzogen.

§. 18.

Der Höchstbetrag der Haft ist sechs Wochen, ihr Mindestbetrag Ein Tag. Die Strafe der Haft besteht in einfacher Freiheitsentziehung.

§. 19.

Bei Freiheitsstrafen wird der Tag zu vierundzwanzig Stunden, die Woche zu sieben Tagen, der Monat und das Jahr nach der Kalenderzeit gerechnet.

Die Dauer einer Zuchthausstrafe darf nur nach vollen Monaten, die Dauer einer anderen Freiheitsstrafe nur nach vollen Tagen bemessen werden.

§. 20.

Wo das Gesetz die Wahl zwischen Zuchthaus und Festungshaft gestattet, darf auf Zuchthaus nur dann erkannt werden, wenn festgestellt wird, daß die strafbar befundene Handlung aus einer ehrlosen Gesinnung entsprungen ist.

§. 21.

Achtmonatliche Zuchthausstrafe ist einer einjährigen Gefängnißstrafe, acht- monatliche Gefängnißstrafe einer einjährigen Festungshaft gleich zu achten.

§. 22.

Die Zuchthaus- und Gefängnißstrafe können sowohl für die ganze Dauer, wie für einen Theil der erkannten Strafzeit in der Weise in Einzelhaft vollzogen werden, daß der Gefangene unausgesetzt von anderen Gefangenen gesondert ge- halten wird.

Die Einzelhaft darf ohne Zustimmung des Gefangenen die Dauer von drei Jahren nicht übersteigen.

§. 23.

Die zu einer längeren Zuchthaus- oder Gefängnißstrafe Verurtheilten kön- nen, wenn sie drei Viertheile, mindestens aber Ein Jahr der ihnen auferlegten Strafe verbüßt, sich auch während dieser Zeit gut geführt haben, mit ihrer Zu- stimmung vorläufig entlassen werden.

§. 24.

Die vorläufige Entlassung kann bei schlechter Führung des Entlassenen oder, wenn derselbe den ihm bei der Entlassung auferlegten Verpflichtungen zu- widerhandelt, jederzeit widerrufen werden.

Der Widerruf hat die Wirkung, daß die seit der vorläufigen Entlassung bis zur Wiedereinlieferung verflossene Zeit auf die festgesetzte Strafdauer nicht angerechnet wird.

§. 25.

Der Beschluß über die vorläufige Entlassung, sowie über einen Widerruf ergeht von der obersten Justiz-Aufsichtsbehörde. Vor dem Beschluß über die Entlassung ist die Gefängnißverwaltung zu hören.

Die einstweilige Festnahme vorläufig Entlassener kann aus dringenden Gründen des öffentlichen Wohls von der Polizeibehörde des Orts, an welchem

— 263 —

der Entlaffene fich aufhält, verfügt werden. Der Befchluß über den endgültigen Widerruf ift fofort nachzufuchen.

Führt die einftweilige Feftnahme zu einem Widerrufe, fo gilt diefer als am Tage der Feftnahme erfolgt.

§. 26.

Ift die feftgefetzte Strafzeit abgelaufen, ohne daß ein Widerruf der vorläufigen Entlaffung erfolgt ift, fo gilt die Freiheitsftrafe als verbüßt.

§. 27.

Der Mindeftbetrag der Geldftrafe ift bei Verbrechen und Vergehen Ein Thaler, bei Uebertretungen ein Drittheil Thaler.

§. 28.

Eine nicht beizutreibende Geldftrafe ift in Gefängniß und, wenn fie wegen einer Uebertretung erkannt worden ift, in Haft umzuwandeln.

Ift bei einem Vergehen Geldftrafe allein oder an erfter Stelle, oder wahlweife neben Haft angedroht, fo kann die Geldftrafe in Haft umgewandelt werden, wenn die erkannte Strafe nicht den Betrag von zweihundert Thalern und die an ihre Stelle tretende Freiheitsftrafe nicht die Dauer von fechs Wochen überfteigt.

War neben der Geldftrafe auf Zuchthaus erkannt, fo ift die an deren Stelle tretende Gefängnißftrafe nach Maßgabe des §. 21 in Zuchthausftrafe umzuwandeln.

Der Verurtheilte kann fich durch Erlegung des Strafbetrages, foweit diefer durch die erftandene Freiheitsftrafe noch nicht getilgt ift, von der letzteren freimachen.

§. 29.

Bei Umwandlung einer wegen eines Verbrechens oder Vergehens erkannten Geldftrafe ift der Betrag von Einem bis zu fünf Thalern, bei Umwandlung einer wegen einer Uebertretung erkannten Geldftrafe der Betrag von einem Drittheil bis zu fünf Thalern einer eintägigen Freiheitsftrafe gleich zu achten.

Der Mindeftbetrag der an Stelle einer Geldftrafe tretenden Freiheitsftrafe ift Ein Tag, ihr Höchftbetrag bei Haft fechs Wochen, bei Gefängniß Ein Jahr. Wenn jedoch eine neben der Geldftrafe wahlweife angedrohte Freiheitsftrafe ihrer Dauer nach den vorgedachten Höchftbetrag nicht erreicht, fo darf die an Stelle der Geldftrafe tretende Freiheitsftrafe den angedrohten Höchftbetrag jener Freiheitsftrafe nicht überfteigen.

§. 30.

In den Nachlaß kann eine Geldftrafe nur dann vollftreckt werden, wenn das Urtheil bei Lebzeiten des Verurtheilten rechtskräftig geworden war.

§. 31.

Die Verurtheilung zur Zuchthausftrafe hat die dauernde Unfähigkeit zum Dienfte in dem Deutfchen Heere und der Kaiferlichen Marine, fowie die dauernde Unfähigkeit zur Bekleidung öffentlicher Aemter von Rechtswegen zur Folge.

Unter öffentlichen Aemtern im Sinne dieses Strafgesetzes sind die Advo-
katur, die Anwaltschaft und das Notariat, sowie der Geschworenen- und Schöffen-
dienst mitbegriffen.

§. 32.

Neben der Todesstrafe und der Zuchthausstrafe kann auf den Verlust der
bürgerlichen Ehrenrechte erkannt werden, neben der Gefängnißstrafe nur, wenn
die Dauer der erkannten Strafe drei Monate erreicht und entweder das Gesetz
den Verlust der bürgerlichen Ehrenrechte ausdrücklich zuläßt oder die Gefängnißstrafe wegen Annahme mildernder Umstände an Stelle von Zuchthausstrafe ausgesprochen wird.

Die Dauer dieses Verlustes beträgt bei zeitiger Zuchthausstrafe mindestens
zwei und höchstens zehn Jahre, bei Gefängnißstrafe mindestens Ein Jahr und
höchstens fünf Jahre.

§. 33.

Die Aberkennung der bürgerlichen Ehrenrechte bewirkt den dauernden Verlust der aus öffentlichen Wahlen für den Verurtheilten hervorgegangenen Rechte,
ingleichen den dauernden Verlust der öffentlichen Aemter, Würden, Titel, Orden
und Ehrenzeichen.

§. 34.

Die Aberkennung der bürgerlichen Ehrenrechte bewirkt ferner die Unfähigkeit, während der im Urtheile bestimmten Zeit

1) die Landeskokarde zu tragen;
2) in das Deutsche Heer oder in die Kaiserliche Marine einzutreten;
3) öffentliche Aemter, Würden, Titel, Orden und Ehrenzeichen zu erlangen;
4) in öffentlichen Angelegenheiten zu stimmen, zu wählen oder gewählt zu
   werden oder andere politische Rechte auszuüben;
5) Zeuge bei Aufnahmen von Urkunden zu sein;
6) Vormund, Nebenvormund, Kurator, gerichtlicher Beistand oder Mitglied
   eines Familienraths zu sein, es sei denn, daß es sich um Verwandte absteigender Linie handele und die obervormundschaftliche Behörde oder der
   Familienrath die Genehmigung ertheile.

§. 35.

Neben einer Gefängnißstrafe, mit welcher die Aberkennung der bürgerlichen
Ehrenrechte überhaupt hätte verbunden werden können, kann auf die Unfähigkeit
zur Bekleidung öffentlicher Aemter auf die Dauer von Einem bis zu fünf Jahren
erkannt werden.

Die Aberkennung der Fähigkeit zur Bekleidung öffentlicher Aemter hat den
dauernden Verlust der bekleideten Aemter von Rechtswegen zur Folge.

§. 36.

Die Wirkung der Aberkennung der bürgerlichen Ehrenrechte überhaupt,
sowie der Fähigkeit zur Bekleidung öffentlicher Aemter insbesondere, tritt mit der

Rechtskraft des Urtheils ein; die Zeitdauer wird von dem Tage berechnet, an dem die Freiheitsstrafe, neben welcher jene Aberkennung ausgesprochen wurde, verbüßt, verjährt oder erlassen ist.

§. 37.

Ist ein Deutscher im Auslande wegen eines Verbrechens oder Vergehens bestraft worden, welches nach den Gesetzen des Deutschen Reichs den Verlust der bürgerlichen Ehrenrechte überhaupt oder einzelner bürgerlichen Ehrenrechte zur Folge hat oder zur Folge haben kann, so ist ein neues Strafverfahren zulässig, um gegen den in diesem Verfahren für schuldig Erklärten auf jene Folge zu erkennen.

§. 38.

Neben einer Freiheitsstrafe kann in den durch das Gesetz vorgesehenen Fällen auf die Zulässigkeit von Polizei-Aufsicht erkannt werden.

Die höhere Landespolizeibehörde erhält durch ein solches Erkenntniß die Befugniß, nach Anhörung der Gefängnißverwaltung den Verurtheilten auf die Zeit von höchstens fünf Jahren unter Polizei-Aufsicht zu stellen.

Diese Zeit wird von dem Tage berechnet, an welchem die Freiheitsstrafe verbüßt, verjährt oder erlassen ist.

§. 39.

Die Polizei-Aufsicht hat folgende Wirkungen:

1) dem Verurtheilten kann der Aufenthalt an einzelnen bestimmten Orten von der höheren Landespolizeibehörde untersagt werden;

2) die höhere Landespolizeibehörde ist befugt, den Ausländer aus dem Bundesgebiete zu verweisen;

3) Haussuchungen unterliegen keiner Beschränkung hinsichtlich der Zeit, zu welcher sie stattfinden dürfen.

§. 40.

Gegenstände, welche durch ein vorsätzliches Verbrechen oder Vergehen hervorgebracht, oder welche zur Begehung eines vorsätzlichen Verbrechens oder Vergehens gebraucht oder bestimmt sind, können, sofern sie dem Thäter oder einem Theilnehmer gehören, eingezogen werden.

Die Einziehung ist im Urtheile auszusprechen.

§. 41.

Wenn der Inhalt einer Schrift, Abbildung oder Darstellung strafbar ist, so ist im Urtheile auszusprechen, daß alle Exemplare, sowie die zu ihrer Herstellung bestimmten Platten und Formen unbrauchbar zu machen sind.

Diese Vorschrift bezieht sich jedoch nur auf die im Besitze des Verfassers, Druckers, Herausgebers, Verlegers oder Buchhändlers befindlichen und auf die öffentlich ausgelegten oder öffentlich angebotenen Exemplare.

Ist nur ein Theil der Schrift, Abbildung oder Darstellung strafbar, so ist, insofern eine Ausscheidung möglich ist, auszusprechen, daß nur die strafbaren Stellen und derjenige Theil der Platten und Formen, auf welchem sich diese Stellen befinden, unbrauchbar zu machen sind.

§. 42.

Ist in den Fällen der §§. 40 und 41 die Verfolgung oder die Verurtheilung einer bestimmten Person nicht ausführbar, so können die daselbst vorgeschriebenen Maßnahmen selbstständig erkannt werden.

Zweiter Abschnitt.

Versuch.

§. 43.

Wer den Entschluß, ein Verbrechen oder Vergehen zu verüben, durch Handlungen, welche einen Anfang der Ausführung dieses Verbrechens oder Vergehens enthalten, bethätigt hat, ist, wenn das beabsichtigte Verbrechen oder Vergehen nicht zur Vollendung gekommen ist, wegen Versuches zu bestrafen.

Der Versuch eines Vergehens wird jedoch nur in den Fällen bestraft, in welchen das Gesetz dies ausdrücklich bestimmt.

§. 44.

Das versuchte Verbrechen oder Vergehen ist milder zu bestrafen, als das vollendete.

Ist das vollendete Verbrechen mit dem Tode oder mit lebenslänglichem Zuchthaus bedroht, so tritt Zuchthausstrafe nicht unter drei Jahren ein, neben welcher auf Zulässigkeit von Polizei-Aufsicht erkannt werden kann.

Ist das vollendete Verbrechen mit lebenslänglicher Festungshaft bedroht, so tritt Festungshaft nicht unter drei Jahren ein.

In den übrigen Fällen kann die Strafe bis auf ein Viertheil des Mindestbetrages der auf das vollendete Verbrechen oder Vergehen angedrohten Freiheits- und Geldstrafe ermäßigt werden. Ist hiernach Zuchthausstrafe unter Einem Jahre verwirkt, so ist dieselbe nach Maßgabe des §. 21 in Gefängniß zu verwandeln.

§. 45.

Wenn neben der Strafe des vollendeten Verbrechens oder Vergehens die Aberkennung der bürgerlichen Ehrenrechte zulässig oder geboten ist, oder auf Zulässigkeit von Polizei-Aufsicht erkannt werden kann, so gilt Gleiches bei der Versuchsstrafe.

§. 46.

Der Versuch als solcher bleibt straflos, wenn der Thäter

1) die Ausführung der beabsichtigten Handlung aufgegeben hat, ohne daß er an dieser Ausführung durch Umstände gehindert worden ist, welche von seinem Willen unabhängig waren, oder

2) zu einer Zeit, zu welcher die Handlung noch nicht entdeckt war, den Eintritt des zur Vollendung des Verbrechens oder Vergehens gehörigen Erfolges durch eigene Thätigkeit abgewendet hat.

Dritter Abschnitt.

Theilnahme.

§. 47.

Wenn Mehrere eine strafbare Handlung gemeinschaftlich ausführen, so wird Jeder als Thäter bestraft.

§. 48.

Als Anstifter wird bestraft, wer einen Anderen zu der von demselben begangenen strafbaren Handlung durch Geschenke oder Versprechen, durch Drohung, durch Mißbrauch des Ansehens oder der Gewalt, durch absichtliche Herbeiführung oder Beförderung eines Irrthums oder durch andere Mittel vorsätzlich bestimmt hat.

Die Strafe des Anstifters ist nach demjenigen Gesetze festzusetzen, welches auf die Handlung Anwendung findet, zu welcher er wissentlich angestiftet hat.

§. 49.

Als Gehülfe wird bestraft, wer dem Thäter zur Begehung des Verbrechens oder Vergehens durch Rath oder That wissentlich Hülfe geleistet hat.

Die Strafe des Gehülfen ist nach demjenigen Gesetze festzusetzen, welches auf die Handlung Anwendung findet, zu welcher er wissentlich Hülfe geleistet hat, jedoch nach den über die Bestrafung des Versuches aufgestellten Grundsätzen zu ermäßigen.

§. 50.

Wenn das Gesetz die Strafbarkeit einer Handlung nach den persönlichen Eigenschaften oder Verhältnissen desjenigen, welcher dieselbe begangen hat, erhöht oder vermindert, so sind diese besonderen Thatumstände dem Thäter oder demjenigen Theilnehmer (Mitthäter, Anstifter, Gehülfe) zuzurechnen, bei welchem sie vorliegen.

Vierter Abschnitt.

Gründe, welche die Strafe ausschließen oder mildern.

§. 51.

Eine strafbare Handlung ist nicht vorhanden, wenn der Thäter zur Zeit der Begehung der Handlung sich in einem Zustande von Bewußtlosigkeit oder krankhafter Störung der Geistesthätigkeit befand, durch welchen seine freie Willensbestimmung ausgeschlossen war.

§. 52.

Eine strafbare Handlung ist nicht vorhanden, wenn der Thäter durch unwiderstehliche Gewalt oder durch eine Drohung, welche mit einer gegenwärtigen, auf andere Weise nicht abwendbaren Gefahr für Leib oder Leben seiner selbst oder eines Angehörigen verbunden war, zu der Handlung genöthigt worden ist.

Als Angehörige im Sinne dieses Strafgesetzes sind anzusehen Verwandte und Verschwägerte auf- und absteigender Linie, Adoptiv- und Pflege-Eltern und -Kinder, Ehegatten, Geschwister und deren Ehegatten, und Verlobte.

§. 53.

Eine strafbare Handlung ist nicht vorhanden, wenn die Handlung durch Nothwehr geboten war.

Nothwehr ist diejenige Vertheidigung, welche erforderlich ist, um einen gegenwärtigen, rechtswidrigen Angriff von sich oder einem Anderen abzuwenden.

Die Ueberschreitung der Nothwehr ist nicht strafbar, wenn der Thäter in Bestürzung, Furcht oder Schrecken über die Grenzen der Vertheidigung hinausgegangen ist.

§. 54.

Eine strafbare Handlung ist nicht vorhanden, wenn die Handlung außer dem Falle der Nothwehr in einem unverschuldeten, auf andere Weise nicht zu beseitigenden Nothstande zur Rettung aus einer gegenwärtigen Gefahr für Leib oder Leben des Thäters oder eines Angehörigen begangen worden ist.

§. 55.

Wer bei Begehung einer Handlung das zwölfte Lebensjahr nicht vollendet hat, kann wegen derselben nicht strafrechtlich verfolgt werden.

§. 56.

Ein Angeschuldigter, welcher zu einer Zeit, als er das zwölfte, aber nicht das achtzehnte Lebensjahr vollendet hatte, eine strafbare Handlung begangen hat, ist freizusprechen, wenn er bei Begehung derselben die zur Erkenntniß ihrer Strafbarkeit erforderliche Einsicht nicht besaß.

In dem Urtheile ist zu bestimmen, ob der Angeschuldigte seiner Familie überwiesen oder in eine Erziehungs- oder Besserungsanstalt gebracht werden soll. In der Anstalt ist er so lange zu behalten, als die der Anstalt vorgesetzte Verwaltungsbehörde solches für erforderlich erachtet, jedoch nicht über das vollendete zwanzigste Lebensjahr.

§. 57.

Wenn ein Angeschuldigter, welcher zu einer Zeit, als er das zwölfte, aber nicht das achtzehnte Lebensjahr vollendet hatte, eine strafbare Handlung begangen hat, bei Begehung derselben die zur Erkenntniß ihrer Strafbarkeit erforderliche Einsicht besaß, so kommen gegen ihn folgende Bestimmungen zur Anwendung:

1) ist die Handlung mit dem Tode oder mit lebenslänglichem Zuchthaus bedroht, so ist auf Gefängniß von drei bis zu funfzehn Jahren zu erkennen;

2) ist die Handlung mit lebenslänglicher Festungshaft bedroht, so ist auf Festungshaft von drei bis zu funfzehn Jahren zu erkennen;

3) iſt die Handlung mit Zuchthaus oder mit einer anderen Strafart bedroht, ſo iſt die Strafe zwiſchen dem geſetzlichen Mindeſtbetrage der angedrohten Strafart und der Hälfte des Höchſtbetrages der angedrohten Strafe zu beſtimmen.

Iſt die ſo beſtimmte Strafe Zuchthaus, ſo tritt Gefängnißſtrafe von gleicher Dauer an ihre Stelle;

4) iſt die Handlung ein Vergehen oder eine Uebertretung, ſo kann in beſonders leichten Fällen auf Verweis erkannt werden;

5) auf Verluſt der bürgerlichen Ehrenrechte überhaupt oder einzelner bürger⸗ licher Ehrenrechte, ſowie auf Zuläſſigkeit von Polizei⸗Aufſicht iſt nicht zu erkennen.

Die Freiheitsſtrafe iſt in beſonderen, zur Verbüßung von Strafen jugend⸗ licher Perſonen beſtimmten Anſtalten oder Räumen zu vollziehen.

§. 58.

Ein Taubſtummer, welcher die zur Erkenntniß der Strafbarkeit einer von ihm begangenen Handlung erforderliche Einſicht nicht beſaß, iſt freizuſprechen.

§. 59.

Wenn Jemand bei Begehung einer ſtrafbaren Handlung das Vorhanden⸗ ſein von Thatumſtänden nicht kannte, welche zum geſetzlichen Thatbeſtande ge⸗ hören oder die Strafbarkeit erhöhen, ſo ſind ihm dieſe Umſtände nicht zuzurechnen.

Bei der Beſtrafung fahrläſſig begangener Handlungen gilt dieſe Beſtim⸗ mung nur inſoweit, als die Unkenntniß ſelbſt nicht durch Fahrläſſigkeit ver⸗ ſchuldet iſt.

§. 60.

Eine erlittene Unterſuchungshaft kann bei Fällung des Urtheils auf die erkannte Strafe ganz oder theilweiſe angerechnet werden.

§. 61.

Eine Handlung, deren Verfolgung nur auf Antrag eintritt, iſt nicht zu verfolgen, wenn der zum Antrage Berechtigte es unterläßt, den Antrag binnen drei Monaten zu ſtellen. Dieſe Friſt beginnt mit dem Tage, ſeit welchem der zum Antrage Berechtigte von der Handlung und von der Perſon des Thäters Kenntniß gehabt hat.

§. 62.

Wenn von mehreren zum Antrage Berechtigten einer die dreimonatliche Friſt verſäumt, ſo wird hierdurch das Recht der übrigen nicht ausgeſchloſſen.

§. 63.

Der Antrag kann nicht getheilt werden. Das gerichtliche Verfahren findet gegen ſämmtliche an der Handlung Betheiligte (Thäter und Theilnehmer), ſowie gegen den Begünſtiger ſtatt, auch wenn nur gegen eine dieſer Perſonen auf Beſtrafung angetragen worden iſt.

§. 64.

Nach Verkündung eines auf Strafe lautenden Erkenntnisses kann der Antrag nicht zurückgenommen werden.

Die rechtzeitige Zurücknahme des Antrages gegen eine der vorbezeichneten Personen hat die Einstellung des Verfahrens auch gegen die anderen zur Folge.

§. 65.

Der Verletzte, welcher das achtzehnte Lebensjahr vollendet hat, ist selbstständig zu dem Antrage auf Bestrafung berechtigt.

So lange der Verletzte minderjährig ist, hat der gesetzliche Vertreter desselben, unabhängig von der eigenen Befugniß des Verletzten, das Recht, den Antrag zu stellen.

Bei bevormundeten Geisteskranken und Taubstummen ist der Vormund der zur Stellung des Antrages Berechtigte.

§. 66.

Durch Verjährung wird die Strafverfolgung und die Strafvollstreckung ausgeschlossen.

§. 67.

Die Strafverfolgung von Verbrechen verjährt,

> wenn sie mit dem Tode oder mit lebenslänglichem Zuchthaus bedroht sind, in zwanzig Jahren;

> wenn sie im Höchstbetrage mit einer Freiheitsstrafe von einer längeren als zehnjährigen Dauer bedroht sind, in funfzehn Jahren;

> wenn sie mit einer geringeren Freiheitsstrafe bedroht sind, in zehn Jahren.

Die Strafverfolgung von Vergehen, die im Höchstbetrage mit einer längeren als dreimonatlichen Gefängnißstrafe bedroht sind, verjährt in fünf Jahren, von anderen Vergehen in drei Jahren.

Die Strafverfolgung von Uebertretungen verjährt in drei Monaten.

Die Verjährung beginnt mit dem Tage, an welchem die Handlung begangen ist, ohne Rücksicht auf den Zeitpunkt des eingetretenen Erfolges.

§. 68.

Jede Handlung des Richters, welche wegen der begangenen That gegen den Thäter gerichtet ist, unterbricht die Verjährung.

Die Unterbrechung findet nur rücksichtlich desjenigen statt, auf welchen die Handlung sich bezieht.

Nach der Unterbrechung beginnt eine neue Verjährung.

§. 69.

Ist der Beginn oder die Fortsetzung eines Strafverfahrens von einer Vorfrage abhängig, deren Entscheidung in einem anderen Verfahren erfolgen muß, so ruht die Verjährung bis zu dessen Beendigung.

§. 70.

Die Vollſtreckung rechtskräftig erkannter Strafen verjährt, wenn

1) auf Tod oder auf lebenslängliches Zuchthaus oder auf lebenslängliche Feſtungshaft erkannt iſt, in dreißig Jahren;

2) auf Zuchthaus von mehr als zehn Jahren erkannt iſt, in zwanzig Jahren;

3) auf Zuchthaus bis zu zehn Jahren oder auf Feſtungshaft oder Ge-fängniß von mehr als fünf Jahren erkannt iſt, in funfzehn Jahren;

4) auf Feſtungshaft oder Gefängniß von zwei bis zu fünf Jahren oder auf Geldſtrafe von mehr als zweitauſend Thalern erkannt iſt, in zehn Jahren;

5) auf Feſtungshaft oder Gefängniß bis zu zwei Jahren oder auf Geld-ſtrafe von mehr als funfzig bis zu zweitauſend Thalern erkannt iſt, in fünf Jahren;

6) auf Haft oder auf Geldſtrafe bis zu funfzig Thalern erkannt iſt, in zwei Jahren.

Die Verjährung beginnt mit dem Tage, an welchem das Urtheil rechts-kräftig geworden iſt.

§. 71.

Die Vollſtreckung einer wegen derſelben Handlung neben einer Freiheits-ſtrafe erkannten Geldſtrafe verjährt nicht früher, als die Vollſtreckung der Frei-heitsſtrafe.

§. 72.

Jede auf Vollſtreckung der Strafe gerichtete Handlung derjenigen Behörde, welcher die Vollſtreckung obliegt, ſowie die zum Zwecke der Vollſtreckung erfol-gende Feſtnahme des Verurtheilten unterbricht die Verjährung.

Nach der Unterbrechung der Vollſtreckung der Strafe beginnt eine neue Verjährung.

Fünfter Abſchnitt.

Zuſammentreffen mehrerer ſtrafbarer Handlungen.

§. 73.

Wenn eine und dieſelbe Handlung mehrere Strafgeſetze verletzt, ſo kommt nur dasjenige Geſetz, welches die ſchwerſte Strafe, und bei ungleichen Strafarten dasjenige Geſetz, welches die ſchwerſte Strafart androht, zur Anwendung.

§. 74.

. Gegen denjenigen, welcher durch mehrere ſelbſtſtändige Handlungen mehrere Verbrechen oder Vergehen, oder dasſelbe Verbrechen oder Vergehen mehrmals begangen und dadurch mehrere zeitige Freiheitsſtrafen verwirkt hat, iſt auf eine Geſammtſtrafe zu erkennen, welche in einer Erhöhung der verwirkten ſchwerſten Strafe beſteht.

Bei dem Zusammentreffen ungleichartiger Freiheitsstrafen tritt diese Erhöhung bei der ihrer Art nach schwersten Strafe ein.

Das Maß der Gesammtstrafe darf den Betrag der verwirkten Einzelstrafen nicht erreichen und funfzehnjähriges Zuchthaus, zehnjähriges Gefängniß
oder funfzehnjährige Festungshaft nicht übersteigen.

§. 75.

Trifft Festungshaft nur mit Gefängniß zusammen, so ist auf jede dieser
Strafarten gesondert zu erkennen.

Ist Festungshaft oder Gefängniß mehrfach verwirkt, so ist hinsichtlich der
mehreren Strafen gleicher Art so zu verfahren, als wenn dieselben allein verwirkt wären.

Die Gesammtdauer der Strafen darf in diesen Fällen funfzehn Jahre nicht
übersteigen.

§. 76.

Die Verurtheilung zu einer Gesammtstrafe schließt die Aberkennung der
bürgerlichen Ehrenrechte nicht aus, wenn diese auch nur neben einer der verwirkten Einzelstrafen zulässig oder geboten ist.

Ingleichen kann neben der Gesammtstrafe auf Zulässigkeit von Polizei-
Aufsicht erkannt werden, wenn dieses auch nur wegen einer der mehreren strafbaren Handlungen statthaft ist.

§. 77.

Trifft Haft mit einer anderen Freiheitsstrafe zusammen, so ist auf die
erstere gesondert zu erkennen.

Auf eine mehrfach verwirkte Haft ist ihrem Gesammtbetrage nach, jedoch
nicht über die Dauer von drei Monaten zu erkennen.

§. 78.

Auf Geldstrafen, welche wegen mehrerer strafbarer Handlungen allein
oder neben einer Freiheitsstrafe verwirkt sind, ist ihrem vollen Betrage nach zu
erkennen.

Bei Umwandlung mehrerer Geldstrafen ist der Höchstbetrag der an die
Stelle derselben tretenden Freiheitsstrafe zwei Jahre Gefängniß und, wenn die
mehreren Geldstrafen nur wegen Uebertretungen erkannt worden sind, drei Monate Haft.

§. 79.

Die Vorschriften der §§. 74 bis 78 finden auch Anwendung, wenn, bevor
eine erkannte Strafe verbüßt, verjährt oder erlassen ist, die Verurtheilung wegen
einer strafbaren Handlung erfolgt, welche vor der früheren Verurtheilung begangen war.

Zweiter Theil.

Von den einzelnen Verbrechen, Vergehen und Uebertretungen und deren Bestrafung.

Erster Abschnitt.
Hochverrath und Landesverrath.

§. 80.

Der Mord und der Versuch des Mordes, welche an dem Kaiser, an dem eigenen Landesherrn, oder während des Aufenthalts in einem Bundesstaate an dem Landesherrn dieses Staats verübt worden sind, werden als Hochverrath mit dem Tode bestraft.

§. 81.

Wer außer den Fällen des §. 80 es unternimmt,

1) einen Bundesfürsten zu tödten, gefangen zu nehmen, in Feindes Gewalt zu liefern oder zur Regierung unfähig zu machen,

2) die Verfassung des Deutschen Reichs oder eines Bundesstaats oder die in demselben bestehende Thronfolge gewaltsam zu ändern,

3) das Bundesgebiet ganz oder theilweise einem fremden Staate gewaltsam einzuverleiben oder einen Theil desselben vom Ganzen loszureißen, oder

4) das Gebiet eines Bundesstaats ganz oder theilweise einem anderen Bundesstaate gewaltsam einzuverleiben oder einen Theil desselben vom Ganzen loszureißen,

wird wegen Hochverraths mit lebenslänglichem Zuchthaus oder lebenslänglicher Festungshaft bestraft.

Sind mildernde Umstände vorhanden, so tritt Festungshaft nicht unter fünf Jahren ein.

Neben der Festungshaft kann auf Verlust der bekleideten öffentlichen Aemter, sowie der aus öffentlichen Wahlen hervorgegangenen Rechte erkannt werden.

§. 82.

Als ein Unternehmen, durch welches das Verbrechen des Hochverraths vollendet wird, ist jede Handlung anzusehen, durch welche das Vorhaben unmittelbar zur Ausführung gebracht werden soll.

§. 83.

Haben Mehrere die Ausführung eines hochverrätherischen Unternehmens verabredet, ohne daß es zum Beginn einer nach §. 82 strafbaren Handlung

41*

gekommen ist, so werden dieselben mit Zuchthaus nicht unter fünf Jahren oder mit Festungshaft von gleicher Dauer bestraft.

Sind mildernde Umstände vorhanden, so tritt Festungshaft nicht unter zwei Jahren ein.

Neben der Festungshaft kann auf Verlust der bekleideten öffentlichen Aemter, sowie der aus öffentlichen Wahlen, hervorgegangenen Rechte erkannt werden.

§. 84.

Die Strafvorschriften des §. 83 finden auch gegen denjenigen Anwendung, welcher zur Vorbereitung eines Hochverraths entweder sich mit einer auswärtigen Regierung einläßt oder die ihm von dem Reiche oder einem Bundesstaate anvertraute Macht mißbraucht oder Mannschaften anwirbt oder in den Waffen einübt.

§. 85.

Wer öffentlich vor einer Menschenmenge, oder wer durch Verbreitung oder öffentlichen Anschlag oder öffentliche Ausstellung von Schriften oder anderen Darstellungen zur Ausführung einer nach §. 82 strafbaren Handlung auffordert, wird mit Zuchthaus bis zu zehn Jahren oder Festungshaft von gleicher Dauer bestraft.

Sind mildernde Umstände vorhanden, so tritt Festungshaft von Einem bis zu fünf Jahren ein.

§. 86.

Jede andere, ein hochverrätherisches Unternehmen vorbereitende Handlung wird mit Zuchthaus bis zu drei Jahren oder Festungshaft von gleicher Dauer bestraft.

Sind mildernde Umstände vorhanden, so tritt Festungshaft von sechs Monaten bis zu drei Jahren ein.

§. 87.

Ein Deutscher, welcher sich mit einer ausländischen Regierung einläßt, um dieselbe zu einem Kriege gegen das Deutsche Reich zu veranlassen, wird wegen Landesverraths mit Zuchthaus nicht unter fünf Jahren und, wenn der Krieg ausgebrochen ist, mit lebenslänglichem Zuchthaus bestraft.

Sind mildernde Umstände vorhanden, so tritt Festungshaft von sechs Monaten bis zu fünf Jahren und, wenn der Krieg ausgebrochen ist, Festungshaft nicht unter fünf Jahren ein.

Neben der Festungshaft kann auf Verlust der bekleideten öffentlichen Aemter, sowie der aus öffentlichen Wahlen hervorgegangenen Rechte erkannt werden.

§. 88.

Ein Deutscher, welcher während eines gegen das Deutsche Reich ausgebrochenen Krieges im feindlichen Heere Dienste nimmt und die Waffen gegen das Deutsche Reich oder dessen Bundesgenossen trägt, wird wegen Landesverraths mit lebenslänglichem Zuchthaus oder lebenslänglicher Festungshaft bestraft.

Sind mildernde Umstände vorhanden, so tritt Festungshaft nicht unter fünf Jahren ein.

Ein Deutscher, welcher schon früher in fremden Kriegsdiensten stand, wird, wenn er nach Ausbruch des Krieges in denselben verbleibt und die Waffen gegen das Deutsche Reich oder dessen Bundesgenossen trägt, wegen Landesverraths mit Zuchthaus von zwei bis zu zehn Jahren oder mit Festungshaft von gleicher Dauer bestraft. Sind mildernde Umstände vorhanden, so tritt Festungshaft ein.

Neben der Festungshaft kann auf Verlust der bekleideten öffentlichen Aemter, sowie der aus öffentlichen Wahlen hervorgegangenen Rechte erkannt werden.

§. 89.

Ein Deutscher, welcher vorsätzlich während eines gegen das Deutsche Reich ausgebrochenen Krieges einer feindlichen Macht Vorschub leistet oder den Truppen des Deutschen Reichs oder der Bundesgenossen desselben Nachtheil zufügt, wird wegen Landesverraths mit Zuchthaus bis zu zehn Jahren oder mit Festungshaft von gleicher Dauer bestraft. Sind mildernde Umstände vorhanden, so tritt Festungshaft bis zu zehn Jahren ein.

Neben der Festungshaft kann auf Verlust der bekleideten öffentlichen Aemter, sowie der aus öffentlichen Wahlen hervorgegangenen Rechte erkannt werden.

§. 90.

Lebenslängliche Zuchthausstrafe trifft einen Deutschen, welcher vorsätzlich während eines gegen das Deutsche Reich ausgebrochenen Krieges:

1) Festungen, Pässe, besetzte Plätze oder andere Vertheidigungsposten, ingleichen deutsche oder verbündete Truppen oder einzelne Offiziere oder Soldaten in feindliche Gewalt bringt;

2) Festungswerke, Schiffe oder andere Fahrzeuge der Kriegsmarine, Kassen, Zeughäuser, Magazine oder andere Vorräthe von Waffen, Schießbedarf oder anderen Kriegsbedürfnissen in feindliche Gewalt bringt oder dieselben, sowie Brücken und Eisenbahnen zum Vortheile des Feindes zerstört oder unbrauchbar macht;

3) dem Feinde Mannschaften zuführt oder Soldaten des deutschen oder verbündeten Heeres verleitet, zum Feinde überzugehen;

4) Operationspläne oder Pläne von Festungen oder festen Stellungen dem Feinde mittheilt;

5) dem Feinde als Spion dient oder feindliche Spione aufnimmt, verbirgt oder ihnen Beistand leistet, oder

6) einen Aufstand unter den deutschen oder verbündeten Truppen erregt.

Sind mildernde Umstände vorhanden, so tritt Festungshaft nicht unter fünf Jahren ein.

Neben der Festungshaft kann auf Verlust der bekleideten öffentlichen Aemter, sowie der aus öffentlichen Wahlen hervorgegangenen Rechte erkannt werden.

§. 91.

Gegen Ausländer ist wegen der in den §§. 87, 89, 90 bezeichneten Handlungen nach dem Kriegsgebrauche zu verfahren.

Begehen sie aber solche Handlungen, während sie unter dem Schutze des Deutschen Reichs oder eines Bundesstaats sich innerhalb des Bundesgebietes aufhalten, so kommen die in den §§. 87, 89 und 90 bestimmten Strafen zur Anwendung.

§. 92.

Wer vorsätzlich

1) Staatsgeheimnisse oder Festungspläne, oder solche Urkunden, Aktenstücke oder Nachrichten, von denen er weiß, daß ihre Geheimhaltung einer anderen Regierung gegenüber für das Wohl des Deutschen Reichs oder eines Bundesstaats erforderlich ist, dieser Regierung mittheilt oder öffentlich bekannt macht;

2) zur Gefährdung der Rechte des Deutschen Reichs oder eines Bundesstaats im Verhältniß zu einer anderen Regierung die über solche Rechte sprechenden Urkunden oder Beweismittel vernichtet, verfälscht oder unterdrückt, oder

3) ein ihm von Seiten des Deutschen Reichs oder von einem Bundesstaate aufgetragenes Staatsgeschäft mit einer andern Regierung zum Nachtheil dessen führt, der ihm den Auftrag ertheilt hat,

wird mit Zuchthaus nicht unter zwei Jahren bestraft.

Sind mildernde Umstände vorhanden, so tritt Festungshaft nicht unter sechs Monaten ein.

§. 93.

Wenn in den Fällen der §§. 80, 81, 83, 84, 87 bis 92 die Untersuchung eröffnet wird, so kann bis zu deren rechtskräftigen Beendigung das Vermögen, welches der Angeschuldigte besitzt, oder welches ihm später anfällt, mit Beschlag belegt werden.

Zweiter Abschnitt.
Beleidigung des Landesherrn.

§. 94.

Wer einer Thätlichkeit gegen den Kaiser, gegen seinen Landesherrn oder während seines Aufenthalts in einem Bundesstaate einer Thätlichkeit gegen den Landesherrn dieses Staats sich schuldig macht, wird mit lebenslänglichem Zuchthaus oder lebenslänglicher Festungshaft, in minder schweren Fällen mit Zuchthaus nicht unter fünf Jahren oder mit Festungshaft von gleicher Dauer bestraft. Neben der Festungshaft kann auf Verlust der bekleideten öffentlichen Aemter, sowie der aus öffentlichen Wahlen hervorgegangenen Rechte erkannt werden.

Sind mildernde Umstände vorhanden, so tritt Festungshaft nicht unter fünf Jahren ein.

§. 95.

Wer den Kaiser, seinen Landesherrn oder während seines Aufenthalts in einem Bundesstaate dessen Landesherrn beleidigt, wird mit Gefängniß nicht unter zwei Monaten oder mit Festungshaft bis zu fünf Jahren bestraft.

Neben der Gefängnißstrafe kann auf Verlust der bekleideten öffentlichen Aemter, sowie der aus öffentlichen Wahlen hervorgegangenen Rechte erkannt werden.

§. 96.

Wer einer Thätlichkeit gegen ein Mitglied des landesherrlichen Hauses seines Staats oder gegen den Regenten seines Staats oder während seines Aufenthalts in einem Bundesstaate einer Thätlichkeit gegen ein Mitglied des landesherrlichen Hauses dieses Staats oder gegen den Regenten dieses Staats sich schuldig macht, wird mit Zuchthaus nicht unter fünf Jahren oder mit Festungshaft von gleicher Dauer, in minder schweren Fällen mit Zuchthaus bis zu fünf Jahren oder mit Festungshaft von gleicher Dauer bestraft.

Sind mildernde Umstände vorhanden, so tritt Festungshaft von Einem bis zu fünf Jahren ein.

§. 97.

Wer ein Mitglied des landesherrlichen Hauses seines Staats oder den Regenten seines Staats oder während seines Aufenthalts in einem Bundesstaate ein Mitglied des landesherrlichen Hauses dieses Staats oder den Regenten dieses Staats beleidigt, wird mit Gefängniß von Einem Monat bis zu drei Jahren oder mit Festungshaft von gleicher Dauer bestraft.

Dritter Abschnitt.
Beleidigung von Bundesfürsten.

§. 98.

Wer außer dem Falle des §. 94 sich einer Thätlichkeit gegen einen Bundesfürsten schuldig macht, wird mit Zuchthaus von zwei bis zu zehn Jahren oder mit Festungshaft von gleicher Dauer bestraft.

Sind mildernde Umstände vorhanden, so tritt Festungshaft von sechs Monaten bis zu zehn Jahren ein.

§. 99.

Wer außer dem Falle des §. 95 einen Bundesfürsten beleidigt, wird mit Gefängniß von Einem Monat bis zu drei Jahren oder mit Festungshaft von gleicher Dauer bestraft.

Die Verfolgung tritt nur mit Ermächtigung des Beleidigten ein.

§. 100.

Wer außer dem Falle des §. 96 sich einer Thätlichkeit gegen ein Mitglied eines bundesfürstlichen Hauses oder den Regenten eines Bundesstaats schuldig macht, wird mit Zuchthaus bis zu fünf Jahren, oder mit Festungshaft von gleicher Dauer bestraft.

Sind mildernde Umstände vorhanden, so tritt Festungshaft von Einem Monat bis zu drei Jahren ein.

§. 101.

Wer außer dem Falle des §. 97 den Regenten eines Bundesstaats beleidigt, wird mit Gefängniß von Einer Woche bis zu zwei Jahren oder mit Festungshaft von gleicher Dauer bestraft.

Die Verfolgung tritt nur mit Ermächtigung des Beleibigten ein.

Vierter Abschnitt.
Feindliche Handlungen gegen befreundete Staaten.

§. 102.

Ein Deutscher, welcher im Inlande oder Auslande, oder ein Ausländer, welcher während seines Aufenthalts im Inlande gegen einen nicht zum Deutschen Reiche gehörenden Staat oder dessen Landesherrn eine Handlung vornimmt, die, wenn er sie gegen einen Bundesstaat oder einen Bundesfürsten begangen hätte, nach Vorschrift der §§. 80 bis 86 zu bestrafen sein würde, wird in den Fällen der §§. 80 bis 84 mit Festungshaft von Einem bis zu zehn Jahren oder, wenn mildernde Umstände vorhanden sind, mit Festungshaft nicht unter sechs Monaten, in den Fällen der §§. 85 und 86 mit Festungshaft von Einem Monat bis zu drei Jahren bestraft, sofern in dem anderen Staate nach veröffentlichten Staatsverträgen oder nach Gesetzen dem Deutschen Reiche die Gegenseitigkeit verbürgt ist.

Die Verfolgung tritt nur auf Antrag der auswärtigen Regierung ein.

§. 103.

Wer sich gegen den Landesherrn oder den Regenten eines nicht zum Deutschen Reiche gehörenden Staats einer Beleidigung schuldig macht, wird mit Gefängniß von Einem Monat bis zu zwei Jahren oder mit Festungshaft von gleicher Dauer bestraft, sofern in diesem Staate nach veröffentlichten Staatsverträgen oder nach Gesetzen dem Deutschen Reiche die Gegenseitigkeit verbürgt ist.

Die Verfolgung tritt nur auf Antrag der auswärtigen Regierung ein.

§. 104.

Wer sich gegen einen bei dem Reiche, einem bundesfürstlichen Hofe oder bei dem Senate einer der freien Hansestädte beglaubigten Gesandten oder Geschäftsträger einer Beleidigung schuldig macht, wird mit Gefängniß bis zu Einem Jahre oder mit Festungshaft von gleicher Dauer bestraft.

Die Verfolgung tritt nur auf Antrag des Beleibigten ein.

Fünfter Abschnitt.

**Verbrechen und Vergehen in Beziehung auf die Ausübung staats-
bürgerlicher Rechte.**

§. 105.

Wer es unternimmt, den Senat oder die Bürgerschaft einer der freien
Hansestädte, eine gesetzgebende Versammlung des Reichs oder eines Bundesstaats
auseinander zu sprengen, zur Fassung oder Unterlassung von Beschlüssen zu
nöthigen oder Mitglieder aus ihnen gewaltsam zu entfernen, wird mit Zuchthaus
nicht unter fünf Jahren oder mit Festungshaft von gleicher Dauer bestraft.

Sind mildernde Umstände vorhanden, so tritt Festungshaft nicht unter
Einem Jahre ein.

§. 106.

Wer ein Mitglied einer der vorbezeichneten Versammlungen durch Gewalt
oder durch Bedrohung mit einer strafbaren Handlung verhindert, sich an den Ort
der Versammlung zu begeben oder zu stimmen, wird mit Zuchthaus bis zu fünf
Jahren oder mit Festungshaft von gleicher Dauer bestraft.

Sind mildernde Umstände vorhanden, so tritt Festungshaft bis zu zwei
Jahren ein.

§. 107.

Wer einen Deutschen durch Gewalt oder durch Bedrohung mit einer strafbaren Handlung verhindert, in Ausübung seiner staatsbürgerlichen Rechte zu
wählen oder zu stimmen, wird mit Gefängniß nicht unter sechs Monaten oder
mit Festungshaft bis zu fünf Jahren bestraft.

Der Versuch ist strafbar.

§. 108.

Wer in einer öffentlichen Angelegenheit mit der Sammlung von Wahl-
oder Stimm-Zetteln oder -Zeichen oder mit der Führung der Beurkundungsver-
handlung beauftragt, ein unrichtiges Ergebniß der Wahlhandlung vorsätzlich herbeiführt oder das Ergebniß verfälscht, wird mit Gefängniß von Einer Woche bis
zu drei Jahren bestraft.

Wird die Handlung von Jemand begangen, welcher nicht mit der Sammlung der Zettel oder Zeichen oder einer anderen Verrichtung bei dem Wahlge-
schäfte beauftragt ist, so tritt Gefängnißstrafe bis zu zwei Jahren ein.

Auch kann auf Verlust der bürgerlichen Ehrenrechte erkannt werden.

§. 109.

Wer in einer öffentlichen Angelegenheit eine Wahlstimme kauft oder verkauft, wird mit Gefängniß von Einem Monat bis zu zwei Jahren bestraft; auch
kann auf Verlust der bürgerlichen Ehrenrechte erkannt werden.

Sechster Abschnitt.
Widerstand gegen die Staatsgewalt.

§. 110.

Wer öffentlich vor einer Menschenmenge, oder wer durch Verbreitung oder öffentlichen Anschlag oder öffentliche Ausstellung von Schriften oder anderen Darstellungen zum Ungehorsam gegen Gesetze oder rechtsgültige Verordnungen oder gegen die von der Obrigkeit innerhalb ihrer Zuständigkeit getroffenen Anordnungen auffordert, wird mit Geldstrafe bis zu zweihundert Thalern oder mit Gefängniß bis zu zwei Jahren bestraft.

§. 111.

Wer auf die vorbezeichnete Weise zur Begehung einer strafbaren Handlung auffordert, ist gleich dem Anstifter zu bestrafen, wenn die Aufforderung die strafbare Handlung oder einen strafbaren Versuch derselben zur Folge gehabt hat.

Ist die Aufforderung ohne Erfolg geblieben, so tritt Geldstrafe bis zu zweihundert Thalern oder Gefängnißstrafe bis zu Einem Jahre ein. Die Strafe darf jedoch, der Art oder dem Maße nach, keine schwerere sein, als die auf die Handlung selbst angedrohte.

§. 112.

Wer eine Person des Soldatenstandes, es sei des Deutschen Heeres oder der Kaiserlichen Marine, auffordert oder anreizt, dem Befehle des Oberen nicht Gehorsam zu leisten, wer insbesondere eine Person, welche zum Beurlaubtenstande gehört, auffordert oder anreizt, der Einberufung zum Dienste nicht zu folgen, wird mit Gefängniß bis zu zwei Jahren bestraft.

§. 113.

Wer einem Beamten, welcher zur Vollstreckung von Gesetzen, von Befehlen und Anordnungen der Verwaltungsbehörden oder von Urtheilen und Verfügungen der Gerichte berufen ist, in der rechtmäßigen Ausübung seines Amtes durch Gewalt oder durch Bedrohung mit Gewalt Widerstand leistet, oder wer einen solchen Beamten während der rechtmäßigen Ausübung seines Amtes thätlich angreift, wird mit Gefängniß bis zu zwei Jahren oder mit Geldstrafe bis zu fünfhundert Thalern bestraft.

Dieselbe Strafe tritt ein, wenn die Handlung gegen Personen, welche zur Unterstützung des Beamten zugezogen waren, oder gegen Mannschaften der bewaffneten Macht oder gegen Mannschaften einer Gemeinde-, Schutz- oder Bürgerwehr in Ausübung des Dienstes begangen wird.

§. 114.

Wer es unternimmt, durch Gewalt oder Drohung eine Behörde oder einen Beamten zur Vornahme oder Unterlassung einer Amtshandlung zu nöthigen, wird mit Gefängniß bestraft.

§. 115.

Wer an einer öffentlichen Zusammenrottung, bei welcher eine der in den §§. 113 und 114 bezeichneten Handlungen mit vereinten Kräften begangen wird, Theil nimmt, wird wegen Aufruhrs mit Gefängniß nicht unter sechs Monaten bestraft.

Die Rädelsführer, sowie diejenigen Aufrührer, welche eine der in den §§. 113 und 114 bezeichneten Handlungen begehen, werden mit Zuchthaus bis zu zehn Jahren bestraft; auch kann auf Zulässigkeit von Polizei-Aufsicht erkannt werden. Sind mildernde Umstände vorhanden, so tritt Gefängnißstrafe nicht unter sechs Monaten ein.

§. 116.

Wird eine auf öffentlichen Wegen, Straßen oder Plätzen versammelte Menschenmenge von dem zuständigen Beamten oder Befehlshaber der bewaffneten Macht aufgefordert, sich zu entfernen, so wird jeder der Versammelten, welcher nach der dritten Aufforderung sich nicht entfernt, wegen Auflaufs mit Gefängniß bis zu drei Monaten oder mit Geldstrafe bis zu fünfhundert Thalern bestraft.

Ist bei einem Auflaufe gegen die Beamten oder die bewaffnete Macht mit vereinten Kräften thätlicher Widerstand geleistet oder Gewalt verübt worden, so treten gegen diejenigen, welche an diesen Handlungen Theil genommen haben, die Strafen des Aufruhrs ein.

§. 117.

Wer einem Forst- oder Jagdbeamten, einem Waldeigenthümer, Forst- oder Jagdberechtigten, oder einem von diesen bestellten Aufseher, in der rechtmäßigen Ausübung seines Amtes oder Rechtes durch Gewalt oder durch Bedrohung mit Gewalt Widerstand leistet, oder wer eine dieser Personen während der Ausübung ihres Amtes oder Rechtes thätlich angreift, wird mit Gefängniß bis zu drei Jahren bestraft.

Ist der Widerstand oder der Angriff unter Drohung mit Schießgewehr, Aexten oder andern gefährlichen Werkzeugen erfolgt, oder mit Gewalt an der Person begangen worden, so tritt Gefängnißstrafe nicht unter Einem Monat ein.

§. 118.

Ist durch den Widerstand oder den Angriff eine Körperverletzung dessen, gegen welchen die Handlung begangen ist, verursacht worden, so ist auf Zuchthaus bis zu zehn Jahren zu erkennen.

Sind mildernde Umstände vorhanden, so tritt Gefängnißstrafe nicht unter drei Monaten ein.

§. 119.

Wenn eine der in den §§. 117 und 118 bezeichneten Handlungen von Mehreren gemeinschaftlich begangen worden ist, so kann die Strafe bis um die Hälfte des angedrohten Höchstbetrages, die Gefängnißstrafe jedoch nicht über fünf Jahre erhöht werden.

42*

§. 120.

Wer einen Gefangenen aus der Gefangenanstalt oder aus der Gewalt der bewaffneten Macht, des Beamten oder desjenigen, unter dessen Beaufsichtigung, Begleitung oder Bewachung er sich befindet, vorsätzlich befreit oder ihm zur Selbstbefreiung vorsätzlich behülflich ist, wird mit Gefängniß bis zu drei Jahren bestraft.

Der Versuch ist strafbar.

§. 121.

Wer vorsätzlich einen Gefangenen, mit dessen Beaufsichtigung oder Begleitung er beauftragt ist, entweichen läßt oder dessen Befreiung befördert, wird mit Gefängniß bis zu drei Jahren bestraft.

Ist die Entweichung durch Fahrlässigkeit befördert worden, so tritt Gefängnißstrafe bis zu drei Monaten oder Geldstrafe bis zu Einhundert Thalern ein.

§. 122.

Gefangene, welche sich zusammenrotten und mit vereinten Kräften die Anstaltsbeamten oder die mit der Beaufsichtigung Beauftragten angreifen, denselben Widerstand leisten oder es unternehmen, sie zu Handlungen oder Unterlassungen zu nöthigen, werden wegen Meuterei mit Gefängniß nicht unter sechs Monaten bestraft.

Gleiche Strafe tritt ein, wenn Gefangene sich zusammenrotten und mit vereinten Kräften einen gewaltsamen Ausbruch unternehmen.

Diejenigen Meuterer, welche Gewaltthätigkeiten gegen die Anstaltsbeamten oder die mit der Beaufsichtigung Beauftragten verüben, werden mit Zuchthaus bis zu zehn Jahren bestraft; auch kann auf Zulässigkeit von Polizei-Aufsicht erkannt werden.

Siebenter Abschnitt.
Verbrechen und Vergehen wider die öffentliche Ordnung.

§. 123.

Wer in die Wohnung, in die Geschäftsräume oder in das befriedete Besitzthum eines Anderen oder in abgeschlossene Räume, welche zum öffentlichen Dienst bestimmt sind, widerrechtlich eindringt, oder wer, wenn er ohne Befugniß darin verweilt, auf die Aufforderung des Berechtigten sich nicht entfernt, wird wegen Hausfriedensbruches mit Gefängniß bis zu drei Monaten oder mit Geldstrafe bis zu Einhundert Thalern bestraft.

Die Verfolgung tritt nur auf Antrag ein.

Ist die Handlung von einer mit Waffen versehenen Person oder von Mehreren gemeinschaftlich begangen worden, so tritt Gefängnißstrafe von Einer Woche bis zu Einem Jahre ein.

§. 124.

Wenn sich eine Menschenmenge öffentlich zusammenrottet und in der Absicht, Gewaltthätigkeiten gegen Personen oder Sachen mit vereinten Kräften zu

begehen, in die Wohnung, in die Geschäftsräume oder in das befriedete Besitzthum eines Andern oder in abgeschlossene Räume, welche zum öffentlichen Dienst
bestimmt sind, widerrechtlich einbringt, so wird jeder, welcher an diesen Handlungen Theil nimmt, mit Gefängniß von Einem Monat bis zu zwei Jahren
bestraft.

§. 125.

Wenn sich eine Menschenmenge öffentlich zusammenrottet und mit vereinten
Kräften gegen Personen oder Sachen Gewaltthätigkeiten begeht, so wird jeder,
welcher an dieser Zusammenrottung Theil nimmt, wegen Landfriedensbruches mit
Gefängniß nicht unter drei Monaten bestraft.

Die Rädelsführer, sowie diejenigen, welche Gewaltthätigkeiten gegen Personen begangen oder Sachen geplündert, vernichtet oder zerstört haben, werden
mit Zuchthaus bis zu zehn Jahren bestraft; auch kann auf Zulässigkeit von
Polizei-Aufsicht erkannt werden. Sind mildernde Umstände vorhanden, so tritt
Gefängnißstrafe nicht unter sechs Monaten ein.

§. 126.

Wer durch Androhung eines gemeingefährlichen Verbrechens den öffentlichen
Frieden stört, wird mit Gefängniß bis zu Einem Jahre bestraft.

§. 127.

Wer unbefugterweise einen bewaffneten Haufen bildet oder befehligt oder
eine Mannschaft, von der er weiß, daß sie ohne gesetzliche Befugniß gesammelt
ist, mit Waffen oder Kriegsbedürfnissen versieht, wird mit Gefängniß bis zu zwei
Jahren bestraft.

Wer sich einem solchen bewaffneten Haufen anschließt, wird mit Gefängniß
bis zu Einem Jahre bestraft.

§. 128.

Die Theilnahme an einer Verbindung, deren Dasein, Verfassung oder
Zweck vor der Staatsregierung geheim gehalten werden soll, oder in welcher gegen
unbekannte Obere Gehorsam oder gegen bekannte Obere unbedingter Gehorsam
versprochen wird, ist an den Mitgliedern mit Gefängniß bis zu sechs Monaten,
an den Stiftern und Vorstehern der Verbindung mit Gefängniß von Einem
Monat bis zu Einem Jahre zu bestrafen.

Gegen Beamte kann auf Verlust der Fähigkeit zur Bekleidung öffentlicher
Aemter auf die Dauer von Einem bis zu fünf Jahren erkannt werden.

§. 129.

Die Theilnahme an einer Verbindung, zu deren Zwecken oder Beschäftigungen gehört, Maßregeln der Verwaltung oder die Vollziehung von Gesetzen durch
ungesetzliche Mittel zu verhindern oder zu entkräften, ist an den Mitgliedern mit
Gefängniß bis zu Einem Jahre, an den Stiftern und Vorstehern der Verbindung
mit Gefängniß von drei Monaten bis zu zwei Jahren zu bestrafen.

Gegen Beamte kann auf Verlust der Fähigkeit zur Bekleidung öffentlicher
Aemter auf die Dauer von Einem bis zu fünf Jahren erkannt werden.

§. 130.

Wer in einer den öffentlichen Frieden gefährdenden Weise verschiedene Klassen der Bevölkerung zu Gewaltthätigkeiten gegen einander öffentlich anreizt, wird mit Geldstrafe bis zu zweihundert Thalern oder mit Gefängniß bis zu zwei Jahren bestraft.

§. 131.

Wer erdichtete oder entstellte Thatsachen, wissend, daß sie erdichtet oder entstellt sind, öffentlich behauptet oder verbreitet, um dadurch Staatseinrichtungen oder Anordnungen der Obrigkeit verächtlich zu machen, wird mit Geldstrafe bis zu zweihundert Thalern oder mit Gefängniß bis zu zwei Jahren bestraft.

§. 132.

Wer unbefugt sich mit Ausübung eines öffentlichen Amtes befaßt oder eine Handlung vornimmt, welche nur kraft eines öffentlichen Amtes vorgenommen werden darf, wird mit Gefängniß bis zu Einem Jahre oder mit Geldstrafe bis zu Einhundert Thalern bestraft.

§. 133.

Wer eine Urkunde, ein Register, Akten oder einen sonstigen Gegenstand, welche sich zur amtlichen Aufbewahrung an einem dazu bestimmten Orte befinden, oder welche einem Beamten oder einem Dritten amtlich übergeben worden sind, vorsätzlich vernichtet, bei Seite schafft oder beschädigt, wird mit Gefängniß bestraft.

Ist die Handlung in gewinnsüchtiger Absicht begangen, so tritt Gefängnißstrafe nicht unter drei Monaten ein; auch kann auf Verlust der bürgerlichen Ehrenrechte erkannt werden.

§. 134.

Wer öffentlich angeschlagene Bekanntmachungen, Verordnungen, Befehle oder Anzeigen von Behörden oder Beamten böswillig abreißt, beschädigt oder verunstaltet, wird mit Geldstrafe bis zu Einhundert Thalern oder mit Gefängniß bis zu sechs Monaten bestraft.

§. 135.

Wer ein öffentliches Zeichen der Autorität des Reichs oder eines Bundesfürsten oder ein Hoheitszeichen eines Bundesstaats böswillig wegnimmt, zerstört oder beschädigt, wird mit Geldstrafe bis zu zweihundert Thalern oder mit Gefängniß bis zu zwei Jahren bestraft.

§. 136.

Wer unbefugt ein amtliches Siegel, welches von einer Behörde oder einem Beamten angelegt ist, um Sachen zu verschließen, zu bezeichnen oder in Beschlag zu nehmen, vorsätzlich erbricht, ablöst oder beschädigt oder den durch ein solches Siegel bewirkten amtlichen Verschluß aufhebt, wird mit Gefängniß bis zu sechs Monaten bestraft.

§. 137.

Wer Sachen, welche durch die zuständigen Behörden oder Beamten gepfändet oder in Beschlag genommen worden sind, vorsätzlich bei Seite schafft, zerstört oder in anderer Weise der Verstrickung ganz oder theilweise entzieht, wird mit Gefängniß bis zu Einem Jahre bestraft.

§. 138.

Wer als Zeuge, Geschworner oder Schöffe berufen, eine unwahre Thatsache als Entschuldigung vorschützt, wird mit Gefängniß bis zu zwei Monaten bestraft.

Dasselbe gilt von einem Sachverständigen, welcher zum Erscheinen gesetzlich verpflichtet ist.

Die auf das Nichterscheinen gesetzten Ordnungsstrafen werden durch vorstehende Strafbestimmung nicht ausgeschlossen.

§. 139.

Wer von dem Vorhaben eines Hochverraths, Landesverraths, Münzverbrechens, Mordes, Raubes, Menschenraubes oder eines gemeingefährlichen Verbrechens zu einer Zeit, in welcher die Verhütung des Verbrechens möglich ist, glaubhafte Kenntniß erhält und es unterläßt, hiervon der Behörde oder der durch das Verbrechen bedrohten Person zur rechten Zeit Anzeige zu machen, ist, wenn das Verbrechen oder ein strafbarer Versuch desselben begangen worden ist, mit Gefängniß zu bestrafen.

§. 140.

Wer dem Eintritte in den Dienst des stehenden Heeres oder der Flotte sich dadurch zu entziehen sucht, daß er ohne Erlaubniß entweder das Bundesgebiet verläßt oder nach erreichtem militairpflichtigen Alter sich außerhalb des Bundesgebietes aufhält, wird mit einer Geldstrafe von funfzig bis zu Eintausend Thalern oder mit Gefängniß von Einem Monat bis zu Einem Jahre bestraft.

Das Vermögen des Angeschuldigten kann, insoweit als es nach dem Ermessen des Richters zur Deckung der den Angeschuldigten möglicherweise treffenden höchsten Geldstrafe und der Kosten des Verfahrens erforderlich. ist, mit Beschlag belegt werden.

§. 141.

Wer einen Deutschen zum Militairdienste einer ausländischen Macht anwirbt oder den Werbern der letzteren zuführt, ingleichen wer einen deutschen Soldaten vorsätzlich zum Desertiren verleitet oder die Desertion desselben vorsätzlich befördert, wird mit Gefängniß von drei Monaten bis zu drei Jahren bestraft.

Der Versuch ist strafbar.

§. 142.

Wer sich vorsätzlich durch Selbstverstümmelung oder auf andere Weise zur Erfüllung der Wehrpflicht untauglich macht oder durch einen Anderen untauglich machen läßt, wird mit Gefängniß nicht unter Einem Jahre bestraft; auch kann auf Verlust der bürgerlichen Ehrenrechte erkannt werden.

Diefelbe Strafe trifft benjenigen, welcher einen Anderen auf beffen Verlangen zur Erfüllung ber Wehrpflicht untauglich macht.

§. 143.

Wer in ber Abficht, fich ber Erfüllung ber Wehrpflicht ganz ober theilweife zu entziehen, auf Täufchung berechnete Mittel anwendet, wird mit Gefängniß beftraft; auch kann auf Verluft ber bürgerlichen Ehrenrechte erkannt
werden.

Diefelbe Strafvorfchrift findet auf ben Theilnehmer Anwendung.

§. 144.

Wer es fich zum Gefchäfte macht, Deutfche unter Vorfpiegelung falfcher
Thatfachen ober wiffentlich mit unbegründeten Angaben zur Auswanberung zu
verleiten, wird mit Gefängniß von Einem Monat bis zu zwei Jahren beftraft.

§. 145.

Wer bie vom Kaifer zur Verhütung bes Zufammenftoßens ber Schiffe
auf See erlaffenen Verorbnungen übertritt, wird mit Gelbftrafe bis zu fünfhundert Thalern beftraft.

Achter Abfchnitt.
Münzverbrechen unb Münzvergehen.

§. 146.

Wer inlänbifches ober auslänbifches Metallgeld ober Papiergelb nachmacht,
um bas nachgemachte Geld als echtes zu gebrauchen ober fonft in Verkehr zu
bringen, ober wer in gleicher Abficht echtem Gelbe burch Veränberung an bemfelben ben Schein eines höheren Werths ober verrufenem Gelbe burch Veränderung an bemfelben bas Anfehen eines noch geltenden giebt, wird mit Zuchthaus
nicht unter zwei Jahren beftraft; auch ift Polizei-Aufficht zuläffig.

Sinb milbernde Umftände vorhanben, fo tritt Gefängnißftrafe ein.

§. 147.

Diefelben Strafbeftimmungen finben auf benjenigen Anwendung, welcher
bas von ihm auch ohne bie vorbezeichnete Abficht nachgemachte ober verfälfchte
Geld als echtes in Verkehr bringt, fowie auf benjenigen, welcher nachgemachtes
ober verfälfchtes Gelb fich verfchafft unb folches entweder in Verkehr bringt ober
zum Zwecke ber Verbreitung aus bem Auslanbe einführt.

§. 148.

Wer nachgemachtes ober verfälfchtes Geld als echtes empfängt unb nach
erkannter Unechtheit als echtes in Verkehr bringt, wird mit Gefängniß bis zu
brei Monaten ober mit Gelbftrafe bis zu Einhundert Thalern beftraft.

Der Verfuch ift ftrafbar.

§. 149.

Dem Papiergelbe werden gleich geachtet die auf den Inhaber lautenden Schuldverschreibungen, Banknoten, Aktien oder deren Stelle vertretende Interims-scheine oder Quittungen, sowie die zu diesen Papieren gehörenden Zins-, Gewinnantheils- oder Erneuerungsscheine, welche von dem Reiche, dem Norddeutschen Bunde, einem Bundesstaate oder fremden Staate oder von einer zur Ausgabe solcher Papiere berechtigten Gemeinde, Korporation, Gesellschaft oder Privat-person ausgestellt sind.

§. 150.

Wer echte, zum Umlauf bestimmte Metallgeldstücke durch Beschneiden, Abfeilen oder auf andere Art verringert und als vollgültig in Verkehr bringt, oder wer solche verringerte Münzen gewohnheitsmäßig oder im Einverständnisse mit dem, welcher sie verringert hat, als vollgültig in Verkehr bringt, wird mit Gefängniß bestraft, neben welchem auf Geldstrafe bis zu Eintausend Thalern, sowie auf Verlust der bürgerlichen Ehrenrechte erkannt werden kann.

Der Versuch ist strafbar.

§. 151.

Wer Stempel, Siegel, Stiche, Platten oder andere zur Anfertigung von Metallgeld, Papiergeld oder dem letzteren gleich geachteten Papieren dienliche For-men zum Zwecke eines Münzverbrechens angeschafft oder angefertigt hat, wird mit Gefängniß bis zu zwei Jahren bestraft.

§. 152.

Auf die Einziehung des nachgemachten oder verfälschten Geldes, sowie der im §. 151 bezeichneten Gegenstände ist zu erkennen, auch wenn die Verfolgung oder Verurtheilung einer bestimmten Person nicht stattfindet.

Neunter Abschnitt.
Meineid.

§. 153.

Wer einen ihm zugeschobenen, zurückgeschobenen oder auferlegten Eid wissentlich falsch schwört, wird mit Zuchthaus bis zu zehn Jahren bestraft.

§. 154.

Gleiche Strafe trifft denjenigen, welcher vor einer zur Abnahme von Eiden zuständigen Behörde wissentlich ein falsches Zeugniß oder ein falsches Gutachten mit einem Eide bekräftigt oder den vor seiner Vernehmung geleisteten Eid wissentlich durch ein falsches Zeugniß oder ein falsches Gutachten verletzt.

Ist das falsche Zeugniß oder Gutachten in einer Strafsache zum Nachtheile eines Angeschuldigten abgegeben und dieser zum Tode, zu Zuchthaus oder zu einer anderen mehr als fünf Jahre betragenden Freiheitsstrafe verurtheilt worden, so tritt Zuchthausstrafe nicht unter drei Jahren ein.

§. 155.

Der Ableiſtung eines Eides wird gleich geachtet, wenn

1) ein Mitglied einer Religionsgeſellſchaft, welcher das Geſetz den Gebrauch gewiſſer Betheuerungsformeln an Stelle des Eides geſtattet, eine Erklärung unter der Betheuerungsformel ſeiner Religionsgeſellſchaft abgibt;

2) derjenige, welcher als Partei, Zeuge oder Sachverſtändiger einen Eid geleiſtet hat, in gleicher Eigenſchaft eine Verſicherung unter Berufung auf den bereits früher in derſelben Angelegenheit geleiſteten Eid abgibt, oder ein Sachverſtändiger, welcher als ſolcher ein- für allemal vereidet iſt, eine Verſicherung auf den von ihm geleiſteten Eid abgibt;

3) ein Beamter eine amtliche Verſicherung unter Berufung auf ſeinen Dienſteid abgibt.

§. 156.

Wer vor einer zur Abnahme einer Verſicherung an Eidesſtatt zuſtändigen Behörde eine ſolche Verſicherung wiſſentlich falſch abgibt oder unter Berufung auf eine ſolche Verſicherung wiſſentlich falſch ausſagt, wird mit Gefängniß von Einem Monat bis zu drei Jahren beſtraft.

§. 157.

Hat ein Zeuge oder Sachverſtändiger ſich eines Meineides (§§. 154, 155) oder einer falſchen Verſicherung an Eidesſtatt ſchuldig gemacht, ſo iſt die an ſich verwirkte Strafe auf die Hälfte bis ein Viertheil zu ermäßigen, wenn

1) die Angabe der Wahrheit gegen ihn ſelbſt eine Verfolgung wegen eines Verbrechens oder Vergehens nach ſich ziehen konnte, oder

2) der Ausſagende die falſche Ausſage zu Gunſten einer Perſon, rückſichtlich welcher er die Ausſage ablehnen durfte, erſtattet hat, ohne über ſein Recht, die Ausſage ablehnen zu dürfen, belehrt worden zu ſein.

Iſt hiernach Zuchthausſtrafe unter Einem Jahre verwirkt, ſo iſt dieſelbe nach Maßgabe des §. 21 in Gefängnißſtrafe zu verwandeln.

§. 158.

Gleiche Strafermäßigung tritt ein, wenn derjenige, welcher ſich eines Meineides oder einer falſchen Verſicherung an Eidesſtatt ſchuldig gemacht hat, bevor eine Anzeige gegen ihn erfolgt oder eine Unterſuchung gegen ihn eingeleitet und bevor ein Rechtsnachtheil für einen Anderen aus der falſchen Ausſage entſtanden iſt, dieſe bei derjenigen Behörde, bei welcher er ſie abgegeben hat, widerruft.

§. 159.

Wer es unternimmt, einen Anderen zur Begehung eines Meineides zu verleiten, wird mit Zuchthaus bis zu fünf Jahren, und wer es unternimmt, einen Anderen zur wiſſentlichen Abgabe einer falſchen Verſicherung an Eidesſtatt zu verleiten, mit Gefängniß bis zu Einem Jahre beſtraft.

§. 160.

Wer einen Anderen zur Ableistung eines falschen Eides verleitet, wird mit Gefängniß bis zu zwei Jahren bestraft, neben welchem auf den Verlust der bürgerlichen Ehrenrechte erkannt werden kann, und wer einen Anderen zur Ableistung einer falschen Versicherung an Eidesstatt verleitet, wird mit Gefängniß bis zu sechs Monaten bestraft.

Der Versuch ist strafbar.

§. 161.

Bei jeder Verurtheilung wegen Meineides, mit Ausnahme der Fälle in den §§. 157 und 158, ist auf Verlust der bürgerlichen Ehrenrechte und außerdem auf die dauernde Unfähigkeit des Verurtheilten, als Zeuge oder Sachverständiger eidlich vernommen zu werden, zu erkennen.

In den Fällen der §§. 156 bis 159 kann neben der Gefängnißstrafe auf Verlust der bürgerlichen Ehrenrechte erkannt werden.

§. 162.

Wer vorsätzlich einer durch eidliches Angelöbniß vor Gericht bestellten Sicherheit oder dem in einem Offenbarungseide gegebenen Versprechen zuwiderhandelt, wird mit Gefängniß bis zu zwei Jahren bestraft.

§. 163.

Wenn eine der in den §§. 153 bis 156 bezeichneten Handlungen aus Fahrlässigkeit begangen worden ist, so tritt Gefängnißstrafe bis zu Einem Jahre ein.

Straflosigkeit tritt ein, wenn der Thäter, bevor eine Anzeige gegen ihn erfolgt oder eine Untersuchung gegen ihn eingeleitet und bevor ein Rechtsnachtheil für einen Anderen aus der falschen Aussage entstanden ist, diese bei derjenigen Behörde, bei welcher er sie abgegeben hat, widerruft.

Zehnter Abschnitt.
Falsche Anschuldigung.

§. 164.

Wer bei einer Behörde eine Anzeige macht, durch welche er Jemand wider besseres Wissen der Begehung einer strafbaren Handlung oder der Verletzung einer Amtspflicht beschuldigt, wird mit Gefängniß nicht unter Einem Monat bestraft; auch kann gegen denselben auf Verlust der bürgerlichen Ehrenrechte erkannt werden.

So lange ein in Folge der gemachten Anzeige eingeleitetes Verfahren anhängig ist, soll mit dem Verfahren und mit der Entscheidung über die falsche Anschuldigung inne gehalten werden.

§. 165.

Wird wegen falscher Anschuldigung auf Strafe erkannt, so ist zugleich dem Verletzten die Befugniß zuzusprechen, die Verurtheilung auf Kosten des Schuldigen öffentlich bekannt zu machen. Die Art der Bekanntmachung, sowie die Frist zu derselben, ist in dem Urtheile zu bestimmen.

Dem Verletzten ist auf Kosten des Schuldigen eine Ausfertigung des Urtheils zu ertheilen.

Elfter Abschnitt.
Vergehen, welche sich auf die Religion beziehen.

§. 166.

Wer dadurch, daß er öffentlich in beschimpfenden Aeußerungen Gott lästert, ein Aergerniß gibt, oder wer öffentlich eine der christlichen Kirchen oder eine andere mit Korporationsrechten innerhalb des Bundesgebietes bestehende Religionsgesellschaft oder ihre Einrichtungen oder Gebräuche beschimpft, ingleichen wer in einer Kirche oder in einem andern zu religiösen Versammlungen bestimmten Orte beschimpfenden Unfug verübt, wird mit Gefängniß bis zu drei Jahren bestraft.

§. 167.

Wer durch eine Thätlichkeit oder Drohung Jemand hindert, den Gottesdienst einer im Staate bestehenden Religionsgesellschaft auszuüben, ingleichen wer in einer Kirche oder in einem anderen zu religiösen Versammlungen bestimmten Orte durch Erregung von Lärm oder Unordnung den Gottesdienst oder einzelne gottesdienstliche Verrichtungen einer im Staate bestehenden Religionsgesellschaft vorsätzlich verhindert oder stört, wird mit Gefängniß bis zu drei Jahren bestraft.

§. 168.

Wer unbefugt eine Leiche aus dem Gewahrsam der dazu berechtigten Person wegnimmt, ingleichen wer unbefugt ein Grab zerstört oder beschädigt, oder wer an einem Grabe beschimpfenden Unfug verübt, wird mit Gefängniß bis zu zwei Jahren bestraft; auch kann auf Verlust der bürgerlichen Ehrenrechte erkannt werden.

Zwölfter Abschnitt.
Verbrechen und Vergehen in Beziehung auf den Personenstand.

§. 169.

Wer ein Kind unterschiebt oder vorsätzlich verwechselt, oder wer auf andere Weise den Personenstand eines Anderen vorsätzlich verändert oder unterdrückt, wird mit Gefängniß bis zu drei Jahren und, wenn die Handlung in gewinnsüchtiger Absicht begangen wurde, mit Zuchthaus bis zu zehn Jahren bestraft.

Der Versuch ist strafbar.

§. 170.

Wer bei Eingehung einer Ehe dem anderen Theile ein gesetzliches Ehehinderniß arglistig verschweigt, oder wer den anderen Theil zur Eheschließung arglistig mittels einer solchen Täuschung verleitet, welche den Getäuschten berechtigt, die Gültigkeit der Ehe anzufechten, wird, wenn aus einem dieser Gründe die Ehe aufgelöst worden ist, mit Gefängniß nicht unter drei Monaten bestraft.

Die Verfolgung tritt nur auf Antrag des getäuschten Theils ein.

Dreizehnter Abschnitt.
Verbrechen und Vergehen wider die Sittlichkeit.

§. 171.

Ein Ehegatte, welcher eine neue Ehe eingeht, bevor seine Ehe aufgelöst, für ungültig oder nichtig erklärt worden ist, ingleichen eine unverheirathete Person, welche mit einem Ehegatten, wissend, daß er verheirathet ist, eine Ehe eingeht, wird mit Zuchthaus bis zu fünf Jahren bestraft.

Sind mildernde Umstände vorhanden, so tritt Gefängnißstrafe nicht unter sechs Monaten ein.

Die Verjährung der Strafverfolgung beginnt mit dem Tage, an welchem eine der beiden Ehen aufgelöst, für ungültig oder nichtig erklärt worden ist.

§. 172.

Der Ehebruch wird, wenn wegen desselben die Ehe geschieden ist, an dem schuldigen Ehegatten, sowie dessen Mitschuldigen mit Gefängniß bis zu sechs Monaten bestraft.

Die Verfolgung tritt nur auf Antrag ein.

§. 173.

Der Beischlaf zwischen Verwandten auf- und absteigender Linie wird an den ersteren mit Zuchthaus bis zu fünf Jahren, an den letzteren mit Gefängniß bis zu zwei Jahren bestraft.

Der Beischlaf zwischen Verschwägerten auf- und absteigender Linie, sowie zwischen Geschwistern wird mit Gefängniß bis zu zwei Jahren bestraft.

Neben der Gefängnißstrafe kann auf Verlust der bürgerlichen Ehrenrechte erkannt werden.

Verwandte und Verschwägerte absteigender Linie bleiben straflos, wenn sie das achtzehnte Lebensjahr nicht vollendet haben.

§. 174.

Mit Zuchthaus bis zu fünf Jahren werden bestraft:

1) Vormünder, welche mit ihren Pflegebefohlenen, Adoptiv- und Pflegeeltern, welche mit ihren Kindern, Geistliche, Lehrer und Erzieher, welche mit ihren minderjährigen Schülern oder Zöglingen unzüchtige Handlungen vornehmen;

2) Beamte, die mit Personen, gegen welche sie eine Untersuchung zu führen haben oder welche ihrer Obhut anvertraut sind, unzüchtige Handlungen vornehmen;

3) Beamte, Aerzte oder andere Medizinalpersonen, welche in Gefängnissen oder in öffentlichen, zur Pflege von Kranken, Armen oder anderen Hülflosen bestimmten Anstalten beschäftigt oder angestellt sind, wenn sie mit den in das Gefängniß oder in die Anstalt aufgenommenen Personen unzüchtige Handlungen vornehmen.

Sind mildernde Umstände vorhanden, so tritt Gefängnißstrafe nicht unter sechs Monaten ein.

§. 175.

Die widernatürliche Unzucht, welche zwischen Personen männlichen Geschlechts oder von Menschen mit Thieren begangen wird, ist mit Gefängniß zu bestrafen; auch kann auf Verlust der bürgerlichen Ehrenrechte erkannt werden.

§. 176.

Mit Zuchthaus bis zu zehn Jahren wird bestraft, wer

1) mit Gewalt unzüchtige Handlungen an einer Frauensperson vornimmt oder dieselbe durch Drohung mit gegenwärtiger Gefahr für Leib oder Leben zur Duldung unzüchtiger Handlungen nöthigt,

2) eine in einem willenlosen oder bewußtlosen Zustande befindliche oder eine geisteskranke Frauensperson zum außerehelichen Beischlafe mißbraucht, oder

3) mit Personen unter vierzehn Jahren unzüchtige Handlungen vornimmt oder dieselben zur Verübung oder Duldung unzüchtiger Handlungen verleitet.

Sind mildernde Umstände vorhanden, so tritt Gefängnißstrafe nicht unter sechs Monaten ein.

Die Verfolgung tritt nur auf Antrag ein, welcher jedoch, nachdem die förmliche Anklage bei Gericht erhoben worden, nicht mehr zurückgenommen werden kann.

§. 177.

Mit Zuchthaus wird bestraft, wer durch Gewalt oder durch Drohung mit gegenwärtiger Gefahr für Leib oder Leben eine Frauensperson zur Duldung des außerehelichen Beischlafs nöthigt, oder wer eine Frauensperson zum außerehelichen Beischlafe mißbraucht, nachdem er sie zu diesem Zwecke in einen willenlosen oder bewußtlosen Zustand versetzt hat.

Sind mildernde Umstände vorhanden, so tritt Gefängnißstrafe nicht unter Einem Jahre ein.

Die Verfolgung tritt nur auf Antrag ein, welcher jedoch, nachdem die förmliche Anklage bei Gericht erhoben worden, nicht mehr zurückgenommen werden kann.

§. 178.

Ist durch eine der in den §§. 176 und 177 bezeichneten Handlungen der Tod der verletzten Person verursacht worden, so tritt Zuchthausstrafe nicht unter zehn Jahren oder lebenslängliche Zuchthausstrafe ein.

Eines Antrages auf Verfolgung bedarf es nicht.

§. 179.

Wer eine Frauensperson zur Gestattung des Beischlafs dadurch verleitet, daß er eine Trauung vorspiegelt, oder einen anderen Irrthum in ihr erregt oder benutzt, in welchem sie den Beischlaf für einen ehelichen hielt, wird mit Zucht-haus bis zu fünf Jahren bestraft.

Sind mildernde Umstände vorhanden, so tritt Gefängnißstrafe nicht unter sechs Monaten ein.

Die Verfolgung tritt nur auf Antrag ein.

§. 180.

Wer gewohnheitsmäßig oder aus Eigennutz durch seine Vermittelung oder durch Gewährung oder Verschaffung von Gelegenheit der Unzucht Vorschub leistet, wird wegen Kuppelei mit Gefängniß bestraft; auch kann auf Verlust der bürgerlichen Ehrenrechte, sowie auf Zulässigkeit von Polizei-Aufsicht erkannt werden.

§. 181.

Die Kuppelei ist, selbst wenn sie weder gewohnheitsmäßig noch aus Eigen-nutz betrieben wird, mit Zuchthaus bis zu fünf Jahren zu bestrafen, wenn

1) um der Unzucht Vorschub zu leisten, hinterlistige Kunstgriffe angewendet worden sind, oder

2) der Schuldige zu den Personen, mit welchen die Unzucht getrieben worden ist, in dem Verhältniß von Eltern zu Kindern, von Vormündern zu Pflegebefohlenen, von Geistlichen, Lehrern oder Erziehern zu den von ihnen zu unterrichtenden oder zu erziehenden Personen steht.

Neben der Zuchthausstrafe ist der Verlust der bürgerlichen Ehrenrechte auszusprechen; auch kann auf Zulässigkeit von Polizei-Aufsicht erkannt werden.

§. 182.

Wer ein unbescholtenes Mädchen, welches das sechszehnte Lebensjahr nicht vollendet hat, zum Beischlafe verführt, wird mit Gefängniß bis zu Einem Jahre bestraft.

Die Verfolgung tritt nur auf Antrag der Eltern oder des Vormundes der Verführten ein.

§. 183.

Wer durch eine unzüchtige Handlung öffentlich ein Aergerniß gibt, wird mit Gefängniß bis zu zwei Jahren bestraft; auch kann auf Verlust der bürger-lichen Ehrenrechte erkannt werden.

§. 184.

Wer unzüchtige Schriften, Abbildungen oder Darstellungen verkauft, ver-theilt oder sonst verbreitet, oder an Orten, welche dem Publikum zugänglich sind, ausstellt oder anschlägt, wird mit Geldstrafe bis zu Einhundert Thalern oder mit Gefängniß bis zu sechs Monaten bestraft.

Vierzehnter Abschnitt.
Beleidigung.

§. 185.

Die Beleidigung wird mit Geldstrafe bis zu zweihundert Thalern oder mit Haft oder mit Gefängniß bis zu Einem Jahre und, wenn die Beleidigung mittels einer Thätlichkeit begangen wird, mit Geldstrafe bis zu fünfhundert Thalern oder mit Gefängniß bis zu zwei Jahren bestraft.

§. 186.

Wer in Beziehung auf einen Anderen eine Thatsache behauptet oder verbreitet, welche denselben verächtlich zu machen oder in der öffentlichen Meinung herabzuwürdigen geeignet ist, wird, wenn nicht diese Thatsache erweislich wahr ist, wegen Beleidigung mit Geldstrafe bis zu zweihundert Thalern oder mit Haft oder mit Gefängniß bis zu Einem Jahre und, wenn die Beleidigung öffentlich oder durch Verbreitung von Schriften, Abbildungen oder Darstellungen begangen ist, mit Geldstrafe bis zu fünfhundert Thalern oder mit Gefängniß bis zu zwei Jahren bestraft.

§. 187.

Wer wider besseres Wissen in Beziehung auf einen Anderen eine unwahre Thatsache behauptet oder verbreitet, welche denselben verächtlich zu machen oder in der öffentlichen Meinung herabzuwürdigen oder dessen Kredit zu gefährden geeignet ist, wird wegen verleumderischer Beleidigung mit Gefängniß bis zu zwei Jahren und, wenn die Verleumdung öffentlich oder durch Verbreitung von Schriften, Abbildungen oder Darstellungen begangen ist, mit Gefängniß nicht unter Einem Monat bestraft.

Sind mildernde Umstände vorhanden, so kann die Strafe bis auf Einen Tag Gefängniß ermäßigt, oder auf Geldstrafe bis zu dreihundert Thalern erkannt werden.

§. 188.

In den Fällen der §§. 186 und 187 kann auf Verlangen des Beleidigten, wenn die Beleidigung nachtheilige Folgen für die Vermögensverhältnisse, den Erwerb oder das Fortkommen des Beleidigten mit sich bringt, neben der Strafe auf eine an den Beleidigten zu erlegende Buße bis zum Betrage von zweitausend Thalern erkannt werden.

Eine erkannte Buße schließt die Geltendmachung eines weiteren Entschädigungsanspruches aus.

§. 189.

Wer das Andenken eines Verstorbenen dadurch beschimpft, daß er wider besseres Wissen eine unwahre Thatsache behauptet oder verbreitet, welche denselben bei seinen Lebzeiten verächtlich zu machen oder in der öffentlichen Meinung herabzuwürdigen geeignet gewesen wäre, wird mit Gefängniß bis zu sechs Monaten bestraft.

Sind mildernde Umstände vorhanden, so kann auf Geldstrafe bis zu dreihundert Thalern erkannt werden.

Die Verfolgung tritt nur auf Antrag der Eltern, der Kinder oder des
Ehegatten des Verstorbenen ein.

§. 190.

Ist die behauptete oder verbreitete Thatsache eine strafbare Handlung, so
ist der Beweis der Wahrheit als erbracht anzusehen, wenn der Beleidigte wegen
dieser Handlung rechtskräftig verurtheilt worden ist. Der Beweis der Wahrheit
ist dagegen ausgeschlossen, wenn der Beleidigte wegen dieser Handlung vor der
Behauptung oder Verbreitung rechtskräftig freigesprochen worden ist.

§. 191.

Ist wegen der strafbaren Handlung zum Zwecke der Herbeiführung eines
Strafverfahrens bei der Behörde Anzeige gemacht, so ist bis zu dem Beschlusse,
daß die Eröffnung der Untersuchung nicht stattfinde, oder bis zur Beendigung
der eingeleiteten Untersuchung mit dem Verfahren und der Entscheidung über
die Beleidigung inne zu halten.

§. 192.

Der Beweis der Wahrheit der behaupteten oder verbreiteten Thatsache
schließt die Bestrafung nach Vorschrift des §. 185 nicht aus, wenn das Vorhandensein einer Beleidigung aus der Form der Behauptung oder Verbreitung
oder aus den Umständen, unter welchen sie geschah, hervorgeht.

§. 193.

Tadelnde Urtheile über wissenschaftliche, künstlerische oder gewerbliche
Leistungen, ingleichen Aeußerungen, welche zur Ausführung oder Vertheidigung
von Rechten oder zur Wahrnehmung berechtigter Interessen gemacht werden,
sowie Vorhaltungen und Rügen der Vorgesetzten gegen ihre Untergebenen,
dienstliche Anzeigen oder Urtheile von Seiten eines Beamten und ähnliche Fälle
sind nur insofern strafbar, als das Vorhandensein einer Beleidigung aus der
Form der Aeußerung oder aus den Umständen, unter welchen sie geschah,
hervorgeht.

§. 194.

Die Verfolgung einer Beleidigung tritt nur auf Antrag ein.

Der Antrag kann bis zur Verkündung eines auf Strafe lautenden
Urtheils und bei der Verfolgung im Wege der Privatklage oder Privatanklage
bis zum Anfange der Vollstreckung des Urtheils zurückgenommen werden.

§. 195.

Sind Ehefrauen oder unter väterlicher Gewalt stehende Kinder beleidigt
worden, so haben sowohl die Beleidigten, als deren Ehemänner und Väter das
Recht, auf Bestrafung anzutragen.

§. 196.

Wenn die Beleidigung gegen eine Behörde, einen Beamten, einen Religionsdiener oder ein Mitglied der bewaffneten Macht, während sie in der Aus-

übung ihres Berufes begriffen sind, oder in Beziehung auf ihren Beruf, begangen ist, so haben außer den unmittelbar Betheiligten auch deren amtliche Vorgesetzte das Recht, den Strafantrag zu stellen.

§. 197.

Eines Antrages bedarf es nicht, wenn die Beleidigung gegen eine gesetzgebende Versammlung des Reichs oder eines Bundesstaats, oder gegen eine andere politische Körperschaft begangen worden ist. Dieselbe darf jedoch nur mit Ermächtigung der beleidigten Körperschaft verfolgt werden.

§. 198.

Ist bei wechselseitigen Beleidigungen von einem Theile auf Bestrafung angetragen worden, so ist der andere Theil bei Verlust seines Rechts verpflichtet, den Antrag auf Bestrafung spätestens vor Schluß der Verhandlung in erster Instanz zu stellen, hierzu aber auch dann berechtigt, wenn zu jenem Zeitpunkte die dreimonatliche Frist bereits abgelaufen ist.

§. 199.

Wenn eine Beleidigung auf der Stelle erwidert wird, so kann der Richter beide Beleidiger oder einen derselben für straffrei erklären.

§. 200.

Wird wegen einer öffentlich oder durch Verbreitung von Schriften, Darstellungen oder Abbildungen begangenen Beleidigung auf Strafe erkannt, so ist zugleich dem Beleidigten die Befugniß zuzusprechen, die Verurtheilung auf Kosten des Schuldigen öffentlich bekannt zu machen. Die Art der Bekanntmachung, sowie die Frist zu derselben ist in dem Urtheile zu bestimmen.

Erfolgte die Beleidigung in einer Zeitung oder Zeitschrift, so ist der verfügende Theil des Urtheils auf Antrag des Beleidigten durch die öffentlichen Blätter, und zwar wenn möglich durch dieselbe Zeitung oder Zeitschrift bekannt zu machen.

Dem Beleidigten ist auf Kosten des Schuldigen eine Ausfertigung des Urtheils zu ertheilen.

Funfzehnter Abschnitt.

Zweikampf.

§. 201.

Die Herausforderung zum Zweikampf mit tödtlichen Waffen, sowie die Annahme einer solchen Herausforderung wird mit Festungshaft bis zu sechs Monaten bestraft.

§. 202.

Festungshaft von zwei Monaten bis zu zwei Jahren tritt ein, wenn bei der Herausforderung die Absicht, daß einer von beiden Theilen das Leben verlieren soll, entweder ausgesprochen ist oder aus der gewählten Art des Zweikampfs erhellt.

§. 203.

Diejenigen, welche den Auftrag zu einer Herausforderung übernehmen und ausrichten (Kartellträger), werden mit Festungshaft bis zu sechs Monaten bestraft.

§. 204.

Die Strafe der Herausforderung und der Annahme derselben, sowie die Strafe der Kartellträger fällt weg, wenn die Parteien den Zweikampf vor dessen Beginn freiwillig aufgegeben haben.

§. 205.

Der Zweikampf wird mit Festungshaft von drei Monaten bis zu fünf Jahren bestraft.

§. 206.

Wer seinen Gegner im Zweikampf tödtet, wird mit Festungshaft nicht unter zwei Jahren, und wenn der Zweikampf ein solcher war, welcher den Tod des einen von Beiden herbeiführen sollte, mit Festungshaft nicht unter drei Jahren bestraft.

§. 207.

Ist eine Tödtung oder Körperverletzung mittels vorsätzlicher Uebertretung der vereinbarten oder hergebrachten Regeln des Zweikampfs bewirkt worden, so ist der Uebertreter nicht nach den vorhergehenden Bestimmungen eine härtere Strafe verwirkt ist, nach den allgemeinen Vorschriften über das Verbrechen der Tödtung oder der Körperverletzung zu bestrafen.

§. 208.

Hat der Zweikampf ohne Sekundanten stattgefunden, so kann die verwirkte Strafe bis um die Hälfte, jedoch nicht über zehn Jahre erhöht werden.

§. 209.

Kartellträger, welche ernstlich bemüht gewesen sind, den Zweikampf zu verhindern, Sekundanten, sowie zum Zweikampf zugezogene Zeugen, Aerzte und Wundärzte sind straflos.

§. 210.

Wer einen Anderen zum Zweikampf mit einem Dritten absichtlich, insonderheit durch Bezeigung oder Androhung von Verachtung anreizt, wird, falls der Zweikampf stattgefunden hat, mit Gefängniß nicht unter drei Monaten bestraft.

Sechszehnter Abschnitt.
Verbrechen und Vergehen wider das Leben.

§. 211.

Wer vorsätzlich einen Menschen tödtet, wird, wenn er die Tödtung mit Ueberlegung ausgeführt hat, wegen Mordes mit dem Tode bestraft.

44*

§. 212.

Wer vorsätzlich einen Menschen tödtet, wird, wenn er die Tödtung nicht mit Ueberlegung ausgeführt hat, wegen Todtschlages mit Zuchthaus nicht unter fünf Jahren bestraft.

§. 213.

War der Todtschläger ohne eigene Schuld durch eine ihm oder einem Angehörigen zugefügte Mißhandlung oder schwere Beleidigung von dem Getödteten zum Zorne gereizt und hierdurch auf der Stelle zur That hingerissen worden, oder sind andere mildernde Umstände vorhanden, so tritt Gefängnißstrafe nicht unter sechs Monaten ein.

§. 214.

Wer bei Unternehmung einer strafbaren Handlung, um ein der Ausführung derselben entgegentretendes Hinderniß zu beseitigen oder um sich der Ergreifung auf frischer That zu entziehen, vorsätzlich einen Menschen tödtet, wird mit Zuchthaus nicht unter zehn Jahren oder mit lebenslänglichem Zuchthaus bestraft.

§. 215.

Der Todtschlag an einem Verwandten aufsteigender Linie wird mit Zuchthaus nicht unter zehn Jahren oder mit lebenslänglichem Zuchthaus bestraft.

§. 216.

Ist Jemand durch das ausdrückliche und ernstliche Verlangen des Getödteten zur Tödtung bestimmt worden, so ist auf Gefängniß nicht unter drei Jahren zu erkennen.

§. 217.

Eine Mutter, welche ihr uneheliches Kind in oder gleich nach der Geburt vorsätzlich tödtet, wird mit Zuchthaus nicht unter drei Jahren bestraft.

Sind mildernde Umstände vorhanden, so tritt Gefängnißstrafe nicht unter zwei Jahren ein.

§. 218.

Eine Schwangere, welche ihre Frucht vorsätzlich abtreibt oder im Mutterleibe tödtet, wird mit Zuchthaus bis zu fünf Jahren bestraft.

Sind mildernde Umstände vorhanden, so tritt Gefängnißstrafe nicht unter sechs Monaten ein.

Dieselben Strafvorschriften finden auf denjenigen Anwendung, welcher mit Einwilligung der Schwangeren die Mittel zu der Abtreibung oder Tödtung bei ihr angewendet oder ihr beigebracht hat.

§. 219.

Mit Zuchthaus bis zu zehn Jahren wird bestraft, wer einer Schwangeren, welche ihre Frucht abgetrieben oder getödtet hat, gegen Entgelt die Mittel hierzu verschafft, bei ihr angewendet oder ihr beigebracht hat.

§. 220.

Wer die Leibesfrucht einer Schwangeren ohne deren Wissen oder Willen vorsätzlich abtreibt oder tödtet, wird mit Zuchthaus nicht unter zwei Jahren bestraft.

Ist durch die Handlung der Tod der Schwangeren verursacht worden, so tritt Zuchthausstrafe nicht unter zehn Jahren oder lebenslängliche Zuchthausstrafe ein.

§. 221.

Wer eine wegen jugendlichen Alters, Gebrechlichkeit oder Krankheit hülflose Person aussetzt, oder wer eine solche Person, wenn dieselbe unter seiner Obhut steht oder wenn er für die Unterbringung, Fortschaffung oder Aufnahme derselben zu sorgen hat, in hülfloser Lage vorsätzlich verläßt, wird mit Gefängniß nicht unter drei Monaten bestraft.

Wird die Handlung von leiblichen Eltern gegen ihr Kind begangen, so tritt Gefängnißstrafe nicht unter sechs Monaten ein.

Ist durch die Handlung eine schwere Körperverletzung der ausgesetzten oder verlassenen Person verursacht worden, so tritt Zuchthausstrafe bis zu zehn Jahren und, wenn durch die Handlung der Tod verursacht worden ist, Zuchthausstrafe nicht unter drei Jahren ein.

§. 222.

Wer durch Fahrlässigkeit den Tod eines Menschen verursacht, wird mit Gefängniß bis zu drei Jahren bestraft.

Wenn der Thäter zu der Aufmerksamkeit, welche er aus den Augen setzte, vermöge seines Amtes, Berufes oder Gewerbes besonders verpflichtet war, so kann die Strafe bis auf fünf Jahre Gefängniß erhöht werden.

Siebenzehnter Abschnitt.

Körperverletzung.

§. 223.

Wer vorsätzlich einen Anderen körperlich mißhandelt oder an der Gesundheit beschädigt, wird wegen Körperverletzung mit Gefängniß bis zu drei Jahren oder mit Geldstrafe bis zu dreihundert Thalern bestraft.

Ist die Handlung gegen Verwandte aufsteigender Linie begangen, so ist auf Gefängniß nicht unter Einem Monat zu erkennen.

§. 224.

Hat die Körperverletzung zur Folge, daß der Verletzte ein wichtiges Glied des Körpers, das Sehvermögen auf einem oder beiden Augen, das Gehör, die Sprache oder die Zeugungsfähigkeit verliert oder in erheblicher Weise dauernd entstellt wird, oder in Siechthum, Lähmung oder Geisteskrankheit verfällt, so ist auf Zuchthaus bis zu fünf Jahren oder Gefängniß nicht unter Einem Jahre zu erkennen.

§. 225.

War eine der vorbezeichneten Folgen beabsichtigt und eingetreten, so ist auf Zuchthaus von zwei bis zu zehn Jahren zu erkennen.

§. 226.

Ist durch die Körperverletzung der Tod des Verletzten verursacht worden, so ist auf Zuchthaus nicht unter drei Jahren oder Gefängniß nicht unter drei Jahren zu erkennen.

§. 227.

Ist durch eine Schlägerei oder durch einen von Mehreren gemachten Angriff der Tod eines Menschen oder eine schwere Körperverletzung (§. 224) verursacht worden; so ist jeder, welcher sich an der Schlägerei oder dem Angriffe betheiligt hat, schon wegen dieser Betheiligung mit Gefängniß bis zu drei Jahren zu bestrafen, falls er nicht ohne sein Verschulden hineingezogen worden ist.

Ist eine der vorbezeichneten Folgen mehreren Verletzungen zuzuschreiben, welche dieselbe nicht einzeln, sondern nur durch ihr Zusammentreffen verursacht haben, so ist jeder, welchem eine dieser Verletzungen zur Last fällt, mit Zuchthaus bis zu fünf Jahren zu bestrafen.

§. 228.

Sind mildernde Umstände vorhanden, so ist in den Fällen der §§. 224 und 227 Absatz 2 auf Gefängniß nicht unter Einem Monat, und im Falle des §. 226 auf Gefängniß nicht unter drei Monaten zu erkennen.

Diese Ermäßigung der Strafe bleibt ausgeschlossen, wenn die Handlung gegen Verwandte aufsteigender Linie begangen ist.

§. 229.

Wer vorsätzlich einem Anderen, um dessen Gesundheit zu beschädigen, Gift oder andere Stoffe beibringt, welche die Gesundheit zu zerstören geeignet sind, wird mit Zuchthaus bis zu zehn Jahren bestraft.

Ist durch die Handlung eine schwere Körperverletzung verursacht worden, so ist auf Zuchthaus nicht unter fünf Jahren und, wenn durch die Handlung der Tod verursacht worden, auf Zuchthaus nicht unter zehn Jahren oder auf lebenslängliches Zuchthaus zu erkennen.

§. 230.

Wer durch Fahrlässigkeit die Körperverletzung eines Anderen verursacht, wird mit Geldstrafe bis zu dreihundert Thalern oder mit Gefängniß bis zu zwei Jahren bestraft.

War der Thäter zu der Aufmerksamkeit, welche er aus den Augen setzte, vermöge seines Amtes, Berufes oder Gewerbes besonders verpflichtet, so kann die Strafe auf drei Jahre Gefängniß erhöht werden.

§. 231.

In allen Fällen der Körperverletzung kann auf Verlangen des Verletzten neben der Strafe auf eine an denselben zu erlegende Buße bis zum Betrage von zweitausend Thalern erkannt werden.

Eine erkannte Buße schließt die Geltendmachung eines weiteren Entschädigungsanspruches aus.

Für diese Buße haften die zu derselben Verurtheilten als Gesammtschuldner.

§. 232.

Die Verfolgung leichter vorsätzlicher, sowie aller durch Fahrlässigkeit verursachter Körperverletzungen (§§. 223, 230) tritt nur auf Antrag ein, insofern nicht die Körperverletzung mit Uebertretung einer Amts-, Berufs- oder Gewerbspflicht begangen worden ist.

Die in den §§. 195, 196 und 198 enthaltenen Vorschriften finden auch hier Anwendung.

§. 233.

Wenn leichte Körperverletzungen mit solchen, Beleidigungen mit leichten Körperverletzungen oder letztere mit ersteren auf der Stelle erwidert werden, so kann der Richter für beide Angeschuldigte, oder für einen derselben eine der Art oder dem Maße nach milbere oder überhaupt keine Strafe eintreten lassen.

Achtzehnter Abschnitt.
Verbrechen und Vergehen wider die persönliche Freiheit.

§. 234.

Wer sich eines Menschen durch List, Drohung oder Gewalt bemächtigt, um ihn in hülfloser Lage auszusetzen oder in Sklaverei, Leibeigenschaft oder in auswärtige Kriegs- oder Schiffsdienste zu bringen, wird wegen Menschenraubes mit Zuchthaus bestraft.

§. 235.

Wer eine minderjährige Person durch List, Drohung oder Gewalt ihren Eltern oder ihrem Vormunde entzieht, wird mit Gefängniß und, wenn die Handlung in der Absicht geschieht, die Person zum Betteln oder zu gewinnsüchtigen oder unsittlichen Zwecken oder Beschäftigungen zu gebrauchen, mit Zuchthaus bis zu zehn Jahren bestraft.

§. 236.

Wer eine Frauensperson wider ihren Willen durch List, Drohung oder Gewalt entführt, um sie zur Unzucht zu bringen, wird mit Zuchthaus bis zu zehn Jahren und, wenn die Entführung begangen wurde, um die Entführte zur Ehe zu bringen, mit Gefängniß bestraft.

Die Verfolgung tritt nur auf Antrag ein.

§. 237.

Wer eine minderjährige, unverehelichte Frauensperson mit ihrem Willen, jedoch ohne Einwilligung ihrer Eltern oder ihres Vormundes, entführt, um sie zur Unzucht oder zur Ehe zu bringen, wird mit Gefängniß bestraft.

Die Verfolgung tritt nur auf Antrag ein.

§. 238.

Hat der Entführer die Entführte geheirathet, so findet die Verfolgung nur statt, nachdem die Ehe für ungültig erklärt worden ist.

§. 239.

Wer vorsätzlich und widerrechtlich einen Menschen einsperrt oder auf andere Weise des Gebrauches der persönlichen Freiheit beraubt, wird mit Gefängniß bestraft.

Wenn die Freiheitsentziehung über eine Woche gedauert hat, oder wenn eine schwere Körperverletzung des der Freiheit Beraubten durch die Freiheitsentziehung oder die ihm während derselben widerfahrene Behandlung verursacht worden ist, so ist auf Zuchthaus bis zu zehn Jahren zu erkennen. Sind mildernde Umstände vorhanden, so tritt Gefängnißstrafe nicht unter Einem Monat ein.

Ist der Tod des der Freiheit Beraubten durch die Freiheitsentziehung oder die ihm während derselben widerfahrene Behandlung verursacht worden, so ist auf Zuchthaus nicht unter drei Jahren zu erkennen. Sind mildernde Umstände vorhanden, so tritt Gefängnißstrafe nicht unter drei Monaten ein.

§. 240.

Wer einen Anderen widerrechtlich durch Gewalt oder durch Bedrohung mit einem Verbrechen oder Vergehen zu einer Handlung, Duldung oder Unterlassung nöthigt, wird mit Gefängniß bis zu Einem Jahre oder mit Geldstrafe bis zu zweihundert Thalern bestraft. .

Der Versuch ist strafbar.

Die Verfolgung tritt nur auf Antrag ein.

§. 241.

Wer einen Anderen mit der Begehung eines Verbrechens bedroht, wird mit Gefängniß bis zu sechs Monaten oder mit Geldstrafe bis zu Einhundert Thalern bestraft.

Die Verfolgung tritt nur auf Antrag ein.

Neunzehnter Abschnitt.

Diebstahl und Unterschlagung.

§. 242.

Wer eine fremde bewegliche Sache einem Anderen in der Absicht wegnimmt, dieselbe sich rechtswidrig zuzueignen, wird wegen Diebstahls mit Gefängniß
bestraft.

Der Versuch ist strafbar.

§. 243.

Auf Zuchthaus bis zu zehn Jahren ist zu erkennen, wenn

1) aus einem zum Gottesdienste bestimmten Gebäude Gegenstände gestohlen
werden, welche dem Gottesdienste gewidmet sind;

2) aus einem Gebäude oder umschlossenen Raume mittels Einbruchs, Ein-
steigens oder Erbrechens von Behältnissen gestohlen wird;

3) der Diebstahl dadurch bewirkt wird, daß zur Eröffnung eines Gebäudes
oder der Zugänge eines umschlossenen Raumes, oder zur Eröffnung der
im Inneren befindlichen Thüren oder Behältnisse falsche Schlüssel oder
andere zur ordnungsmäßigen Eröffnung nicht bestimmte Werkzeuge angewendet werden;

4) auf einem öffentlichen Wege, einer Straße, einem öffentlichen Platze,
einer Wasserstraße oder einer Eisenbahn, oder in einem Postgebäude oder
dem dazu gehörigen Hofraume, oder auf einem Eisenbahnhofe eine zum
Reisegepäck oder zu anderen Gegenständen der Beförderung gehörende
Sache mittels Abschneidens oder Ablösens der Befestigungs- oder Ver-
wahrungsmittel, oder durch Anwendung falscher Schlüssel oder anderer
zur ordnungsmäßigen Eröffnung nicht bestimmter Werkzeuge gestohlen
wird;

5) der Dieb oder einer der Theilnehmer am Diebstahle bei Begehung der
That Waffen bei sich führt;

6) zu dem Diebstahle Mehrere mitwirken, welche sich zur fortgesetzten Begehung von Raub oder Diebstahl verbunden haben, oder

7) der Diebstahl zur Nachtzeit in einem bewohnten Gebäude, in welches sich
der Thäter in diebischer Absicht eingeschlichen, oder in welchem er sich in
gleicher Absicht verborgen hatte, begangen wird, auch wenn zur Zeit des
Diebstahls Bewohner in dem Gebäude nicht anwesend sind. Einem bewohnten Gebäude werden der zu einem bewohnten Gebäude gehörige
umschlossene Raum und die in einem solchen befindlichen Gebäude jeder
Art, sowie Schiffe, welche bewohnt werden, gleich geachtet.

Sind mildernde Umstände vorhanden, so tritt Gefängnißstrafe nicht unter
drei Monaten ein.

§. 244.

Wer im Inlande als Dieb, Räuber oder gleich einem Räuber oder als Hehler bestraft worden ist, darauf abermals eine dieser Handlungen begangen hat, und wegen derselben bestraft worden ist, wird, wenn er einen einfachen Diebstahl (§. 242) begeht, mit Zuchthaus bis zu zehn Jahren, wenn er einen schweren Diebstahl (§. 243) begeht, mit Zuchthaus nicht unter zwei Jahren bestraft.

Sind mildernde Umstände vorhanden, so tritt beim einfachen Diebstahl Gefängnißstrafe nicht unter drei Monaten, beim schweren Diebstahl Gefängniß-strafe nicht unter Einem Jahre ein.

§. 245.

Die Bestimmungen des §. 244 finden Anwendung, auch wenn die früheren Strafen nur theilweise verbüßt oder ganz oder theilweise erlassen sind, bleiben jedoch ausgeschlossen, wenn seit der Verbüßung oder dem Erlasse der letzten Strafe bis zur Begehung des neuen Diebstahls zehn Jahre verflossen sind.

§. 246.

Wer eine fremde bewegliche Sache, die er in Besitz oder Gewahrsam hat, sich rechtswidrig zueignet, wird wegen Unterschlagung mit Gefängniß bis zu drei Jahren und, wenn die Sache ihm anvertraut ist, mit Gefängniß bis zu fünf Jahren bestraft.

Sind mildernde Umstände vorhanden, so kann auf Geldstrafe bis zu drei-hundert Thalern erkannt werden.

Der Versuch ist strafbar.

§. 247.

Wer einen Diebstahl oder eine Unterschlagung gegen Angehörige, Vor-münder, Erzieher oder solche Personen, in deren Lohn oder Kost er sich befindet, begeht, ist nur auf Antrag zu verfolgen.

Ein Diebstahl oder eine Unterschlagung, welche von Verwandten aufstei-gender Linie gegen Verwandte absteigender Linie oder von einem Ehegatten gegen den anderen begangen worden ist, bleibt straflos.

Diese Bestimmungen finden auf Theilnehmer oder Begünstiger, welche nicht in einem der vorbezeichneten persönlichen Verhältnisse stehen, keine An-wendung.

§. 248.

Neben der wegen Diebstahls oder Unterschlagung erkannten Gefängnißstrafe kann auf Verlust der bürgerlichen Ehrenrechte, und neben der wegen Diebstahls erkannten Zuchthausstrafe auf Zulässigkeit von Polizei-Aufsicht erkannt werden.

Zwanzigſter Abſchnitt.
Raub und Erpreſſung.

§. 249.

Wer mit Gewalt gegen eine Perſon oder unter Anwendung von Drohun·
gen mit gegenwärtiger Gefahr für Leib oder Leben eine fremde bewegliche Sache
einem Andeten in der Abſicht wegnimmt, ſich dieſelbe rechtswidrig zuzueignen,
wird wegen Raubes mit Zuchthaus beſtraft.

Sind mildernde Umſtände vorhanden, ſo tritt Gefängnißſtrafe nicht unter
ſechs Monaten ein.

§. 250.

Auf Zuchthaus nicht unter fünf Jahren iſt zu erkennen, wenn

1) der Räuber oder einer der Theilnehmer am Raube bei Begehung der
That Waffen bei ſich führt;

2) zu dem Raube Mehrere mitwirken, welche ſich zur fortgeſetzten Begehung
von Raub oder Diebſtahl verbunden haben;

3) der Raub auf einem öffentlichen Wege, einer Straße, einer Eiſenbahn,
einem öffentlichen Platze, auf offener See oder einer Waſſerſtraße be·
gangen wird;

4) der Raub zur Nachtzeit in einem bewohnten Gebäude (§. 243 Nr. 7)
begangen wird, in welches ſich der Thäter zur Begehung eines Raubes
oder Diebſtahls eingeſchlichen oder ſich gewaltſam Eingang verſchafft oder
in welchem er ſich in gleicher Abſicht verborgen hatte, oder

5) der Räuber bereits einmal als Räuber oder gleich einem Räuber im
Inlande beſtraft worden iſt. Die im §. 245 enthaltenen Vorſchriften
finden auch hier Anwendung.

Sind mildernde Umſtände vorhanden, ſo tritt Gefängnißſtrafe nicht unter
Einem Jahre ein.

§. 251.

Mit Zuchthaus nicht unter zehn Jahren oder mit lebenslänglichem Zucht·
haus wird der Räuber beſtraft, wenn bei dem Raube ein Menſch gemartert oder
durch die gegen ihn verübte Gewalt eine ſchwere Körperverletzung oder der Tod
deſſelben verurſacht worden iſt.

§. 252.

Wer, bei einem Diebſtahle auf friſcher That betroffen, gegen eine Perſon
Gewalt verübt oder Drohungen mit gegenwärtiger Gefahr für Leib oder Leben
anwendet, um ſich im Beſitze des geſtohlenen Gutes zu erhalten, iſt gleich
einem Räuber zu beſtrafen.

§. 253.

Wer, um sich oder einem Dritten einen rechtswidrigen Vermögensvortheil zu verschaffen, einen Anderen durch Gewalt oder Drohung zu einer Handlung, Duldung oder Unterlassung nöthigt, ist wegen Erpressung mit Gefängniß nicht unter Einem Monat zu bestrafen.

Der Versuch ist strafbar.

§. 254.

Wird die Erpressung durch Bedrohung mit Mord, mit Brandstiftung oder mit Verursachung einer Ueberschwemmung begangen, so ist auf Zuchthaus bis zu fünf Jahren zu erkennen.

§. 255.

Wird die Erpressung durch Gewalt gegen eine Person oder unter Anwendung von Drohungen mit gegenwärtiger Gefahr für Leib oder Leben begangen, so ist der Thäter gleich einem Räuber zu bestrafen.

§. 256.

Neben der wegen Erpressung erkannten Gefängnißstrafe kann auf Verlust der bürgerlichen Ehrenrechte und neben der wegen Raubes oder Erpressung erkannten Zuchthausstrafe auf Zulässigkeit von Polizei-Aufsicht erkannt werden.

Einundzwanzigster Abschnitt.
Begünstigung und Hehlerei.

§. 257.

Wer nach Begehung eines Verbrechens oder Vergehens dem Thäter oder Theilnehmer wissentlich Beistand leistet, um denselben der Bestrafung zu entziehen oder um ihm die Vortheile des Verbrechens oder Vergehens zu sichern, ist wegen Begünstigung mit Geldstrafe bis zu zweihundert Thalern oder mit Gefängniß bis zu Einem Jahre und, wenn er diesen Beistand seines Vortheils wegen leistet, mit Gefängniß zu bestrafen. Die Strafe darf jedoch, der Art oder dem Maße nach, keine schwerere sein, als die auf die Handlung selbst angedrohte.

Die Begünstigung ist straflos, wenn dieselbe dem Thäter oder Theilnehmer von einem Angehörigen gewährt worden ist, um ihn der Bestrafung zu entziehen.

Die Begünstigung ist als Beihülfe zu bestrafen, wenn sie vor Begehung der That zugesagt worden ist. Diese Bestimmung leidet auch auf Angehörige Anwendung.

§. 258.

Wer seines Vortheils wegen sich einer Begünstigung schuldig macht, wird als Hehler bestraft, wenn der Begünstigte

1) einen einfachen Diebstahl oder eine Unterschlagung begangen hat, mit Gefängniß,

2) einen schweren Diebstahl, einen Raub oder ein dem Raube gleich zu bestrafendes Verbrechen begangen hat, mit Zuchthaus bis zu fünf Jahren.

Sind mildernde Umstände vorhanden, so tritt Gefängnißstrafe nicht unter drei Monaten ein.

Diese Strafvorschriften finden auch dann Anwendung, wenn der Hehler ein Angehöriger ist.

§. 259.

Wer seines Vortheils wegen Sachen, von denen er weiß oder den Umständen nach annehmen muß, daß sie mittels einer strafbaren Handlung erlangt sind, verheimlicht, ankauft, zum Pfande nimmt oder sonst an sich bringt oder zu deren Absatze bei Anderen mitwirkt, wird als Hehler mit Gefängniß bestraft.

§. 260.

Wer die Hehlerei gewerbs‑ oder gewohnheitsmäßig betreibt, wird mit Zuchthaus bis zu zehn Jahren bestraft.

§. 261.

Wer im Inlande wegen Hehlerei einmal und wegen darauf begangener Hehlerei zum zweiten Male bestraft worden ist, wird, wenn sich die abermals begangene Hehlerei auf einen schweren Diebstahl, einen Raub oder ein dem Raube gleich zu bestrafendes Verbrechen bezieht, mit Zuchthaus nicht unter zwei Jahren bestraft. Sind mildernde Umstände vorhanden, so tritt Gefängnißstrafe nicht unter Einem Jahre ein.

Bezieht sich die Hehlerei auf eine andere strafbare Handlung, so ist auf Zuchthaus bis zu zehn Jahren zu erkennen. Sind mildernde Umstände vorhanden, so tritt Gefängnißstrafe nicht unter drei Monaten ein.

Die in dem §. 245 enthaltenen Vorschriften finden auch hier Anwendung.

§. 262.

Neben der wegen Hehlerei erkannten Gefängnißstrafe kann auf Verlust der bürgerlichen Ehrenrechte und neben jeder Verurtheilung wegen Hehlerei auf Zulässigkeit von Polizei‑Aufsicht erkannt werden.

Zweiundzwanzigster Abschnitt.

Betrug und Untreue.

§. 263.

Wer in der Absicht, sich oder einem Dritten einen rechtswidrigen Vermögensvortheil zu verschaffen, das Vermögen eines Anderen dadurch beschädigt, daß er durch Vorspiegelung falscher oder durch Entstellung oder Unterdrückung wahrer Thatsachen einen Irrthum erregt oder unterhält, wird wegen Betruges mit Gefängniß bestraft, neben welchem auf Geldstrafe bis zu Eintausend Thalern, sowie auf Verlust der bürgerlichen Ehrenrechte erkannt werden kann.

Sind mildernde Umstände vorhanden, so kann ausschließlich auf die Geld-strafe erkannt werden.

Der Versuch ist strafbar.

Wer einen Betrug gegen Angehörige, Vormünder, Erzieher oder gegen solche Personen, in deren Lohn oder Kost er sich befindet, begeht, ist nur auf Antrag zu verfolgen.

§. 264.

Wer im Inlande wegen Betruges einmal und wegen darauf begangenen Betruges zum zweiten Male bestraft worden ist, wird wegen abermals began-genen Betruges mit Zuchthaus bis zu zehn Jahren und zugleich mit Geldstrafe von funfzig bis zu zweitausend Thalern bestraft.

Sind mildernde Umstände vorhanden, so tritt Gefängnißstrafe nicht unter drei Monaten ein, neben welcher zugleich auf Geldstrafe bis zu Eintausend Tha-lern erkannt werden kann.

Die im §. 245 enthaltenen Vorschriften finden auch hier Anwendung.

§. 265.

Wer in betrügerischer Absicht eine gegen Feuersgefahr versicherte Sache in Brand setzt, oder ein Schiff, welches als solches oder in seiner Ladung oder in seinem Frachtlohn versichert ist, sinken oder stranden macht, wird mit Zuchthaus bis zu zehn Jahren und zugleich mit Geldstrafe von funfzig bis zu zweitausend Thalern bestraft.

Sind mildernde Umstände vorhanden, so tritt Gefängnißstrafe nicht unter sechs Monaten ein, neben welcher auf Geldstrafe bis zu Eintausend Thalern er-kannt werden kann.

§. 266.

Wegen Untreue werden mit Gefängniß, neben welchem auf Verlust der bürgerlichen Ehrenrechte erkannt werden kann, bestraft:

1) Vormünder, Kuratoren, Güterpfleger, Sequester, Massenverwalter, Voll-strecker letztwilliger Verfügungen und Verwalter von Stiftungen, wenn sie absichtlich zum Nachtheile der ihrer Aufsicht anvertrauten Personen oder Sachen handeln;

2) Bevollmächtigte, welche über Forderungen oder andere Vermögensstücke des Auftraggebers absichtlich zum Nachtheile desselben verfügen;

3) Feldmesser, Versteigerer, Mäkler, Güterbestätiger, Schaffner, Wäger, Messer, Bracker, Schauer, Stauer und andere zur Betreibung ihres Gewerbes von der Obrigkeit verpflichtete Personen, wenn sie bei den ihnen übertragenen Geschäften absichtlich diejenigen benachtheiligen, deren Geschäfte sie besorgen.

Wird die Untreue begangen, um sich oder einem Anderen einen Vermögens-vortheil zu verschaffen, so kann neben der Gefängnißstrafe auf Geldstrafe bis zu Eintausend Thalern erkannt werden.

Dreiundzwanzigster Abschnitt.
Urkundenfälschung.

§. 267.

Wer in rechtswidriger Absicht eine inländische oder ausländische öffentliche Urkunde oder eine solche Privaturkunde, welche zum Beweise von Rechten oder Rechtsverhältnissen von Erheblichkeit ist, verfälscht oder fälschlich anfertigt und von derselben zum Zwecke einer Täuschung Gebrauch macht, wird wegen Urkundenfälschung mit Gefängniß bestraft.

§. 268.

Eine Urkundenfälschung, welche in der Absicht begangen wird, sich oder einem Anderen einen Vermögensvortheil zu verschaffen oder einem Anderen Schaden zuzufügen, wird bestraft, wenn

1) die Urkunde eine Privaturkunde ist, mit Zuchthaus bis zu fünf Jahren, neben welchem auf Geldstrafe bis zu Eintausend Thalern erkannt werden kann;

2) die Urkunde eine öffentliche ist, mit Zuchthaus bis zu zehn Jahren, neben welchem auf Geldstrafe von funfzig bis zu zweitausend Thalern erkannt werden kann.

Sind mildernde Umstände vorhanden, so tritt Gefängnißstrafe ein, welche bei der Fälschung einer Privaturkunde nicht unter Einer Woche, bei der Fälschung einer öffentlichen Urkunde nicht unter drei Monaten betragen soll. Neben der Gefängnißstrafe kann zugleich auf Geldstrafe bis zu Eintausend Thalern erkannt werden.

§. 269.

Der fälschlichen Anfertigung einer Urkunde wird es gleich geachtet, wenn Jemand einem mit der Unterschrift eines Anderen versehenen Papiere ohne dessen Willen oder dessen Anordnungen zuwider durch Ausfüllung einen urkundlichen Inhalt gibt.

§. 270.

Der Urkundenfälschung wird es gleich geachtet, wenn Jemand von einer falschen oder verfälschten Urkunde, wissend, daß sie falsch oder verfälscht ist, zum Zwecke einer Täuschung Gebrauch macht.

§. 271.

Wer vorsätzlich bewirkt, daß Erklärungen, Verhandlungen oder Thatsachen, welche für Rechte oder Rechtsverhältnisse von Erheblichkeit sind, in öffentlichen Urkunden, Büchern oder Registern als abgegeben oder geschehen beurkundet werden, während sie überhaupt nicht oder in anderer Weise oder von einer Person in einer ihr nicht zustehenden Eigenschaft oder von einer anderen Person abgegeben oder geschehen sind, wird mit Gefängniß bis zu sechs Monaten oder mit Geldstrafe bis zu Einhundert Thalern bestraft.

§. 272.

Wer die vorbezeichnete Handlung in der Absicht begeht, sich oder einem Anderen einen Vermögensvortheil zu verschaffen oder einem Anderen Schaden zuzufügen, wird mit Zuchthaus bis zu zehn Jahren bestraft, neben welchem auf Geldstrafe von funfzig bis zu zweitausend Thalern erkannt werden kann.

Sind mildernde Umstände vorhanden, so tritt Gefängnißstrafe ein, neben welcher auf Geldstrafe bis zu Eintausend Thalern erkannt werden kann.

§. 273.

Wer wissentlich von einer falschen Beurkundung der im §. 271 bezeichneten Art zum Zwecke einer Täuschung Gebrauch macht, wird nach Vorschrift jenes Paragraphen und, wenn die Absicht dahin gerichtet war, sich oder einem Anderen einen Vermögensvortheil zu verschaffen oder einem Anderen Schaden zuzufügen, nach Vorschrift des §. 272 bestraft.

§. 274.

Mit Gefängniß, neben welchem auf Geldstrafe bis zu Eintausend Thalern erkannt werden kann, wird bestraft, wer

1) eine Urkunde, welche ihm entweder überhaupt nicht oder nicht ausschließlich gehört, in der Absicht, einem Anderen Nachtheile zuzufügen, vernichtet, beschädigt oder unterdrückt, oder

2) einen Grenzstein oder ein anderes zur Bezeichnung einer Grenze oder eines Wasserstandes bestimmtes Merkmal in der Absicht, einem Andern Nachtheil zuzufügen, wegnimmt, vernichtet, unkenntlich macht, verrückt oder fälschlich setzt.

§. 275.

Mit Gefängniß nicht unter drei Monaten wird bestraft, wer

1) wissentlich von falschem oder gefälschtem Stempelpapier, von falschen oder gefälschten Stempelmarken, Stempelblanketten, Stempelabdrücken, Post- oder Telegraphen-Freimarken oder gestempelten Briefcouverts Gebrauch macht,

2) unechtes Stempelpapier, unechte Stempelmarken, Stempelblankette oder Stempelabdrücke für Spielkarten, Kalender, Pässe, Zeitungen oder sonstige Drucksachen oder Schriftstücke, ingleichen wer unechte Post- oder Telegraphen-Freimarken oder gestempelte Briefcouverts in der Absicht anfertigt, sie als echt zu verwenden, oder

3) echtes Stempelpapier, echte Stempelmarken, Stempelblankette, Stempelabdrücke, Post- oder Telegraphen-Freimarken oder gestempelte Briefcouverts in der Absicht verfälscht, sie zu einem höheren Werthe zu verwenden.

§. 276.

Wer wissentlich schon einmal zu stempelpflichtigen Urkunden, Schriftstücken oder Formularen verwendetes Stempelpapier oder schon einmal verwendete Stempelmarken oder Stempelblankette, ingleichen Stempelabdrücke, welche zum

Zeichen stattgehabter Versteuerung gedient haben, zu stempelpflichtigen Schriftstücken verwendet, wird, außer der Strafe, welche durch die Entziehung der
Stempelsteuer begründet ist, mit Geldstrafe bis zu zweihundert Thalern bestraft.

§. 277.

Wer unter der ihm nicht zustehenden Bezeichnung als Arzt oder als eine
andere approbirte Medizinalperson oder unberechtigt unter dem Namen solcher
Personen ein Zeugniß über seinen oder eines Anderen Gesundheitszustand ausstellt oder ein derartiges echtes Zeugniß verfälscht, und davon zur Täuschung von
Behörden oder Versicherungsgesellschaften Gebrauch macht, wird mit Gefängniß
bis zu Einem Jahre bestraft.

§. 278.

Aerzte und andere approbirte Medizinalpersonen, welche ein unrichtiges
Zeugniß über den Gesundheitszustand eines Menschen zum Gebrauche bei einer
Behörde oder Versicherungsgesellschaft wider besseres Wissen ausstellen, werden
mit Gefängniß von Einem Monat bis zu zwei Jahren bestraft.

§. 279.

Wer, um eine Behörde oder eine Versicherungsgesellschaft über seinen oder
eines Anderen Gesundheitszustand zu täuschen, von einem Zeugnisse der in den
§§. 277 und 278 bezeichneten Art Gebrauch macht, wird mit Gefängniß bis
zu Einem Jahre bestraft.

§. 280.

Neben einer nach Vorschrift der §§. 267, 274, 275, 277 bis 279
erkannten Gefängnißstrafe kann auf Verlust der bürgerlichen Ehrenrechte erkannt
werden.

Vierundzwanzigster Abschnitt.

Bankerutt.

§. 281.

Kaufleute, welche ihre Zahlungen eingestellt haben, werden wegen betrüglichen Bankerutts mit Zuchthaus bestraft, wenn sie, in der Absicht ihre Gläubiger
zu benachtheiligen,

1) Vermögensstücke verheimlicht oder bei Seite geschafft haben,
2) Schulden oder Rechtsgeschäfte anerkannt oder aufgestellt haben, welche
   ganz oder theilweise erdichtet sind,
3) Handelsbücher zu führen unterlassen haben, deren Führung ihnen gesetzlich oblag, oder
4) ihre Handelsbücher vernichtet oder verheimlicht oder so geführt oder
   verändert haben, daß dieselben keine Uebersicht des Vermögenszustandes
   gewähren.

Sind mildernde Umstände vorhanden, so tritt Gefängnißstrafe nicht unter
drei Monaten ein.

§. 282.

Mit Zuchthaus bis zu zehn Jahren wird bestraft, wer

1) im Interesse eines Kaufmanns, welcher seine Zahlungen eingestellt hat, Vermögensstücke desselben verheimlicht oder bei Seite geschafft hat, oder

2) im Interesse eines Kaufmanns, welcher seine Zahlungen eingestellt hat, oder, um sich oder einem Anderen Vermögensvortheil zu verschaffen, erdichtete Forderungen im eigenen Namen oder durch vorgeschobene Personen geltend gemacht hat.

Sind mildernde Umstände vorhanden, so tritt Gefängnißstrafe oder Geldstrafe bis zu zweitausend Thalern ein.

§. 283.

Kaufleute, welche ihre Zahlungen eingestellt haben, werden wegen einfachen Bankerutts mit Gefängniß bis zu zwei Jahren bestraft, wenn sie

1) durch Aufwand, Spiel oder Differenzhandel mit Waaren oder Börsenpapieren übermäßige Summen verbraucht haben oder schuldig geworden sind,

2) Handelsbücher zu führen unterlassen haben, deren Führung ihnen gesetzlich oblag, oder dieselben verheimlicht, vernichtet oder so unordentlich geführt haben, daß sie keine Uebersicht des Vermögenszustandes gewähren, oder

3) es unterlassen haben, die Bilanz ihres Vermögens in der gesetzlich vorgeschriebenen Zeit zu ziehen.

Fünfundzwanzigster Abschnitt.
Strafbarer Eigennutz und Verletzung fremder Geheimnisse.

§. 284.

Wer aus dem Glücksspiele ein Gewerbe macht, wird mit Gefängniß bis zu zwei Jahren bestraft, neben welchem auf Geldstrafe von Einhundert bis zu zweitausend Thalern, sowie auf Verlust der bürgerlichen Ehrenrechte erkannt werden kann.

Ist der Verurtheilte ein Ausländer, so ist die Landespolizeibehörde befugt, denselben aus dem Bundesgebiete zu verweisen.

§. 285.

Der Inhaber eines öffentlichen Versammlungsorts, welcher Glücksspiele daselbst gestattet oder zur Verheimlichung solcher Spiele mitwirkt, wird mit Geldstrafe bis zu fünfhundert Thalern bestraft.

§. 286.

Wer ohne obrigkeitliche Erlaubniß öffentliche Lotterien veranstaltet, wird mit Gefängniß bis zu zwei Jahren oder mit Geldstrafe bis zu Eintausend Thalern bestraft.

Den Lotterien sind öffentlich veranstaltete Ausspielungen beweglicher oder unbeweglicher Sachen gleich zu achten.

§. 287.

Wer Waaren oder deren Verpackung fälschlich mit dem Namen oder der Firma eines inländischen Fabrikunternehmers, Produzenten oder Kaufmanns bezeichnet oder wissentlich dergleichen fälschlich bezeichnete Waaren in Verkehr bringt, wird mit Geldstrafe von funfzig bis zu Eintausend Thalern oder mit Gefängniß bis zu sechs Monaten bestraft.

Dieselbe Strafe tritt ein, wenn die Handlung gegen Angehörige eines fremden Staats gerichtet ist, in welchem nach veröffentlichten Staatsverträgen oder nach Gesetzen die Gegenseitigkeit verbürgt ist.

Die Strafe wird dadurch nicht ausgeschlossen, daß bei der Waarenbezeichnung der Name oder die Firma mit so geringen Abänderungen wiedergegeben wird, daß die letzteren nur durch Anwendung besonderer Aufmerksamkeit wahrgenommen werden können.

§. 288.

Wer bei einer ihm drohenden Zwangsvollstreckung in der Absicht, die Befriedigung des Gläubigers zu vereiteln, Bestandtheile seines Vermögens veräußert oder bei Seite schafft, wird mit Gefängniß bis zu zwei Jahren bestraft.

Die Verfolgung tritt nur auf Antrag des Gläubigers ein.

§. 289.

Wer seine eigene bewegliche Sache, oder eine fremde bewegliche Sache zu Gunsten des Eigenthümers derselben, dem Nutznießer, Pfandgläubiger oder demjenigen, welchem an der Sache ein Gebrauchs- oder Zurückbehaltungsrecht zusteht, in rechtswidriger Absicht wegnimmt, wird mit Gefängniß bis zu drei Jahren oder mit Geldstrafe bis zu dreihundert Thalern bestraft.

Neben der Gefängnißstrafe kann auf Verlust der bürgerlichen Ehrenrechte erkannt werden.

Der Versuch ist strafbar.

Die Verfolgung tritt nur auf Antrag ein.

Die Bestimmungen des §. 247 Absatz 2. und 3. finden auch hier Anwendung.

§. 290.

Oeffentliche Pfandleiher, welche die von ihnen in Pfand genommenen Gegenstände unbefugt in Gebrauch nehmen, werden mit Gefängniß bis zu Einem Jahre, neben welchem auf Geldstrafe bis zu dreihundert Thalern erkannt werden kann, bestraft.

§. 291.

Wer die bei den Uebungen der Artillerie verschossene Munition, oder wer Bleikugeln aus den Kugelfängen der Schießstände der Truppen sich widerrechtlich zueignet, wird mit Gefängniß bis zu Einem Jahre oder mit Geldstrafe bis zu dreihundert Thalern bestraft.

§. 292.

Wer an Orten, an denen zu jagen er nicht berechtigt ist, die Jagd ausübt, wird mit Geldstrafe bis zu Einhundert Thalern oder mit Gefängniß bis zu drei Monaten bestraft.

Die Verfolgung tritt nur auf Antrag ein.

§. 293.

Die Strafe kann auf Geldstrafe bis zu zweihundert Thalern oder auf Gefängniß bis zu sechs Monaten erhöht werden, wenn dem Wilde nicht mit Schießgewehr oder Hunden, sondern mit Schlingen, Netzen, Fallen oder anderen Vorrichtungen nachgestellt oder, wenn das Vergehen während der gesetzlichen Schonzeit, in Wäldern, zur Nachtzeit oder gemeinschaftlich von Mehreren begangen wird.

§. 294.

Wer unberechtigtes Jagen gewerbsmäßig betreibt, wird mit Gefängniß nicht unter drei Monaten bestraft; auch kann auf Verlust der bürgerlichen Ehrenrechte, sowie auf Zulässigkeit von Polizei-Aufsicht erkannt werden.

§. 295.

Neben der durch das Jagdvergehen verwirkten Strafe ist auf Einziehung des Gewehrs, des Jagdgeräths und der Hunde, welche der Thäter bei dem unberechtigten Jagen bei sich geführt hat, ingleichen der Schlingen, Netze, Fallen und anderen Vorrichtungen zu erkennen, ohne Unterschied, ob sie dem Verurtheilten gehören oder nicht.

§. 296.

Wer zur Nachtzeit, bei Fackellicht oder unter Anwendung schädlicher oder explodirender Stoffe unberechtigt fischt oder krebst, wird mit Geldstrafe bis zu zweihundert Thalern oder mit Gefängniß bis zu sechs Monaten bestraft.

Die Verfolgung tritt nur auf Antrag ein.

§. 297.

Ein Reisender oder Schiffsmann, welcher ohne Vorwissen des Schiffers, ingleichen ein Schiffer, welcher ohne Vorwissen des Rheders Gegenstände an Bord nimmt, welche das Schiff oder die Ladung gefährden, indem sie die Beschlagnahme oder Einziehung des Schiffes oder der Ladung veranlassen können, wird mit Geldstrafe bis zu fünfhundert Thalern oder mit Gefängniß bis zu zwei Jahren bestraft.

§. 298.

Ein Schiffsmann, welcher mit der Heuer entläuft, oder sich verborgen hält, um sich dem übernommenen Dienste zu entziehen, wird, ohne Unterschied, ob das Vergehen im Inlande oder im Auslande begangen worden ist, mit Gefängniß bis zu Einem Jahre bestraft.

§. 299.

Wer einen verschlossenen Brief oder eine andere verschlossene Urkunde, die nicht zu seiner Kenntnißnahme bestimmt ist, vorsätzlich und unbefugter Weise eröffnet, wird mit Geldstrafe bis zu Einhundert Thalern oder mit Gefängniß bis zu drei Monaten bestraft.

Die Verfolgung tritt nur auf Antrag ein.

§. 300.

Rechtsanwalte, Advokaten, Notare, Vertheidiger in Straffachen, Aerzte, Wundärzte, Hebammen, Apotheker, sowie die Gehülfen dieser Personen werden, wenn sie unbefugt Privatgeheimnisse offenbaren, die ihnen kraft ihres Amtes, Standes oder Gewerbes anvertraut sind, mit Geldstrafe bis zu fünfhundert Thalern oder mit Gefängniß bis zu drei Monaten bestraft.

Die Verfolgung tritt nur auf Antrag ein.

§. 301.

Wer in gewinnsüchtiger Absicht und unter Benutzung des Leichtsinns oder der Unerfahrenheit eines Unterjährigen sich von demselben Schuldscheine, Wechsel, Empfangsbekenntnisse, Bürgschaftsinstrumente oder eine andere, eine Verpflichtung enthaltende Urkunde ausstellen oder auch nur mündlich ein Zahlungsversprechen ertheilen läßt, wird mit Gefängniß bis zu sechs Monaten oder mit Geldstrafe bis zu fünfhundert Thalern bestraft.

Die Verfolgung tritt nur auf Antrag ein.

§. 302.

Wer in gewinnsüchtiger Absicht und unter Benutzung des Leichtsinns oder der Unerfahrenheit eines Minderjährigen sich von demselben unter Verpfändung der Ehre, auf Ehrenwort, eidlich oder unter ähnlichen Versicherungen oder Betheuerungen die Zahlung einer Geldsumme oder die Erfüllung einer anderen, auf Gewährung geldwerther Sachen gerichteten Verpflichtung aus einem Rechtsgeschäfte versprechen läßt, wird mit Gefängniß bis zu Einem Jahre oder mit Geldstrafe bis zu Eintausend Thalern bestraft.

Neben der Gefängnißstrafe kann auf Verlust der bürgerlichen Ehrenrechte erkannt werden.

Dieselbe Strafe trifft denjenigen, welcher sich eine Forderung, von der er weiß, daß deren Berichtigung ein Minderjähriger in der vorbezeichneten Weise versprochen hat, abtreten läßt.

Die Verfolgung tritt nur auf Antrag ein.

Sechsundzwanzigster Abschnitt.

Sachbeschädigung.

§. 303.

Wer vorsätzlich und rechtswidrig eine fremde Sache beschädigt oder zerstört, wird mit Geldstrafe bis zu dreihundert Thalern oder mit Gefängniß bis zu zwei Jahren bestraft.

Der Versuch ist strafbar.

Die Verfolgung tritt nur auf Antrag ein.

§. 304.

Wer vorsätzlich und rechtswidrig Gegenstände der Verehrung einer im Staate bestehenden Religionsgesellschaft, oder Sachen, die dem Gottesdienste gewidmet sind, oder Grabmäler, öffentliche Denkmäler, Gegenstände der Kunst, der Wissenschaft oder des Gewerbes, welche in öffentlichen Sammlungen aufbewahrt werden oder öffentlich aufgestellt sind, oder Gegenstände, welche zum öffentlichen Nutzen oder zur Verschönerung öffentlicher Wege, Plätze oder Anlagen dienen, beschädigt oder zerstört, wird mit Gefängniß bis zu drei Jahren oder mit Geldstrafe bis zu fünfhundert Thalern bestraft.

Neben der Gefängnißstrafe kann auf Verlust der bürgerlichen Ehrenrechte erkannt werden.

Der Versuch ist strafbar.

§. 305.

Wer vorsätzlich und rechtswidrig ein Gebäude, ein Schiff, eine Brücke, einen Damm, eine gebaute Straße, eine Eisenbahn oder ein anderes Bauwerk, welche fremdes Eigenthum sind, ganz oder theilweise zerstört, wird mit Gefängniß nicht unter Einem Monat bestraft.

Der Versuch ist strafbar.

Siebenundzwanzigster Abschnitt.

Gemeingefährliche Verbrechen und Vergehen.

§. 306.

Wegen Brandstiftung wird mit Zuchthaus bestraft, wer vorsätzlich in Brand setzt

1) ein zu gottesdienstlichen Versammlungen bestimmtes Gebäude,

2) ein Gebäude, ein Schiff oder eine Hütte, welche zur Wohnung von Menschen dienen, oder

3) eine Räumlichkeit, welche zeitweise zum Aufenthalt von Menschen dient, und zwar zu einer Zeit, während welcher Menschen in derselben sich aufzuhalten pflegen.

§. 307.

Die Brandstiftung (§. 306.) wird mit Zuchthaus nicht unter zehn Jahren oder mit lebenslänglichem Zuchthaus bestraft, wenn

1) der Brand den Tod eines Menschen dadurch verursacht hat, daß dieser zur Zeit der That in einer der in Brand gesetzten Räumlichkeiten sich befand,

2) die Brandstiftung in der Absicht begangen worden ist, um unter Begünstigung derselben Mord oder Raub zu begehen oder einen Aufruhr zu erregen, oder

3) der Brandstifter, um das Löschen des Feuers zu verhindern oder zu erschweren, Löschgeräthschaften entfernt oder unbrauchbar gemacht hat.

§. 308.

Wegen Brandstiftung wird mit Zuchthaus bis zu zehn Jahren bestraft, wer vorsätzlich Gebäude, Schiffe, Hütten, Bergwerke, Magazine, Waarenvorräthe, welche auf dazu bestimmten öffentlichen Plätzen lagern, Vorräthe von landwirthschaftlichen Erzeugnissen oder von Bau- oder Brennmaterialien, Früchte auf dem Felde, Waldungen oder Torfmoore in Brand setzt, wenn diese Gegenstände entweder fremdes Eigenthum sind, oder zwar dem Brandstifter eigenthümlich gehören, jedoch ihrer Beschaffenheit und Lage nach geeignet sind, das Feuer einer der im §. 306 Nr. 1. bis 3. bezeichneten Räumlichkeiten oder einem der vorstehend bezeichneten fremden Gegenstände mitzutheilen.

Sind mildernde Umstände vorhanden, so tritt Gefängnißstrafe nicht unter sechs Monaten ein.

§. 309.

Wer durch Fahrlässigkeit einen Brand der in den §§. 306 und 308 bezeichneten Art herbeiführt, wird mit Gefängniß bis zu Einem Jahre oder mit Geldstrafe bis zu dreihundert Thalern und, wenn durch den Brand der Tod eines Menschen verursacht worden ist, mit Gefängniß von Einem Monat bis zu drei Jahren bestraft.

§. 310.

Hat der Thäter den Brand, bevor derselbe entdeckt und ein weiterer als der durch die bloße Inbrandsetzung bewirkte Schade entstanden war, wieder gelöscht, so tritt Straflosigkeit ein.

§. 311.

Die gänzliche oder theilweise Zerstörung einer Sache durch Gebrauch von Pulver oder anderen explodirenden Stoffen ist der Inbrandsetzung der Sache gleich zu achten.

§. 312.

Wer mit gemeiner Gefahr für Menschenleben vorsätzlich eine Ueberschwemmung herbeiführt, wird mit Zuchthaus nicht unter drei Jahren und, wenn durch die Ueberschwemmung der Tod eines Menschen verursacht worden ist, mit Zuchthaus nicht unter zehn Jahren oder mit lebenslänglichem Zuchthaus bestraft.

§. 313.

Wer mit gemeiner Gefahr für das Eigenthum vorsätzlich eine Ueberschwemmung herbeiführt, wird mit Zuchthaus bestraft.

Ist jedoch die Absicht des Thäters nur auf Schutz seines Eigenthums gerichtet gewesen, so ist auf Gefängniß nicht unter Einem Jahre zu erkennen.

§. 314.

Wer eine Ueberschwemmung mit gemeiner Gefahr für Leben oder Eigenthum durch Fahrlässigkeit herbeiführt, wird mit Gefängniß bis zu Einem Jahre und, wenn durch die Ueberschwemmung der Tod eines Menschen verursacht worden ist, mit Gefängniß von Einem Monat bis zu drei Jahren bestraft.

§. 315.

Wer vorfäßlich Eisenbahnanlagen, Beförderungsmittel oder sonstiges Zubehör derselben dergestalt beschädigt, oder auf der Fahrbahn durch falsche Zeichen oder Signale oder auf andere Weise solche Hindernisse bereitet, daß dadurch der Trans-port in Gefahr gesetzt wird, wird mit Zuchthaus bis zu zehn Jahren bestraft.

Ist durch die Handlung eine schwere Körperverletzung verursacht worden, so tritt Zuchthausstrafe nicht unter fünf Jahren und, wenn der Tod eines Menschen verursacht worden ist, Zuchthausstrafe nicht unter zehn Jahren oder lebenslängliche Zuchthausstrafe ein.

§. 316.

Wer fahrlässigerweise durch eine der vorbezeichneten Handlungen den Trans-port auf einer Eisenbahn in Gefahr setzt, wird mit Gefängniß bis zu Einem Jahre und, wenn durch die Handlung der Tod eines Menschen verursacht worden ist, mit Gefängniß von Einem Monat bis zu drei Jahren bestraft.

Gleiche Strafe trifft die zur Leitung der Eisenbahnfahrten und zur Aufsicht über die Bahn und den Beförderungsbetrieb angestellten Personen, wenn sie durch Vernachläſſigung der ihnen obliegenden Pflichten einen Transport in Gefahr setzen.

§. 317.

Wer gegen eine zu öffentlichen Zwecken dienende Telegraphenanstalt vorsätz-lich Handlungen begeht, welche die Benutzung dieser Anstalt verhindern oder stören, wird mit Gefängniß von Einem Monat bis zu drei Jahren bestraft.

§. 318.

Wer gegen eine zu öffentlichen Zwecken dienende Telegraphenanstalt fahr-läſſiger Weise Handlungen begeht, welche die Benutzung dieser Anstalt verhindern oder stören, wird mit Gefängniß bis zu Einem Jahre oder mit Geldstrafe bis zu dreihundert Thalern bestraft.

Gleiche Strafe trifft die zur Beaufsichtigung und Bedienung der Telegraphen-Anstalten und ihrer Zubehörungen angestellten Personen, wenn sie durch Ver-nachläſſigung der ihnen obliegenden Pflichten die Benutzung der Anstalt ver-hindern oder stören.

§. 319.

Wird einer der in den §§. 316 und 318 erwähnten Angestellten wegen einer der daselbst bezeichneten Handlungen verurtheilt, so kann derselbe zugleich für unfähig zu einer Beschäftigung im Eisenbahn- oder Telegraphendienste oder in bestimmten Zweigen dieser Dienste erklärt werden.

§. 320.

Die Vorsteher einer Eisenbahngesellschaft, sowie die Vorsteher einer zu öffent-lichen Zwecken dienenden Telegraphenanstalt, welche nicht sofort nach Mittheilung des rechtskräftigen Erkenntnisses die Entfernung des Verurtheilten bewirken, wer-den mit Geldstrafe bis zu Einhundert Thalern oder mit Gefängniß bis zu drei Monaten bestraft.

Gleiche Strafe trifft benjenigen, welcher für unfähig zum Eisenbahn- oder Telegraphendienste erklärt worden ist, wenn er sich nachher bei einer Eisenbahn oder Telegraphenanstalt wieder anstellen läßt, sowie diejenigen, welche ihn wieder angestellt haben, obgleich ihnen die erfolgte Unfähigkeitserklärung bekannt war.

§. 321.

Wer vorsätzlich Wasserleitungen, Schleusen, Wehre, Deiche, Dämme oder andere Wasserbauten oder Brücken, Fähren, Wege oder Schutzwehre zerstört oder beschädigt, oder in schiffbaren Strömen, Flüssen oder Kanälen das Fahrwasser stört und durch eine dieser Handlungen Gefahr für das Leben oder die Gesundheit Anderer herbeiführt, wird mit Gefängniß nicht unter drei Monaten bestraft.

Ist durch eine dieser Handlungen eine schwere Körperverletzung verursacht worden, so tritt Zuchthausstrafe bis zu fünf Jahren und, wenn der Tod eines Menschen verursacht worden ist, Zuchthausstrafe nicht unter fünf Jahren ein.

§. 322.

Wer vorsätzlich ein zur Sicherung der Schifffahrt bestimmtes Feuerzeichen oder ein anderes zu diesem Zwecke aufgestelltes Zeichen zerstört, wegschafft oder unbrauchbar macht, oder ein solches Feuerzeichen auslöscht oder seiner Dienstpflicht zuwider nicht aufstellt, oder ein falsches Zeichen, welches geeignet ist, die Schifffahrt unsicher zu machen, aufstellt, insbesondere zur Nachtzeit auf der Strandhöhe Feuer anzündet, welches die Schifffahrt zu gefährden geeignet ist, wird mit Zuchthaus bis zu zehn Jahren bestraft.

Ist durch die Handlung die Strandung eines Schiffes verursacht worden, so tritt Zuchthausstrafe nicht unter fünf Jahren und, wenn der Tod eines Menschen verursacht worden ist, Zuchthausstrafe nicht unter zehn Jahren oder lebenslängliche Zuchthausstrafe ein.

§. 323.

Wer vorsätzlich die Strandung oder das Sinken eines Schiffes bewirkt und dadurch Gefahr für das Leben eines Anderen herbeiführt, wird mit Zuchthaus nicht unter fünf Jahren und, wenn durch die Handlung der Tod eines Menschen verursacht worden ist, mit Zuchthaus nicht unter zehn Jahren oder mit lebenslänglichem Zuchthaus bestraft.

§. 324.

Wer vorsätzlich Brunnen- oder Wasserbehälter, welche zum Gebrauche Anderer dienen, oder Gegenstände, welche zum öffentlichen Verkaufe oder Verbrauche bestimmt sind, vergiftet oder denselben Stoffe beimischt, von denen ihm bekannt ist, daß sie die menschliche Gesundheit zu zerstören geeignet sind, ingleichen wer solche vergiftete oder mit gefährlichen Stoffen vermischte Sachen wissentlich und mit Verschweigung dieser Eigenschaft verkauft, feilhält oder sonst in Verkehr bringt, wird mit Zuchthaus bis zu zehn Jahren und, wenn durch die Handlung der Tod eines Menschen verursacht worden ist, mit Zuchthaus nicht unter zehn Jahren oder mit lebenslänglichem Zuchthaus bestraft.

§. 325.

Neben der nach den Vorschriften der §§. 306 bis 308, 311 bis 313, 315, 321 bis 324 erkannten Zuchthausstrafe kann auf Zulässigkeit von Polizei-Aufsicht erkannt werden.

§. 326.

Ist eine der in den §§. 321 bis 324 bezeichneten Handlungen aus Fahrlässigkeit begangen worden, so ist, wenn durch die Handlung ein Schaden verursacht worden ist, auf Gefängniß bis zu Einem Jahre und, wenn der Tod eines Menschen verursacht worden ist, auf Gefängniß von Einem Monat bis zu drei Jahren zu erkennen.

§. 327.

Wer die Absperrungs- oder Aufsichts-Maßregeln oder Einfuhrverbote, welche von der zuständigen Behörde zur Verhütung des Einführens oder Verbreitens einer ansteckenden Krankheit angeordnet worden sind, wissentlich verletzt, wird mit Gefängniß bis zu zwei Jahren bestraft.

Ist in Folge dieser Verletzung ein Mensch von der ansteckenden Krankheit ergriffen worden, so tritt Gefängnißstrafe von drei Monaten bis zu drei Jahren ein.

§. 328.

Wer die Absperrungs- oder Aufsichts-Maßregeln oder Einfuhrverbote, welche von der zuständigen Behörde zur Verhütung des Einführens oder Verbreitens von Viehseuchen angeordnet worden sind, wissentlich verletzt, wird mit Gefängniß bis zu Einem Jahre bestraft.

Ist in Folge dieser Verletzung Vieh von der Seuche ergriffen worden, so tritt Gefängnißstrafe von Einem Monat bis zu zwei Jahren ein.

§. 329.

Wer die mit einer Behörde geschlossenen Lieferungsverträge über Bedürfnisse des Heeres oder der Marine zur Zeit eines Krieges, oder über Lebensmittel zur Abwendung oder Beseitigung eines Nothstandes, vorsätzlich entweder nicht zur bestimmten Zeit oder nicht in der vorbedungenen Weise erfüllt, wird mit Gefängniß nicht unter sechs Monaten bestraft; auch kann auf Verlust der bürgerlichen Ehrenrechte erkannt werden.

Liegt der Nichterfüllung des Vertrages Fahrlässigkeit zum Grunde, so ist, wenn durch die Handlung ein Schaden verursacht worden ist, auf Gefängniß bis zu zwei Jahren zu erkennen.

Dieselben Strafen finden auch gegen die Unterlieferanten, Vermittler und Bevollmächtigten des Lieferanten Anwendung, welche mit Kenntniß des Zweckes der Lieferung die Nichterfüllung derselben vorsätzlich oder aus Fahrlässigkeit verursachen.

§. 330.

Wer bei der Leitung oder Ausführung eines Baues wider die allgemein anerkannten Regeln der Baukunst dergestalt handelt, daß hieraus für Andere Gefahr entsteht, wird mit Geldstrafe bis zu dreihundert Thalern oder mit Gefängniß bis zu Einem Jahre bestraft.

Achtundzwanzigster Abschnitt.
Verbrechen und Vergehen im Amte.

§. 331.

Ein Beamter, welcher für eine in sein Amt einschlagende, an sich nicht pflichtwidrige Handlung Geschenke oder andere Vortheile annimmt, fordert oder sich versprechen läßt, wird mit Geldstrafe bis zu Einhundert Thalern oder mit Gefängniß bis zu sechs Monaten bestraft.

§. 332.

Ein Beamter, welcher für eine Handlung, die eine Verletzung einer Amts- oder Dienstpflicht enthält, Geschenke oder andere Vortheile annimmt, fordert oder sich versprechen läßt, wird wegen Bestechung mit Zuchthaus bis zu fünf Jahren bestraft.

Sind mildernde Umstände vorhanden, so tritt Gefängnißstrafe ein.

§. 333.

Wer einem Beamten oder einem Mitgliede der bewaffneten Macht Geschenke oder andere Vortheile anbietet, verspricht oder gewährt, um ihn zu einer Handlung, die eine Verletzung einer Amts- oder Dienstpflicht enthält, zu bestimmen, wird wegen Bestechung mit Gefängniß bestraft; auch kann auf Verlust der bürgerlichen Ehrenrechte erkannt werden.

Sind mildernde Umstände vorhanden, so kann auf Geldstrafe bis zu fünfhundert Thalern erkannt werden.

§. 334.

Ein Richter, Schiedsrichter, Geschworener oder Schöffe, welcher Geschenke oder andere Vortheile fordert, annimmt oder sich versprechen läßt, um eine Rechtssache, deren Leitung oder Entscheidung ihm obliegt, zu Gunsten oder zum Nachtheile eines Betheiligten zu leiten oder zu entscheiden, wird mit Zuchthaus bestraft.

Derjenige, welcher einem Richter, Schiedsrichter, Geschworenen oder Schöffen zu dem vorbezeichneten Zwecke Geschenke oder andere Vortheile anbietet, verspricht oder gewährt, wird mit Zuchthaus bestraft. Sind mildernde Umstände vorhanden, so tritt Gefängnißstrafe ein.

§. 335.

In den Fällen der §§. 331 bis 334 ist im Urtheile das Empfangene oder der Werth desselben für dem Staate verfallen zu erklären.

§. 336.

Ein Beamter oder Schiedsrichter, welcher sich bei der Leitung oder Entscheidung einer Rechtssache vorsätzlich zu Gunsten oder zum Nachtheile einer

47*

Partei einer Beugung des Rechtes schuldig macht, wird mit Zuchthaus bis zu fünf Jahren bestraft.

§. 337.

Ein Geistlicher oder anderer Religionsdiener, welcher zu den religiösen Feierlichkeiten einer Eheschließung schreitet, bevor ihm nachgewiesen worden ist, daß eine Heirathsurkunde von dem Personenstandsbeamten aufgenommen sei, wird, wenn zur bürgerlichen Gültigkeit der Ehe die Aufnahme einer Heirathsurkunde erforderlich ist, mit Geldstrafe bis zu Einhundert Thalern oder mit Gefängniß bis zu drei Monaten bestraft.

§. 338.

Ein Religionsdiener oder Personenstandsbeamter, welcher, wissend, daß eine Person verheirathet ist, eine neue Ehe derselben schließt, wird mit Zuchthaus bis zu fünf Jahren bestraft.

§. 339.

Ein Beamter, welcher durch Mißbrauch seiner Amtsgewalt oder durch Anbrohung eines bestimmten Mißbrauchs derselben Jemand zu einer Handlung, Duldung oder Unterlassung widerrechtlich nöthigt, wird mit Gefängniß bestraft. Der Versuch ist strafbar.

In den Fällen der §§. 106, 107, 167 und 253 tritt die daselbst angedrohte Strafe ein, wenn die Handlung von einem Beamten, wenn auch ohne Gewalt oder Drohung, aber durch Mißbrauch seiner Amtsgewalt oder Anbrohung eines bestimmten Mißbrauchs derselben begangen ist.

§. 340.

Ein Beamter, welcher in Ausübung oder in Veranlassung der Ausübung seines Amtes vorsätzlich eine Körperverletzung begeht oder begehen läßt, wird mit Gefängniß nicht unter drei Monaten bestraft. Sind mildernde Umstände vorhanden, so kann die Strafe bis auf Einen Tag Gefängniß ermäßigt oder auf Geldstrafe bis zu dreihundert Thalern erkannt werden.

Ist die Körperverletzung eine schwere, so ist auf Zuchthaus nicht unter zwei Jahren zu erkennen. Sind mildernde Umstände vorhanden, so tritt Gefängnißstrafe nicht unter drei Monaten ein.

§. 341.

Ein Beamter, welcher vorsätzlich, ohne hierzu berechtigt zu sein, eine Verhaftung oder vorläufige Ergreifung und Festnahme oder Zwangsgestellung vornimmt oder vornehmen läßt, oder die Dauer einer Freiheitsentziehung verlängert, wird nach Vorschrift des §. 239, jedoch mindestens mit Gefängniß von drei Monaten bestraft.

§. 342.

Ein Beamter, der in Ausübung oder in Veranlassung der Ausübung seines Amtes einen Hausfriedensbruch (§. 123) begeht, wird mit Gefängniß bis zu Einem Jahre oder mit Geldstrafe bis zu dreihundert Thalern bestraft.

§. 343.

Ein Beamter, welcher in einer Untersuchung Zwangsmittel anwendet oder anwenden läßt, um Geständnisse oder Aussagen zu erpressen, wird mit Zuchthaus bis zu fünf Jahren bestraft.

§. 344.

Ein Beamter, welcher vorsätzlich zum Nachtheile einer Person, deren Unschuld ihm bekannt ist, die Eröffnung oder Fortsetzung einer Untersuchung beantragt oder beschließt, wird mit Zuchthaus bestraft.

§. 345.

Gleiche Strafe trifft den Beamten, welcher vorsätzlich eine Strafe vollstrecken läßt, von der er weiß, daß sie überhaupt nicht oder nicht der Art oder dem Maße nach vollstreckt werden darf.

Ist die Handlung aus Fahrlässigkeit begangen, so tritt Gefängnißstrafe oder Festungshaft bis zu Einem Jahre oder Geldstrafe bis zu dreihundert Thalern ein.

§. 346.

Ein Beamter, welcher vermöge seines Amtes bei Ausübung der Strafgewalt oder bei Vollstreckung der Strafe mitzuwirken hat, wird mit Zuchthaus bis zu fünf Jahren bestraft, wenn er in der Absicht, Jemand der gesetzlichen Strafe rechtswidrig zu entziehen, die Verfolgung einer strafbaren Handlung unterläßt, oder eine Handlung begeht, welche geeignet ist, eine Freisprechung oder eine dem Gesetze nicht entsprechende Bestrafung zu bewirken, oder die Vollstreckung der ausgesprochenen Strafe nicht betreibt, oder eine gelindere als die erkannte Strafe zur Vollstreckung bringt.

Sind mildernde Umstände vorhanden, so tritt Gefängnißstrafe nicht unter Einem Monat ein.

§. 347.

Ein Beamter, welcher einen Gefangenen, dessen Beaufsichtigung, Begleitung oder Bewachung ihm anvertraut ist, vorsätzlich entweichen läßt oder dessen Befreiung vorsätzlich bewirkt oder befördert, wird mit Zuchthaus bis zu fünf Jahren bestraft. Sind mildernde Umstände vorhanden, so tritt Gefängnißstrafe nicht unter Einem Monat ein.

Ist die Entweichung durch Fahrlässigkeit befördert oder erleichtert worden, so tritt Gefängnißstrafe bis zu sechs Monaten oder Geldstrafe bis zu zweihundert Thalern ein.

§. 348.

Ein Beamter, welcher, zur Aufnahme öffentlicher Urkunden befugt, innerhalb seiner Zuständigkeit vorsätzlich eine rechtlich erhebliche Thatsache falsch beurkundet oder in öffentliche Register oder Bücher falsch einträgt, wird mit Gefängniß nicht unter Einem Monat bestraft.

Dieselbe Strafe trifft einen Beamten, welcher eine ihm amtlich anvertraute oder zugängliche Urkunde vorsätzlich vernichtet, bei Seite schafft, beschädigt oder verfälscht.

§. 349.

Wird eine der im §. 348 bezeichneten Handlungen in der Absicht begangen, sich oder einem Anderen einen Vermögensvortheil zu verschaffen oder einem Anderen Schaden zuzufügen, so ist auf Zuchthaus bis zu zehn Jahren und zugleich auf Geldstrafe von funfzig bis zu Eintausend Thalern zu erkennen.

§. 350.

Ein Beamter, welcher Gelder oder andere Sachen, die er in amtlicher Eigenschaft empfangen oder in Gewahrsam hat, unterschlägt, wird mit Gefängniß nicht unter drei Monaten bestraft; auch kann auf Verlust der bürgerlichen Ehrenrechte erkannt werden.

Der Versuch ist strafbar.

§. 351.

Hat der Beamte in Beziehung auf die Unterschlagung die zur Eintragung oder Kontrole der Einnahmen oder Ausgaben bestimmten Rechnungen, Register oder Bücher unrichtig geführt, verfälscht oder unterdrückt, oder unrichtige Abschlüsse oder Auszüge aus diesen Rechnungen, Registern oder Büchern, oder unrichtige Beläge zu denselben vorgelegt, oder ist in Beziehung auf die Unterschlagung auf Fässern, Beuteln oder Packeten der Geldinhalt fälschlich bezeichnet, so ist auf Zuchthaus bis zu zehn Jahren zu erkennen.

Sind mildernde Umstände vorhanden, so tritt Gefängnißstrafe nicht unter sechs Monaten ein.

§. 352.

Ein Beamter, Advokat, Anwalt oder sonstiger Rechtsbeistand, welcher Gebühren oder andere Vergütungen für amtliche Verrichtungen zu seinem Vortheile zu erheben hat, wird, wenn er Gebühren oder Vergütungen erhebt, von denen er weiß, daß der Zahlende sie überhaupt nicht oder nur in geringerem Betrage verschuldet, mit Geldstrafe bis zu Einhundert Thalern oder mit Gefängniß bis zu Einem Jahre bestraft.

Der Versuch ist strafbar.

§. 353.

Ein Beamter, welcher Steuern, Gebühren oder andere Abgaben für eine öffentliche Kasse zu erheben hat, wird, wenn er Abgaben, von denen er weiß, daß der Zahlende sie überhaupt nicht oder nur in geringerem Betrage verschuldet, erhebt, und das rechtswidrig Erhobene ganz oder zum Theil nicht zur Kasse bringt, mit Gefängniß nicht unter drei Monaten bestraft.

Gleiche Strafe trifft den Beamten, welcher bei amtlichen Ausgaben an Geld oder Naturalien dem Empfänger vorsätzlich und rechtswidrig Abzüge macht und die Ausgaben als vollständig geleistet in Rechnung stellt.

§. 354.

Ein Poftbeamter, welcher die der Poft anvertrauten Briefe oder Packete in anderen, als den im Gefetze vorgefehenen Fällen eröffnet oder unterbrückt, oder einem Anderen wiffentlich eine folche Handlung geftattet, oder ihm dabei wiffent= lich Hülfe leiftet, wird mit Gefängniß nicht unter drei Monaten beftraft.

§. 355.

Telegraphenbeamte oder andere mit der Beauffichtigung und Bedienung einer zu öffentlichen Zwecken dienenden Telegraphenanftalt betraute Perfonen, welche die einer Telegraphenanftalt anvertrauten Depefchen verfälfchen oder in anderen, als in den im Gefetze vorgefehenen Fällen eröffnen oder unterbrücken, oder von ihrem Inhalte Dritte rechtswidrig benachrichtigen, oder einem Anderen wiffentlich eine folche Handlung geftatten oder ihm dabei wiffentlich Hülfe leiften, werden mit Gefängniß nicht unter drei Monaten beftraft.

§. 356.

Ein Advokat, Anwalt oder ein anderer Rechtsbeiftand, welcher bei den ihm vermöge feiner amtlichen Eigenfchaft anvertrauten Angelegenheiten in der= felben Rechtsfache beiden Parteien durch Rath oder Beiftand pflichtwidrig dient, wird mit Gefängniß nicht unter drei Monaten beftraft.

Handelt derfelbe im Einverftändniffe mit der Gegenpartei zum Nachtheile feiner Partei, fo tritt Zuchthausftrafe bis zu fünf Jahren ein.

§. 357.

Ein Amtsvorgefetzter, welcher feine Untergebenen zu einer ftrafbaren Hand= lung im Amte vorfätzlich verleitet oder zu verleiten unternimmt, oder eine folche ftrafbare Handlung feiner Untergebenen wiffentlich gefchehen läßt, hat die auf diefe ftrafbare Handlung angedrohte Strafe verwirkt.

Diefelbe Beftimmung findet auf einen Beamten Anwendung, welchem eine Aufficht oder Kontrole über die Amtsgefchäfte eines anderen Beamten übertragen ift, fofern die von diefem letzteren Beamten begangene ftrafbare Handlung die zur Aufficht oder Kontrole gehörenden Gefchäfte betrifft.

§. 358.

Neben der nach Vorfchrift der §§. 331, 339 bis 341, 352 bis 355 und 357 erkannten Gefängnißftrafe kann auf Verluft der Fähigkeit zur Be= kleidung öffentlicher Aemter auf die Dauer von Einem bis zu fünf Jahren erkannt werden.

§. 359.

Unter Beamten im Sinne diefes Strafgefetzes find zu verftehen alle im Dienfte des Reichs oder in unmittelbarem oder mittelbarem Dienfte eines Bundes= ftaats, auf Lebenszeit, auf Zeit oder nur vorläufig angeftellte Perfonen, ohne Unterfchied, ob fie einen Dienfteid geleiftet haben oder nicht, ingleichen Notare, nicht aber Advokaten und Anwalte.

Neunundzwanzigster Abschnitt.

Uebertretungen.

§. 360.

Mit Geldstrafe bis zu funfzig Thalern oder mit Haft wird bestraft:

1) wer ohne besondere Erlaubniß Risse von Festungen oder einzelnen Festungs-
werken aufnimmt oder veröffentlicht;

2) wer außerhalb seines Gewerbebetriebes heimlich oder wider das Verbot
der Behörde Vorräthe von Waffen oder Schießbedarf aufsammelt;

3) wer als beurlaubter Reservist oder Wehrmann der Land- oder Seewehr
ohne Erlaubniß auswandert;

4) wer ohne schriftlichen Auftrag einer Behörde Stempel, Siegel, Stiche,
Platten oder andere Formen, welche zur Anfertigung von Metall- oder
Papiergeld, oder von solchen Papieren, welche nach §. 149 dem Papiergelde gleich geachtet werden, oder von Stempelpapier, öffentlichen Bescheinigungen oder Beglaubigungen dienen können, anfertigt oder an
einen Anderen als die Behörde verabfolgt;

5) wer ohne schriftlichen Auftrag einer Behörde den Abdruck der in Nr. 4
genannten Stempel, Siegel, Stiche, Platten oder Formen, oder einen
Druck von Formularen zu den daselbst bezeichneten öffentlichen Papieren,
Beglaubigungen oder Bescheinigungen unternimmt, oder Abdrücke an
einen Anderen, als die Behörde verabfolgt;

6) wer Waaren-Empfehlungskarten, Ankündigungen oder andere Druck-
sachen oder Abbildungen, welche in der Form oder Verzierung dem
Papiergelde oder den dem Papiergelde nach §. 149 gleich geachteten
Papieren ähnlich sind, anfertigt oder verbreitet, oder wer Stempel,
Stiche, Platten oder andere Formen, welche zur Anfertigung von solchen
Drucksachen oder Abbildungen dienen können, anfertigt;

7) wer unbefugt die Abbildung von Wappen eines Bundesfürsten zur Bezeichnung von Waaren auf Aushängeschildern oder Etiketten gebraucht;

8) wer unbefugt eine Uniform, eine Amtskleidung, ein Amtszeichen, einen
Orden oder ein Ehrenzeichen trägt oder Titel, Würden oder Adels-
prädikate annimmt, ingleichen wer sich eines ihm nicht zukommenden
Namens einem zuständigen Beamten gegenüber bedient;

9) wer gesetzlichen Bestimmungen zuwider ohne Genehmigung der Staatsbehörde Aussteuer-, Sterbe- oder Wittwenkassen, Versicherungsanstalten
oder andere dergleichen Gesellschaften oder Anstalten errichtet, welche
bestimmt sind, gegen Zahlung eines Einkaufsgeldes oder gegen Leistung
von Geldbeiträgen beim Eintritte gewisser Bedingungen oder Fristen,
Zahlungen an Kapital oder Rente zu leisten;

10) wer bei Unglücksfällen oder gemeiner Gefahr oder Noth von der Polizeibehörde oder deren Stellvertreter zur Hülfe aufgefordert, keine Folge
leistet, obgleich er der Aufforderung ohne erhebliche eigene Gefahr genügen konnte;

11) wer ungebührlicherweise ruhestörenden Lärm erregt oder wer groben
Unfug verübt;

12) wer als Pfandleiher bei Ausübung seines Gewerbes den darüber erlassenen Anordnungen zuwiderhandelt;

13) wer öffentlich oder in Aergerniß erregender Weise Thiere boshaft quält
oder roh mißhandelt;

14) wer unbefugt auf einem öffentlichen Wege, einer Straße, einem öffentlichen Platze oder in einem öffentlichen Versammlungsorte Glücksspiele hält.

In den Fällen der Nummern 1, 2, 4, 5, 6 und 14 kann neben der
Geldstrafe oder der Haft auf Einziehung der Risse von Festungen oder Festungs-
werken, der Vorräthe von Waffen oder Schießbedarf, der Stempel, Siegel,
Stiche, Platten oder anderen Formen, der Abdrücke oder Abbildungen oder der
auf dem Spieltische oder in der Bank befindlichen Gelder erkannt werden, ohne
Unterschied, ob sie dem Verurtheilten gehören oder nicht.

§. 361.

Mit Haft wird bestraft:

1) wer, nachdem er unter Polizei-Aufsicht gestellt worden ist, den in Folge
derselben ihm auferlegten Beschränkungen zuwiderhandelt;

2) wer, nachdem er des Bundesgebietes oder des Gebietes eines Bundesstaats verwiesen ist, ohne Erlaubniß zurückkehrt;

3) wer als Landstreicher umherzieht;

4) wer bettelt oder Kinder zum Betteln anleitet oder ausschickt, oder Personen, welche seiner Gewalt und Aufsicht untergeben sind und zu seiner
Hausgenossenschaft gehören, vom Betteln abzuhalten unterläßt;

5) wer sich dem Spiel, Trunk oder Müßiggang dergestalt hingibt, daß er
in einen Zustand geräth, in welchem zu seinem Unterhalte oder zum
Unterhalte derjenigen, zu deren Ernährung er verpflichtet ist, durch Vermittelung der Behörde fremde Hülfe in Anspruch genommen werden muß;

6) eine Weibsperson, welche, polizeilichen Anordnungen zuwider, gewerbsmäßig Unzucht treibt;

7) wer, wenn er aus öffentlichen Armenmitteln eine Unterstützung empfängt,
sich aus Arbeitsscheu weigert, die ihm von der Behörde angewiesene,
seinen Kräften angemessene Arbeit zu verrichten;

8) wer nach Verlust seines bisherigen Unterkommens binnen der ihm von
der zuständigen Behörde bestimmten Frist sich kein anderweitiges Unter-
kommen verschafft hat und auch nicht nachweisen kann, daß er solches
der von ihm angewandten Bemühungen ungeachtet nicht vermocht habe.

§. 362.

Die nach Vorschrift des §. 361 Nr. 3 bis 8 Verurtheilten können zu Arbeiten, welche ihren Fähigkeiten und Verhältnissen angemessen sind, innerhalb und, sofern sie von anderen freien Arbeitern getrennt gehalten werden, auch außerhalb der Strafanstalt angehalten werden.

Bei der Verurtheilung zur Haft kann zugleich erkannt werden, daß die verurtheilte Person nach verbüßter Strafe der Landespolizeibehörde zu überweisen sei. Die Landespolizeibehörde erhält dadurch die Befugniß, die verurtheilte Person entweder bis zu zwei Jahren in ein Arbeitshaus unterzubringen oder zu gemeinnützigen Arbeiten zu verwenden. Im Falle des §. 361 Nr. 4 ist dieses jedoch nur dann zulässig, wenn der Verurtheilte in den letzten drei Jahren wegen dieser Uebertretung mehrmals rechtskräftig verurtheilt worden ist, oder wenn derselbe unter Drohungen oder mit Waffen gebettelt hat.

Ist gegen einen Ausländer auf Ueberweisung an die Landespolizeibehörde erkannt, so kann an Stelle der Unterbringung in ein Arbeitshaus Verweisung aus dem Bundesgebiete eintreten.

§. 363.

Wer, um Behörden oder Privatpersonen zum Zwecke seines besseren Fortkommens zu täuschen, Pässe, Militairabschiede, Wanderbücher oder sonstige Legitimationspapiere, Dienst- oder Arbeitsbücher oder sonstige auf Grund besonderer Vorschriften auszustellende Zeugnisse, sowie Führungs- oder Fähigkeitszeugnisse falsch anfertigt oder verfälscht, oder wissentlich von einer solchen falschen oder verfälschten Urkunde Gebrauch macht, wird mit Haft oder mit Geldstrafe bis zu funfzig Thalern bestraft.

Gleiche Strafe trifft denjenigen, welcher zu demselben Zwecke von solchen für einen Anderen ausgestellten echten Urkunden, als ob sie für ihn ausgestellt seien, Gebrauch macht, oder welcher solche für ihn ausgestellte Urkunden einem Anderen zu dem gedachten Zwecke überläßt.

§. 364.

Mit Geldstrafe bis zu funfzig Thalern wird bestraft, wer wissentlich schon einmal verwendetes Stempelpapier nach gänzlicher oder theilweiser Entfernung der darauf gesetzten Schriftzeichen oder schon einmal verwendete Stempelmarken, Stempelblankette oder ausgeschnittene oder sonst abgetrennte Stempelabdrücke der im §. 276 bezeichneten Art veräußert oder feilhält.

§. 365.

Wer in einer Schankstube oder an einem öffentlichen Vergnügungsorte über die gebotene Polizeistunde hinaus verweilt, ungeachtet der Wirth, sein Vertreter oder ein Polizeibeamter ihn zum Fortgehen aufgefordert hat, wird mit Geldstrafe bis zu fünf Thalern bestraft.

Der Wirth, welcher das Verweilen seiner Gäste über die gebotene Polizeistunde hinaus duldet, wird mit Geldstrafe bis zu zwanzig Thalern oder mit Haft bis zu vierzehn Tagen bestraft.

§. 366.

Mit Geldstrafe bis zu zwanzig Thalern oder mit Haft bis zu vierzehn Tagen wird bestraft:

1) wer den gegen die Störung der Feier der Sonn- und Festtage erlassenen Anordnungen zuwiderhandelt;

2) wer in Städten oder Dörfern übermäßig schnell fährt oder reitet, oder auf öffentlichen Straßen oder Plätzen der Städte oder Dörfer mit gemeiner Gefahr Pferde einfährt oder zureitet;

3) wer auf öffentlichen Wegen, Straßen oder Plätzen das Vorbeifahren Anderer muthwillig verhindert;

4) wer in Städten mit Schlitten ohne feste Deichsel oder ohne Geläute oder Schelle fährt;

5) wer Thiere in Städten oder Dörfern, auf öffentlichen Wegen, Straßen oder Plätzen, oder an anderen Orten, wo sie durch Ausreißen, Schlagen oder auf andere Weise Schaden anrichten können, mit Vernachlässigung der erforderlichen Sicherheitsmaßregeln stehen läßt oder führt;

6) wer Hunde auf Menschen hetzt;

7) wer Steine oder andere harte Körper oder Unrath auf Menschen, auf Pferde oder andere Zug- oder Lastthiere, gegen fremde Häuser, Gebäude oder Einschließungen, oder in Gärten oder eingeschlossene Räume wirft;

8) wer nach einer öffentlichen Straße oder nach Orten hinaus, wo Menschen zu verkehren pflegen, Sachen, durch deren Umstürzen oder Herabfallen Jemand beschädigt werden kann, ohne gehörige Befestigung aufstellt oder aufhängt, oder Sachen auf eine Weise ausgießt oder auswirft, daß dadurch die Vorübergehenden beschädigt oder verunreinigt werden können;

9) wer auf öffentlichen Wegen, Straßen oder Plätzen Gegenstände, durch welche der freie Verkehr gehindert wird, aufstellt, hinlegt oder liegen läßt;

10) wer die zur Erhaltung der Sicherheit, Bequemlichkeit, Reinlichkeit und Ruhe auf den öffentlichen Wegen, Straßen und Plätzen erlassenen Polizeiverordnungen übertritt.

§. 367.

Mit Geldstrafe bis zu fünfzig Thalern oder mit Haft wird bestraft:

1) wer ohne Vorwissen der Behörde einen Leichnam beerdigt oder bei Seite schafft, oder wer unbefugt einen Theil einer Leiche aus dem Gewahrsam der dazu berechtigten Personen wegnimmt;

2) wer den polizeilichen Anordnungen über vorzeitige Beerdigungen entgegenhandelt;

3) wer ohne polizeiliche Erlaubniß Gift oder Arzeneien, soweit der Handel mit denselben nicht freigegeben ist, zubereitet, feilhält, verkauft oder sonst an Andere überläßt;

48*

4) wer ohne die vorgeschriebene Erlaubniß Schießpulver oder andere explodirende Stoffe oder Feuerwerke zubereitet;

5) wer bei der Aufbewahrung oder bei der Beförderung von Giftwaaren, Schießpulver oder anderen explodirenden Stoffen oder Feuerwerken, oder bei Ausübung der Befugniß zur Zubereitung oder Feilhaltung dieser Gegenstände, sowie der Arzeneien die deßhalb ergangenen Verordnungen nicht befolgt;

6) wer Waaren, Materialien oder andere Vorräthe, welche sich leicht von selbst entzünden oder leicht Feuer fangen, an Orten oder in Behältnissen aufbewahrt, wo ihre Entzündung gefährlich werden kann, oder wer Stoffe, die nicht ohne Gefahr einer Entzündung bei einander liegen können, ohne Absonderung aufbewahrt;

7) wer verfälschte oder verdorbene Getränke oder Eßwaaren, insbesondere trichinenhaltiges Fleisch feilhält oder verkauft;

8) wer ohne polizeiliche Erlaubniß an bewohnten oder von Menschen besuchten Orten Selbstgeschosse, Schlageisen oder Fußangeln legt, oder an solchen Orten mit Feuergewehr oder anderem Schießwerkzeuge schießt;

9) wer einem gesetzlichen Verbot zuwider Stoß-, Hieb- oder Schußwaffen, welche in Stöcken oder Röhren oder in ähnlicher Weise verborgen sind, feilhält oder mit sich führt;

10) wer bei einer Schlägerei, in welche er nicht ohne sein Verschulden hineingezogen worden ist, oder bei einem Angriff sich einer Schuß-, Stich- oder Hiebwaffe oder eines anderen gefährlichen Instruments bedient;

11) wer ohne polizeiliche Erlaubniß gefährliche wilde Thiere hält, oder wilde oder bösartige Thiere frei umherlaufen läßt, oder in Ansehung ihrer die erforderlichen Vorsichtsmaßregeln zur Verhütung von Beschädigungen unterläßt;

12) wer auf öffentlichen Straßen, Wegen oder Plätzen, auf Höfen, in Häusern und überhaupt an Orten, an welchen Menschen verkehren, Brunnen, Keller, Gruben, Oeffnungen oder Abhänge dergestalt unverdeckt oder unverwahrt läßt, daß daraus Gefahr für Andere entstehen kann;

13) wer trotz der polizeilichen Aufforderung es unterläßt, Gebäude, welche den Einsturz drohen, auszubessern oder niederzureißen;

14) wer Bauten oder Ausbesserungen von Gebäuden, Brunnen, Brücken, Schleusen oder anderen Bauwerken vornimmt, ohne die von der Polizei angeordneten oder sonst erforderlichen Sicherungsmaßregeln zu treffen;

15) wer als Bauherr, Baumeister oder Bauhandwerker einen Bau oder eine Ausbesserung, wozu die polizeiliche Genehmigung erforderlich ist, ohne diese Genehmigung oder mit eigenmächtiger Abweichung von dem durch die Behörde genehmigten Bauplane ausführt oder ausführen läßt.

In den Fällen der Nummern 7 bis 9 kann neben der Geldstrafe oder der Haft auf die Einziehung der verfälschten oder verdorbenen Getränke oder Eßwaaren, ingleichen der Selbstgeschosse, Schlageisen oder Fußangeln, sowie der verbotenen Waffen erkannt werden, ohne Unterschied, ob sie dem Verurtheilten gehören oder nicht.

§. 368.

Mit Geldstrafe bis zu zwanzig Thalern oder mit Haft bis zu vierzehn Tagen wird bestraft:

1) wer den polizeilichen Anordnungen über die Schließung der Weinberge zuwiderhandelt;

2) wer das durch gesetzliche oder polizeiliche Anordnungen gebotene Raupen unterläßt;

3) wer ohne polizeiliche Erlaubniß eine neue Feuerstätte errichtet oder eine bereits vorhandene an einen anderen Ort verlegt;

4) wer es unterläßt, dafür zu sorgen, daß die Feuerstätten in seinem Hause in baulichem und brandsicherem Zustande unterhalten, oder daß die Schornsteine zur rechten Zeit gereinigt werden;

5) wer Scheunen, Ställe, Böden oder andere Räume, welche zur Aufbewahrung feuerfangender Sachen dienen, mit unverwahrtem Feuer oder Licht betritt, oder sich denselben mit unverwahrtem Feuer oder Licht nähert;

6) wer an gefährlichen Stellen in Wäldern oder Haiden oder in gefährlicher Nähe von Gebäuden oder feuerfangenden Sachen Feuer anzündet;

7) wer in gefährlicher Nähe von Gebäuden oder feuerfangenden Sachen mit Feuergewehr schießt oder Feuerwerke abbrennt;

8) wer die polizeilich vorgeschriebenen Feuerlöschgeräthschaften überhaupt nicht oder nicht in brauchbarem Zustande hält oder andere feuerpolizeiliche Anordnungen nicht befolgt;

9) wer unbefugt über Gärten oder Weinberge, oder vor beendeter Ernte über Wiesen oder bestellte Aecker, oder über solche Aecker, Wiesen, Weiden oder Schonungen, welche mit einer Einfriedigung versehen sind, oder deren Betreten durch Warnungszeichen untersagt ist, oder auf einem durch Warnungszeichen geschlossenen Privatwege geht, fährt, reitet oder Vieh treibt;

10) wer ohne Genehmigung des Jagdberechtigten oder ohne sonstige Befugniß auf einem fremden Jagdgebiete außerhalb des öffentlichen, zum gemeinen Gebrauche bestimmten Weges, wenn auch nicht jagend, doch zur Jagd ausgerüstet, betroffen wird;

11) wer unbefugt Eier oder Junge von jagdbarem Federwild oder von Singvögeln ausnimmt.

§. 369.

Mit Geldstrafe bis zu dreißig Thalern oder mit Haft bis zu vier Wochen werden bestraft:

1) Schlosser, welche ohne obrigkeitliche Anweisung oder ohne Genehmigung des Inhabers einer Wohnung Schlüssel zu Zimmern oder Behältnissen in der letzteren anfertigen oder Schlösser an denselben öffnen, ohne Genehmigung des Hausbesitzers oder seines Stellvertreters einen Haus-

schlüssel anfertigen, oder ohne Erlaubniß der Polizeibehörde Nachschlüssel oder Dietriche verabfolgen;

2) Gewerbtreibende, bei denen ein zum Gebrauche in ihrem Gewerbe geeignetes, mit dem gesetzlichen Eichungsstempel nicht versehenes Maß oder Gewicht, oder eine unrichtige Wage vorgefunden wird, oder welche sich einer anderen Verletzung der Vorschriften über die Maß- und Gewichtspolizei schuldig machen;

3) Gewerbtreibende, welche in Feuer arbeiten, wenn sie die Vorschriften nicht befolgen, welche von der Polizeibehörde wegen Anlegung und Verwahrung ihrer Feuerstätten, sowie wegen der Art und der Zeit, sich des Feuers zu bedienen, erlassen sind.

Im Falle der Nr. 2 ist neben der Geldstrafe oder der Haft auf die Einziehung des ungeeichten Maßes und Gewichtes, sowie der unrichtigen Wage zu erkennen.

§. 370.

Mit Geldstrafe bis zu funfzig Thalern oder mit Haft wird bestraft:

1) wer unbefugt ein fremdes Grundstück, einen öffentlichen oder Privat-Weg oder einen Grenzrain durch Abgraben oder Abpflügen verringert;

2) wer unbefugt von öffentlichen oder Privat-Wegen Erde, Steine oder Rasen, oder aus Grundstücken, welche einem Anderen gehören, Erde, Lehm, Sand, Grand oder Mergel gräbt, Plaggen oder Bülten haut, Rasen, Steine, Mineralien, zu deren Gewinnung es einer Verleihung, einer Konzession oder einer Erlaubniß der Behörde nicht bedarf, oder ähnliche Gegenstände wegnimmt;

3) wer von einem zum Dienststande gehörenden Unteroffizier oder Gemeinen des Heeres oder der Marine ohne die schriftliche Erlaubniß des vorgesetzten Kommandeurs Montirungs- oder Armaturstücke kauft oder zum Pfande nimmt;

4) wer unberechtigt fischt oder krebst;

5) wer Nahrungs- oder Genußmittel von unbedeutendem Werthe oder in geringer Menge zum alsbaldigen Verbrauche entwendet.

Eine Entwendung, welche von Verwandten aufsteigender Linie gegen Verwandte absteigender Linie oder von einem Ehegatten gegen den anderen begangen worden ist, bleibt straflos;

6) wer Getreide oder andere zur Fütterung des Viehes bestimmte oder geeignete Gegenstände wider Willen des Eigenthümers wegnimmt, um dessen Vieh damit zu füttern.

In den Fällen der Nr. 4, 5 und 6 tritt die Verfolgung nur auf Antrag ein.

Inhalt.

Herausgegeben im Reichskanzler-Amte.

Berlin, gedruckt in der Königlichen Geheimen Ober-Hofbuchdruckerei
(R. v. Decker).

Gesetzblatt für Elsaß-Lothringen.

№ 15.

(Nr. 19.) **Verordnung, betreffend die Einführung des Artikels 33 der Reichsverfassung. Vom 30. August 1871.**

Wir Wilhelm, von Gottes Gnaden Deutscher Kaiser, König von Preußen ꝛc.

verordnen auf Grund des §. 2 des Gesetzes, betreffend die Einführung des Artikels 33 der Reichsverfassung vom 17. Juli 1871 (Reichsgesetzblatt Seite 325, Gesetzblatt für Elsaß-Lothringen Seite 247), was folgt:

§. 1.

Die Vorschrift im zweiten Absatz des Artikels 33 der Reichsverfassung tritt in Bezug auf den im laufenden Jahre zu gewinnenden Wein ohne Einschränkung, in Bezug auf anderen Wein mit der Einschränkung in Kraft, daß dessen Abstammung aus Elsaß-Lothringen durch Ursprungszeugnisse nachgewiesen werden muß.

§. 2.

Die gegenwärtige Verordnung tritt am Tage ihrer Verkündung in Wirksamkeit.

Der Reichskanzler ist mit der Ausführung derselben beauftragt.

Urkundlich unter Unserer Höchsteigenhändigen Unterschrift und beigedrucktem Kaiserlichen Insiegel.

Gegeben Gastein, den 30. August 1871.

(**L. S.**)   **Wilhelm.**

Fürst v. Bismarck.

Herausgegeben im Reichskanzler-Amte.

Berlin, gedruckt in der Königlichen Geheimen Ober-Hofbuchdruckerei (R. v. Decker).

Gesetzbl. f. Elsaß-Lothr. 1871.   49

Ausgegeben zu Berlin den 1. September 1871.

Gesetzblatt für Elsaß-Lothringen.

№ 16.

(Nr. 20.) Bekanntmachung über die Bestellung des Ober-Bergamtes für Elsaß-Lothringen. Vom 7. September 1871.

Auf Grund des Artikels 8 des Gesetzes vom 14. Juli 1871, betreffend die Einrichtung und Zuständigkeit der Bergbehörden (Gesetzbl. für Elsaß-Lothringen S. 250), wird hierdurch das Königlich Preußische Ober-Bergamt zu Bonn zum Ober-Bergamte für Elsaß-Lothringen bestellt.

Salzburg, den 7. September 1871.

Der Reichskanzler.

Fürst v. Bismarck.

(Nr. 21.) Bekanntmachung über die Festsetzung der Revier-Eintheilung in Elsaß-Lothringen. Vom 7. September 1871.

Auf Grund des Artikels 2 des Gesetzes vom 14. Juli 1871, betreffend die Einrichtung und Zuständigkeit der Bergbehörden (Gesetzbl. für Elsaß-Lothringen S. 250), wird hierdurch das Folgende bestimmt:

I. Das Bergrevier Lothringen, mit dem Sitze des Revierbeamten in Metz, umfaßt das Departement Lothringen und den Kanton Saar-Union-Drülingen.

II. Das Bergrevier Elsaß, mit dem Sitze des Revierbeamten in Straßburg, umfaßt die beiden Departements des Elsaß mit Ausschluß des Kantons Saar-Union-Drülingen.

Das Ober-Bergamt für Elsaß-Lothringen zu Bonn ist mit der Ausführung dieser Revierfeststellung beauftragt.

Salzburg, den 7. September 1871.

Der Reichskanzler.

Fürst v. Bismarck.

Ausgegeben zu Berlin den 21. September 1871.

— 338 —

(Nr. 22.) Bekanntmachung über den Beginn der Wirksamkeit der Kollegialgerichte. Vom 19. September 1871.

Auf Grund der Vorschrift im §. 13 der Kaiserlichen Verordnung zur Ausführung des Gesetzes, betreffend Abänderungen der Gerichtsverfassung vom 14. Juli d. J. (Gesetzbl. S. 169) bestimme ich, daß das Appellationsgericht und sämmtliche Landgerichte in Elsaß-Lothringen ihre Wirksamkeit am 1. Oktober dieses Jahres beginnen.

Berlin, den 19. September 1871.

Der Reichskanzler.

Fürst v. Bismarck.

Herausgegeben im Reichskanzler-Amte.

Berlin, gedruckt in der Königlichen Geheimen Ober-Hofbuchdruckerei (R. v. Decker).

Geseßblatt für Elsaß-Lothringen.

№ 17.

(Nr. 23.) Geseß, betreffend die Vereidigung der Staatsbeamten. Vom 20. September 1871.

Wir Wilhelm, von Gottes Gnaden Deutscher Kaiser, König von Preußen ꝛc.

verordnen im Namen des Deutschen Reichs, nach erfolgter Zustimmung des Bundesrathes, für Elsaß-Lothringen was folgt:

§. 1.

Der Diensteid der Staatsbeamten, einschließlich der Advokaten, Anwälte und Notäre, erhält nachstehende Form:

Ich N. N. schwöre zu Gott dem Allmächtigen und Allwissenden, daß ich Seiner Majestät dem Deutschen Kaiser treu und gehorsam sein, die Geseße beobachten und alle mir vermöge meines Amtes obliegenden Pflichten nach meinem besten Wissen und Gewissen genau erfüllen will, so wahr mir Gott helfe.

§. 2.

Diesen Eid leisten sämmtliche Beamte, auch die bereits im Dienste stehenden.

Der Reichskanzler trifft die zur Ausführung dieser Bestimmung erforderlichen Anordnungen; er ist insbesondere ermächtigt, die Behörden zu bezeichnen, vor welchen der Eid zu leisten ist.

Die Vereidigung derjenigen Beamten, welche in Elsaß-Lothringen bereits einen Diensteid geleistet haben, erfolgt gebührenfrei.

§. 3.

Der Diensteid verpflichtet die Beamten, nicht nur für die zur Zeit der Eidesleistung von ihnen bekleideten, sondern auch für alle ihnen etwa später zu übertragenden Aemter.

§. 4.

Amtliche Handlungen haben volle Wirksamkeit, ohne Unterschied, ob sie vor oder nach der Ableistung des Diensteides vorgenommen worden sind.

Dies gilt auch von denjenigen amtlichen Handlungen, welche seit der im leßten Kriege durch die deutschen Truppen erfolgten Beseßung von Elsaß-Lothringen vorgenommen worden sind.

Ausgegeben zu Berlin den 26. September 1871.

§. 5.

Gegenwärtiges Gesetz tritt am Tage seiner Verkündung in Kraft.

Urkundlich unter Unserer Höchsteigenhändigen Unterschrift und beigedrucktem Kaiserlichen Insiegel.

Gegeben Baden-Baden, den 20. September 1871.

(L. S.) 𝔚𝔦𝔩𝔥𝔢𝔩𝔪.

Fürst v. Bismarck.

(Nr. 24.) Allerhöchste Verordnung über die Kompetenz der Kriegsgerichte. Vom 20. September 1871.

𝔚𝔦𝔯 𝔚𝔦𝔩𝔥𝔢𝔩𝔪, von Gottes Gnaden Deutscher Kaiser, König von Preußen ꝛc.

verordnen im Namen des Deutschen Reichs auf Grund des Artikels XVI. des Gesetzes vom 30. August d. J., die Einführung des Strafgesetzbuchs für das Deutsche Reich in Elsaß-Lothringen betreffend (Gesetzbl. S. 255), für Elsaß-Lothringen was folgt:

Die Artikel 4, 5 und 6 der Verordnung Unseres General-Gouverneurs vom 12. September 1870, betreffend die Kompetenz der Kriegsgerichte, sowie die Artikel 2 und 3 der Verordnung Unseres General-Gouverneurs vom 17. Dezember 1870, betreffend die Erweiterung der Kompetenz der Kriegsgerichte, treten vom 1. Oktober 1871 an außer Kraft.

Urkundlich unter Unserer Höchsteigenhändigen Unterschrift und beigedrucktem Kaiserlichen Insiegel.

Gegeben Baden-Baden, den 20. September 1871.

(L. S.) 𝔚𝔦𝔩𝔥𝔢𝔩𝔪.

In Vertretung des Reichskanzlers:

Delbrück.

Herausgegeben im Reichskanzler-Amte.

Berlin, gedruckt in der Königlichen Geheimen Ober-Hofbuchdruckerei (R. v. Decker).

Gesetzblatt für Elsaß=Lothringen.

№ 18.

(Nr. 25.) Gesetz, betreffend die Ermächtigung der Stadt Mühlhausen im Ober-Elsaß zur Aufnahme eines Anlehens. Vom 28. September 1871.

Wir Wilhelm, von Gottes Gnaden Deutscher Kaiser, König von Preußen ꝛc.

verordnen im Namen des Deutschen Reichs, nach erfolgter Zustimmung des Bundesrathes, für Elsaß-Lothringen was folgt:

Die Stadt Mühlhausen im Ober-Elsaß wird hierdurch ermächtigt, zur Deckung der während der Kriegszeit entstandenen Schulden ein Anlehen im Gesammtbetrage von Einer Million Franken aufzunehmen. Die Bedingungen, unter denen das Anlehen aufgenommen wird, bedürfen der Genehmigung des Reichskanzlers.

Urkundlich unter Unserer Höchsteigenhändigen Unterschrift und beigedrucktem Kaiserlichen Insiegel.

Gegeben Baden-Baden, den 28. September 1871.

(L. S.) Wilhelm.

Fürst v. Bismarck.

Herausgegeben im Reichskanzler-Amte.

Berlin, gedruckt in der Königlichen Geheimen Ober-Hofbuchdruckerei
(R. v. Decker).

Gesetzbl. f. Elsaß-Lothr. 1871.   52

Ausgegeben zu Berlin den 3. Oktober 1871.

Gesetzblatt für Elsaß-Lothringen.

№ 19.

(Nr. 26.) Gesetz, betreffend die persönlichen und sachlichen Ausgaben für die örtliche Forstverwaltung für 1871 und 1872. Vom 2. Oktober 1871.

Wir Wilhelm, von Gottes Gnaden Deutscher Kaiser, König
von Preußen ꝛc.

verordnen hiermit im Namen des Deutschen Reichs, nach erfolgter Zustimmung
des Bundesraths, für Elsaß-Lothringen was folgt:

Die persönlichen und sachlichen Ausgaben für die örtliche Forstverwaltung
werden auf Grund des beiliegenden Etats für das Jahr 1872 auf 271,480 Thlr.
festgestellt.

Vom 1. Oktober bis zum 31. Dezember 1871 werden diese Ausgaben
auf Grund des Etats nach Verhältniß der angegebenen Zeit geleistet.

Urkundlich unter Unserer Höchsteigenhändigen Unterschrift und beigedrucktem
Kaiserlichen Insiegel.

Gegeben Baden-Baden, den 2. Oktober 1871.

(L. S.) **Wilhelm.**

Fürst v. Bismarck.

———

53

Ausgegeben zu Berlin den 11. Oktober 1871.

Etat
der
örtlichen Forstverwaltung in Elfaß-Lothringen.

Fortdauernde Ausgaben
(für Oberförfter, Forstkaffenbeamte und Förfter).

1) Perfönliche Ausgaben............................... 173,250 Thaler.
2) Gemifchte und fachliche Ausgaben...................... 98,230 .
              Summe der fortdauernden Ausgaben :.... 271,480 Thaler.

Baden-Baden, den 2. Oktober 1871.

(L. S.)   Wilhelm.
Fürft v. Bismarck.

Gesetzblatt für Elsaß-Lothringen.

№ 20.

(Nr. 27.) Gesetz, betreffend die Aufhebung des gesetzlichen Kurses der Noten der Bank von Frankreich. Vom 28. September 1871.

Wir Wilhelm, von Gottes Gnaden Deutscher Kaiser, König von Preußen ꝛc.

verordnen im Namen des Deutschen Reichs, nach erfolgter Zustimmung des Bundesraths, für Elsaß-Lothringen was folgt:

Einziger Paragraph.

Das Gesetz, betreffend den gesetzlichen Kurs der Noten der Bank von Frankreich, vom 12. August 1870, publizirt durch Kaiserliches Dekret von demselben Tage, tritt, soweit es in Elsaß-Lothringen Geltung erlangt hat, vom Tage der Verkündung des gegenwärtigen Gesetzes an außer Kraft.

Urkundlich unter Unserer Höchsteigenhändigen Unterschrift und beigedrucktem Kaiserlichen Insiegel.

Gegeben Baden-Baden, den 28. September 1871.

(L. S.) **Wilhelm.**

Fürst v. Bismarck.

Herausgegeben im Reichskanzler-Amte.

Berlin, gedruckt in der Königlichen Geheimen Ober-Hofbuchdruckerei (R. v. Decker).

Ausgegeben zu Berlin den 14. Oktober 1871.

Gesetzblatt für Elsaß-Lothringen.

№ 21.

(Nr. 28.) Verordnung, betreffend die Einführung des Abschnitts VIII. der Reichsverfassung in Elsaß-Lothringen. Vom 14. Oktober 1871.

Wir Wilhelm, von Gottes Gnaden Deutscher Kaiser, König von Preußen ꝛc.

verordnen im Namen des Deutschen Reichs, nach erfolgter Zustimmung des Bundesrathes, für Elsaß-Lothringen was folgt:

Der Abschnitt VIII. der Verfassung des Deutschen Reichs, betreffend das Post- und Telegraphenwesen, tritt in Elsaß-Lothringen am 1. Januar 1872 in Wirksamkeit.

Urkundlich unter Unserer Höchsteigenhändigen Unterschrift und beigedrucktem Kaiserlichen Insiegel.

Gegeben Berlin, den 14. Oktober 1871.

(L. S.)   Wilhelm.

Fürst v. Bismarck.

ausgegeben zu Berlin den 9. November 1871.

(Nr. 29.) Gefetz, betreffend die Einführung des Gefetzes über das Poftwefen des Deutfchen Reichs und des Gefetzes über das Pofttaxwefen im Gebiete des Deutfchen Reichs in Elfaß-Lothringen. Vom 4. November 1871.

Wir Wilhelm, von Gottes Gnaden Deutfcher Kaifer, König von Preußen 2c.

verordnen im Namen des Deutfchen Reichs, nach erfolgter Zuftimmung des Bundesrathes, für Elfaß-Lothringen was folgt:

Einziger Artifel.

Das anliegende Gefetz über das Poftwefen des Deutfchen Reichs und das anliegende Gefetz über das Pofttaxwefen im Gebiete des Deutfchen Reichs treten mit dem 1. Januar 1872 in Elfaß-Lothringen in Kraft.

Urfundlich unter Unferer Höchfteigenhändigen Unterfchrift und beigedrucktem Kaiferlichen Infiegel.

Gegeben Berlin, den 4. November 1871.

(L. S.) **Wilhelm.**

Fürft v. Bismarck.

Gesetz

über

das Postwesen des Deutschen Reichs.

Vom 28. Oktober 1871.

Wir Wilhelm, von Gottes Gnaden Deutscher Kaiser, König von Preußen ꝛc.

verordnen im Namen des Deutschen Reichs, nach erfolgter Zustimmung des Bundesrathes und des Reichstages, was folgt:

Abschnitt I.

Grundsätzliche Rechte und Pflichten der Post.

§. 1.

Die Beförderung

1) aller versiegelten, zugenähten oder sonst verschlossenen Briefe,
2) aller Zeitungen politischen Inhalts, welche öfter als einmal wöchentlich erscheinen,

gegen Bezahlung von Orten mit einer Postanstalt nach anderen Orten mit einer Postanstalt des In- oder Auslandes auf andere Weise, als durch die Post, ist verboten. Hinsichtlich der politischen Zeitungen erstreckt dieses Verbot sich nicht auf den zweimeiligen Umkreis ihres Ursprungsortes.

Wenn Briefe und Zeitungen (Nr. 1 und 2) vom Auslande eingehen und nach inländischen Orten mit einer Postanstalt bestimmt sind, oder durch das Gebiet des Deutschen Reichs transitiren sollen, so müssen sie bei der nächsten inländischen Postanstalt zur Weiterbeförderung eingeliefert werden.

Unverschlossene Briefe, welche in versiegelten, zugenähten oder sonst verschlossenen Packeten befördert werden, sind den verschlossenen Briefen gleich zu achten. Es ist jedoch gestattet, versiegelten, zugenähten oder sonst verschlossenen Packeten, welche auf andere Weise, als durch die Post befördert werden, solche unverschlossene Briefe, Fakturen, Preiskurante, Rechnungen und ähnliche Schriftstücke beizufügen, welche den Inhalt des Packets betreffen.

§. 2.

Die Beförderung von Briefen und politischen Zeitungen (§. 1) gegen Bezahlung durch expresse Boten oder Fuhren ist gestattet. Doch darf ein solcher Expresser nur von Einem Absender abgeschickt sein, und dem Postzwange unterliegende Gegenstände weder von Anderen mitnehmen, noch für Andere zurückbringen.

55*

§. 3.

Die Annahme und Beförderung von Poſtſendungen darf von der Poſt nicht verweigert werden, ſofern die Beſtimmungen dieſes Geſetzes und des Regle-ments (§. 50) beobachtet ſind. Auch darf keine im Gebiete des Deutſchen Reichs erſcheinende politiſche Zeitung vom Poſtdebit ausgeſchloſſen und ebenſowenig darf bei der Normirung der Proviſion, welche für die Beförderung und Debitirung der im Gebiete des Deutſchen Reichs erſcheinenden Zeitungen zu erheben iſt, nach verſchiedenen Grundſätzen verfahren werden. Die Poſt beſorgt die Annahme der Pränumeration auf die Zeitungen, ſowie den geſammten Debit derſelben.

§. 4.

Hinſichts der Eiſenbahn-Unternehmungen verbleibt es bei den beſonderen geſetzlichen Vorſchriften. Für die Verbindlichkeit der bereits konzeſſionirten Eiſen-bahngeſellſchaften zum unentgeltlichen Transport von Poſtſendungen bewendet es bei den Beſtimmungen der Konzeſſionsurkunden, und bleiben insbeſondere in dieſer Beziehung die bisherigen Geſetze über den Umfang des Poſtzwanges und über die Verbindlichkeit der Eiſenbahnen zu Leiſtungen im Intereſſe der Poſt maßgebend.

Wenn eine bereits konzeſſionirte Eiſenbahngeſellſchaft ihr Unternehmen durch den Bau neuer Eiſenbahnen erweitert, ſo ſind dieſelben zu gleichen Leiſtungen im Intereſſe der Poſt verpflichtet, wie ſolche der urſprünglichen Bahn. obliegen, falls nicht in der bereits ertheilten Konzeſſionsurkunde eine ausdrückliche Aus-nahme in dieſer Beziehung enthalten iſt.

Der Kaiſer wird die erforderlichen Anordnungen treffen, damit bei neu zu konzeſſionirenden Eiſenbahn-Unternehmungen die den Eiſenbahnen im Intereſſe der Poſt aufzuerlegenden Verpflichtungen gleichmäßig bemeſſen werden. Dieſe Verpflichtungen ſollen nicht über das Maß derjenigen Verbindlichkeiten hinaus-gehen, welche den neu zu erbauenden Eiſenbahnen nach den bisher in den älteren öſtlichen Landestheilen Preußens geltenden Geſetzen obliegen.

Die vorſtehenden Beſtimmungen finden auf Bayern und Württemberg keine Anwendung.

§. 5.

Das Briefgeheimniß iſt unverletzlich. Die bei ſtrafgerichtlichen Unter-ſuchungen und in Konkurs- und civilprozeſſualiſchen Fällen nothwendigen Aus-nahmen ſind durch ein Reichsgeſetz feſtzuſtellen. Bis zu dem Erlaß eines Reichs-geſetzes werden jene Ausnahmen durch die Landesgeſetze beſtimmt.

Abſchnitt II.
Garantie.

§. 6.

Die Poſtverwaltung leiſtet dem Abſender im Falle reglementsmäßig erfolg-ter Einlieferung Erſatz:

I. für den Verluſt und die Beſchädigung

  1) der Briefe mit Werthangabe,

  2) der Packete mit oder ohne Werthangabe, .

II. für den Verluft der rekommandirten Sendungen, denen in diefer Beziehung Sendungen gleichgeftellt werden, welche zur Beförderung durch
Eftafette eingeliefert find.

Für einen durch verzögerte Beförderung oder Beftellung der unter I bezeichneten Gegenftände entftandenen Schaden leiftet die Poftverwaltung nur dann
Erfatz, wenn die Sache durch die verzögerte Beförderung oder Beftellung ver-
dorben ift, oder ihren Werth bleibend ganz oder theilweife verloren hat. Auf
eine Veränderung des Kurfes oder marktgängigen Preifes wird jedoch hierbei
keine Rückficht genommen.

Die Verbindlichkeit der Poftverwaltung zur Erfatzleiftung bleibt ausge-
fchloffen, wenn der Verluft, die Befchädigung oder die verzögerte Beförderung
oder Beftellung

a) durch die eigene Fahrläffigkeit des Abfenders, oder

b) durch die unabwendbaren Folgen eines Naturereigniffes, oder durch die
natürliche Befchaffenheit des Gutes herbeigeführt worden ift, oder

c) auf einer auswärtigen Beförderungsanftalt fich ereignet hat, für welche
die Poftverwaltung nicht durch Konvention die Erfatzleiftung ausdrücklich
übernommen hat; ift jedoch in diefem Falle die Einlieferung bei einer
deutfchen Poftanftalt erfolgt, und will der Abfender feine Anfprüche
gegen die auswärtige Beförderungsanftalt geltend machen, fo hat die
Poftverwaltung ihm Beiftand zu leiften.

Für die auf Poftanweifungen eingezahlten Beträge leiftet die Poftverwaltung Garantie.

Für andere, als die vorftehend bezeichneten Gegenftände, insbefondere für
gewöhnliche Briefe, wird weder im Falle eines Verluftes oder einer Befchädigung,
noch im Falle einer verzögerten Beförderung oder Beftellung Erfatz geleiftet.

§. 7.

Wenn der Verfchluß und die Verpackung der zur Poft gegebenen Gegenftände bei der Aushändigung an den Empfänger äußerlich unverletzt und zugleich
das Gewicht mit dem bei der Einlieferung ermittelten übereinftimmend befunden
wird, fo darf dasjenige, was bei der Eröffnung an dem angegebenen Inhalte
fehlt, von der Poftverwaltung nicht vertreten werden. Die ohne Erinnerung
gefchehene Annahme einer Sendung begründet die Vermuthung, daß bei der
Aushändigung Verfchluß und Verpackung unverletzt und das Gewicht mit dem
bei der Einlieferung ermittelten übereinftimmend befunden worden ift.

§. 8.

Wenn eine Werthangabe gefchehen ift, fo wird diefelbe bei der Feftftellung
des Betrages des von der Poftverwaltung zu leiftenden Schadenerfatzes zum
Grunde gelegt. Beweift jedoch die Poftverwaltung, daß der angegebene Werth
den gemeinen Werth der Sache überfteigt, fo hat fie nur diefen zu erfetzen.

Ift in betrüglicher Abficht zu hoch deklarirt worden, fo verliert der Abfender nicht nur jeden Anfpruch auf Schadenerfatz, fondern ift auch nach den
Vorfchriften der Strafgefetze zu beftrafen.

§. 9.

Wenn bei Packeten die Angabe des Werthes unterblieben ist, so vergütet die Postverwaltung im Falle eines Verlustes oder einer Beschädigung den wirklich erlittenen Schaden, jedoch niemals mehr, als Einen Thaler für jedes Pfund (= 500 Gramme) der ganzen Sendung. Packete, welche weniger als Ein Pfund wiegen, werden den Packeten zum Gewicht von Einem Pfunde gleichgestellt und überschießende Pfundtheile für Ein Pfund gerechnet.

§. 10.

Für eine rekommandirte Sendung, sowie für eine zur Beförderung durch Estafette eingelieferte Sendung (§. 6 II) wird dem Absender im Falle des Verlustes, ohne Rücksicht auf den Werth der Sendung, ein Ersatz von vierzehn Thalern gezahlt.

§. 11.

Bei Reisen mit den ordentlichen Posten leistet die Postverwaltung Ersatz:

1) für den Verlust oder die Beschädigung des reglementsmäßig eingelieferten Passagierguts nach Maßgabe der §§. 8 und 9, und

2) für die erforderlichen Kur- und Verpflegungskosten im Falle der körperlichen Beschädigung eines Reisenden, wenn dieselbe nicht erweislich durch höhere Gewalt oder durch eigene Fahrlässigkeit des Reisenden herbeigeführt ist.

Bei der Extrapostbeförderung wird weder für den Verlust oder die Beschädigung an Sachen, welche der Reisende bei sich führt, noch bei einer körperlichen Beschädigung des Reisenden Entschädigung von der Postverwaltung geleistet.

§. 12.

Eine weitere, als die in den §§. 8, 9, 10 und 11 nach Verschiedenheit der Fälle bestimmte Entschädigung wird von der Postverwaltung nicht geleistet; insbesondere findet gegen dieselbe ein Anspruch wegen eines durch den Verlust oder die Beschädigung einer Sendung entstandenen mittelbaren Schadens oder entgangenen Gewinnes nicht statt.

§. 13.

Der Anspruch auf Schabloshaltung gegen die Postverwaltung muß in allen Fällen gegen die Ober-Postdirektion, beziehungsweise gegen die mit deren Funktionen beauftragte Postbehörde gerichtet werden, in deren Bezirk der Ort der Einlieferung der Sendung oder der Ort der Einschreibung des Reisenden liegt.

§. 14.

Der Anspruch auf Entschädigung an die Postverwaltung erlischt mit Ablauf von sechs Monaten, vom Tage der Einlieferung der Sendung oder vom Tage der Beschädigung des Reisenden an gerechnet. Diese Verjährung wird nicht allein durch Anmeldung der Klage, sondern auch durch Anbringung der Reklamation bei der kompetenten Postbehörde (§. 13) unterbrochen. Ergeht hierauf eine abschlägige Bescheidung, so beginnt vom Empfange derselben eine

neue Verjährung, welche durch eine Reklamation gegen jenen Bescheid nicht unterbrochen wird.

§. 15.

In Fällen des Krieges und gemeiner Gefahr ist die Postverwaltung befugt,
durch öffentliche Bekanntmachung jede Vertretung abzulehnen und Briefe, sowie
andere Sachen, nur auf Gefahr des Absenders zur Beförderung zu übernehmen.
In solchem Falle steht jedoch dem Absender frei, sich ohne Rücksicht auf die
Bestimmungen des §. 1 jeder anderen Beförderungsgelegenheit zu bedienen.

Abschnitt III.
Besondere Vorrechte der Posten.

§. 16.

Die ordentlichen Posten nebst deren Beiwagen, die auf Kosten des Staates
beförderten Kuriere und Estafetten, die von Postbeförderungen ledig zurück-
kommenden Postfuhrwerke und Postpferde, die Briefträger und die Postboten
sind von Entrichtung der Chausseegelder und anderen Kommunikationsabgaben
befreit. Dasselbe gilt von Personenfuhrwerken, welche durch Privatunternehmer
eingerichtet und als Ersatz für ordentliche Posten ausschließlich zur Beförderung
von Reisenden und deren Effekten und von Postsendungen benutzt werden.
Diese Befreiung findet auch, jedoch unbeschadet wohlerworbener Rechte,
gegen die zur Erhebung solcher Abgaben berechtigten Korporationen, Gemeinden
oder Privatpersonen statt.

§. 17.

In besonderen Fällen, in denen die gewöhnlichen Postwege gar nicht oder
schwer zu passiren sind, können die ordentlichen Posten, die Extraposten, Kuriere
und Estafetten sich der Neben- und Feldwege, sowie der ungehegten Wiesen und
Aecker bedienen, unbeschadet jedoch des Rechtes der Eigenthümer auf Schadenersatz.

§. 18.

Gegen die ordentlichen Posten, Extraposten, Kuriere und Estafetten ist
keine Pfändung erlaubt; auch darf dieselbe gegen einen Postillon nicht geübt
werden, welcher mit dem ledigen Gespann zurückkehrt. Bei Zuwiderhandlungen
ist eine Geldstrafe von zehn Silbergroschen bis zu zwanzig Thalern verwirkt.

§. 19.

Jedes Fuhrwerk muß den ordentlichen Posten, sowie den Extraposten,
Kurieren und Estafetten auf das übliche Signal ausweichen. Bei Zuwiderhandlungen ist eine Geldstrafe von zehn Silbergroschen bis zu zehn Thalern
verwirkt.

§. 20.

Das Inventarium der Posthaltereien darf im Wege des Arrestes oder
der Exekution nicht mit Beschlag belegt werden.

§. 21.

Wenn den ordentlichen Posten, Extraposten, Kurieren oder Eftafetten unterwegs ein Unfall begegnet, so find die Anwohner der Straße verbunden, denselben die zu ihrem Weiterkommen erforderliche Hülfe gegen vollftändige Entschädigung schleunigst zu gewähren.

§. 22.

Die vorschriftsmäßig zu haltenden Poftpferde und Poftillone dürfen zu den behufs der Staats- und Kommunalbedürfniffe zu leiftenden Spanndienften nicht herangezogen werden.

§. 23.

Die Thorwachen, Thor-, Brücken- und Barrierebeamten find verbunden, die Thore und Schlagbäume schleunigst zu öffnen, sobald der Poftillon das übliche Signal giebt. Ebenso müffen auf daffelbe die Fährleute die Ueberfahrt unverzüglich bewirken. Bei Zuwiderhandlungen ist eine Geldftrafe von zehn Silbergroschen bis zu zehn Thalern verwirkt.

§. 24.

Auf Requifition der Poftbehörden haben die Polizei- und Steuerbeamten und deren Organe zur Verhütung und Entdeckung von Poftübertretungen mitzuwirken.

§. 25.

Die Poftanftalten find berechtigt, unbezahlt gebliebene Beträge an Personengeld, Porto und Gebühren nach den für die Beitreibung öffentlicher Abgaben beftehenden Vorschriften exekutivisch einziehen zu laffen.

Die mit Beitreibung exekutionsreifer Forderungen im Allgemeinen betrauten Organe find verpflichtet, die von den Poftanftalten angemeldeten rückftändigen Beträge an Personengeld, Porto und Gebühren im Wege der Hülfsvollftreckung einzuheben.

Dem Exequirten fteht jedoch die Betretung des Rechtsweges offen.

§. 26.

Die Beträge, welche in einer Sendung enthalten find, die weder an den Adreffaten beftellt, noch an den Abfender zurückgegeben werden kann, oder welche aus dem Verkaufe der vorgefundenen Gegenftände gelöft werden, fließen nach Abzug des Portos und der sonftigen Koften zur Poftarmen- oder Unterftützungskaffe. Meldet sich der Abfender oder der Adreffat später, so zahlt ihm die Poft-
armen- oder Unterftützungskaffe die ihr zugefloffenen Summen, jedoch ohne Zinfen, zurück.

Nach gleichen Grundfätzen ist mit Beträgen, welche auf Poftfendungen eingezahlt find, und mit zurückgelaffenen Paffagier-Effekten zu verfahren.

Abschnitt IV.

Strafbestimmungen bei Post- und Porto-Defraudationen.

§. 27.

Mit dem vierfachen Betrage des defraudirten Portos, jedoch niemals unter einer Geldstrafe von Einem Thaler, wird bestraft:

1) wer Briefe oder politische Zeitungen, den Bestimmungen der §§. 1 und 2 zuwider, auf andere Weise, als durch die Post, gegen Bezahlung befördert oder verschickt; erfolgt die Beförderung in versiegelten, zugenähten oder sonst verschlossenen Packeten, so trifft die Strafe den Beförderer nur dann, wenn er den verbotwidrigen Inhalt des Packets zu erkennen vermochte;

2) wer sich zu einer portopflichtigen Sendung einer, von der Entrichtung des Portos befreienden Bezeichnung bedient oder eine solche Sendung in eine andere verpackt, welche bei Anwendung einer vorgeschriebenen Bezeichnung portofrei befördert wird;

3) wer Postwerthzeichen nach ihrer Entwerthung zur Frankirung einer Sendung benutzt; inwiefern in diesem Falle wegen hinzugetretener Vertilgung des Entwerthungszeichens eine härtere Strafe verwirkt ist, wird nach den allgemeinen Strafgesetzen beurtheilt;

4) wer Briefe oder andere Sachen zur Umgehung der Portogefälle einem Postbeamten oder Postillon zur Mitnahme übergiebt.

In den unter Nr. 2 und 3 bestimmten Fällen ist die Strafe mit der Einlieferung der Sendung zur Post verwirkt.

§. 28.

Im ersten Rückfalle wird die Strafe (§. 27) verdoppelt und bei ferneren Rückfällen auf das Vierfache erhöht.

Im Rückfalle befindet sich derjenige, welcher, nachdem er wegen einer der im §. 27 bezeichneten Defraudationen vom Gerichte oder im Verwaltungswege (§§. 34, 35.) bestraft worden, abermals eine dieser Defraudationen begeht.

Die Straferhöhung wegen Rückfalls tritt auch ein, wenn die frühere Strafe nur theilweise verbüßt, oder ganz oder theilweise erlassen ist, bleibt jedoch ausgeschlossen, wenn seit der Verbüßung oder dem Erlasse der letzten Strafe bis zur Begehung der neuen Defraudation drei Jahre verflossen sind.

§. 29.

Wer wissentlich, um der Postkasse das Personengeld zu entziehen, uneingeschrieben mit der Post reist, wird mit dem vierfachen Betrage des defraudirten Personengeldes, jedoch niemals unter einer Geldstrafe von Einem Thaler, bestraft.

§. 30.

Außer der Strafe muß in den Fällen des §. 27 das Porto, welches für die Beförderung der Gegenstände der Post zu entrichten gewesen wäre, und in dem Falle des §. 29 das defraudirte Personengeld gezahlt werden. In dem Falle des §. 27 unter Nr. 1 haften der Absender und der Beförderer für das Porto solidarisch.

§. 31.

Die Dauer der Haft, welche an die Stelle einer nicht beizutreibenden Geldstrafe tritt, ist vom Richter festzusetzen und darf sechs Wochen nicht übersteigen.

§. 32.

Die Postbehörden und Postbeamten, welche eine Defraudation entdecken, sind befugt, die dabei vorgefundenen Briefe oder anderen Sachen, welche Gegenstand der Uebertretung sind, in Beschlag zu nehmen und so lange ganz oder theilweise zurückzuhalten, bis entweder die defraudirten Postgefälle, die Geldstrafe und die Kosten gezahlt oder durch Kaution sichergestellt sind.

§. 33.

Die in den §§. 27 bis 29 bestimmten Geldstrafen fließen zur Postarmen- oder Unterstützungskasse.

Abschnitt V.

Strafverfahren bei Post- und Porto-Defraudationen.

§. 34.

Wenn eine Post- oder Porto-Defraudation entdeckt wird, so eröffnet die Ober-Postdirektion oder die mit den Funktionen der Ober-Postdirektion beauftragte Postbehörde mittelst besonderer Verfügung vor Einleitung eines förmlichen Verfahrens dem Angeschuldigten, welche Geldstrafe für von ihm verwirkt zu erachten sei, und stellt ihm hierbei frei, das fernere Verfahren und die Ertheilung eines Strafbescheides durch Bezahlung der Strafe und Kosten innerhalb einer präklusivischen Frist von zehn Tagen zu vermeiden. Leistet der Angeschuldigte hierauf die Zahlung ohne Einrede, so gilt die Verfügung als rechtskräftiger Strafbescheid; entgegengesetzten Falles erfolgt die Untersuchung und Entscheidung nach Maßgabe der §§. 35 bis 46.

§. 35.

Die Untersuchung wird summarisch von den Postanstalten oder von den Bezirksaufsichtsbeamten geführt und darauf im Verwaltungswege von den Ober-Postdirektionen 2c. entschieden. Diese können jedoch, so lange noch kein Strafbescheid erlassen worden ist, die Verweisung der Sache zum gerichtlichen Verfahren verfügen, und ebenso kann der Angeschuldigte während der Untersuchung bei der Postbehörde, und binnen zehn Tagen präklusivischer Frist, nach Eröffnung des von letzterer abgefaßten Strafbescheides, auf rechtliches Gehör antragen. Dieser Antrag ist an die Postbehörde zu richten. Der Strafbescheid wird alsdann als nicht ergangen angesehen.

Einer ausdrücklichen Anmeldung der Berufung auf rechtliches Gehör wird es gleich geachtet, wenn der Angeschuldigte auf die Vorladung der Postbehörde nicht erscheint oder die Auslassung vor derselben verweigert.

§. 36.

Bei den Untersuchungen im Verwaltungswege werden die Betheiligten mündlich verhört und ihre Aussagen zu Protokoll genommen.

§. 37.

Die Zustellungen und die Vorladungen geschehen durch die Beamten oder Unterbeamten der Postanstalten, oder auf deren Requisition nach den für gerichtliche Insinuationen bestehenden Vorschriften.

§. 38.

Die Zeugen sind verbunden, den an sie von den Postbehörden ergehenden Vorladungen Folge zu leisten. Wer sich dessen weigert, wird dazu auf Requisition der Postbehörden durch das Gericht in gleicher Art, wie bei gerichtlichen Vorladungen, angehalten.

§. 39.

In Sachen, wo die zu verhängende Geldstrafe den Betrag von fünfzig Thalern übersteigt, muß dem Angeschuldigten auf Verlangen eine Frist von acht Tagen bis vier Wochen zur Einreichung einer schriftlichen Vertheidigung gestattet werden.

§. 40.

Findet die Ober-Postdirektion 2c. die Anwendung einer Strafe nicht begründet, so verfügt sie die Zurücklegung der Akten und benachrichtigt hiervon den Angeschuldigten.

§. 41.

Dem Strafbescheide müssen die Entscheidungsgründe beigefügt sein. Auch ist darin der Angeschuldigte sowohl mit den ihm dagegen zustehenden Rechtsmitteln (§. 42), als auch mit der Straferhöhung, welche er beim Rückfalle (§. 28) zu erwarten hat, bekannt zu machen.

Der Strafbescheid ist durch die Postanstalt dem Angeschuldigten entweder zu Protokoll zu publiziren oder in der für die Vorladung vorgeschriebenen Form zu insinuiren.

§. 42.

Der Angeschuldigte kann, wenn er von der Befugniß zur Berufung auf richterliche Entscheidung keinen Gebrauch machen will, gegen den Strafbescheid den Rekurs an die der Ober-Postdirektion 2c. vorgesetzte Behörde ergreifen. Dies muß jedoch binnen zehn Tagen präklusivischer Frist nach der Eröffnung des Strafbescheides geschehen und schließt fernerhin jedes gerichtliche Verfahren aus. Der Rekurs ist durch Anmeldung bei einer Postbehörde gewahrt.

Wenn mit der Anmeldung des Rekurses nicht zugleich dessen Rechtfertigung verbunden ist, so wird der Angeschuldigte durch die Postanstalt aufgefordert, die Ausführung seiner weiteren Vertheidigung in einem nicht über vier Wochen hinaus anzusetzenden Termine zu Protokoll zu geben oder bis dahin schriftlich einzureichen.

§. 43.

Die Verhandlungen werden hiernächst zur Abfaffung des Rekursresoluts an die kompetente Behörde eingesandt. Hat jedoch der Angeschuldigte zur Recht-fertigung des Rekurses neue Thatsachen oder Beweismittel, deren Aufnahme erheblich befunden wird, angeführt, so wird mit der Instruktion nach den für die erste Instanz gegebenen Bestimmungen verfahren.

§. 44.

Das Rekursresolut, welchem die Entscheidungsgründe beizufügen sind, wird an die betreffende Postbehörde befördert und nach erfolgter Publikation oder Insinuation vollstreckt.

§. 45.

Mit der Verurtheilung des Angeschuldigten zu einer Strafe, durch Straf-bescheid oder Rekursresolut, ist zugleich die Verurtheilung desselben in die baaren Auslagen des Verfahrens auszusprechen.

Bei der Untersuchung im Verwaltungswege kommen, außer den baaren Auslagen an Porto, Stempel, Zeugengebühren ꝛc., keine Kosten zum Ansatz.

Der Angeschuldigte, welcher wegen Post- oder Porto-Defraudation zu einer Strafe gerichtlich verurtheilt wird, hat auch die durch das Verfahren im Verwaltungswege entstandenen Kosten zu tragen.

§. 46.

Die Vollstreckung der rechtskräftigen Erkenntnisse geschieht nach den für die Vollstreckung strafgerichtlicher Erkenntnisse im Allgemeinen bestehenden Vor-schriften, die Vollstreckung der Strafbescheide oder der Resolute aber von der Postbehörde; letztere hat dabei nach denjenigen Vorschriften zu verfahren, welche für die Exekution der im Verwaltungswege festgesetzten Geldstrafen ertheilt sind.

Abschnitt VI.
Allgemeine Bestimmungen.

§. 47.

Was ein Briefträger oder Postbote über die von ihm geschehene Bestellung auf seinen Diensteid anzeigt, ist so lange für wahr und richtig anzunehmen, bis das Gegentheil überzeugend nachgewiesen wird.

§. 48.

Die Postverwaltung ist für die richtige Bestellung nicht verantwortlich, wenn der Adressat erklärt hat, die an ihn eingehenden Postsendungen selbst ab-zuholen oder abholen zu lassen. Auch liegt in diesem Falle der Postanstalt eine Prüfung der Legitimation desjenigen, welcher sich zur Abholung meldet, nicht ob, sofern nicht auf den Antrag des Adressaten zwischen diesem und der Post-anstalt ein desfallsiges besonderes Abkommen getroffen worden ist.

§. 49.

Die Poftverwaltung ift, nachdem fie das Formular zum Ablieferungsfcheine dem Adreffaten reglementsmäßig hat ausliefern laffen, nicht verpflichtet,
die Aechtheit der Unterfchrift und des etwa hinzugefügten Siegels unter dem mit
dem Namen des Empfangsberechtigten unterfchriebenen und beziehungsweife unter-
fiegelten Ablieferungsfcheine zu unterfuchen. Ebenfowenig braucht fie die Legitimation desjenigen zu prüfen, welcher unter Vorlegung des vollzogenen Abliefe-
rungsfcheines, oder bei Packeten ohne Werthangabe unter Vorlegung des
reglementsmäßig ausgelieferten Begleitbriefes, die Aushändigung der Sendung
verlangt.

§. 50.

Durch ein von dem Reichskanzler zu erlaffendes Reglement, welches mit-
telft der für die Publikation amtlicher Bekanntmachungen beftimmten Blätter zu
veröffentlichen ift, werden die weiteren bei Benutzung der Poftanftalt zu beob-
achtenden Vorfchriften getroffen.

Diefe Vorfchriften gelten als Beftandtheil des Vertrages zwifchen der Poftanftalt und dem Abfender, beziehungsweife Reifenden.

Das Reglement hat zu enthalten:

1) die Bedingungen für die Annahme aller behufs der Beförderung durch
   die Poft eingelieferten Gegenftände;

2) das Maximalgewicht der Briefe und Packete;

3) die Bedingungen der Rückforderung von Seite des Abfenders und die
   Vorfchriften über die Behandlung unbeftellbarer Sendungen;

4) die Beftimmungen wegen fchließlicher Verfügung über die unanbringlichen
   Sendungen;

5) die Bezeichnung der für Beförderung durch die Poft unzuläffigen Gegenftände;

6) die Gebühren für Poftanweifungen, Vorfchußfendungen und fonftige Geld-
   übermittelungen durch die Poft, für Sendungen von Druckfachen, Waarenproben und Muftern, Korrefpondenzkarten, rekommandirte Sendungen,
   für Zuftellung von Sendungen mit Behändigungsfcheinen, für Lauf-
   fchreiben wegen Poftfendungen und Ueberweifung der Zeitungen;

7) Anordnungen über die Art der Beftellung der durch die Poft beförderten
   Gegenftände und die hierfür zu erhebenden Gebühren, insbefondere die
   Gebühren für Beftellung der Expreßfendungen, der Stadtbriefe und
   Packete, der Werthfendungen, ferner die Vorfchriften über Eftafetten-
   beförderung;

8) die Bedingungen für die Beförderung der Reifenden mit den ordentlichen Poften oder mit Extrapoft, die Beftimmung des Perfonengeldes
   und der Gebühr für Beförderung von Paffagiergut;

9) die näheren Anordnungen über Kontirung und Kreditirung von Porto,
   fowie die dafür zu entrichtenden Gebühren;

10) Anordnungen zur Aufrechthaltung der Ordnung, der Sicherheit und des Anstandes auf den Posten, in den Postlokalen und Passagierstuben.

Die unter Ziffer 2, 4 und 6 bezeichneten Anordnungen unterliegen der Beschlußfassung des Bundesrathes.

Für den inneren Postverkehr der Königreiche Bayern und Württemberg werden die reglementairen Anordnungen von den zuständigen Behörden dieser Staaten erlassen.

§. 51.

Alle bisherigen allgemeinen und besonderen Bestimmungen über Gegenstände, worüber das gegenwärtige Gesetz verfügt, soweit jene Bestimmungen nicht auf den mit dem Auslande abgeschlossenen Staatsverträgen oder Konventionen beruhen, werden hierdurch aufgehoben.

§. 52.

Das gegenwärtige Gesetz tritt mit dem 1. Januar 1872 in Kraft.

Urkundlich unter Unserer Höchsteigenhändigen Unterschrift und beigedrucktem Kaiserlichen Insiegel.

Gegeben Berlin, den 28. Oktober 1871.

(L. S.)   **Wilhelm.**

Fürst v. Bismarck.

Gesetz

über

das Posttaxwesen im Gebiete des Deutschen Reichs.

Vom 28. Oktober 1871.

Wir Wilhelm, von Gottes Gnaden Deutscher Kaiser, König von Preußen ꝛc.

verordnen im Namen des Deutschen Reichs, nach erfolgter Zustimmung des Bundesrathes und des Reichstages, was folgt:

§. 1.
Porto für Briefe.

Das Porto beträgt für den frankirten gewöhnlichen Brief auf alle Entfernungen

bis zum Gewichte von 15 Grammen einschließlich   1 Sgr.,

bei größerem Gewichte......................   2 „

Bei unfrankirten Briefen tritt ein Zuschlagporto von 1 Sgr., ohne Unterschied des Gewichts des Briefes, hinzu. Dasselbe Zuschlagporto wird bei unzureichend frankirten Briefen neben dem Ergänzungsporto in Ansatz gebracht.

Portopflichtige Dienstbriefe werden mit Zuschlagporto nicht belegt, wenn die Eigenschaft derselben als Dienstsache durch eine von der Reichs-Postverwaltung festzustellende Bezeichnung auf dem Kuvert vor der Postaufgabe erkennbar gemacht worden ist.

§. 2.
Packetporto.

Das Packetporto wird nach der Entfernung und nach dem Gewicht der Sendung erhoben.

Die Entfernungen werden nach geographischen Meilen, zu 15 auf einen Aequatorgrad, bestimmt. Das Postgebiet wird in quadratische Tagfelder von höchstens 2 Meilen Seitenlänge eingetheilt. Der direkte Abstand des Diagonalkreuzpunktes des einen Quadrats von dem des anderen Quadrats bildet die Entfernungsstufe, welche für die Taxirung der Sendungen von den Postanstalten des einen nach denen des anderen Quadrats maßgebend ist. Die bei den Entfernungsstufen sich ergebenden Bruchmeilen bleiben unberücksichtigt.

Das Packetporto beträgt: pro Pfund:

bis 5 Meilen	2 Pf.,
über 5 bis 10 Meilen.........................	4 „
„ 10 „ 15 „	6 „
„ 15 „ 20 „	8 „
„ 20 „ 25 „	10 „
„ 25 „ 30 „	1 Sgr. — „
„ 30 „ 40 „	1 „ 2 „
„ 40 „ 50 „	1 „ 4 „
„ 50 „ 60 „	1 „ 6 „
„ 60 „ 70 „	1 „ 8 „
„ 70 „ 80 „	1 „ 10 „
„ 80 „ 90 „	2 „ — „
„ 90 „ 100 „	2 „ 2 „
„ 100 „ 120 „	2 „ 4 „
„ 120 „ 140 „	2 „ 6 „
„ 140 „ 160 „	2 „ 8 „
„ 160 „ 180 „	2 „ 10 „
„ 180 Meilen	3 „ — „

Ueberschießende Gewichttheile unter einem Pfunde werden für ein volles Pfund gerechnet.

Als Minimalsätze für ein Packet werden bis 5 Meilen 2 Sgr., über 5 bis 15 Meilen 3 Sgr., über 15 bis 25 Meilen 4 Sgr., über 25 bis 50 Meilen 5 Sgr., und über 50 Meilen auf alle Entfernungen 6 Sgr. erhoben.

Für die etwaige Begleitadresse kommt besonderes Porto nicht in Ansatz.

Wenn mehrere Packete zu derselben Begleitadresse gehören, wird für jedes einzelne Packet die Taxe selbstständig berechnet.

§. 3.

Porto und Versicherungsgebühr für Sendungen mit Werthangabe.

Für Sendungen mit Werthangabe wird erhoben:

a) Porto, und zwar:

1) für Briefe, ohne Unterschied der Schwere derselben, auf die nach §. 2 ermittelten Entfernungen

bis 5 Meilen	1⅓	Sgr.,
über 5 . 15 .	2	.
. 15 . 25 .	3	.
. 25 . 50 .	4	.
. 50 Meilen	5	.

2) für Packete und die etwa dazu gehörige Begleitadresse:

der nach §. 2 sich ergebende Betrag;
und

b) Versicherungsgebühr.

Dieselbe beträgt auf die nach §. 2 ermittelten Entfernungen und nach Maßgabe des angegebenen Werths:

	über 50 bis 50 Thaler	bei größern Summen bis 100 Thaler	für je 100 Thaler
bis 15 Meilen	½ Sgr.	1 Sgr.	1 Sgr.
über 15 . 50 .	1 .	2 .	2 .
. 50 Meilen	2 .	3 .	3 .

Uebersteigt die angegebene Summe den Betrag von 1000 Thalern, so wird für den Mehrbetrag die Hälfte der obigen Versicherungsgebührensätze erhoben.

Wenn mehrere Packete mit Werthangabe zu einer Begleitadresse gehören, wird für jedes Packet die Versicherungsgebühr selbstständig berechnet.

§. 4.

Abrundung und Umrechnung.

Die bei der Berechnung des Portos sich ergebenden Bruchtheile eines Silbergroschens werden auf ⅓, ½, ¾ oder ganze Silbergroschen abgerundet.

In den Gebieten mit anderer als derjenigen Währung, welche den vorstehenden Tarifsätzen zum Grunde liegt, sind die aus obigem Tarif sich ergebenden Portobeträge in die landesübliche Münzwährung möglichst genau umzurechnen. Stellen sich hierbei Bruchtheile heraus, so erfolgt die Erhebung mit dem nächst höheren darstellbaren Betrage. Dem Portosatze von 1 Sgr. wird bei einfachen frankirten Briefen in den Gebieten mit Guldenwährung der Betrag von 3 Kreuzern gegenübergestellt.

§. 5.
Kuvertiren an die Postanstalten.

Werden Briefe oder andere Gegenstände vom Absender an eine Postanstalt zum Vertheilen kuvertirt, so kommt für jede im Kuvert enthaltene Sen-
bung das tarifmäßige Porto in Ansatz.

§. 6.
Termin der Zahlung.

Die Postanstalten dürfen Briefe, Scheine, Sachen ꝛc. an die Adressaten
erst dann aushändigen, wenn die Zahlung der Postgefälle erfolgt ist; es sei
denn, daß eine terminweise Abrechnung darüber zwischen der Postanstalt und
dem Adressaten verabredet wäre.

§. 7.
Nachforderung von Porto.

Nachforderung an zu wenig bezahltem Porto ist der Korrespondent nur
dann zu berichtigen verbunden, wenn solche innerhalb eines Jahres nach der
Aufgabe der Sendung angemeldet wird.

§. 8.
Abschaffung von Nebengebühren.

Für die Abtragung der mit den Posten von weiterher gekommenen Briefe
ohne Werthangabe, Korrespondenzkarten, gegen ermäßigtes Porto beförderten
Drucksachen, Waarenproben oder Waarenmuster, rekommandirten Sendungen,
Begleitadressen zu Packeten, Postanweisungen und Formulare zu Ablieferungs-
scheinen wird eine Bestellgebühr nicht erhoben.

Gebühren für Postscheine über die Einlieferung von Sendungen zur Post
und Gefachgebühren für abzuholende Briefe oder sonstige Gegenstände, desgleichen
Packkammergeld, kommen nicht zur Erhebung.

§. 9.
Verkauf von Postwerthzeichen durch die Postanstalten.

Die Postanstalten haben, nach näherer Anordnung der Reichs-Postver-
waltung, Freimarken zur Frankirung der Postsendungen bereitzuhalten und zu
demselben Betrage abzulassen, welcher durch den Frankostempel bezeichnet ist.
Die Postanstalten sollen ermächtigt sein, auch mit dem Absatz von Frankokuverts
und von gestempelten Streifbändern, Postanweisungen und Korrespondenzkarten
sich zu befassen, für welche, außer dem durch den Frankostempel bezeichneten
Werthbetrage, eine den Herstellungskosten entsprechende Entschädigung eingehoben
werden kann.

§. 10.
Provision für Zeitungen.

Die Provision für Zeitungen beträgt 25 Prozent des Einkaufspreises mit der Ermäßigung auf 12½ Prozent bei Zeitungen, die seltener als monatlich viermal erscheinen.

Mindestens ist jedoch für jede abonnirte Zeitung jährlich der Betrag von 4 Sgr. zu entrichten.

§. 11.
Tarife für den Verkehr mit anderen Postgebieten.

Die Tarife für den Verkehr mit anderen Postgebieten richten sich nach den betreffenden Postverträgen.

§. 12.
Aufhebung bisheriger Bestimmungen.

Alle bisherigen allgemeinen und besonderen Bestimmungen über Gegenstände, worüber das gegenwärtige Gesetz verfügt, werden hierdurch aufgehoben.

§. 13.
Innerer Postverkehr in Bayern und Württemberg.

Die Bestimmungen dieses Gesetzes finden nicht Anwendung auf den inneren Postverkehr in Bayern und Württemberg.

§. 14.
Anfangstermin.

Das gegenwärtige Gesetz tritt mit dem 1. Januar 1872 in Kraft.

Urkundlich unter Unserer Höchsteigenhändigen Unterschrift und beigedrucktem Kaiserlichen Insiegel.

Gegeben Berlin, den 28. Oktober 1871.

(**L. S.**) Wilhelm.

Fürst v. Bismarck.

(Nr. 30.) Zusätzliche Uebereinkunft zu dem Friedensvertrage zwischen Deutschland und Frankreich. Vom 12. Oktober 1871.

Der Fürst Otto v. Bismarck-Schönhausen, Kanzler des Deutschen Reichs, und der Graf Harry v. Arnim, außerordentlicher Gesandter und bevollmächtigter Minister Seiner Majestät des Deutschen Kaisers am heiligen Stuhle, handelnd im Namen des Deutschen Reichs, einerseits,

andererseits Herr Augustin Thomas Joseph Pouyer-Quertier, Mitglied der National-Versammlung, Finanz-Minister und speziell ernannter Bevollmächtigter der Französischen Republik, bestallt als solcher durch ein Schreiben des Präsidenten der Französischen Republik d. d. 6. Oktober 1871., handelnd im Namen Frankreichs,

haben vereinbart, wie folgt:

Artikel 1.

Die in Elsaß-Lothringen fabrizirten Produkte werden in Frankreich zugelassen unter den nachstehend festgesetzten Bedingungen:

1) vom 1. September bis zum 31. Dezember laufenden Jahres vollständig zollfrei;

2) vom 1. Januar bis 30. Juni 1872. gegen ein Viertel, vom 1. Juli desselben Jahres bis zum 31. Dezember 1872. gegen die Hälfte der Zölle, welche Deutschland gegenüber in Gemäßheit der durch den Friedensvertrag eingeräumten Behandlung auf dem Fuße der meistbegünstigten Nation in Anwendung gebracht werden oder zu bringen sein werden.

Von den unter Nr. 2. dieses Artikels erwähnten Begünstigungen sind ausge-

(Nr. 30.) Convention additionelle au traité de paix entre l'Allemagne et la France. Du 12 Octobre 1871.

Le Prince Othon de Bismarck-Schoenhausen, Chancelier de l'Empire Germanique et le Comte Harry d'Arnim, Envoyé Extraordinaire et Ministre Plénipotentiaire de Sa Majesté l'Empereur d'Allemagne, près le St. Siége, stipulant au nom de l'Empire Allemand d'un côté,

de l'autre, Monsieur Augustin Thomas Joseph Pouyer-Quertier, Membre de l'Assemblée nationale, Ministre des Finances et spécialement constitué et nommé par lettre du Président de la République Française, en date du 6 Octobre 1871, Plénipotentiaire de la République Française, stipulant au nom de la France;

ont arrêté ce qui suit:

ARTICLE 1.

Les produits fabriqués dans l'Alsace-Lorraine seront admis en France aux conditions ci-après fixées:

1) Du premier Septembre au 31 Décembre de la présente année, — franchise de tout droit de douane;

2) du premier Janvier au 30 Juin 1872, — un quart et du premier Juillet de la même année au 31 Décembre 1872 — moitié des droits qui sont ou pourront être appliqués à l'Allemagne en vertu du traitement de la nation la plus favorisée, lequel lui a été concédé par le traité de paix.

Seront exclues du bénéfice des dispositions énoncées sous le No. 2 du

fcbloffen: die zur Nahrung dienenden Waaren, wie Wein, Alkohol, Bier u. f. w.

présent article, les denrées alimentaires telles que vins, alcool, bière etc.

Artikel 2.

Für den Fall, daß in Frankreich neue Steuern auf Rohstoffe und Farbestoffe, welche zur Herstellung oder Fabrikation der in Elsaß-Lothringen erzeugten Produkte dienen, gelegt werden sollten, dürfen Zuschlagszölle von diesen Produkten behufs Ausgleichung der den französischen Fabrikanten damit neu auferlegten Lasten erhoben werden.

ARTICLE 2.

Dans le cas où des impôts nouveaux seraient établis en France sur les matières premières et sur les matières tinctoriales, entrant dans la composition ou la fabrication des produits originaires de l'Alsace-Lorraine, des suppléments de droits seront établis sur ces mêmes produits à titre de compensation des charges nouvelles qui pèseraient sur les fabricants français.

Artikel 3.

Französische Produkte, wie Gußeisen, Stabeisen oder Eisenblech, Stahl in Stäben oder in Blech, baumwollene Garne und Gewebe, wollene Garne und Gewebe und andere derartige Produkte, welche in Elsaß-Lothringen veredelt werden sollen, werden in den erwähnten abgetretenen Territorien zollfrei eingeführt und nach den in Deutschland geltenden gesetzlichen Bestimmungen über die zeitweilige zollfreie Zulassung behandelt werden.

ARTICLE 3.

Les produits français tels que fontes, fers en barre ou en tôle, aciers en barre ou en tôle, fils et tissus de coton, fils ou tissus de laine et autres produits de même nature destinés à recevoir un complément de main d'oeuvre dans l'Alsace-Lorraine, seront admis en franchise de droits de douane dans les dits territoires cédés, et placés sous le régime de l'admission temporaire tel qu'il est réglé par la législation allemande.

Artikel 4.

Die nach Maßgabe des Artikels 3. bearbeiteten Fabrikate zahlen bei ihrer Wiedereinfuhr nach Frankreich unter Zugrundelegung des von elsaß-lothringischen Fabrikaten zu entrichtenden Zolles diejenige Zollquote, welche der darauf verwendeten Veredlungsarbeit entspricht.

ARTICLE 4.

Les produits fabriqués dans les conditions indiquées par l'article 3 devront à leur réimportation en France acquitter, sur la base du droit applicable aux produits fabriqués en Alsace-Lorraine, la quotité afférente au supplément de travail reçu dans les territoires cédés.

Artikel 5.

Französische Produkte, wie Stärke, Kraftmehl, Farbestoffe, chemische Produkte und andere gleichartige, zur Appretur verwendbare Stoffe, welche in elsaß-lothringische Fabriken oder Betriebsstätten

ARTICLE 5.

Les produits français tels que l'amidon, les fécules, les matières tinctoriales, les produits chimiques et autres matières analogues, propres aux apprêts, introduits dans les fabriques ou

behufs Verwendung zur Fertigmachung
der Fabrikate gebracht werden, geben bis
zum 31. Dezember d. J. zollfrei ein und
sind vom 1. Januar 1872. bis 30. Juni
desselben Jahres einem Viertel und vom
1. Juli 1872. bis zum 31. Dezember 1872.
dem halben Betrage derjenigen Zölle unterworfen, welchen gleichartige Produkte jetzt
oder in der Folge in Deutschland allgemein unterliegen. Die Quantitäten, welche
in Fabriken oder Betriebsstätten Elsaß-
Lothringens eingeführt werden dürfen,
werden auf den Bedarf der bezüglichen
Fabriken oder Betriebsstätten beschränkt
werden.

Es besteht darüber Einverständniß,
daß die vorbezeichneten Produkte nur über
diejenigen Zollämter in Elsaß-Lothringen
eingeführt werden dürfen, welche von der
Verwaltung Deutscherseits werden bezeichnet werden.

Artikel 6.

Es besteht ferner darüber Einverständniß, daß die Zölle, welche bis zum Beginn der Wirksamkeit dieses Vertrages
bei der Einfuhr der Produkte, auf welche
die Artikel 1. und 5. des gegenwärtigen
Vertrages Anwendung finden, etwa gezahlt oder deponirt sein möchten, gegenseitig wieder erstattet werden.

Artikel 7.

Um Defrauden zu verhüten und die
Vortheile der vorstehenden Bestimmungen
auf die elsaß-lothringischen Fabrikate zu
beschränken, werden in Elsaß-Lothringen
Ehrensyndikate in genügender Anzahl, um
eine wirksame Ueberwachung ausüben zu
können, errichtet. Dieselben sind durch
die Handelskammern zu wählen und ausschließlich aus Elsässern und Lothringern
zusammenzusetzen, sie sind überdies von
der Französischen Regierung zu bestätigen.

dans les manufactures de l'Alsace-Lorraine et destinés à être incorporés dans
les produits finis, seront admis en
franchise jusqu'au 31 Décembre de la
présente année, et soumis du premier
Janvier 1872 jusqu'au 30 Juin de la
même année au quart et du premier
Juillet 1872 au 31 Décembre 1872,
à la moitié des droits qui, à titre
général, sont ou pourront être appliqués en Allemagne aux produits de
même nature. Les quantités à intro-
duire dans les fabriques ou manufactures de l'Alsace-Lorraine, seront
limitées aux besoins des dites fabriques
ou manufactures.

On est convenu, que les produits
susindiqués ne pourront être importés en Alsace-Lorraine, que par les
bureaux de douane qui seront désignés
par l'autorité allemande.

ARTICLE 6.

Il demeure aussi entendu, que les
droits qui auraient été payés ou con-
signés jusqu'à la mise en vigueur de
la présente Convention, à l'importation
des produits auxquels s'appliquent les
articles 1 et 5 de la présente convention
seront réciproquement remboursés.

ARTICLE 7.

Afin de prévenir les fraudes et de
limiter aux seuls produits fabriqués
dans l'Alsace-Lorraine le bénéfice des
stipulations qui précèdent, il sera in-
stitué en Alsace-Lorraine des syndicats
d'honneur en nombre suffisant pour
exercer une surveillance efficace. Ils
seront élus par les chambres de commerce et exclusivement composés
d'Alsaciens et de Lorrains; ils seront
en outre agréés par le Gouvernement
Français.

Diesen Syndikaten liegt ob:
1) darüber zu wachen, daß die Produkte aus Elsaß-Lothringen, welche nach Frankreich kraft des Artikels 1., sowie die französischen, im Artikel 5. des gegenwärtigen Vertrages bezeichneten Produkte, welche aus Frankreich nach den abgetretenen Gebietstheilen eingeführt werden, ihrer Menge nach, das von den Syndikaten festzustellende Maß des gegenseitigen Handelsverkehrs, wie er im Jahre 1869. stattgefunden hat, nicht überschreiten;
2) Ursprungscertifikate an die betreffenden Etablissements auszustellen;
3) die Betriebsstätten derartig zu überwachen, daß keine Defraude, sei es durch Vermehrung der in den Ursprungscertifikaten eingeschriebenen Quantitäten, sei es durch Verwendung fremdländischer Stoffe, sofern diese letzteren nicht Rohmaterialien sind, vorkommen kann;
4) die Genauigkeit und Aufrichtigkeit der Deklarationen zu überwachen.

Die Ursprungscertifikate lauten auf Namen und sind nicht Gegenstand des Handels.

Artikel 8.

Die vorbezeichneten Syndikate sind verbunden, der davon betroffenen Regierung jede Zuwiderhandlung gegen die oben angegebenen Bedingungen, sowie gegen den Inhalt der Syndikatsstatuten, welche von Seiten der Französischen Regierung bereits genehmigt worden sind, anzuzeigen. Die beschädigte Regierung kann den Fabrikinhaber, welcher der Zuwiderhandlung sich schuldig gemacht hat, von den aus den vorstehenden Bestimmungen sich ergebenden Begünstigungen ausschließen.

Artikel 9.

Den von Fabrikanten in Elsaß-Lothringen vor dem Kriege oder wäh-

Ces syndicats devront:
1) Veiller à ce que les produits de l'Alsace-Lorraine, qui seront importés en France en vertu de l'article 1 et que les produits français, designés dans l'article 5 de la présente convention, qui seront importés de France dans les territoires cédés ne dépassent pas en quantité les limites, — à constater par les dits syndicats —, du commerce ayant existé entre les deux pays en l'année 1869;

2) Délivrer à chaque établissement des certificats d'origine;
3) Surveiller les usines de telle façon qu'aucune fraude ne puisse se produire soit par augmentation des quantités inscrites dans les certificats d'origine, soit par emploi de matières étrangères autres que les matières premières;

4) Veiller à l'exactitude et à la sincérité des déclarations.

Les certificats d'origine seront nominatifs et non négociables.

Article 8.

Les dits syndicats sont tenus de signaler au gouvernement lésé, toute infraction aux conditions ci-dessus indiquées, ainsi qu'aux statuts des syndicats qui ont été déjà approuvés par le Gouvernement Français. Le Gouvernement lésé pourra priver le chef d'établissement, coupable de l'infraction, du bénéfice des clauses qui précèdent.

Article 9.

Pendant la durée de la présente convention, les marchés conclus par

rend deſſelben mit Franzoſen abgeſchloſſenen Lieferungsverträgen kommt für ihre
Ausführung während der Dauer gegenwärtiger Uebereinkunft die im §. 1. des
Artikel 1. derſelben zugeſicherte Zollfreiheit
zu Gute.

Die nämliche Behandlung genießen
auf Grund der Gegenſeitigkeit die im
Artikel 5. bezeichneten franzöſiſchen Produkte, welche elſaß-lothringiſche Fabrikanten in Frankreich vor dem Kriege
oder während deſſelben beſtellt haben.

Artikel 10.

Die Deutſche Regierung ihrerſeits
tritt an Frankreich ab:

1) die Gemeinden Raon les Leaux und
   Raon ſur Plaine, jedoch mit Ausſchluß alles innerhalb der Gemeinde-
   bezirke befindlichen, dem Staate gehörigen Grundeigenthums, ſowie der
   Gemeinde- und Privatgrundſtücke,
   welche von den vorbezeichneten Staats-
   grundſtücken eingeſchloſſen ſind;
2) die Gemeinde Igney und den Theil
   des Gemeindebezirks von Avricourt
   zwiſchen der Gemeinde Igney bis zu
   und einſchließlich der Eiſenbahn von
   Paris nach Avricourt und der Eiſenbahn von Avricourt nach Cirey.

Die Franzöſiſche Regierung übernimmt die Koſten für die Herſtellung
eines Bahnhofes an einer von der Deutſchen Regierung zu bezeichnenden Stelle,
welche den militairiſchen und den Ver-
kehrsintereſſen in gleichem Maße genügt,
wie der von Avricourt.

Die Koſten dieſer Bauten, auf deren
thunlichſt baldige Herſtellung die Deutſche
Regierung Bedacht nehmen wird, werden
gemeinſchaftlich veranſchlagt werden.

Bis zur Vollendung des neuen Bahnhofes verbleibt der Deutſchen Regierung
das Recht zur militairiſchen Beſetzung der

des fabricants alsaciens et lorrains
avec des Français avant ou pendant
la guerre, jouiront pour leur exécution des franchises édictées par le
paragraphe 1 de l'article 1 de la présente convention.

Le même régime sera concédé, à
titre de réciprocité, aux produits français désignés à l'article 5 de la présente convention, objets de marchés
conclus par des fabricants alsaciens et
lorrains en France avant ou pendant
la guerre.

ARTICLE 10.

Le Gouvernement Allemand retro-
cédera à la France:

1) les communes de Raon les Leaux
   et de Raon sur Plaine, exclusivement de toute propriété domaniale
   ainsi que des propriétés commu-
   nales et particulières enclavées
   dans le territoire domanial réservé;

2) la commune d'Igney et la partie
   de la commune d'Avricourt, située
   entre la commune d'Igney, jusque
   et y compris le chemin de fer de
   Paris à Avricourt et le chemin
   de fer d'Avricourt à Cirey.

Le Gouvernement Français prendra
à sa charge les frais d'une station de
chemin de fer à construire sur le terrain
choisi par le Gouvernement Allemand,
et qui suffira aux intérêts militaires
et commerciaux autant que celle d'Avricourt.

Les devis de cette construction
seront faits d'un commun accord; le
Gouvernement Allemand aura soin de
la faire exécuter le plutôt possible.

Jusqu'à l'achèvement de la nouvelle station le Gouvernement Allemand
se réserve le droit de tenir occupée

Kommune Igney, sowie des oben bezeichneten Theiles des Gemeindebezirkes von Avricourt.

Die Kommission für die Grenzbezeichnung wird mit Ziehung der neuen Grenze beauftragt werden.

la commune d'Igney ainsi que la partie de la commune d'Avricourt sus-indiquée.

La commission de délimitation sera chargée de déterminer la nouvelle frontière.

Artikel 11.

Die Hohen kontrahirenden Theile sind übereingekommen, den Artikel 28. des am 2. August 1862. zwischen Frankreich und dem Zollverein abgeschlossenen Vertrages, die Fabrik- und Handelszeichen betreffend, wieder in Kraft zu setzen.

Article 11.

Les deux Hautes Parties contractantes sont convenues de remettre en vigueur l'article 28 du traité conclu le 2 Août 1862 entre la France et le Zollverein concernant les marques et dessins de fabrique.

Artikel 12.

Die gegenwärtige Uebereinkunft wird ratifizirt durch Seine Majestät den Deutschen Kaiser nach erfolgter Zustimmung des Bundesrathes und des Reichstages einerseits, durch den Präsidenten der Französischen Republik andererseits, und die Ratifikations-Urkunden werden innerhalb des Monats Oktober zu Versailles ausgetauscht.

Zu Urkund dessen haben die beiderseitigen Bevollmächtigten gegenwärtige Uebereinkunft unterzeichnet und mit ihrem Siegel versehen.

Geschehen Berlin, den 12. Oktober 1871.

Article 12.

La présente convention sera ratifiée par Sa Majesté l'Empereur d'Allemagne, après le consentement du Conseil fédéral et du parlement de l'Empire d'une part, et du Président de la République Française d'autre part et les ratifications en seront échangées dans l'espace du mois d'Octobre courant à Versailles.

En foi de quoi les plénipotentiaires ont signé la convention présente et y ont apposé le cachet de leurs armes.

Fait à Berlin le 12 Octobre 1871.

v. Bismarck.　　Pouyer-Quertier.
(L. S.)　　　　(L. S.)

Arnim.
(L. S.)

v. Bismarck.　Pouyer-Quertier.

Arnim.

Die Auswechselung der Ratifikations-Urkunden hat zu Versailles am 31. Oktober 1871. stattgefunden.

Herausgegeben im Reichskanzler-Amt.

Berlin, gedruckt in der Königlichen Geheimen Ober-Hofbuchdruckerei
(R. v. Decker).

Gesetzblatt für Elsaß=Lothringen.

№ 22.

(Nr. 31.) Gesetz, betreffend die Einführung des Abschnittes VII der Reichsverfassung über das Eisenbahnwesen. Vom 11. Dezember 1871.

Wir Wilhelm, von Gottes Gnaden Deutscher Kaiser, König von Preußen ꝛc.

verordnen im Namen des Deutschen Reichs, nach erfolgter Zustimmung des Bundesrathes, für Elsaß-Lothringen was folgt:

Der nachstehend abgedruckte Abschnitt VII der Verfassung des Deutschen Reichs, das Eisenbahnwesen betreffend, tritt am 1. Januar 1872 in Elsaß-Lothringen in Wirksamkeit.

Urkundlich unter Unserer Höchsteigenhändigen Unterschrift und beigedrucktem Kaiserlichen Insiegel.

Gegeben Berlin, den 11. Dezember 1871.

(L. S.)   Wilhelm.

Fürst v. Bismarck.

Verfassung
des
Deutschen Reichs.

VII. Eisenbahnwesen.

Artikel 41.

Eisenbahnen, welche im Interesse der Vertheidigung Deutschlands oder im Interesse des gemeinsamen Verkehrs für nothwendig erachtet werden, können kraft eines Reichsgesetzes auch gegen den Widerspruch der Bundesglieder, deren Gebiet die Eisenbahnen durchschneiden, unbeschadet der Landeshoheitsrechte, für Rechnung des Reichs angelegt oder an Privatunternehmer zur Ausführung konzessionirt und mit dem Expropriationsrechte ausgestattet werden.

Jede bestehende Eisenbahnverwaltung ist verpflichtet, sich den Anschluß neu angelegter Eisenbahnen auf Kosten der letzteren gefallen zu lassen.

Die gesetzlichen Bestimmungen, welche bestehenden Eisenbahn-Unternehmungen ein Widerspruchsrecht gegen die Anlegung von Parallel- oder Konkurrenzbahnen einräumen, werden, unbeschadet bereits erworbener Rechte, für das ganze Reich hierdurch aufgehoben. Ein solches Widerspruchsrecht kann auch in den künftig zu ertheilenden Konzessionen nicht weiter verliehen werden.

Artikel 42.

Die Bundesregierungen verpflichten sich, die deutschen Eisenbahnen im Interesse des allgemeinen Verkehrs wie ein einheitliches Netz verwalten und zu diesem Behuf auch die neu herzustellenden Bahnen nach einheitlichen Normen anlegen und ausrüsten zu lassen.

Artikel 43.

Es sollen demgemäß in thunlichster Beschleunigung übereinstimmende Betriebseinrichtungen getroffen, insbesondere gleiche Bahnpolizei-Reglements eingeführt werden. Das Reich hat dafür Sorge zu tragen, daß die Eisenbahnverwaltungen die Bahnen jederzeit in einem die nöthige Sicherheit gewährenden baulichen Zustande erhalten und dieselben mit Betriebsmaterial so ausrüsten, wie das Verkehrsbedürfniß es erheischt.

Artikel 44.

Die Eisenbahnverwaltungen sind verpflichtet, die für den durchgehenden Verkehr und zur Herstellung ineinander greifender Fahrpläne nöthigen Personenzüge mit entsprechender Fahrgeschwindigkeit, desgleichen die zur Bewältigung des Güterverkehrs nöthigen Güterzüge einzuführen, auch direkte Expeditionen im Personen- und Güterverkehr, unter Gestattung des Ueberganges der Transportmittel von einer Bahn auf die andere, gegen die übliche Vergütung einzurichten.

Artikel 45.

Dem Reiche steht die Kontrole über das Tarifwesen zu. Dasselbe wird namentlich dahin wirken:

1) daß baldigst auf allen deutschen Eisenbahnen übereinstimmende Betriebs-reglements eingeführt werden;

2) daß die möglichste Gleichmäßigkeit und Herabsetzung der Tarife erzielt, insbesondere, daß bei größeren Entfernungen für den Transport von Kohlen, Koaks, Holz, Erzen, Steinen, Salz, Roheisen, Düngungsmitteln und ähnlichen Gegenständen ein dem Bedürfniß der Landwirthschaft und Industrie entsprechender ermäßigter Tarif, und zwar zunächst thunlichst der Einpfennig-Tarif eingeführt werde.

Artikel 46.

Bei eintretenden Nothständen, insbesondere bei ungewöhnlicher Theuerung der Lebensmittel, sind die Eisenbahnverwaltungen verpflichtet, für den Transport, namentlich von Getreide, Mehl, Hülsenfrüchten und Kartoffeln, zeitweise einen dem Bedürfniß entsprechenden, von dem Kaiser auf Vorschlag des betreffenden Bundesraths-Ausschusses festzustellenden, niedrigen Spezialtarif einzuführen, welcher jedoch nicht unter den niedrigsten auf der betreffenden Bahn für Rohprodukte geltenden Satz herabgehen darf.

Die vorstehend, sowie die in den Artikeln 42 bis 45 getroffenen Bestimmungen sind auf Bayern nicht anwendbar.

Dem Reiche steht jedoch auch Bayern gegenüber das Recht zu, im Wege der Gesetzgebung einheitliche Normen für die Konstruktion und Ausrüstung der für die Landesvertheidigung wichtigen Eisenbahnen aufzustellen.

Artikel 47.

Den Anforderungen der Behörden des Reichs in Betreff der Benutzung der Eisenbahnen zum Zweck der Vertheidigung Deutschlands haben sämmtliche Eisenbahnverwaltungen unweigerlich Folge zu leisten. Insbesondere ist das Militair und alles Kriegsmaterial zu gleichen ermäßigten Sätzen zu befördern.

(Nr. 32.) Der burch Gese vom 14. Oltober 1871 (Gesetbl. für Elsaß-Lothringen Nr. 21 S. 347) eingeführte Abschnitt VIII der Reichsverfassung, betreffend das Post- und Telegraphenwesen, lautet wie folgt:

VIII. Post- und Telegraphenwesen.

Artikel 48.

Das Postwesen und das Telegraphenwesen werden für das gesammte Gebiet des Deutschen Reichs als einheitliche Staatsverkehrs-Anstalten eingerichtet und verwaltet.

Die im Artikel 4 vorgesehene Gesetgebung des Reichs in Post- und Telegraphen-Angelegenheiten erstreckt sich nicht auf diejenigen Gegenstände, deren Regelung nach den in der Norddeutschen Post- und Telegraphen-Verwaltung maßgebend gewesenen Grundsätzen der reglementarischen Feststezung oder administrativen Anordnung überlassen sind.

Artikel 49.

Die Einnahmen des Post- und Telegraphenwesens sind für das ganze Reich gemeinschaftlich. Die Ausgaben werden aus den gemeinschaftlichen Einnahmen bestritten. Die Ueberschüsse fließen in die Reichskasse (Abschnitt XII.).

Artikel 50.

Dem Kaiser gehört die obere Leitung der Post- und Telegraphenverwaltung an. Die von ihm bestellten Behörden haben die Pflicht und das Recht, dafür zu sorgen, daß Einheit in der Organisation der Verwaltung und im Betriebe des Dienstes, sowie in der Qualifikation der Beamten hergestellt und erhalten wird.

Dem Kaiser steht der Erlaß der reglementarischen Feststezungen und allgemeinen administrativen Anordnungen, sowie die ausschließliche Wahrnehmung der Beziehungen zu anderen Post- und Telegraphenverwaltungen zu.

Sämmtliche Beamte der Post- und Telegraphenverwaltung sind verpflichtet, den Kaiserlichen Anordnungen Folge zu leisten. Diese Verpflichtung ist in den Diensteid aufzunehmen.

Die Anstellung der bei den Verwaltungsbehörden der Post und Telegraphie in den verschiedenen Bezirken erforderlichen oberen Beamten (z. B. der Direktoren, Räthe, Ober-Inspektoren), ferner die Anstellung der zur Wahrnehmung des Aufsichts- u. s. w. Dienstes in den einzelnen Bezirken als Organe der erwähnten Behörden fungirenden Post- und Telegraphenbeamten (z. B. Inspektoren, Kontroleure) geht für das ganze Gebiet des Deutschen Reichs vom Kaiser aus, welchem diese Beamten den Diensteid leisten. Den einzelnen Landesregierungen wird von in Rede stehenden Ernennungen, soweit dieselben ihre Gebiete betreffen, behufs der landesherrlichen Bestätigung und Publikation rechtzeitig Mittheilung gemacht werden.

Die anderen bei den Verwaltungsbehörden der Post und Telegraphie erforderlichen Beamten, sowie alle für den lokalen und technischen Betrieb bestimmten, mithin bei den eigentlichen Betriebsstellen fungirenden Beamten u. s. w. werden von den betreffenden Landesregierungen angestellt.

Wo eine selbstständige Landes-Post- resp. Telegraphen-Verwaltung nicht besteht, entscheiden die Bestimmungen der besonderen Verträge.

Artikel 51.

Bei Ueberweisung des Ueberschusses der Postverwaltung für allgemeine Reichszwecke (Art. 49) soll, in Betracht der bisherigen Verschiedenheit der von den Landes-Postverwaltungen der einzelnen Gebiete erzielten Reineinnahmen, zum Zwecke einer entsprechenden Ausgleichung während der unten festgesetzten Uebergangszeit folgendes Verfahren beobachtet werden.

Aus den Postüberschüssen, welche in den einzelnen Postbezirken während der fünf Jahre 1861 bis 1865 aufgekommen sind, wird ein durchschnittlicher Jahresüberschuß berechnet, und der Antheil, welchen jeder einzelne Postbezirk an dem für das gesammte Gebiet des Reichs sich darnach herausstellenden Post-überschusse gehabt hat, nach Prozenten festgestellt.

Nach Maßgabe des auf diese Weise festgestellten Verhältnisses werden den einzelnen Staaten während der auf ihren Eintritt in die Reichs-Postver-waltung folgenden acht Jahre die sich für sie aus den im Reiche aufkommenden Postüberschüssen ergebenden Quoten auf ihre sonstigen Beiträge zu Reichszwecken zu Gute gerechnet.

Nach Ablauf der acht Jahre hört jene Unterscheidung auf, und fließen die Postüberschüsse in ungetheilter Aufrechnung nach dem im Artikel 49 enthaltenen Grundsatz der Reichskasse zu.

Von der während der vorgedachten acht Jahre für die Hansestädte sich herausstellenden Quote des Postüberschusses wird alljährlich vorweg die Hälfte dem Kaiser zur Disposition gestellt zu dem Zwecke, daraus zunächst die Kosten für die Herstellung normaler Posteinrichtungen in den Hansestädten zu bestreiten.

Artikel 52.

Die Bestimmungen in den vorstehenden Artikeln 48 bis 51 finden auf Bayern und Württemberg keine Anwendung. An ihrer Stelle gelten für beide Bundesstaaten folgende Bestimmungen.

Dem Reiche ausschließlich steht die Gesetzgebung über die Vorrechte der Post und Telegraphie, über die rechtlichen Verhältnisse beider Anstalten zum Publikum, über die Portofreiheiten und das Posttaxwesen, jedoch ausschließlich der reglementarischen und Tarif-Bestimmungen für den internen Verkehr innerhalb Bayerns, beziehungsweise Württembergs, sowie, unter gleicher Beschränkung, die Feststellung der Gebühren für die telegraphische Korrespondenz zu.

Ebenso steht dem Reiche die Regelung des Post- und Telegraphenverkehrs mit dem Auslande zu, ausgenommen den eigenen unmittelbaren Verkehr Bayerns, beziehungsweise Württembergs mit seinen dem Reiche nicht angehörenden Nachbar-staaten, wegen dessen Regelung es bei der Bestimmung im Artikel 49 des Post-vertrages vom 23. November 1867 bewendet.

An den zur Reichskasse fließenden Einnahmen des Post- und Telegraphen-wesens haben Bayern und Württemberg keinen Theil.

(Nr. 33.) **Gesetz, betreffend die Ausdehnung der Wirksamkeit des Gesetzes über die Gewährung der Rechtshülfe vom 21. Juni 1869 auf Elsaß-Lothringen. Vom 11. Dezember 1871.**

Wir Wilhelm, von Gottes Gnaden Deutscher Kaiser, König von Preußen ꝛc.

verordnen im Namen des Deutschen Reichs, nach erfolgter Zustimmung des Bundesrathes, für Elsaß-Lothringen was folgt:

Die Wirksamkeit des anliegenden Gesetzes über die Gewährung der Rechtshülfe vom 21. Juni 1869 wird auf Elsaß-Lothringen ausgedehnt.

Urkundlich unter Unserer Höchsteigenhändigen Unterschrift und beigedrucktem Kaiserlichen Insiegel.

Gegeben Berlin, den 11. Dezember 1871.

(L. S.) **Wilhelm.**

Fürst v. Bismarck.

Gesetz,

betreffend die Gewährung der Rechtshülfe.

Vom 21. Juni 1869.

Wir Wilhelm, von Gottes Gnaden König von Preußen ꝛc.

verordnen im Namen des Norddeutschen Bundes, nach erfolgter Zustimmung des Bundesrathes und des Reichstages, was folgt:

Erster Abschnitt.

Von der Rechtshülfe in bürgerlichen Rechtsstreitigkeiten.

§. 1.

Die Gerichte des Bundesgebietes haben sich in bürgerlichen Rechtsstreitigkeiten gegenseitig Rechtshülfe zu leisten. Es macht keinen Unterschied, ob das ersuchende und das ersuchte Gericht demselben Bundesstaate, oder ob sie verschiedenen Bundesstaaten angehören.

Das ersuchte Gericht darf die Rechtshülfe selbst dann nicht verweigern, wenn es die Zuständigkeit des ersuchenden Gerichts nicht für begründet hält.

§. 2.

Die Rechtshülfe wird auf Requisition von Gericht zu Gericht geleistet, soweit nicht in den §§. 3 bis 6 ein Anderes bestimmt ist.

§. 3.

Wenn nach dem Rechte des Orts, wo die erforderliche Prozeßhandlung vorzunehmen ist, diese zum Geschäftskreise besonderer Beamten (Gerichtsvollzieher, Gerichtsvögte u. s. w.) gehört oder von der betheiligten Partei bei dem Gerichte unmittelbar zu betreiben ist, so hat das ersuchte Gericht selbst oder die bei ihm bestehende Staatsanwaltschaft einen zuständigen Beamten mit der Vornahme der Prozeßhandlung zu beauftragen oder, soweit es erforderlich ist, die Sache einem Anwalte oder einer sonst geeigneten Person zur Betreibung zu übergeben.

§. 4.

Durch die Vorschriften des §. 3 wird nicht ausgeschlossen, daß die betheiligte Partei unmittelbar einen zuständigen Beamten mit der Vornahme der Prozeßhandlung beauftragt oder die Sache bei dem Gerichte betreibt.

§. 5.

Wird in einem anhängigen oder anhängig zu machenden Rechtsstreite eine Prozeßhandlung erforderlich, welche nach dem für das Prozeßgericht geltenden Rechte nicht von den Gerichten verfügt, sondern im Auftrage der Parteien durch besondere Beamte bewirkt wird, dagegen nach dem Rechte des Orts, wo die Handlung vorzunehmen ist, zu dem Geschäftskreise der Gerichte gehört, so hat das zuständige Gericht dieses Orts auf den von der Partei unter Vorlegung der zuzustellenden oder der sonst erforderlichen Schriftstücke gestellten Antrag die Prozeßhandlung anzuordnen.

§. 6.

Requisitionen und Parteianträge, welche durch Vermittelung der Staatsanwaltschaft an die Gerichte gelangen, sind in derselben Weise zu erledigen, als wenn sie unmittelbar von dem Prozeßgerichte eingesendet oder von der Partei gestellt wären.

§. 7.

Eine im Wege der Rechtshülfe zu bewirkende Zwangsvollstreckung (Exekution) erfolgt nach den am Orte der Vollstreckung geltenden Vorschriften.

§. 8.

Ueber Einwendungen, welche die Zulässigkeit der Rechtshülfe (§. 37), die Art und Weise der Vollstreckung oder das bei derselben zu beobachtende Verfahren betreffen, hat das Gericht des Vollstreckungsorts zu entscheiden.

Dasselbe gilt von Einwendungen, welche von dritten Personen wegen eines Anspruchs auf den Gegenstand der Vollstreckung erhoben werden.

Alle anderen Einwendungen gegen die Vollstreckung unterliegen der Entscheidung des Prozeßgerichts.

§. 9.

Werden bei dem Vollstreckungsgerichte Einwendungen erhoben, über welche in Gemäßheit des §. 8 das Prozeßgericht zu entscheiden hat, so kann das erstere, wenn ihm die Einwendungen erheblich und in thatsächlicher Beziehung glaubhaft erscheinen, die Vollstreckung vorläufig einstellen.

Im Falle der Einstellung ist für die Beibringung der Anordnung des Prozeßgerichts eine Frist zu bestimmen, nach deren fruchtlosem Ablaufe die Vollstreckung fortgesetzt wird.

§. 10.

Sollen die in einem Rechtsgebiete, in welchem die Zwangsvollstreckung zum Geschäftskreise besonderer Beamten gehört, erlassenen Erkenntnisse in einem Rechtsgebiete vollstreckt werden, in welchem die Zwangsvollstreckung von den Gerichten geleitet wird, so hat das zuständige Gericht die Zwangsvollstreckung auf Antrag der Partei anzuordnen. Zu diesem Zwecke ist eine mit dem gerichtlichen Zeugnisse der Vollstreckbarkeit versehene Ausfertigung des Erkenntnisses vorzulegen.

§. 11.

Wenn nach dem für das Prozeßgericht geltenden Rechte die Vollstreckung durch Einlegung eines Rechtsmittels gehemmt werden kann, so ist in dem Zeugnisse der Vollstreckbarkeit (§. 10) zu bemerken, welche Rechtsmittel die Vollstreckung hemmen, und binnen welcher Frist dieselben einzulegen sind.

Wird dem Vollstreckungsgerichte glaubhaft gemacht, daß ein Rechtsmittel, durch welches die Vollstreckung gehemmt wird, binnen der gesetzlichen Frist eingelegt ist, so hat dasselbe die Vollstreckung einzustellen.

Ein solches Rechtsmittel kann bei dem Vollstreckungsgerichte ohne Beobachtung einer besonderen Form eingelegt werden. Diese Einlegung wird jedoch wirkungslos, wenn sie nicht innerhalb der Nothfrist und spätestens binnen vierzehn Tagen seit dem Tage der Einlegung nach den am Orte des Prozeßgerichts geltenden Vorschriften wiederholt wird.

Hat das Vollstreckungsgericht in Gemäßheit der Vorschriften dieses Paragraphen die Einstellung der Vollstreckung angeordnet, so kann die betreibende Partei die Fortsetzung der Vollstreckung nur dann verlangen, wenn sie ein die Fortsetzung anordnendes oder das eingelegte Rechtsmittel verwerfendes Erkenntniß des Prozeßgerichts beibringt.

Die Bestimmungen dieses Paragraphen finden keine Anwendung, wenn für das Prozeßgericht dasselbe Prozeßrecht gilt, wie für das Vollstreckungsgericht.

§. 12.

Sollen in einem Rechtsgebiete, in welchem die Zwangsvollstreckung zum Geschäftskreise besonderer Beamten gehört, die in einem anderen Bundesstaate oder in einem Rechtsgebiete, in welchem die Zwangsvollstreckung von den Gerichten geleitet wird, erlassenen Erkenntnisse oder sonstigen richterlichen Verfügungen vollstreckt werden, so sind sie von der zuständigen gerichtlichen Behörde des Orts der Vollstreckung mit der Vollstreckungsklausel zu versehen. Zu diesem Zwecke

ist der Behörde eine von dem Prozeßgerichte mit dem Zeugnisse der Vollstreckbarkeit versehene Ausfertigung des Erkenntnisses oder der Verfügung vorzulegen.

Die Vollstreckungsklausel wird ohne Prüfung der Gesetzmäßigkeit der Entscheidung oder Verfügung und ohne Anhörung der Parteien ertheilt.

§. 13.

Das in einem Bundesstaate eröffnete Konkursverfahren (Falliment, Debit-
verfahren, konkursmäßige Einleitung u. s. w.) äußert in Bezug auf das zur
Konkursmasse gehörige Vermögen seine Wirkung in dem gesammten Bundesgebiete. Dies gilt insbesondere von den Beschränkungen, welche die Verfügungs-
und Verwaltungsrechte des Gemeinschuldners erleiden, und von dem Uebergange
dieser Rechte auf die Gläubigerschaft.

§. 14.

Auf Ersuchen des Konkursgerichts oder auf Antrag des Konkursvertreters
ist das in einem anderen Staats- oder Rechtsgebiete befindliche Vermögen des
Gemeinschuldners von den Gerichten des Orts, wo sich dasselbe befindet, nach
Maßgabe der daselbst für den Fall des Konkursverfahrens zur Anwendung
kommenden Gesetze sicher zu stellen, zu inventarisiren und zur Konkursmasse abzuliefern.

§. 15.

Insoweit nach den Gesetzen des Staats- oder Rechtsgebietes, in welchem
sich abzulieferndes Vermögen (§. 14) befindet, gewisse Personen für den Fall
eines daselbst eröffneten Konkurses berechtigt sind,

1) Vindikationsansprüche in Bezug auf dieses Vermögen oder auf einzelne
   Theile desselben geltend zu machen,
2) ihre abgesonderte Befriedigung aus diesem Vermögen oder aus einzelnen
   Theilen desselben zu verlangen,
3) auf Grund eines auf bestimmte Gegenstände dieses Vermögens be-
   schränkten dinglichen oder persönlichen Rechts aus diesen Gegenständen
   ihre vorzugsweise Befriedigung zu beanspruchen,

stehen ihnen diese Rechte in derselben Weise zu, als wenn der Konkurs in diesem
Staats- oder Rechtsgebiete eröffnet wäre.

Vorzugsrechte anderer Art bestimmen sich nach dem für das Konkursgericht
geltenden Rechte.

§. 16.

Die in §. 15 Ziff. 1 und 2 bezeichneten Rechte können, so lange die
Ablieferung der Vermögenstheile, auf welche sich die Rechte beziehen, noch nicht
erfolgt ist, bei den Gerichten des Orts geltend gemacht werden, wo sich diese
Vermögenstheile befinden.

Nach der Ablieferung sind diese Rechte bei den Gerichten des Orts der
Konkurseröffnung geltend zu machen.

Die in §. 15 Ziff. 3 bezeichneten Gläubiger haben sich in den Konkurs
einzulassen und ihre Rechte bei dem Konkursgerichte zu verfolgen.

§. 17.

Gläubiger, welche sich kraft eines Pfand- oder Retentionsrechts in dem Besitze eines abzuliefernden Vermögensstücks befinden, sind in keinem Falle verpflichtet, vor ihrer Befriedigung das Vermögensstück zur Konkursmasse abzuliefern.

Inwieweit dieselben berechtigt sind, ihre Forderung im Konkurse anzumelden, ohne gleichzeitig das von ihnen als Pfand oder retentionsweise besessene Vermögensstück der Konkursmasse zur Verfügung zu stellen, entscheidet sich nach den Gesetzen des Orts, wo der Konkurs anhängig ist.

§. 18.

Der Verkauf der in einem anderen Staats- oder Rechtsgebiete belegenen unbeweglichen Sachen und die Befriedigung der Gläubiger, welche aus der durch den Kaufpreis gebildeten Masse ihre abgesonderte Befriedigung zu verlangen berechtigt sind, erfolgt am Orte der belegenen Sache nach den Vorschriften, welche gelten würden, wenn der Konkurs daselbst eröffnet wäre. Sofern nach den Gesetzen dieses Orts die bezeichneten Gläubiger ihre Rechte bei dem Konkursgericht geltend zu machen hätten, tritt an Stelle des letzteren das zuständige Gericht des Orts der belegenen Sache.

Insoweit nach den Gesetzen des Orts, wo sich abzulieferndes Vermögen befindet, im Falle der daselbst erfolgten Eröffnung des Konkurses ein Spezial- oder Partikular-Konkurs über das abzuliefernde Vermögen oder einzelne Theile desselben zu eröffnen wäre, wird dieser Konkurs eröffnet.

Der Betrag, welcher nach Befriedigung der in Gemäßheit der Bestimmungen dieses Paragraphen zu berücksichtigenden Gläubiger übrig bleibt, ist zur Konkursmasse abzuliefern.

§. 19.

Ist eine bürgerliche Rechtsstreitigkeit in einem Bundesstaate rechtshängig geworden oder rechtskräftig entschieden, so kann die Rechtshängigkeit oder die Rechtskraft vor jedem Gerichte desselben oder eines anderen Bundesstaates geltend gemacht werden.

Zweiter Abschnitt.

Von der Rechtshülfe in Straffachen.

§. 20.

Die Gerichte eines Bundesstaates haben in Straffachen den Gerichten der anderen Bundesstaaten auf Requisition dieselbe Rechtshülfe zu leisten, wie den Gerichten des eigenen Staates, insoweit sich nicht aus den §§. 21 bis 33 ein Anderes ergiebt.

§. 21.

Die Gerichte eines Bundesstaates sind verpflichtet, Personen, welche von den Gerichten eines anderen Bundesstaates wegen einer strafbaren Handlung verfolgt werden oder verurtheilt sind, diesen Gerichten auf Ersuchen auszuliefern, wenn die strafbare Handlung, wegen welcher die Auslieferung beantragt wird, in dem Gebiete des Bundesstaates verübt ist, welchem das ersuchende Gericht angehört.

Bei Anwendung dieser Vorschrift wird angenommen, daß eine mittelst der Presse verübte strafbare Handlung nur an dem Orte verübt sei, an welchem das Preßerzeugniß erschienen ist.

§. 22.

Die Verpflichtung zur Auslieferung (§. 21) erstreckt sich auf die Auslieferung der Theilnehmer, einschließlich der intellektuellen Urheber, der Gehülfen und derjenigen Begünstiger, welche die Begünstigung vor Verübung der That zugesagt haben, auch dann, wenn die denselben zur Last fallenden Handlungen nicht in dem Gebiete des Staates begangen sind, in welchem das ersuchende Gericht sich befindet.

§. 23.

Die Bestimmungen der §§. 21 und 22 finden auch dann Anwendung, wenn die Person, deren Auslieferung verlangt wird, dem Staate angehört, dessen Gericht um die Auslieferung ersucht ist.

§. 24.

Die Auslieferung findet nicht statt, wenn in Ansehung der strafbaren Handlung in dem Staate, welchem das ersuchte Gericht angehört, ein Gerichtsstand begründet und das Strafverfahren früher anhängig geworden ist, als in dem Staate, welchem das ersuchende Gericht angehört.

Befindet sich die Person, deren Auslieferung verlangt wird, in dem Staate, welchem das ersuchte Gericht angehört, wegen einer anderen strafbaren Handlung in Untersuchung oder in Strafhaft, so kann die Auslieferung bis nach Erledigung der Untersuchung oder der Strafhaft abgelehnt werden.

§. 25.

Bis zum Erlasse eines gemeinsamen Strafgesetzbuchs für den Norddeutschen Bund findet die Auslieferung auch dann nicht statt, wenn

1) die Handlung ein politisches Verbrechen oder Vergehen, oder mittelst der Presse verübt worden ist, oder

2) sie nicht mit Strafe bedroht oder in Betreff ihrer die Strafverfolgung oder die Strafvollstreckung durch Verjährung ausgeschlossen ist, oder

3) die Handlung nach den Gesetzen des Staates, welchem das ersuchende Gericht angehört, mit Todesstrafe oder mit körperlicher Züchtigung bedroht ist, während die Anwendung dieser Strafen nach den Gesetzen des Staates, welchem das ersuchte Gericht angehört, nicht zulässig ist.

Ob einer der Fälle unter 1 oder 2 vorhanden, ist nach den Gesetzen des Bundesstaates, in dessen Gebiete der Beschuldigte oder Verurtheilte sich befindet, zu beurtheilen, und bei dieser Beurtheilung die Handlung als im Gebiete dieses Staates verübt anzusehen.

§. 26.

Die Auslieferung kann auch in den, im vorigen Paragraphen bezeichneten Fällen, und zwar sowohl zum Zwecke der Untersuchung, als auch zu dem der Strafvollstreckung, nicht abgelehnt werden, wenn während des Aufenthalts in dem Staate, welchem das ersuchende Gericht angehört, dem Angeschuldigten der Beschluß oder die Verfügung, durch welche die Untersuchung gegen ihn eröffnet worden ist, persönlich zugestellt oder er als Angeschuldigter über die That verhört oder zum Zwecke der Einleitung der Untersuchung in Haft genommen war.

§. 27.

Wenn in Gemäßheit der Bestimmungen in §. 25 Nr. 1 und 3 eine Auslieferung nicht stattfindet, so ist der Angeschuldigte in dem Staate, in dessen Gebiete er sich befindet, und zwar, falls nach den Gesetzen dieses Staates ein anderer Gerichtsstand nicht begründet ist, von dem Gerichte, in dessen Bezirke er sich aufhält, wegen der ihm zur Last gelegten Handlung zur Untersuchung zu ziehen. Es wird jedoch hierzu in den Fällen des §. 25 Nr. 1 noch der An-trag der zuständigen Behörde des Staates, in dessen Gebiete die Handlung verübt worden, vorausgesetzt.

Bei der Untersuchung und der Aburtheilung ist die Handlung so anzu-sehen, als ob sie in dem Gebiete des Bundesstaates, welchem das untersuchende Gericht angehört, verübt worden. Sollte jedoch die Handlung in den Gesetzen des Staates, in dessen Gebiete sie verübt worden, mit einer geringeren Strafe bedroht sein, so sind bei der Aburtheilung diese Gesetze zur Anwendung zu bringen.

§. 28.

Dem Ersuchen um Auslieferung ist eine Ausfertigung des gegen den Aus-zuliefernden erlassenen gerichtlichen Verhaftsbefehls oder des gegen ihn ergangenen rechtskräftigen Strafurtheils beizufügen.

In dem Verhaftsbefehle ist die Beschuldigung und das auf sie anzuwen-dende Strafgesetz genau zu bezeichnen, insbesondere Zeit und Ort der That an-zugeben.

§. 29.

In dringenden Fällen kann, unter Vorbehalt unverzüglicher Nachbringung eines vorschriftsmäßigen Auslieferungsantrages, die einstweilige Verhaftung des Auszuliefernden auf dem kürzesten, selbst auf telegraphischem Wege erwirkt werden.

§. 30.

Die Sicherheitsbeamten eines Bundesstaates, insbesondere die Gendarmen sind ermächtigt, die einer strafbaren Handlung verdächtigen Personen unmittelbar nach verübter That, oder unmittelbar nachdem dieselben betroffen worden sind, im Wege der Nacheile bis in benachbarte Staatsgebiete zu verfolgen und daselbst festzunehmen. Der Festgenommene ist unverzüglich an die nächste Gerichts- oder Polizeibehörde des Bundesstaates, in welchem er ergriffen wurde, abzuliefern.

Zur selbstständigen Vornahme von Haussuchungen sind Sicherheitsbeamte des anderen Bundesstaates nicht befugt.

§. 31.

Bei Auslieferung der Person sind zugleich die zum Beweise der strafbaren Handlung dienlichen Gegenstände, vorbehaltlich der Rechte dritter Personen, zu übergeben.

§. 32.

Jeder Bundesstaat ist verpflichtet, die Durchführung von Personen und Gegenständen durch sein Staatsgebiet zum Behuf der Ueberlieferung an einen anderen Bundesstaat zu gestatten.

§. 33.

Zur Vollstreckung eines in einem Bundesstaate erlassenen Strafurtheils sind die Gerichte eines anderen Bundesstaates nur dann verpflichtet, wenn die strafbare Handlung, wegen welcher die Strafe erkannt ist, im Gebiete des Bundesstaates, in welchem sich das ersuchende Gericht befindet, verübt ist (§§. 21, 22), und wenn außerdem die Strafe entweder nur in das Vermögen des Verurtheilten zu vollstrecken ist oder in einer Freiheitsstrafe besteht, welche die Dauer von sechs Wochen nicht übersteigt.

Ist die Verpflichtung zur Vollstreckung einer Freiheitsstrafe begründet, so findet die Auslieferung zum Zwecke der Strafvollstreckung nicht statt.

Dem Ersuchen um Vollstreckung ist eine Ausfertigung des rechtskräftigen Strafurtheils beizufügen.

§. 34.

Im Falle der Auslieferung darf die Untersuchung oder Strafvollstreckung auf andere Handlungen oder Strafen, als diejenigen, wegen welcher die Auslieferung erfolgt war, nicht erstreckt werden.

Die vorstehende Bestimmung findet auf die von dem Ausgelieferten nach der Auslieferung im Gebiete des Staates, welchem das ersuchende Gericht angehört, verübten strafbaren Handlungen keine Anwendung.

§. 35.

Ist gegen eine Person von den Gerichten eines Bundesstaates wegen einer in diesem Staate begangenen strafbaren Handlung die Untersuchung eingeleitet, so findet, sofern die Verpflichtung zur Auslieferung durch die Bestimmungen der §§. 24 bis 26 nicht ausgeschlossen war, gegen diese Person in einem anderen Staate wegen derselben strafbaren Handlung eine Untersuchung nicht statt.

§. 36.

Insoweit nach den Vorschriften der Landesgesetze die Requisitionen um Rechtshülfe in Strafsachen zu dem Geschäftskreise der Staatsanwaltschaft gehören, finden in Ansehung der von den Bundesstaaten gegenseitig zu gewährenden Rechtshülfe die Vorschriften, welche für die von den Gerichten erlassenen oder an diese gerichteten Requisitionen gelten, auch auf die von der Staatsanwaltschaft erlassenen oder an dieselbe gerichteten Requisitionen Anwendung. Eine Verhaftung, Haussuchung, Beschlagnahme, Auslieferung oder Strafvollstreckung kann jedoch bei einem Gerichte nur auf Grund eines gerichtlichen Beschlusses verlangt werden und nur auf Grund eines solchen Beschlusses erfolgen.

Dritter Abschnitt.
Allgemeine Bestimmungen.

§. 37.

Die Rechtshülfe findet nicht statt, wenn die Vornahme der beantragten Handlung nicht zu dem Geschäftskreise des ersuchten Gerichts gehört, oder wenn eine Handlung des Gerichts, einer Partei oder eines Dritten beantragt wird, deren Vornahme nach dem für dieses Gericht geltenden Rechte verboten ist.

§. 38.

Ueber die Zulässigkeit der nach diesem Gesetze zu leistenden Rechtshülfe und über die Rechtmäßigkeit der Verweigerung derselben wird ausschließlich von den Gerichten des Staates, welchem das ersuchte Gericht angehört, im geordneten Instanzenzuge entschieden.

§. 39.

Bei Anwendung der Civil- und Strafprozeßgesetze, welche Vorschriften zum Nachtheile der Ausländer enthalten, sowie der Gesetze, welche sich auf den Konkurs über das Vermögen der Ausländer beziehen, ist jeder Norddeutsche als Inländer anzusehen.

Insoweit nach Vorschrift der Prozeßgesetze Zustellungen an Personen, welche im Auslande wohnen oder sich aufhalten, an die Staatsanwaltschaft mit derselben Wirkung, wie an diese Personen selbst, erfolgen, ist das Bundesgebiet als Ausland nicht anzusehen.

§. 40.

Jeder Norddeutsche ist verpflichtet, auf Anordnung des Civil- oder Strafgerichts vor demselben zum Zwecke seiner Vernehmung als Zeuge zu erscheinen, auch wenn er einem anderen Bundesstaate angehört. Diese Vorschrift findet keine Anwendung auf Personen, welche nach dem am Wohnsitze derselben geltenden Rechte nicht verbunden sind, persönlich vor Gericht zu erscheinen oder in der betreffenden Sache Zeugniß abzulegen.

Gehört der Zeuge einem anderen Bundesstaate an, so ist seine Vorladung bei dem Gerichte seines Wohnsitzes zu beantragen. In diesem Falle ist der Zeuge befugt, die Zahlung der Entschädigung für Zeitversäumniß und Reisekosten nach der in dem einen oder dem anderen dieser Staaten geltenden Taxordnung zu fordern. Die Zahlung ist dem Zeugen auf Verlangen vorschußweise zu leisten.

§. 41.

Die Injuriensachen, welche im Wege des Civilprozesses verhandelt werden, gelten in Ansehung der Gewährung der Rechtshülfe als bürgerliche Rechtsstreitigkeiten. Soweit jedoch eine Strafe zu vollstrecken ist, kommen die Vorschriften des §. 33 zur Anwendung.

§. 42.

Ist von dem Strafrichter auf Civilentschädigung erkannt, so bestimmt sich die Gewährung der Rechtshülfe für die Vollstreckung des Erkenntnisses nach den Vorschriften über die Vollstreckung der in bürgerlichen Rechtsstreitigkeiten erlassenen Erkenntnisse.

§. 43.

Die Kosten der Rechtshülfe sind von der ersuchenden Behörde zu bezahlen. Wenn eine zahlungspflichtige Partei nicht vorhanden, oder wenn die zahlungspflichtige Partei unvermögend ist, so wird die Rechtshülfe kosten- und gebührenfrei geleistet. Es sind jedoch die baaren Auslagen, welche durch eine Auslieferung oder durch eine Strafvollstreckung entstehen, der ersuchten Behörde zu erstatten.

§. 44.

Wird ein Gesuch um Rechtshülfe an eine nicht zuständige Behörde gerichtet, so hat diese das Gesuch an die zuständige Behörde abzugeben.

§. 45.

Die Bestimmungen dieses Gesetzes finden auch auf bereits anhängige Sachen unter folgenden Beschränkungen Anwendung:

1) die Vollstreckung eines Civil- oder Straferkenntnisses, welches in einem Bundesstaate vor dem Zeitpunkte, in welchem dieses Gesetz in Kraft tritt, im Wege des Kontumazialverfahrens ergangen ist, findet in einem anderen Bundesstaate auf Grund dieses Gesetzes nicht statt;

2) die Bestimmungen der §§. 13 bis 18 finden keine Anwendung, wenn der Konkurs vor dem Zeitpunkte eröffnet ist, in welchem dieses Gesetz in Kraft tritt.

§. 46.

Die zwischen einzelnen Bundesstaaten über Leistung der Rechtshülfe abgeschlossenen Verträge bleiben insoweit in Kraft, als sie mit gegenwärtigem Gesetze nicht im Widerspruche stehen.

Urkundlich unter Unserer Höchsteigenhändigen Unterschrift und beigedrucktem Bundes-Insiegel.

Gegeben Berlin, den 21. Juni 1869.

(L. S.)   Wilhelm.

Gr. v. Bismarck-Schönhausen.

(Nr. 34.) Gesetz, betreffend die Einführung des Gesetzes und der Verordnungen über die Amtskautionen der Reichsbeamten in Elsaß-Lothringen. Vom 11. Dezember 1871.

Wir Wilhelm, von Gottes Gnaden Deutscher Kaiser, König von Preußen 2c.

verordnen im Namen des Deutschen Reichs, nach erfolgter Zustimmung des Bundesraths, für Elsaß-Lothringen was folgt:

Einziger Artikel.

Das anliegende Gesetz, betreffend die Kautionen der Reichsbeamten, vom 2. Juni 1869, sowie die anliegenden Verordnungen, betreffend die Kautionen der Reichsbeamten, vom 29. Juni 1869, vom 5. Juli 1871 und vom 14. Juli 1871 werden in Elsaß-Lothringen eingeführt.

Urkundlich unter Unserer Höchsteigenhändigen Unterschrift und beigedrucktem Kaiserlichen Insiegel.

Gegeben Berlin, den 11. Dezember 1871.

(L. S.)   Wilhelm.

Fürst v. Bismarck.

Gesetz,
betreffend die Kautionen der Bundesbeamten.
Vom 2. Juni 1869.

Wir Wilhelm, von Gottes Gnaden König von Preußen 2c.

verordnen im Namen des Norddeutschen Bundes, nach erfolgter Zustimmung des Bundesrathes und des Reichstages, was folgt:

§. 1.

Bundesbeamter im Sinne dieses Gesetzes ist jeder Beamte, welcher entweder vom Bundespräsidium angestellt, oder nach Vorschrift der Bundesverfassung den Anordnungen des Bundespräsidiums Folge zu leisten verpflichtet ist.

Auf Personen des Soldatenstandes findet dies Gesetz keine Anwendung.

§. 2.

Beamte, welchen die Verwaltung einer dem Bunde gehörigen Kasse oder eines dem Bunde gehörigen Magazins, oder die Annahme, die Aufbewahrung oder der Transport von, dem Bunde gehörigen oder ihm anvertrauten Geldern oder geldwerthen Gegenständen obliegt, haben dem Bunde für ihr Dienstver-hältniß Kaution zu leisten.

§. 3.

Die Klassen der zur Kautionsleistung zu verpflichtenden Beamten und die nach Maßgabe der verschiedenen Dienststellungen zu regelnde Höhe der von ihnen zu leistenden Amtskautionen werden durch eine vom Bundespräsidium im Ein-vernehmen mit dem Bundesrathe zu erlassende Verordnung bestimmt.

§. 4.

Die Amtskaution ist durch den kautionspflichtigen Beamten zu bestellen. Die Bestellung derselben durch eine andere Person ist zulässig, sofern dem Bunde an der Kaution dieselben Rechte gesichert werden, welche ihm an einer durch den Beamten selbst gestellten Kaution zugestanden haben würden.

§. 5.

Die Amtskautionen sind durch Verpfändung von auf den Inhaber lau-tenden Obligationen über Schulden des Bundes oder eines einzelnen Bundes-staates nach deren Nennwerthe zu leisten.

Die Verpfändung erfolgt durch Uebergabe zum Faustpfande.

§. 6.

Die Kautionen sind bei denjenigen Kassen, welche zur Aufbewahrung der-selben von der obersten Präsidial-Behörde bestimmt werden, niederzulegen. Die Niederlegung der Werthpapiere erfolgt einschließlich des dazu gehörigen Talons, beziehungsweise desjenigen Zinsscheins, an dessen Inhaber die neue Zinsschein-Serie ausgereicht wird.

Die faustpfändlichen Rechte an den niedergelegten Werthpapieren sind mit voller rechtlicher Wirkung erworben, sobald der Empfangsschein über die Nieder-legung ertheilt ist.

Die Zinsscheine für einen vier Jahre nicht übersteigenden Zeitraum werden dem Kautionsbesteller belassen, beziehungsweise nach Ablauf dieses Zeitraums oder nach Ausreichung neuer Zinsscheine verabfolgt. Die Einziehung der neuen Zins-scheine erfolgt durch die Kasse. Letztere hat nicht die Verpflichtung, die Aus-loosung der niedergelegten Werthpapiere zu überwachen.

§. 7.

Die Bestellung der Amtskaution ist vor der Einführung des Beamten in das kautionspflichtige Amt zu bewirken.

In welchen Fällen die vorgesetzte Dienstbehörde ermächtigt ist, dem Beamten die nachträgliche, durch Ansammlung von Gehaltsabzügen zu bewirkende Beschaffung der Kaution ausnahmsweise zu gestatten, und in welcher Art dann die Ansammlung zu erfolgen hat, wird durch die im §. 3 erwähnte Präsidial-Verordnung bestimmt.

§. 8.

Verwaltet ein Beamter gleichzeitig mehrere kautionspflichtige Bundesämter, so genügt die Bestellung einer Kaution zu dem für eines dieser Aemter vorgeschriebenen Betrage. Sind die für die einzelnen Aemter vorgeschriebenen Kautionssätze verschieden, so ist die Kaution nach dem höchsten Satze zu leisten.

§. 9.

Verwaltet ein kautionspflichtiger Bundesbeamter gleichzeitig ein kautionspflichtiges Amt im Dienste eines Bundesstaates, so kann die für letzteres Amt bestellte Kaution, soweit sie den Bestimmungen dieses Gesetzes entspricht, mit Zustimmung der zuständigen Behörde des Bundesstaates und nach vorgängiger Vereinbarung darüber, wie viel von dem Gesammtbetrage der Kaution auf jedes der beiden Aemter zu rechnen ist, zugleich für das kautionspflichtige Bundes-Dienstverhältniß angenommen werden.

§. 10.

Die Amtskaution haftet dem Bunde für alle von dem kautionspflichtigen Beamten aus seiner Amtsführung zu vertretenden Schäden und Mängel an Kapital und Zinsen, sowie an gerichtlichen und außergerichtlichen Kosten der Ermittelung des Schadens.

§. 11.

Steht eine der nach §. 10 aus der Kaution zu deckenden Forderungen zur Exekution, so ist die dem kautionspflichtigen Beamten vorgesetzte Dienstbehörde ohne Weiteres berechtigt, die verpfändeten Werthpapiere bis auf Höhe der Forderung an einer innerhalb des Bundesgebietes belegenen, von ihr zu bestimmenden Börse außergerichtlich verkaufen zu lassen. Der Kautionsbesteller ist in solchem Falle zur Ausantwortung der ihm belassenen noch nicht fälligen Zinsscheine (§. 6) verpflichtet. Ist diese Ausantwortung von ihm nicht zu erlangen, so kann er zur Erlegung des Geldwerths der von ihm zurückbehaltenen Zinsscheine in dem für die Beitreibung öffentlicher Abgaben vorgeschriebenen Verfahren zwangsweise angehalten werden.

Der Bund ist nicht verpflichtet, im Falle des Konkurses die verpfändeten Werthpapiere in die Konkursmasse einzuliefern.

§. 12.

Dem Bunde stehen dem kautionspflichtigen Bundesbeamten gegenüber alle Rechte zu, welche an dem Orte, wo der Beamte innerhalb des Bundesgebiets seinen dienstlichen Wohnsitz hat oder zuletzt gehabt hat, kraft der dort geltenden Landesgesetzgebung der Landesregierung den kautionspflichtigen Beamten gegenüber beigelegt sind.

Liegt der betreffende Ort im Bundesauslande, so sind für die vorstehend erwähnten Rechte diejenigen Bestimmungen maßgebend, welche in Anwendung gekommen wären, wenn der Beamte seinen dienstlichen Wohnsitz in Berlin gehabt hätte.

§. 13.

Nach Beendigung des kautionspflichtigen Dienstverhältnisses wird, sobald amtlich festgestellt ist, daß aus demselben Vertretungen nicht mehr zu leisten sind, die Kaution gegen Aushändigung des quittirten Empfangscheins oder, im Falle des Verlustes desselben, des gerichtlichen Amortisations-Dokuments zurückgegeben.

Von der Beibringung des gerichtlichen Amortisations-Dokuments kann nach dem Ermessen der dem kautionspflichtigen Beamten vorgesetzten Dienstbehörde abgesehen werden.

§. 14.

Diejenigen Kautionen, welche vor dem Erlasse der im §. 3 erwähnten Verordnung von den durch letztere für kautionspflichtig erklärten Beamten entweder dem Bunde oder für ein auf den Bund übergegangenes Dienstverhältniß der Regierung eines Bundesstaates gestellt sind, haften vom Zeitpunkte des Erlasses jener Verordnung ab dem Bunde in dem durch die Bestimmungen dieses Gesetzes bezeichneten Umfange.

§. 15.

Die dem Bunde vor dem Erlasse der im §. 3 erwähnten Verordnung gestellten Amtskautionen solcher Beamten, welche nach Inhalt jener Verordnung zur Kautionsleistung entweder überhaupt nicht, oder nur bis zu einer geringeren Höhe verpflichtet sind, werden zurückgegeben, beziehungsweise auf den in der Verordnung bestimmten Betrag ermäßigt.

§. 16.

Bundesbeamte, welche zur Zeit des Erlasses der im §. 3 erwähnten Verordnung in einem Dienstverhältnisse stehen, für welches es der Kautionsleistung nach den bis dahin geltenden Vorschriften entweder überhaupt nicht, oder nur in einer geringeren Höhe, oder in einer anderen als der in diesem Gesetze vorgeschriebenen Art bedurfte, können, so lange sie in derselben dienstlichen Stellung ohne Gehaltserhöhung verbleiben, wider ihren Willen nicht dazu angehalten werden, nach Maßgabe der Bestimmungen dieses Gesetzes und der Verordnung (§. 3) eine Kaution zu stellen oder die gestellte Kaution zu erhöhen, beziehungsweise durch eine den Vorschriften dieses Gesetzes entsprechende Kaution zu ersetzen. Inwieweit ein solcher Beamter bei eintretender Gehaltserhöhung verpflichtet ist, den Mehrbetrag des Gehalts ganz oder zum Theil zur Ansammlung der Kaution zu verwenden, wird durch die im §. 3 erwähnte Präsidial-Verordnung bestimmt.

§. 17.

Die vor dem Erlasse der im §. 3 erwähnten Verordnung gestellten Amtskautionen, welche den Vorschriften dieses Gesetzes nicht entsprechen, werden, sobald sie durch anderweite Kautionen ersetzt sind, zurückgegeben.

Urkundlich unter Unserer Höchsteigenhändigen Unterschrift und beigedrucktem Bundes-Insiegel.

Gegeben Schloß Babelsberg, den 2. Juni 1869.

(L. S.) **Wilhelm.**

Gr. v. Bismarck-Schönhausen.

Verordnung,

betreffend die Kautionen der bei den Verwaltungen der Post, der Telegraphen und des Eichungswesens angestellten Beamten.

Vom 29. Juni 1869.

———

Wir Wilhelm, von Gottes Gnaden König von Preußen rc.
verordnen auf Grund der §§. 3, 7 und 16 des Gesetzes vom 2. Juni d. J., betreffend die Kautionen der Bundesbeamten (Bundesgesetzbl. S. 161), nach Einvernehmen mit dem Bundesrathe, im Namen des Norddeutschen Bundes, was folgt:

Artikel 1.

Zur Kautionsleistung sind die nachstehenden Beamtenklassen verpflichtet:

I. Im Bereiche der Postverwaltung:

a) die bei den Ober-Postkassen und den Postanstalten angestellten oder beschäftigten Beamten, Unterbeamten und kontraktlichen Diener, mit alleiniger Ausnahme der Orts-Postkassenkontroleure;

b) Rendant, Kontroleur, Kassirer des Zeitungs-Debitskomtoirs in Berlin und diejenigen bei demselben angestellten Beamten und Unterbeamten, welche mit der Kassenführung und der Ausgabe der Zeitungen, sowie mit der Verwaltung des Materials betraut sind;

c) der Vorsteher des Post-Montirungsdepots in Berlin;

d) Führer von Postdampfschiffen.

II. Im Bereiche der Telegraphenverwaltung:

a) diejenigen Telegraphen-Inspektoren, Telegraphen-Direktionssekretaire, Telegraphensekretaire, Obertelegraphisten und Telegraphisten, welche Stationsvorsteher sind, eine Kasse führen oder Materialien verwalten;

b) die sonstigen Verwalter von Telegraphenstationen, sofern sie nicht etwa als Postbeamte bereits Kaution geleistet haben;

c) diejenigen Unterbeamten, welchen die Annahme, die Aufbewahrung oder der Transport von Geld oder Materialien obliegt.

III. Im Bereiche der Verwaltung des Eichungswesens:

der Rendant der Kasse der Normal-Eichungskommission.

Artifel 2.

Die Höhe der von den vorbezeichneten Beamtenklaſſen zu leiſtenden Kautionen beträgt:

I. Im Bereiche der Poſtverwaltung:

1) für den Rendanten des Zeitungs-Debitskomtoirs in Berlin und die
   Rendanten der Ober-Poſtkaſſen................. 3000 Rthlr.,

2) für Kontroleur und Kaſſirer des Zeitungs-Debitskomtoirs in Berlin, für Kaſſirer von Ober-Poſtkaſſen, den Vorſteher des Poſt-Montirungsdepots
   und Führer von Poſtdampfſchiffen .... 1000 ,

3) für Buchhalter von Ober-Poſtkaſſen .... 800 ,

4) für Hülfsbuchhalter von Ober-Poſtkaſſen .... 600 ,

5) für Vorſteher von Poſt- oder Eiſenbahn-Poſt-
   ämtern von größerem Umfange .... 3000 ,

6) für Vorſteher von Poſt- oder Eiſenbahn-Poſt-
   ämtern von mittlerem Umfange .... 1000 ,

7) für Vorſteher von Poſtämtern geringeren Umfangs   600 ,

8) für Expektanten aus der Zahl verſorgungsberechtigter
   Offiziere auf Anſtellung als Poſtamtsvorſteher während des Vorbereitungs- und Probedienſtes .... 300 ,

9) für Vorſteher von Poſtexpeditionen I. Klaſſe ...... 400 ,

10) für Vorſteher von Poſtexpeditionen II. Klaſſe bis .. 300 ,

11) für Ober-Poſtſekretaire und Poſtſekretaire .... 500 ,

12) für Poſtaſſiſtenten und Poſteleven .... 300 ,

13) für Poſtexpedienten und Poſtexpedienten-Anwärter .. 300 ,

14) für Poſtexpeditionsgehülfen .... 100 ,

15) für Poſt-Unterbeamte und kontraktliche Diener bis 200 ,

II. Im Bereiche der Telegraphenverwaltung:

1) für Telegraphen-Inſpektoren .... 500 bis 1000 Rthlr.,

2) für Telegraphen-Direktionsſekretaire und
   Telegraphenſekretaire.................. 300 , 500 ,

3) für Ober-Telegraphiſten und Telegraphiſten. 200 Rthlr.,

4) für Stationsverwalter, welche gemäß Artikel 1.
   sub II. Littr. b. kautionspflichtig ſind, bis 100 ,

5) für Unterbeamte................. 100 ,

III. Im Bereiche der Verwaltung des Eichungsweſens:

für den Rendanten der Kaſſe der Normal-Eichungs-
kommiſſion .... 1600 Rthlr.

Artikel 3.

Die Eintheilung der Post- und Eisenbahn-Post-Aemter (Artikel 2 sub I Nr. 5 bis 7), sowie die Bestimmung der Höhe der von den Vorstehern der Postexpeditionen II. Klasse und von den Post-Unterbeamten und kontraktlichen Dienern zu bestellenden Kautionen innerhalb der im Artikel 2 sub I Nr. 10 und 15 bezeichneten Grenzen erfolgt durch das General-Postamt des Norddeutschen Bundes. Die Höhe der von Telegraphen-Inspektoren, Telegraphen-Direktions-sekretairen, Telegraphensekretairen und Stationsverwaltern zu bestellenden Kautionen wird innerhalb der im Artikel 2 sub II Nr. 1, 2 und 4 bezeichneten Grenzen durch die General-Direktion der Telegraphen des Norddeutschen Bundes bestimmt.

Artikel 4.

Unterbeamten und kontraktlichen Dienern, welche die Kaution auf einmal zu beschaffen außer Stande sind, kann von der vorgesetzten Dienstbehörde aus-nahmsweise gestattet werden, die Beschaffung der Kaution nachträglich durch An-sammlung von Gehaltsabzügen im Betrage von Einem bis zu drei Thalern monatlich zu bewirken.

Soweit einzelnen Beamten vor dem Erlasse dieser Verordnung die Be-schaffung der für ihr Dienstverhältniß erforderlichen Kaution durch Ratenzahlun-gen oder Ansammlung von Gehaltsabzügen gestattet ist, bewendet es bei den des-fallsigen Festsetzungen.

Artikel 5.

Beamte, welche in dem im §. 16 Satz 2 des erwähnten Gesetzes bezeich-neten Falle sich befinden, haben den durch die Gehaltserhöhung ihnen zufließen-den Mehrbetrag des Gehalts ganz zur Ansammlung der Kaution zu verwenden. Die oberste Präsidialbehörde ist jedoch ermächtigt, bei Beamten, welche in be-schränkten Vermögensverhältnissen sich befinden, auf deren Antrag die Ermäßig-ung der Gehaltsabzüge bis auf die Hälfte des Betrages der Gehaltserhöhung zu gestatten.

Artikel 6.

Die Ansammlung und Aufbewahrung der Gehaltsabzüge (Artikel 4 und 5) geschieht bei derjenigen Kasse, welcher die Aufbewahrung der vollen Kaution obliegt.

Urkundlich unter Unserer Höchsteigenhändigen Unterschrift und beigedrucktem Bundes-Insiegel.

Gegeben Schloß Babelsberg, den 29. Juni 1869.

(L. S.) Wilhelm.

Gr. v. Bismarck-Schönhausen.

Verordnung,

betreffend die Kautionen der bei der Militair- und der Marine-
verwaltung angestellten Beamten.

Vom 5. Juli 1871.

Wir Wilhelm, von Gottes Gnaden Deutscher Kaiser, König
von Preußen ꝛc.

verordnen auf Grund der §§. 3, 7 und 16 des Gesetzes vom 2. Juni v. J.,
betreffend die Kautionen der Bundesbeamten (Bundesgesetzbl. S. 161), nach
Einvernehmen mit dem Bundesrathe, im Namen des Deutschen Reichs, was folgt:

Artikel 1.

Zur Kautionsleistung sind die nachstehenden Beamtenklassen verpflichtet.

I. Im Bereiche der Militairverwaltung.

**A. Bei den Friedensverwaltungen und den immobilen Ver-
waltungen während des mobilen Zustandes der Armee,
und zwar:**

1) General-Militair-, General-Kriegs- und Militair-Pensionskasse:
   a) General-Militair- und General-Kriegskasse:
      die Rendanten, Ober-Buchhalter, Kassirer und Kassendiener;
   b) Militair-Pensionskasse:
      Rendant und Kontroleur;
   c) Kriegs-Zahlamt, einschließlich Militair-Pensionsstelle
      (Königreich Sachsen):
      Rendant (Kriegs-Zahlmeister);
2) bei den Militair-Magazinverwaltungen:
      die Proviantmeister, Reserve-Magazin-Rendanten, Depot-Magazin-
      Verwalter, Kontroleure und Backmeister;
3) bei den Montirungs-Depots:
      die Rendanten und Kontroleure;
4) bei den Garnisonverwaltungen:
      die Garnison-Verwaltungs-Direktoren, die Garnison-Verwaltungs-
      Ober-Inspektoren, die Garnison-Verwaltungs-Inspektoren und die
      Kasernen-Inspektoren;

5) bei den Lazarethverwaltungen:

   die Ober-Lazareth-Inspektoren und Lazareth-Inspektoren;

6) bei dem medizinisch-chirurgischen Friedrich-Wilhelms-Institut:

   der Rendant;

7) bei den Remonte-Depots:

   die Remonte-Depot-Administratoren, die interimistischen Vorstände der Remonte-Depots;

8) bei den Invaliden-Instituten:

   die Rendanten der Invalidenhäuser in Berlin und in Stolp, der Inspektor des Lazareths im Invalidenhause zu Berlin;

9) bei den technischen Instituten der Artillerie:

   die Rendanten der Artillerie-Werkstätten und Pulverfabriken, die Materialien- und Fabrikatenverwalter bei den Artillerie-Werkstätten;

10) bei den Militair-Erziehungs- und Bildungs-Anstalten:

    a) Kadettenhäuser:

       die Rendanten, außerdem

       bei dem Kadettenhause zu Berlin:

       Verwalter, Rechnungsführer bei der Bekleidungskommission und Kassenbiener;

       bei den übrigen Kadettenhäusern:

       die Hausverwalter und die Verwalter;

    b) Knaben-Erziehungs-Institut zu Annaburg:

       Rendant und Inspektoren;

    c) Soldatenkinderhaus zu Stralsund:

       der Rendant;

    d) Erziehungs-Anstalt zu Kleinstruppen (Königreich Sachsen):

       Inspektor;

    e) Garnisonschule zu Potsdam:

       der Rektor als Rendant;

    f) Kriegs-Akademie:

       der Rendant;

11) Beamte, welchen die Verwaltung einer Kasse als Nebenamt gegen Vergütung übertragen ist.

B. Bei den Feld-Verwaltungen,
und zwar:

1) bei den Feld-Kriegskassen:

   Kriegszahlmeister, Kassirer, Buchhalter und Kassenbiener;

2) bei ben Feld-Proviant-Aemtern:

Feld-Ober-Proviantmeifter, Feld-Proviantmeifter, Feld-Magazin-Rendanten, Feld-Magazin-Kontroleure, Feld-Backmeifter;

3) bei ben Feldlazarethen:

Feldlazareth-Infpettoren, Feldlazareth-Rendanten.

II. Im Bereiche ber Marineverwaltung.

Marine-Rendanten, Garnifon-Verwaltungsbeamte in ben vorftehenb unter I A. Nr. 4 bezeichneten Stellungen, Lazareth-Infpektoren, Marine-Kontroleure, Verwalter bes Schiffslazareth-Depots zu Kiel, Kaffenbiener.

Artikel 2.

Die Höhe ber von ben vorbezeichneten Beamtenklaffen zu leiftenben Kautionen beträgt:

I. Im Bereiche ber Militairverwaltung.

A. Bei ben Friedensverwaltungen unb ben immobilen Verwaltungen während bes mobilen Zuftanbes ber Armee:

1) General-Militair-, General-Kriegs- unb Militair-Penfions-kaffe:

a) General-Militair- unb General-Kriegskaffe:

aa) für bie Rendanten 6000 Thaler,

bb) für bie Ober-Buchhalter unb Kaffirer
ein einjähriges Dienfteinkommen,

cc) für bie Kaffenbiener
ein halbjähriges Dienfteinkommen;

b) Militair-Penfionskaffe:

aa) für ben Rendanten 3000 Thaler,

bb) für ben Kontroleur
ein einjähriges Dienfteinkommen;

c) Kriegs-Zablamt einfchließlich Militair-Penfionszahl-ftelle (Königreich Sachfen):
für ben Rendanten (Kriegszahlmeifter) 3000 Thaler;

2) Militair-Magazinverwaltungen:

a) für Proviantmeifter mit einem jährlichen Dienfteinkommen von 900 Thalern unb barüber 3000 Thaler,

b) für Proviantmeifter mit einem jährlichen Dienfteinkommen von weniger als 900 Thalern, fowie für bie Referve-Magazin-Rendanten unb Depot-Magazinverwalter
ein zweijähriges Dienfteinkommen,

c) für bie Kontroleure unb Backmeifter
ein einjähriges Dienfteinkommen;

3) Montirungs-Depots:

   a) für die Rendanten mit einem jährlichen Diensteinkommen von 900 Thalern und darüber 3000 Thaler,

   b) für die Rendanten mit einem jährlichen Diensteinkommen von weniger als 900 Thalern
     ein zweijähriges Diensteinkommen,

   c) für die Kontroleure
     ein einjähriges Diensteinkommen;

4) Garnisonverwaltungen:

   a) für Garnison-Verwaltungsbeamte in selbstständigen Stellungen mit einem jährlichen Diensteinkommen von 900 Thalern und darüber 3000 Thaler,
     mit einem jährlichen Diensteinkommen von weniger als 900 Thalern ein zweijähriges Diensteinkommen,

   b) für Garnison-Verwaltungsbeamte in nicht selbstständigen Stellungen
     ein einjähriges Diensteinkommen;

5) Lazareth-Verwaltungen:

   . für die Ober-Lazareth-Inspektoren und die Lazareth-Inspektoren
     ein einjähriges Diensteinkommen;

6) Medizinisch-chirurgisches Friedrich-Wilhelms-Institut:
   für den Rendanten 3000 Thaler.

7) Remonte-Depots:

   a) für die Remonte-Depot-Administratoren 3000 Thaler,

   b) für die interimistischen Vorstände der Remonte-Depots
     ein zweijähriges Diensteinkommen;

8) Invaliden-Institute:

   a) für die Rendanten des Invalidenhauses in Berlin und in Stolp
     mit einem jährlichen Diensteinkommen von 900 Thalern und darüber 3000 Thaler,
     mit einem jährlichen Diensteinkommen von weniger als 900 Thalern
     ein zweijähriges Diensteinkommen,

   b) für den Inspektor des Lazareths im Invalidenhause in Berlin
     ein einjähriges Diensteinkommen;

9) Technische Institute der Artillerie:

   a) für die Rendanten der Artilleriewerkstätten und Pulverfabriken
     ein zweijähriges Diensteinkommen,

   b) für die Materialien- und Fabrikatenverwalter bei den Artilleriewerkstätten
     ein einjähriges Diensteinkommen;

10) Militair-Erziehungs- und Bildungs-Anstalten:

a) Kadettenhäuser:

aa) für die Rendanten

mit einem jährlichen Diensteinkommen von 900 Thalern und darüber 3000 Thaler,

mit einem jährlichen Diensteinkommen von weniger als 900 Thalern

ein zweijähriges Diensteinkommen;

bb) für sonstige Beamte:

bei dem Kadettenhause in Berlin für die Verwalter, den Rechnungsführer bei der Bekleidungskommission und für den Kassendiener 300 Thaler,

bei den übrigen Kadettenhäusern:

für die Hausverwalter 200 Thaler,

für die Verwalter 150 Thaler;

b) Knaben-Erziehungs-Institut zu Annaburg:

aa) für den Rendanten

mit einem jährlichen Diensteinkommen von 900 Thalern und darüber 3000 Thaler,

mit einem jährlichen Diensteinkommen von weniger als 900 Thalern

ein zweijähriges Diensteinkommen;

bb) für die Inspektoren

ein einjähriges Diensteinkommen;

c) Soldatenkinderhaus in Stralsund:

für den Rendanten

ein einjähriges Diensteinkommen;

d) Erziehungsanstalt zu Kleinstruppen (Königreich Sachsen):

für den Inspektor ein einjähriges Diensteinkommen;

e) Garnisonschule in Potsdam:

für den Rektor als Rendanten 300 Thaler;

f) Kriegs-Akademie:

für den Rendanten

ein zweijähriges Diensteinkommen;

11) Beamte, welchen die Verwaltung einer Kasse als Nebenamt gegen Vergütung übertragen ist:

den zweijährigen Betrag der Vergütung.

B. Bei den Feldverwaltungen.

1) Feld-Kriegskasse:

a) für den Kriegs-Zahlmeister 3000· Thaler,

b) für den Kassirer und den Buchhalter 1000 Thaler,

c) für den Kassendiener 150 Thaler;

2) Feld-Proviantämter:

a) für den Feld-Oberproviantmeister, für die Feld-Proviantmeister und die Feld-Magazin-Rendanten 1600 Thaler,

b) für die Feld-Magazin-Kontroleure 700 Thaler,

c) für die Feld-Backmeister 350 Thaler;

3) Feldlazarethe:

für die Feldlazareth-Inspektoren und Feldlazareth-Rendanten bei den Feldlazarethen, stehenden Kriegslazarethen und Lazareth-Reservedepots, ein zweijähriges Diensteinkommen.

II. Im Bereiche der Marineverwaltung:

1) Für Marine-Rendanten:

mit einem jährlichen Diensteinkommen

a) von 900 Thalern und darüber 3000 Thaler,

b) unter 900 Thalern

ein zweijähriges Diensteinkommen;

2) für Garnison-Verwaltungsbeamte:

a) in selbstständigen Stellungen mit einem jährlichen Diensteinkommen von 900 Thalern und darüber 3000 Thaler,

mit einem jährlichen Diensteinkommen von weniger als 900 Thalern ein zweijähriges Diensteinkommen;

b) in nicht selbstständigen Stellungen

ein einjähriges Diensteinkommen;

3) für Marinekontroleure und für Lazareth-Inspektoren

ein einjähriges Diensteinkommen;

4) für den Verwalter des Schiffslazareth-Depots in Kiel und für Kassendiener

ein halbjähriges Diensteinkommen.

Artifel 3.

Bei der Anstellung von Beamten, welche die Kaution auf einmal zu beschaffen außer Stande sind, kann demselben von der vorgesetzten Dienstbehörde ausnahmsweise gestattet werden, die Beschaffung der Kaution nachträglich durch Ansammlung von Gehaltsabzügen zu bewirken. Diese Abzüge dürfen bei Unterbeamten und kontraktlichen Dienern nicht weniger als ein bis drei Thaler monatlich, bei anderen Beamten nicht weniger als funfzig Thaler jährlich betragen.

Auf Beamte in Rendanten- oder in Vorstandsstellungen, sowie auf solche Beamte, deren Kaution den einjährigen Betrag ihres Diensteinkommens übersteigt, finden die Bestimmungen dieses Artikels keine Anwendung.

Artifel 4.

Kautionserhöhungen, zu welchen Beamte lediglich in Folge einer mit Beförderung nicht verbundenen Gehaltserhöhung verpflichtet sind, können durch Ansammlung der diese Gehaltsverbesserung bildenden Beträge aufgebracht werden.

Artifel 5.

Soweit einzelnen Beamten vor dem Erlasse dieser Verordnung die Beschaffung der für ihr Dienstverhältniß erforderlichen Kaution durch Ratenzahlungen oder Ansammlung von Gehaltsabzügen gestattet ist, bewendet es bei den desfallsigen Festsetzungen.

Artifel 6.

Beamte, welche in dem im §. 16 Satz 2 des erwähnten Gesetzes bezeichneten Falle sich befinden, haben den durch die Gehaltserhöhung ihnen zufließenden Mehrbetrag des Gehalts ganz zur Ansammlung der Kaution zu verwenden. Die vorgesetzte Dienstbehörde ist jedoch ermächtigt, bei Beamten, welche in beschränkten Vermögensverhältnissen sich befinden, auf deren Antrag die Ermäßigung der Gehaltsabzüge bis auf die Hälfte des Betrages der Gehaltserhöhung zu gestatten.

Artifel 7.

Die Ansammlung und Aufbewahrung der Gehaltsabzüge (Artikel 3 bis 6) geschieht bei derjenigen Kasse, welcher die Aufbewahrung der vollen Kaution obliegt.

Urkundlich unter Unserer Höchsteigenhändigen Unterschrift und beigedrucktem Kaiserlichen Insiegel.

Gegeben Berlin, den 5. Juli 1871.

(L. S.)   Wilhelm.

Fürst v. Bismarck.

Verordnung,

betreffend die Aenderung einiger in der Verordnung vom 29. Juni 1869
(Bundes-Gesetzbl. S. 285) über die Kautionen der Postbeamten
enthaltenen Bestimmungen.

Vom 14. Juli 1871.

Wir Wilhelm, von Gottes Gnaden Deutscher Kaiser, König
von Preußen re.

verordnen auf Grund der §§. 3 und 7 des Gesetzes vom 2. Juni 1869, betreffend
die Kautionen der Bundesbeamten (Bundesgesetzbl. S. 161), nach Einvernehmen
mit dem Bundesrathe, im Namen des Deutschen Reichs, was folgt:

Artikel 1.

An die Stelle der im Artikel 2 der Verordnung vom 29. Juni 1869
(Bundesgesetzbl. S. 285) unter Ziffer 1 enthaltenen Bestimmung tritt die nachfolgende Vorschrift:

I. Im Bereiche der Postverwaltung:

1) für den Rendanten des Zeitungs-Debitskomtoirs in Berlin und die
Rendanten der Ober-Postkassen........................ 3000 Thlr.,

2) für Kontroleur und Kassirer des Zeitungs-Debitskomtoirs
in Berlin, für Kassirer von Ober-Postkassen, den Vorsteher des Post-Montirungsdepots und Führer von Post-
Dampfschiffen...................................... 1000 »

3) für Buchhalter von Ober-Postkassen und für Postamts-
kassirer... 800 »

4) für Hülfs-Buchhalter von Ober-Postkassen........... 600 »

5) für Vorsteher von Post- oder Eisenbahn-Postämtern von
größerem Umfange.................................. 3000 »

6) für Vorsteher von Post- oder Eisenbahn-Postämtern von
mittlerem Umfange................................. 1000 »

7) für Vorsteher von Postämtern geringen Umfangs...... 600 »

8) für Vorsteher von Postverwaltungen................ 500 »

9) für Expektanten aus der Zahl versorgungsberechtigter Offiziere auf Anstellung als Postamts-Vorsteher während des
Vorbereitungs- und Probedienstes.................... 300 »

10) für Vorsteher von Postexpeditionen bis................ 300 Thlr.

11) für Ober-Postsekretaire und Postsekretaire............ 500 „

12) für Postpraktikanten und Posteleven.................. 300 „

13) für Sekretariats-Assistenten....................... 300 „

14) für Postamts-Assistenten........................... 200 „

15) für Postanwärter und Postgehülfen.................. 100 „

16) für Postagenten.................................... 50 „

17) für Post-Unterbeamte und kontraktliche Diener bis...... 200 „

Artikel 2.

Das General-Postamt wird ermächtigt, Beamten, welche in Folge der eingetretenen Veränderung in den Personalverhältnissen und im Dienstbetriebe der Postverwaltung eine mit Kautionspflicht, beziehentlich mit höherer Kautions-pflicht verbundene Dienststellung erhalten und die für diese Stellung erforderliche Kaution auf einmal zu beschaffen außer Stande sind, die nachträgliche Beschaf-fung der Kaution durch Ansammlung von angemessenen Gehaltsabzügen zu gestatten.

Die Ansammlung und Aufbewahrung dieser Gehaltsabzüge geschieht gemäß Artikel 6 der Verordnung vom 29. Juni 1869 (Bundesgesetzbl. S. 285).

Urkundlich unter Unserer Höchsteigenhändigen Unterschrift und beigedrucktem Kaiserlichen Insiegel.

Gegeben Bad Ems, den 14. Juli 1871.

(**L. S.**)   **Wilhelm.**

Fürst v. Bismarck.

(Nr. 35.) Geſetz, betreffend die Ausgaben der Bergverwaltung in Elſaß-Lothringen. Vom 13. Dezember 1871.

Wir Wilhelm, von Gottes Gnaden Deutſcher Kaiſer, König von Preußen ꝛc.

verordnen im Namen des Deutſchen Reichs, nach erfolgter Zuſtimmung des Bundesrathes, für Elſaß-Lothringen was folgt:

Auf Grund des beiliegenden Etats für das Jahr 1872 werden die fort-dauernden Ausgaben der Bergverwaltung auf 4900 Thaler, die einmaligen Ausgaben auf 500 Thaler feſtgeſtellt.

Urkundlich unter Unſerer Höchſteigenhändigen Unterſchrift und beigedrucktem Kaiſerlichen Inſiegel.

Gegeben Berlin, den 13. Dezember 1871.

(L. S.)　　Wilhelm.

Fürſt v. Bismarck.

Etat
der
Ausgaben der Bergverwaltung in Elſaß-Lothringen
für
das Jahr 1872.

I. Fortdauernde Ausgaben.

1) Beſoldungen	3100	Thlr.
2) Andere perſönliche Ausgaben	300	.
3) Sächliche Verwaltungs-Ausgaben	1500	.
Summe	4900	Thlr.

II. Einmalige Ausgaben.

Zur Herſtellung von Karten	500	.
Summe der geſammten Ausgabe	5400	Thlr.

Berlin, den 13. Dezember 1871.

Wilhelm.

Fürſt v. Bismarck.

Herausgegeben im Reichskanzler-Amte.

Berlin, gedruckt in der Königlichen Geheimen Ober-Hofbuchdruckerei (R. v. Decker).

Gesetzblatt für Elsaß-Lothringen.

№ 23.

(Nr. 36.) Gesetz wegen Einführung des Reichsgesetzes vom 7. April 1869, die Maßregeln gegen die Rinderpest betreffend. Vom 11. Dezember 1871.

Wir Wilhelm, von Gottes Gnaden Deutscher Kaiser, König von Preußen ꝛc.

verordnen im Namen des Deutschen Reichs, nach erfolgter Zustimmung des Bundesrathes, für Elsaß-Lothringen was folgt:

Das anliegende Reichsgesetz vom 7. April 1869, Maßregeln gegen die Rinderpest betreffend, tritt in Elsaß-Lothringen mit dem 1. Januar 1872 in Kraft.

Mit demselben Zeitpunkte treten die Verordnung Unseres General-Gouverneurs vom 3. Oktober 1870 (Amtliche Nachrichten für das General-Gouvernement Elsaß Nr. 8, 1870 Beilage S. 9 ff.), sowie alle denselben Gegenstand betreffenden Vorschriften außer Kraft.

Urkundlich unter Unserer Höchsteigenhändigen Unterschrift und beigedrucktem Kaiserlichen Insiegel.

Gegeben Berlin, den 11. Dezember 1871.

(L. S.) **Wilhelm.**

Fürst v. Bismarck.

Gesetz,

Maßregeln gegen die Rinderpest betreffend.

Vom 7. April 1869.

Wir Wilhelm, von Gottes Gnaden König von Preußen rc.

verordnen im Namen des Norddeutschen Bundes, nach erfolgter Zustimmung des Bundesrathes und des Reichstages, was folgt:

§. 1.

Wenn die Rinderpest (Löserdürre) in einem Bundesstaate oder in einem an das Gebiet des Norddeutschen Bundes angrenzenden oder mit demselben im direkten Verkehr stehenden Lande ausbricht, so sind die zuständigen Verwaltungs-behörden der betreffenden Bundesstaaten verpflichtet und ermächtigt, alle Maß-regeln zu ergreifen, welche geeignet sind, die Einschleppung und beziehentlich die Weiterverbreitung der Seuche zu verhüten und die im Lande selbst ausgebrochene Seuche zu unterdrücken.

§. 2.

Die Maßregeln, auf welche sich die im §. 1 ausgesprochene Verpflichtung und Ermächtigung je nach den Umständen zu erstrecken hat, sind folgende:

1) Beschränkungen und Verbote der Einfuhr, des Transports und des Handels in Bezug auf lebendes oder todtes Rindvieh, Schafe und Ziegen, Häute, Haare und sonstige thierische Rohstoffe in frischem oder trockenem Zustande, Rauchfutter, Streumaterialien, Lumpen, gebrauchte Kleider, Geschirre und Stallgeräthe; endlich Einführung einer Rindvieh-Kontrole im Grenzbezirke;

2) Absperrung einzelner Gehöfte, Ortstheile, Orte, Bezirke, gegen den Ver-kehr mit der Umgebung;

3) Tödtung selbst gesunder Thiere und Vernichtung von giftfangenden Sachen, ingleichen, wenn die Desinfektion nicht als ausreichend befunden wird, von Transportmitteln, Geräthschaften und dergl. im erforderlichen Umfange;

4) Desinfizirung der Gebäude, Transportmittel und sonstigen Gegenstände, sowie der Personen, welche mit seuchekranken oder verdächtigen Thieren in Berührung gekommen sind;

5) Enteignung des Grund und Bodens für die zum Verscharren getödteter Thiere und giftfangender Dinge nöthigen Gruben.

§. 3.

Für die auf Anordnung der Behörde getödteten Thiere, vernichteten Sachen und enteigneten Plätze, sowie für die nach rechtzeitig erfolgter Anzeige des Be-

fihers gefallenen Thiere wird der durch unparteiische Taxatoren festzustellende gemeine Werth aus der Bundeskasse vergütet.

Diese Entschädigung wird jedoch nicht gewährt für solches Vieh, welches
innerhalb zehn Tagen nach erfolgter Einfuhr oder nach Eintrieb über die Bundes-
grenze an der Seuche fällt.

§. 4.

Jeder, der zuverlässige Kunde davon erlangt, daß ein Stück Vieh an der
Rinderpest krank oder gefallen ist oder daß auch nur der Verdacht einer solchen
Krankheit vorliegt, hat ohne Verzug der Ortspolizeibehörde Anzeige davon zu
erstatten. Die Unterlassung schleunigster Anzeige hat für den Viehbesitzer selbst,
welcher sich dieselbe zu Schulden kommen läßt, jedenfalls den Verlust des
Anspruchs auf Entschädigung für die ihm gefallenen oder getödteten Thiere
zur Folge.

§. 5.

Die Einwohner von der Rinderpest betroffener Orte sind verpflichtet, die
Behörden bei Ausführung der polizeilichen Maßregeln entweder selbst oder durch
geeignete Personen zu unterstützen.

§. 6.

Die Eisenbahnverwaltungen sind verpflichtet, so lange noch eine Gefahr
der Einschleppung der Rinderpest von irgend einer Seite her droht oder die
Seuche im Bundesgebiete an irgend einem Orte herrscht, diejenigen Eisenbahnwagen, welche zum Transporte von Rindvieh oder auch, sobald die Wagen solche
sind, welche sich zum Rindviehtransporte eignen, von anderem Vieh gedient haben,
nach jedesmaligem Gebrauch zu desinfiziren. Diese Verpflichtung liegt derjenigen
Verwaltung ob, auf deren Strecke das Ausladen, beziehentlich im Transit die
Ueberschreitung der Bundesgebietsgrenze beim Wiederausgange stattgefunden hat.
Die Eisenbahnverwaltungen dürfen dafür von dem Versender eine Entschädigung
von zehn Silbergroschen für den Wagen erheben.

§. 7.

Die näheren Bestimmungen über die Ausführung der vorstehenden Vorschriften und deren Ueberwachung durch die geeigneten Organe, über die Bestrei-
tung der entstehenden Kosten und die Bestrafung der Zuwiderhandlungen sind
von den Einzelstaaten zu treffen. Es ist jedoch von den deßhalb erlassenen
Verfügungen dem Bundespräsidium Mittheilung zu machen.

§. 8.

Vom Bundespräsidium wird eine allgemeine Instruktion erlassen, welche
über die Anwendung der im §. 2 unter Nr. 1 bis 4 aufgeführten Maßregeln
nähere Anweisung giebt und den nach §. 7 von den Einzelstaaten zu treffenden
Bestimmungen zur Grundlage dient.

§. 9.

Sobald die Regierung eines Bundesstaates in die Lage kommt, ein Einfuhrverbot zu erlassen, zu verändern oder aufzuheben, hat dieselbe dem Bundes-

präsidium und den Regierungen der benachbarten Bundesstaaten davon Mittheilung zu machen.

§. 10.

Einfuhrbeschränkungen zwischen den einzelnen Bundesstaaten sind erst dann
zulässig, wenn die Rinderpest innerhalb eines Bundesstaates ausbricht.

§. 11.

Bricht die Rinderpest in einem Bundesstaate aus, so ist dem Bundespräsidium hiervon, sowie von den ergriffenen Maßregeln Anzeige zu machen,
dasselbe auch von dem weiteren Gange der Seuche in Kenntniß zu erhalten.

§. 12.

Dem Bundeskanzler liegt ob, die Ausführung dieses Gesetzes und der auf
Grund desselben erlassenen Anordnungen zu überwachen. Erforderlichen Falls
wird der Bundeskanzler selbstständig Anordnungen treffen, oder einen Bundeskommissar bestellen, welcher die Behörden des betheiligten Einzelstaates unmittelbar mit Anweisung zu versehen hat. Tritt die Seuche in einer solchen Gegend
des Bundesgebietes oder in solcher Ausdehnung auf, daß von den zu ergreifen-
den Maßregeln nothwendig die Gebiete mehrerer Bundesstaaten betroffen werden
müssen, so hat der Bundeskommissar für Herstellung und Erhaltung der Einheit in den Seitens der Landesbehörden zu treffenden oder getroffenen Maßregeln
zu sorgen und deshalb das Erforderliche anzuordnen.

§. 13.

Die Behörden der verschiedenen Bundesstaaten sind verpflichtet, sich bei
Ausführung der Maßregeln gegen die Rinderpest auf Ansuchen gegenseitig zu
unterstützen.

§. 14.

Zur Durchführung der Absperrungsmaßregeln ist militairische Hülfe zu
requiriren. Die Kommandobehörden haben den desfallsigen Requisitionen der
kompetenten Verwaltungsbehörden im erforderlichen Umfange zu entsprechen.

Sämmtliche Mehrkosten, welche durch die geleistete militairische Hülfe gegen
die reglementsmäßigen Kosten des Unterhalts der requirirten Truppen in der
Garnison entstehen, fallen der Bundeskasse zur Last.

Urkundlich unter Unserer Höchsteigenhändigen Unterschrift und beigedrucktem Bundes-Insiegel.

Gegeben Berlin, den 7. April 1869.

(L. S.)   **Wilhelm.**

Gr. v. Bismarck-Schönhausen.

(Nr. 37.) Allerhöchster Erlaß vom 26. Mai 1869, betreffend die Genehmigung der Instruktion zur Ausführung des Bundesgesetzes vom 7. April 1869, Maßregeln gegen die Rinderpest betreffend.

Auf Ihren Bericht vom 24. Mai d. J. genehmige Ich hierdurch im Namen des Norddeutschen Bundes die anliegende Instruktion zur Ausführung des Bundesgesetzes, Maßregeln gegen die Rinderpest betreffend, vom 7. April 1869 (Bundesgesetzbl. S. 105).

Der gegenwärtige Erlaß ist nebst der Instruktion durch das Bundesgesetzblatt zu veröffentlichen.

Schloß Babelsberg, den 26. Mai 1869.

Wilhelm.

Gr. v. Bismarck-Schönhausen.

An den Kanzler des Norddeutschen Bundes.

Instruktion
zu dem Gesetze vom 7. April 1869,
Maßregeln gegen die Rinderpest betreffend.

Zu Ausführung von §. 8 des Gesetzes vom 7. April 1869, Maßregeln gegen die Rinderpest betreffend, wird nachfolgende Instruktion erlassen, deren Bestimmung ist, den Behörden eine allgemeine Anleitung zu geben, ohne die Nothwendigkeit der besonderen Entschließung über Einzelheiten und über die Ausdehnung der Maßregeln in jedem einzelnen Falle auszuschließen. Leitender Grundsatz soll sein: den Zweck ohne unverhältnißmäßige anderweite wirthschaftliche Opfer für die Bevölkerung zu erreichen. In der Regel wird dieß am besten durch energische Maßregeln erfolgen, welche die Seuche in kurzer Zeit tilgen, wenn auch die direkten Opfer scheinbar groß sind.

Erster Abschnitt.

Maßregeln bei dem Ausbruche der Rinderpest im Auslande.

a. In der Entfernung.

§. 1.

Bei dem Auftreten der Rinderpest in entfernten Gegenden kommt es darauf an, ob dieselben durch Eisenbahnen oder durch Schifffahrt in solcher Verbindung mit dem Inlande stehen, daß Viehtransporte in verhältnißmäßig kurzer Zeit in das Inland gelangen können.

Ist die von der Seuche ergriffene Gegend durch Eisenbahnen mit dem Inlande verbunden, so hat sich das Einfuhrverbot auf alles Rindvieh aus dieser Gegend ohne Ausnahme zu erstrecken.

§. 2.

Das Einfuhrverbot hat sich ferner zu erstrecken: auf frische (auch gefrorene) Rindshäute, Hörner und Klauen, Fleisch, Knochen, Talg, wenn letzteres nicht in Fässern, ungewaschene Wolle, welche nicht in Säcken verpackt ist, und Lumpen.

§. 3.

Die Einfuhr von Schafen und Ziegen ist ebenfalls zu verbieten. Schweine dürfen nur in Etagewagen eingeführt werden.

§. 4.

Was von der Einfuhr gesagt ist, gilt im Allgemeinen auch von der Durchfuhr. Doch kann ausnahmsweise die Durchfuhr durch das Bundesgebiet Viehtransporten gestattet werden, wenn von Veterinärbeamten festgestellt ist, daß die Gegend, aus welcher das Vieh kommt, seit drei Monaten und mindestens in einem Umkreise von drei Meilen seuchenfrei ist und der Transport in vorschriftsmäßigen Wagen erfolgt.

Die Durchfuhr hat in besonderen Zügen unter polizeilicher Begleitung in denselben Wagen ohne Umladung zu geschehen, auch darf unterwegs kein Stück ausgeladen werden. Sterben unterwegs einzelne Stücke, so bleiben solche unberührt im Wagen liegen, bis zum Ausgangspunkte des Transports, wo selbige unter Zuziehung von Veterinärbeamten vorschriftsmäßig vernichtet werden müssen, wenn nicht die Möglichkeit geboten ist, daß die Ausladung und Vernichtung unterwegs durch einen Sachverständigen ohne Gefahr geschehen kann.

Wird wegen Zerbrechens eines Wagens oder aus ähnlichen Gründen ein Umladen unvermeidlich, so ist dasselbe von der Eisenbahnverwaltung unter amtlicher Aufsicht und unter den nöthigen Vorsichtsmaßregeln zu bewirken. Für Absperrung des umzuladenden Viehes, für sofortige Verscharrung der etwa vorhandenen Kadaver, welche letztere in jedem Falle gleich den an der Rinderpest gefallenen Thieren (§§. 27—30) zu behandeln sind, muß gesorgt werden.

Die entleerten Wagen und die Umladestellen sind zu desinfiziren.

Zum Tränken der Thiere unterwegs sind eigene, von der Behörde gestempelte Tränkeimer mitzuführen. Das Füttern, sobald solches auf langen Transporten nothwendig wird, darf nur von den, den Transport begleitenden Personen besorgt werden.

Vieh, welches nach den Seeplätzen versendet wird, ist rücksichtlich des Transportes und aller in §. 4 erwähnten Maßregeln dem Transitvieh gleich zu behandeln.

§. 5.

Für Schlachtvieh, soweit es zur Versorgung des Inlandes nöthig ist, kann ausnahmsweise auch die Einfuhr nach solchen Städten gestattet werden, in welchen öffentliche Schlachtstätten vorhanden sind, die durch Schienenstränge mit der Eisenbahn, auf welcher die Einfuhr stattfindet, in Verbindung stehen. Die Einfuhr muß für jeden besonderen Fall von der Behörde genehmigt werden und hat unter Beobachtung der für jeden Fall besonders zu erlassenden polizeilichen Vorschriften zu erfolgen.

b. In der Nähe.

§. 6.

Tritt die Seuche in Gegenden des Nachbarlandes auf, welche nicht über fünf bis zehn Meilen von der Grenze entfernt sind, dann ist für die nach Umständen zu bestimmende Grenzstrecke das Einfuhrverbot unbedingt

auf alle Arten von Vieh (einschließlich der Pferde und des Federviehs),

auf alle vom Rinde stammenden thierischen Theile in frischem oder trockenem Zustande (mit Ausnahme von Butter, Milch und Käse),

auf Dünger, Rauchfutter, Stroh und andere Streumaterialien, gebrauchte Stallgeräthe, Geschirre und Lederzeuge,

auf unbearbeitete (bez. keiner Fabrikwäsche unterworfene) Wolle, Haare und Borsten,

auf gebrauchte Kleidungsstücke für den Handel

zu erstrecken.

Personen, deren Beschäftigung eine Berührung mit Vieh mit sich bringt, z. B. Fleischer, Viehhändler und deren Personal, dürfen die Grenze nur an bestimmten Orten überschreiten, und müssen sich dort einer Desinfektion unterwerfen.

Nur in einzelnen dringenden Fällen können auch Ausnahmen für Schlachtvieh nach §. 5 eintreten.

§. 7.

Rückt die Seuche bis in die Grenzgegenden vor, oder gewinnt sie längs der Grenze in einer noch vom kleinen Grenzverkehr berührten Entfernung an Ausdehnung, dann hat für die betreffenden Grenzstrecken die vollständige Verkehrssperre unter Bildung eines Kordons mit militärischen Kräften einzutreten, im benachbarten Inlande treten aber die Vorschriften des II. Abschnitts in Kraft.

Für den Durchgang von Posten u. s. w. kommen dann dieselben Maßregeln in Anwendung, wie bei einem abgesperrten Orte im Inlande.

§. 8.

Wird in den vorstehend behandelten Fällen die angeordnete Sperre durchbrochen, so sind die der Sperre unterworfenen Thiere soweit möglich sofort zu tödten und zu verscharren, Menschen und sonstige Gegenstände auf kürzestem Wege wieder über die Grenze zurückzubringen, wo möglich ohne Ortschaften zu passiren.

Giftfangende Sachen sind zu vernichten oder zu desinfiziren.

§. 9.

In den bedrohten Grenzkreisen sind für sämmtliche Ortschaften, welche innerhalb zwei Meilen von der Grenze entfernt liegen, folgende Kontrole-Maßregeln einzuführen.

Es ist in jedem Orte ein Viehrevisor zu bestellen, der ein genaues Register über den vorhandenen Rindviehbestand aufnehmen und täglich den Ab- und Zugang, sowie jede Veränderung in dem Viehstande speziell verzeichnen muß.

Die Viehregister sind mindestens einmal wöchentlich von den vorgesetzten Organen zu revidiren.

Bei vorkommenden Krankheits- oder Todesfällen im Rindviehstande ist sofort Anzeige zu machen.

§. 10.

Vorstehende in §§. 1 bis 9 enthaltene Vorschriften sind unter den durch die Umstände gebotenen Abänderungen auch dann in Anwendung zu bringen, wenn die Gefahr einer Einschleppung der Seuche zu Wasser droht.

Sind unter dem an Bord eines Schiffes befindlichen Rindvieh unterwegs verdächtige Erkrankungs- oder Todesfälle vorgekommen, dann sind von der Sanitätsbehörde des Hafenplatzes die erforderlichen Vorkehrungen zu treffen.

Zweiter Abschnitt.

Maßregeln beim Ausbruche der Rinderpest im Inlande.

§. 11.

Sobald in einem Orte des Inlandes ein der Rinderpest verdächtiger Krankheits- oder Todesfall an Rindvieh vorkommt, oder in einem Orte innerhalb 8 Tagen zwei Erkrankungs- oder Todesfälle unter verdächtigen Erscheinungen sich in Einem Viehbestande ereignen, tritt die in §. 4 des Gesetzes vom 7. April 1869 ausgesprochene Anzeigepflicht ein.

§. 12.

Der Besitzer darf dann die kranken Thiere nicht schlachten oder tödten, etwa gestorbene Thiere aber nicht verscharren oder sonst beseitigen, ehe die Natur der Krankheit festgestellt ist. Bis dahin sind todte Thiere so aufzubewahren, daß das Hinzukommen von Thieren oder Menschen abgehalten wird.

§. 13.

Auf die erhaltene Anzeige ist von den Ortspolizeibehörden sofort der kompetente Thierarzt herbeizuholen, um an Ort und Stelle die Krankheit zu konstatiren. Behufs der hierzu erforderlichen Sektion ist, in Ermangelung eines Kadavers, ein Thier zu tödten. Das Ergebniß der Untersuchung ist protokollarisch aufzunehmen.

§. 14.

Wird die Krankheit als Rinderpest erkannt, so ist die Untersuchung auch auf die Ermittelung der Art der Einschleppung zu erstrecken.

Im Uebrigen ist dann sofort zur weiteren Anzeige an die vorgesetzten Behörden und zu öffentlicher Bekanntmachung zu schreiten, in welcher auf die Anzeigepflicht nach §. 4 des Gesetzes vom 7. April 1869 für die zunächst liegenden Bezirke noch besonders hinzuweisen ist.

Vom Zeitpunkte dieser Bekanntmachung an treten die in §§. 17 bis 19 angegebenen Verbote und Verpflichtungen ein.

§. 15.

Ist nur ein dringender Verdacht der Rinderpest zu konstatiren, so ist eine vorläufige Sperre des Gehöftes (vergl. §. 20) auf so lange anzuordnen, bis die Krankheit durch weitere Erkrankungen und beziehentlich Sektionen unzweifelhaft festgestellt ist.

In zweifelhaften Fällen ist ein höherer Thierarzt zuzuziehen.

§. 16.

Anwendung, Verkauf und Anempfehlung von Vorbauungs- und Heilmitteln bei der Rinderpest sind bei Strafe zu verbieten. Zu den Vorbauungsmitteln sind Desinfektionsmittel nicht zu rechnen.

§. 17.

Nach Ausbruch der Rinderpest ist in einem nach Maßgabe der Umstände besonders zu bestimmenden Umkreise, welcher nicht unter drei Meilen Entfernung vom Seuchenorte bemessen werden darf, die Abhaltung von Viehmärkten, nach Befinden auch von anderen Märkten, und sonstige Veranlassungen zu größeren Ansammlungen von Menschen und Thieren zu untersagen, auch der Handel mit Rindvieh und nach Befinden selbst von Schafen und Schweinen und der Transport derselben, sowie von Rauchfutter, Streumaterialien und Dünger ohne besondere Erlaubnißscheine. Das nöthige Vieh zum Fleischkonsum darf nur unter Aufsicht der Veterinär-Polizeibehörden gekauft und geschlachtet werden.

§. 18.

Im Seuchenorte hat das Schlachten nur nach Anordnung der Polizeibehörde und unter Aufsicht von Sachverständigen nach Maßgabe des Bedarfes stattzufinden.

§. 19.

Im Seuchenorte erstreckt sich die Anzeigepflicht auf jeden Erkrankungsfall von Rindvieh und Wiederkäuern.

§. 20.

Das Gehöfte, in welchem die Rinderpest ausgebrochen ist, wird zunächst durch Wächter abgesperrt, welche weder das Gehöfte betreten und mit dessen Einwohnern verkehren, noch den Ein- und Austritt von Personen (außer den besonders dazu legitimirten), lebenden und todten Thieren oder Sachen aller Art dulden dürfen.

Die Ermächtigung zum Eintritt kann nur den mit der Tilgung der Seuche selbst beschäftigten Personen, sowie Geistlichen, Gerichtspersonen, Aerzten oder Hebeammen behufs Ausübung ihrer Berufsgeschäfte ertheilt werden und ist für deren formelle Legitimation zu sorgen. Beim Wiederaustritt hat eine Desinfektion derselben stattzufinden. Am Eingange und rund um das Gehöft sind Tafeln mit der Inschrift „Rinderpest" anzubringen.

§. 21.

Für den ganzen Ort, welchem das infizirte Gehöfte angehört, tritt eine relative Ortssperre ein, welche in Folgendem besteht:

Die Einwohner dürfen unter einander verkehren, aber den Ort ohne besondere Genehmigung — welche in der Regel nur solchen Personen ertheilt werden soll, die keinen Verkehr mit Rindvieh haben — nicht verlassen.

Alles Vieh muß im Stalle behalten, Hunde und Katzen eingesperrt werden. Frei umherlaufende Schweine und Federvieh werden eingefangen und geschlachtet, Hunde und Katzen getödtet und verscharrt. Fuhren dürfen nur mit Pferden gemacht werden.

Für alles Vieh, Heu, Stroh und andere giftfangende Sachen ist die Ein-, Aus- und Durchfuhr zu verbieten.

An allen Ein- und Ausgängen des Ortes sind Tafeln mit der Aufschrift „Rinderpest" aufzustellen, und Wächter, welche die Beobachtung vorstehender Verbote zu überwachen haben.

§. 22.

Für jeden Ort, wenigstens für jeden irgend größeren Ort ist für die Dauer der Seuche ein Ortskommissar (welchem nach Befinden noch besondere Aufseher beizugeben sind) zu bestellen, an welchen dann die im §. 19 vorgeschriebenen Anzeigen zu richten sind und welcher die Ausführung der nöthigen Maßregeln zu überwachen hat.

Wenn einmal der Ausbruch der Seuche an einem Orte konstatirt ist, so ist die fernere Konstatirung neuer Krankheitsfälle (§. 13) den Ortskommissaren zu überlassen.

§. 23.

Ergreift die Krankheit einen größeren Theil der Gehöfte des Ortes, dann kann durch die höheren Behörden die absolute Ortssperre verfügt werden.

Der Ort wird dann vollständig durch Wachen (in diesem Falle militairische) cernirt und gegen jede Art des Verkehrs — mit Ausnahme legitimirter

Perſonen und unumgänglicher Bedürfniſſe für die Ortseinwohner unter beſonders anzuordnenden Vorſichtsmaßregeln — geſperrt.

Der Verkehr der Bewohner unter einander iſt ebenfalls auf das Unvermeidliche zu reduziren. Gottesdienſt, Schule und andere Verſammlungen (vergl. §. 17) können nicht abgehalten werden; die Schänken und Gaſthöfe werden geſchloſſen.

Die durch den Ort führenden Straßen ſind einſtweilen zu verlegen. Liegt der Ort an einer Eiſenbahn, ſo darf kein Eiſenbahnzug daſelbſt halten, ſelbſt wenn der Ort ein Stationsort wäre, es ſei denn, daß der Bahnhof ſo gelegen iſt, daß er vom Orte vollſtändig abgeſperrt und der Verkehr der Eiſenbahnſtation mit anderen Orten ohne Berührung des Seuchenortes unterhalten werden kann.

§. 24.

Je nach der Größe und Bauart des von der Seuche betroffenen Ortes kann die relative und die abſolute Ortsſperre auch auf einzelne Ortstheile beſchränkt werden, ſowie andererſeits einzelne Häuſer und Gehöfte benachbarter Orte nöthigenfalls mit in die Sperre einzuſchließen ſind.

§. 25.

In Reſidenz- und Handelsſtädten und ſonſtigen Städten mit lebhaftem Verkehr bleibt ſtets die Sperre auf einzelne Grundſtücke, beziehungsweiſe Ortstheile beſchränkt. Relative und abſolute Sperre des Ortes kommen nicht in Anwendung. Dagegen iſt auf ſchleunige Tilgung der Seuche durch ſchnelle Tödtung des geſammten Viehſtandes der zunächſt ergriffenen Gehöfte und ſchleunige Desinfektion Bedacht zu nehmen.

§. 26.

Alles an der Rinderpeſt erkrankte oder derſelben verdächtige Vieh iſt ſofort zu tödten. Wird dadurch der Viehbeſtand eines Gehöftes bis auf einen verhältnißmäßig kleinen Reſt abſorbirt, ſo iſt auch letzterer zu tödten.

Auf Ermächtigung der höheren Behörde kann auch zu ſchnellerer Tilgung der Seuche geſundes Vieh, ohne daß die obige Vorausſetzung eingetreten iſt, getödtet und dieſe Maßregel auf nachweislich noch nicht infizirte Gehöfte ausgedehnt werden (vergl. namentlich §. 25).

§. 27.

Die getödteten Thiere ſind zu verſcharren. Zu dieſem Behufe ſind geeignete Plätze, möglichſt entfernt von Wegen und Gehöften, an ſolchen Stellen zu benutzen, wohin kein Rindvieh zu kommen pflegt. So weit möglich ſind wüſte und gar nicht oder wenig angebaute Stellen zu wählen. Die Gruben ſind 6 bis 8 Fuß tief zu machen.

§. 28.

Tödten und Verſcharren erfolgt ſoweit möglich durch die Einwohner des infizirten Gehöftes oder durch ſolche Perſonen aus dem Orte, welche ſelbſt kein Vieh haben und nicht mit Vieh in Berührung kommen.

Perfonen aus anderen Orten, auch außerhalb des Ortes wohnende Ab-
decker dürfen nicht dazu verwendet werden.

§. 29.

Die Stelle, an der die Viehftücke getödtet werden follen, hat der Orts-
kommiffar unter Zuziehung des beftellten Thierarztes unter Berückfichtigung der
Vermeidung jeder Verfchleppungsgefahr zu beftimmen. Auswurfsftoffe, welche
das Thier während des Transports entleert, find zu befeitigen und zu vergraben.
Kadaver dürfen nur durch Pferde oder Menfchen auf Wagen, Schleifen
oder Schlitten, ohne daß einzelne Theile die Erde berühren, nach der Grube
transportirt werden. Die Transportmittel find, fo lange noch weitere Transporte
in Ausficht ftehen, forgfältig feparirt aufzubewahren, dann aber zu vernichten.

§. 30.

Das Abledern der Kadaver ift ftreng zu unterfagen. Vor dem Verfcharren
muß von den dazu beftellten Perfonen die Haut an mehreren Stellen zerfchnitten
und unbrauchbar gemacht werden. Alle etwaige Abfälle, Blut und mit Blut
getränkte Erde find mit in die Grube zu werfen. Soweit möglich find die
Kadaver vor dem Zuwerfen der Grube mit Kalk zu befchütten.
Beim Ausfüllen der Grube find Zwifchenfchichten von Steinen oder Reifig,
wenn möglich, anzubringen. Die Grube ift bis zu Aufhebung der Sperre,
mindeftens aber drei Wochen hindurch mit Wachen zu befetzen.

§. 31.

Ift ein Stall, in welchem krankes oder verdächtiges Vieh geftanden hat,
durch Tödtung des Viehbeftandes entleert, fo ift der etwa zurückbleibende Dünger
mit Desinfektions-Flüffigkeit zu übergießen, der Stall nach luftdichtem Verfchluß
aller Oeffnungen ftark mit Chlor zu räuchern und hierauf die Stallthüre zu
fchließen und zu verfiegeln. Alle Stallutenfilien und was fonft bei den Thieren
gebraucht worden ift, verbleiben im Stalle und find beziehentlich vor deffen Verfchluß wieder hineinzubringen.
Die Wiedereröffnung des Stalles darf nicht vor Eintritt der eigentlichen
Desinfektion ftattfinden (vergl. §§. 40 ff.).

§. 32.

Vorftehende Vorfchriften über die Gehöfts- und Ortsfperre erleiden dann
die im Intereffe der Wirthfchaft unbedingt nöthigen Modifikationen, wenn die
Seuche zu einer Zeit auftritt, wo Feldarbeiten und Weidegang im Gange find.
Diefe Modifikationen find von der vorgefetzten Behörde befonders feftzuftellen.
Es find dabei folgende Gefichtspunkte zu beachten.

§. 33.

Die Gehöftfperre (§§. 15 und 20) kann auch dann nicht umgangen

ober gemildert werden. Es ist aber dann dahin zu streben, daß sobald als möglich zu völliger Reinerklärung des Gehöftes gelangt werde. (Vergl. §§. 25 und 26.)

Unaufschiebbare Feldarbeiten sind entweder durch fremde Hülfe, oder durch
die eigenen Leute des Gehöftes unter den nöthigen Vorsichtsmaßregeln zu beschaffen.

§. 34.

Sind die Voraussetzungen der Ortssperre gegeben, so tritt dann an deren
Stelle die Sperre der ganzen Feldmark, d. h. die in §§. 21 und 23 ff. angeordneten Sperrmaßregeln werden an die Grenze der Feldmark verlegt. Die
durch die Feldmark führenden Wege werden abgegraben. Für längs der Grenze
hin führende Wege wird das Betreten und der Transport von Vieh, Rauchfutter
u. s. w. verboten.

Alle Ortseinwohner, welche noch krankheitsfreie ungesperrte Gehöfte haben,
können ihre Feldarbeiten mit eigenen Leuten und Gespannen verrichten.

Rindviehgespanne sind dabei von der nachbarlichen Flurgrenze und von
beziehungsweise verbotenen Wegen soweit irgend thunlich fern zu halten.

§. 35.

Für die Umgebung des Seuchenortes (§. 17) ist nöthigenfalls der Weidegang ebenfalls zu untersagen und für die unmittelbar angrenzenden Fluren sind
die nöthigen Beschränkungen des freien Verkehrs und Vorsichtsmaßregeln für
die Feldbestellung anzuordnen.

§. 36.

Bei der absoluten Sperre ist für Herbeischaffung der nothwendigsten
Bedürfnisse der Bewohner: Lebensmittel, Brennmaterialien, Futter ꝛc. unter den
nöthigen Vorsichtsmaßregeln Sorge zu tragen.

Dritter Abschnitt.

Maßregeln nach dem Erlöschen der Seuche.

§. 37.

Die Seuche gilt in einem Gehöfte oder Orte für erloschen, wenn entweder
alles Rindvieh gefallen oder getödtet ist, oder seit dem letzten Krankheits- oder
Todesfalle drei Wochen verstrichen sind.

§. 38.

Mit der Desinfektion ist nach Maßgabe der Umstände sofort zu beginnen,
sobald in einem Gehöfte ein Stall vom Vieh entleert ist.

§. 39.

Die Desinfektion darf nur auf amtliche Anordnung und nur unter sachverständiger Aufsicht geschehen.

§. 40.

Die Desinfektion beginnt mit Oeffnung der nach §. 31 mit Chlor durch-
räucherten und verschlossenen Ställe und deren mehrtägiger Lüftung.

Aller Dünger wird herausgeschafft und an Orten, wo in den nächsten
drei Monaten kein Rindvieh hinkommen kann, tief vergraben oder verbrannt.

Alles Mauerwerk wird abgekratzt (die Fugen gereinigt) und dann frisch
mit Kalk beworfen und abgeputzt. Holzwerk wird ebenfalls abgefegt, mit heißer
scharfer Lauge gewaschen, nach einigen Tagen mit Chlorkalklösung überpinselt.

Erd-, Sand- und Tennen (Lehmschlag)-Fußböden werden aufgerissen, die
Erde einen Fuß tief ausgegraben und Alles gleich dem Dünger behandelt.
Pflaster-Fußböden gewöhnlicher Art, d. h. deren Steine in Sand oder Erde
gesetzt sind, werden ebenfalls aufgerissen, die Erde einen Fuß tief ausgegraben
und wie der Dünger behandelt. Die Steine können gereinigt, mit Chlorkalklösung behandelt und, wenn sie vier Wochen lang an der Luft gelegen haben,
wieder benutzt werden. Fußböden von Holz werden nach Maßgabe ihrer Beschaffenheit entweder verbrannt oder in entsprechender Weise desinfizirt. Müssen
die Fußböden aufgerissen werden, so ist die Erde ebenfalls wie vorstehend aus-
zugraben und zu behandeln. Feste undurchlässige Pflaster von Asphalt, Cement
oder in Cement gesetztem Pflaster werden gereinigt und desinfizirt.

Alles bewegliche Holzwerk (Krippen, Raufen, Gefäße und sonstige
Utensilien, Stricke, wo möglich auch die Scheidewände) wird verbrannt, Eisen-
zeug ausgeglüht.

Jauchebehälter und Stallschleusen werden analog behandelt wie die Stall-
fußböden, oder, wenn sie gemauert sind, wie das Mauerwerk.

Zum Schluß wird der Stall nochmals mit Chlor durchräuchert und dann
14 Tage lang durchlüftet.

§. 41.

Bei der Desinfektion dürfen nur Leute aus dem eigenen oder aus anderen
infizirten Gehöften oder solche Personen verwendet werden, welche selbst kein
Vieh haben; diese Personen müssen bis zu Beendigung der Reinigung im Gehöfte bleiben. Zu den Fuhren sind nur Pferdegespanne anzuwenden.

Bei dem Transporte von Dünger und Erde ist wie nach §§. 28 und 29
zu verfahren. Die Transportgeräthe können statt des Verbrennens auch einer
sorgfältigen Desinfektion, wie sie für Holzwerk vorgeschrieben ist, unterworfen
werden.

§. 42.

Die Kleidungsstücke der mit den kranken und todten Thieren und der
Reinigung und Desinfektion beschäftigt gewesenen Leute sind entweder zu ver-

brennen, ober, soweit sie waschbar sind, mit heißer Lauge 12 bis 24 Stunden stehen zu lassen, dann mit Seife gründlich zu waschen und an der Luft zu trocknen, soweit sie nicht waschbar sind, 12 bis 24 Stunden lang mit Chlor zu räuchern oder trockener Hitze auszusetzen und dann 14 Tage zu lüften.

Schuhwerk und Lederzeug muß sorgfältig gereinigt, mit Lauge oder schwacher Chlorkalklösung gewaschen und frisch gefettet, nochmals mit Chlor geräuchert und 14 Tage gelüftet werden.

Die Personen selbst haben die Kleider zu wechseln und den Körper gründlich zu reinigen.

§. 43.

Alles Rauchfutter, welches nach der Art seiner Lagerung der Aufnahme von Ansteckungsstoff verdächtig erscheint, ist sogleich bei beginnender Desinfektion durch Verbrennung zu vernichten.

§. 44.

Auch der Mist von den Düngerstätten ist mit Pferdegeschirr fortzuschaffen und auf dem Felde sogleich — wenn der Frost dies hindern sollte, so bald als möglich — unterzupflügen.

So lange letzteres nicht geschehen ist und vier Wochen nachher darf kein Rindvieh dieses Feld betreten.

§. 45.

Selbst nach vollständiger Desinfektion eines Gehöftes oder Ortes und Beseitigung der Sperre darf neuer Ankauf oder Verkauf von Vieh erst nach einer von der Behörde zu bestimmenden Frist, welche nicht unter sechs Wochen betragen darf, erfolgen.

Weideplätze, welche von pestkrankem oder pestverdächtigem Vieh benutzt worden sind, dürfen nicht vor Ablauf von mindestens zwei Monaten wieder benutzt werden.

§. 46.

Die Abhaltung von Viehmärkten ist nicht vor Ablauf von sechs Wochen, nachdem der letzte Ort im Kreise oder Bezirke für seuchenfrei erklärt ist, zu gestatten. Dasselbe gilt vom Handel mit Rindvieh.

Vierter Abschnitt.

Desinfektion der Eisenbahnwagen.

§. 47.

Der in §. 6 des Gesetzes vom 7. April 1869 ausgesprochenen Verpflichtung der Eisenbahnverwaltungen zur Desinfektion der Viehtransportwagen kann auch, unbeschadet der Verantwortlichkeit der zunächst gesetzlich verpflichteten Verwaltung, durch Verständigung mehrerer Verwaltungen unter einander über bestimmte Stationen, an denen die Desinfektion vorzunehmen ist, genügt werden. Jedenfalls sind die Verwaltungen dafür haftbar, daß der Transport der entleerten Wagen bis zu dieser Station unter Aufsicht und strenger Vermeidung der Berührung mit Vieh erfolge und vor erfolgter Desinfektion keine Wiederbenutzung der Wagen stattfinde.

§. 48.

Wo die Auslabestation nicht zu fern von der Einfuhrgrenze liegt, ist es zulässig, die Wagen unter Aufsicht leer ohne vorgängige Desinfektion wieder über die Grenze zurückgehen zu lassen.

§. 49.

Die Wagen können auch, wenn der Versender dies ausdrücklich wünscht, demselben an geeigneten Stationen zu eigener Besorgung der Desinfektion, deren richtige Ausführung aber dann die Eisenbahnverwaltung zu überwachen hat, zur Verfügung gestellt werden.

§. 50.

Die Eisenbahnverwaltungen haben die nöthigen Anordnungen zu treffen, daß jeder zum Viehtransport benutzte Wagen, welcher noch nicht desinfizirt worden ist, und ebenso jeder desinfizirte Wagen, als beziehentlich noch nicht desinfizirt und desinfizirt äußerlich erkennbar bezeichnet werde.

§. 51.

Die Desinfektion der Wagen hat stets nach Beseitigung des Strohes und Düngers mit einer gründlichen Reinigung von Fußboden und Wänden mittelst Wasser und stumpfer Besen zu beginnen.

Wo die Einrichtungen dazu vorhanden sind, kann die weitere Desinfektion durch heiße Wasserdämpfe oder heißes Wasser und heiße alkalische Lauge (⅓ Pfd. Soda auf 100 Pfd. Wasser) erfolgen.

Wo dies nicht der Fall ist, empfiehlt sich Ausspülen und Ausspritzen mit kaltem, im Winter warmem Wasser, und sodann sorgfältiges Auspinseln entweder mit Chlorkalklösung, oder mit einem Gemische von Carbolsäure und Eisenvitriol. Letzteres ist so lange fortzusetzen, als noch der Dung- und Thierdunstgeruch am Wagen bemerkbar ist.

§. 52.

Die Rampen sind ebenso zu reinigen, wie die Wagen.

§. 53.

Der entleerte Dünger sammt Streumaterial ist zu sammeln und sofort mittelst Chlorkalk oder Eisenvitriol zu desinfiziren.

§. 54.

Alle diese Arbeiten sind durch Personen auszuführen, welche nicht mit Rindvieh zu thun haben.

§. 55.

Darüber, daß die Desinfektion der Eisenbahnwagen gehörig ausgeführt werde, ist durch die Behörde eine Aufsicht und Kontrole zu üben.

Berlin, den 26. Mai 1869.

Der Kanzler des Norddeutschen Bundes.

Gr. v. Bismarck-Schönhausen.

———————

(Nr. 38.) Gesetz, betreffend die persönlichen und sächlichen Ausgaben für die Verwaltungsbehörden in Elsaß-Lothringen für 1872. Vom 23. Dezember 1871.

Wir Wilhelm, von Gottes Gnaden Deutscher Kaiser, König
von Preußen ꝛc.

verordnen im Namen des Deutschen Reichs, nach erfolgter Zustimmung des
Bundesrathes, für Elsaß-Lothringen was folgt:

Die persönlichen und sächlichen Ausgaben für das Oberpräsidium, die
Bezirks-Präsidien, die Bezirks-Hauptkassen, die Kreisdirektionen, die Polizei-
direktionen in Straßburg und Metz, die Kreis-Schul-Inspektoren, die Kantonal-
Polizei-Kommissare und die Forstdirektionen werden auf Grund des beiliegenden
Etats für das Jahr 1872 auf 987,400 Thaler festgestellt.

Urkundlich unter Unserer Höchsteigenhändigen Unterschrift und beigedrucktem
Kaiserlichen Insiegel.

Gegeben Berlin, den 23. Dezember 1871.

(L. S.)   Wilhelm.

Fürst v. Bismarck.

Etat

der

Verwaltungsbehörden in Elsaß-Lothringen.

Fortdauernde Ausgaben.

Ober-Präsidium.

1) Besoldungen	81,650	Thlr.
2) Andere persönliche Ausgaben	6,800	•
3) Sächliche Ausgaben	19,100	•
4) Dispositionsfonds	60,000	•
		167,550 Thlr.

Bezirks-Präsidien.

5) Besoldungen	238,705	Thlr.
6) Andere persönliche Ausgaben	33,300	•
7) Sächliche Ausgaben	43,400	•
		315,405 •

Latus 482,955 Thlr.

Transport 482,955 Thlr.

Bezirks-Hauptkassen.

8) Besolbungen .... 39,150 Thlr.
9) Andere persönliche Ausgaben .... 600 „
10) Sächliche Ausgaben .... 4,500 „

44,250 „

Kreis-Direktionen.

11) Besolbungen .... 112,655 Thlr.
12) Sächliche Ausgaben .... 38,000 „

150,655 „

Polizei-Direktionen.

13) Besolbungen .... 106,950 Thlr.
14) Andere persönliche Ausgaben .... 2,000 „
15) Sächliche Ausgaben .... 10,000 „

118,950 „

Kreis-Schulinspektoren.

16) Besolbungen .... 25,940 Thlr.
17) Sächliche Ausgaben .... 8,300 „

34,240 „

Kantonal-Polizei-Kommissare.

18) Aversum zu Besolbungen und sächlichen Ausgaben .... 100,000 „

Forst-Direktionen.

19) Besolbungen .... 45,550 Thlr.
20) Andere persönliche Ausgaben .... 1,800 „
21) Sächliche Ausgaben .... 9,000 „

56,350 „

Summe der fortdauernden Ausgaben ..... 987,400 Thlr.

Berlin, den 23. Dezember 1871.

(L. S.) Wilhelm.

Fürst v. Bismarck.

(Nr. 39.) Traité d'extradition entre l'Empire Allemand et l'Italie. Du 31 Octobre 1871.

Sa Majesté l'Empereur d'Allemagne, Roi de Prusse, au nom de l'Empire allemand, d'une part et Sa Majesté le Roi d'Italie, d'autre part, étant convenus de conclure un traité pour l'extradition réciproque des malfaiteurs, ont à cet effet muni de leurs pleins-pouvoirs, savoir:

Sa Majesté l'Empereur d'Allemagne, Roi de Prusse:

Monsieur Bernard König, Son Conseiller intime de Légation,

Sa Majesté le Roi d'Italie:

Monsieur Edouard Comte de Launay, Son Envoyé Extraordinaire et Ministre Plénipotentiaire près Sa Majesté l'Empereur d'Allemagne, Roi de Prusse,

lesquels, après s'être communiqué leurs pleins-pouvoirs trouvés en bonne et due forme, sont convenus des articles suivants:

Art. 1.

Les hautes Parties contractantes s'engagent par le présent traité à se livrer réciproquement, dans tous les cas prévus par les clauses du dit traité, les personnes qui, ayant été, comme auteurs ou complices, condamnées ou mises en accusation ou soumises à une poursuite judiciaire par les autorités de l'une des deux Parties contractantes à cause d'un des faits ci-après énumérés se trou-

---

(Nr. 39.) (Ueberſetzung.) Auslieferungsvertrag zwiſchen dem Deutſchen Reiche und Italien. Vom 31. Oktober 1871.

Seine Majeſtät der Deutſche Kaiſer, König von Preußen, im Namen des Deutſchen Reichs einerſeits und Seine Majeſtät der König von Italien andererſeits, ſind übereingekommen, einen Vertrag wegen gegenſeitiger Auslieferung der Verbrecher abzuſchließen, und haben zu dieſem Zwecke mit Vollmacht verſehen und zwar:

Seine Majeſtät der Deutſche Kaiſer, König von Preußen:

den Herrn Bernhard König, Allerhöchſtihren Geheimen Legationsrath,

Seine Majeſtät der König von Italien:

den Herrn Eduard Grafen de Launay, Allerhöchſtihren außerordentlichen Geſandten und bevollmächtigten Miniſter bei Seiner Majeſtät dem Deutſchen Kaiſer, König von Preußen,

welche nach Mittheilung ihrer in guter und gehöriger Form befundenen Vollmachten über nachſtehende Artikel übereingekommen ſind:

Art. 1.

Die Hohen vertragenden Theile verpflichten ſich durch gegenwärtigen Vertrag, ſich einander in allen nach den Beſtimmungen deſſelben zuläſſigen Fällen diejenigen Perſonen auszuliefern, welche von den Behörden eines der beiden vertragenden Theile, wegen einer der nachſtehend aufgezählten Handlungen, ſei es als Urheber oder Theilnehmer beurtheilt, oder in Anklageſtand verſetzt, oder zur gerichtlichen Unterſuchung gezogen ſind,

veraient sur le territoire de l'autre Partie, savoir:

1) Pour meurtre, assassinat, empoisonnement, parricide et infanticide;

2) Pour avortement volontaire;

3) Pour exposition ou abandon volontaire d'enfant;

4) Pour rapt, suppression, substitution ou supposition d'enfant;

5) Pour enlèvement d'une personne;

6) Pour privation volontaire et illégale de la liberté individuelle d'une personne commise soit par un particulier, soit par un officier public;

7) Pour bigamie;

8) Pour viol;

9) Pour excitation à la débauche de personnes mineures de l'un ou de l'autre sexe dans les cas prévus simultanément par la législation des deux Parties contractantes;

10) Pour coups portés ou blessures faites volontairement à une personne qui ont eu pour conséquence une déformation ou maladie étant ou paraissant incurables ou la perte de l'usage absolu d'un organe ou la mort sans l'intention de la donner;

11) Pour vol, accompagné de circonstances aggravantes(schwerer Diebstahl) ou en tant que la valeur de l'objet du crime ou délit dépasse mille francs, pour rapine et extorsion;

und im Gebiete des anderen Theiles sich aufhalten, nämlich:

1) wegen Todtschlages, Mordes, Giftmordes, Elternmordes und Kindermordes;

2) wegen vorsätzlicher Abtreibung der Leibesfrucht;

3) wegen Aussetzung oder vorsätzlicher Verlassung eines Kindes;

4) wegen Raubes, Unterdrückung, Verwechselung oder Unterschiebung eines Kindes;

5) wegen Entführung eines Menschen;

6) wegen vorsätzlicher und rechtswidriger Beraubung der persönlichen Freiheit eines Menschen, sei es, daß sich eine Privatperson oder ein öffentlicher Beamter derselben schuldig macht;

7) wegen mehrfacher Ehe;

8) wegen Nothzucht;

9) wegen Kuppelei mit minderjährigen Personen des einen oder anderen Geschlechts, in denjenigen Fällen, in welchen dieselbe durch die Landesgesetzgebung beider vertragenden Theile mit Strafe bedroht ist;

10) wegen vorsätzlicher Mißhandlung oder Verletzung eines Menschen, welche eine unheilbare oder voraussichtlich unheilbare Krankheit oder Entstellung oder den Verlust des unbeschränkten Gebrauchs eines Organs, oder den Tod, ohne den Vorsatz zu tödten, zur Folge gehabt hat;

11) wegen Diebstahls, sofern er unter erschwerenden Umständen erfolgt ist (schwerer Diebstahl), oder sofern der Werth des gestohlenen Gegenstandes 1000 Franken übersteigt; wegen Raubes und Erpressung;

12) Pour abus de confiance dans les cas prévus simultanément par la législation des deux Parties contractantes, et pour escroquerie ou tromperie, en tant que la valeur de l'objet de ces crimes ou délits dépasse mille francs;

13) Pour banqueroute frauduleuse et lésion frauduleuse à une masse faillie;

14) Pour faux serment;

15) Pour faux témoignage ou pour fausse déclaration d'un expert ou d'un interprète;

16) Pour subornation de témoin, expert ou interprète;

17) Pour faux en écritures ou dans les dépêches télégraphiques et usage fait avec connaissance de dépêches télégraphiques ou titres faux ou falsifiés;

18) Pour fausse monnaie, particulièrement pour contrefaçon ou altération de monnaies de métal et de papier, et pour émission et mise en circulation avec connaissance de monnaies de métal ou de papier contrefaites ou altérées;

19) Pour contrefaçon et falsification de billets de banque et autres titres d'obligations et valeurs en papier quelconques émis par l'Etat et sous l'autorité de l'Etat par des corporations, sociétés ou particuliers, ainsi que pour émission et mise en circulation, avec connaissance de ces billets de banque, titres d'obligations et autres valeurs en papier contrefaits ou falsifiés;

12) wegen Unterschlagung in denjenigen Fällen, in welchen dieselbe von der Landesgesetzgebung beider vertragenden Theile mit Strafe bedroht ist, und wegen Betruges, sofern der Werth des Gegenstandes des Verbrechens oder Vergehens 1000 Franken übersteigt;

13) wegen betrüglichen Bankerutts und betrüglicher Benachtheiligung einer Konkursmasse;

14) wegen Meineides;

15) wegen falschen Zeugnisses und wegen falschen Gutachtens eines Sachverständigen oder Dolmetschers;

16) wegen Verleitung eines Zeugen, Sachverständigen oder Dolmetschers zum Meineide;

17) wegen Fälschung von Urkunden oder telegraphischen Depeschen und wissentlichen Gebrauches falscher- oder gefälschter Urkunden und telegraphischer Depeschen;

18) wegen Falschmünzerei, insbesondere wegen Nachmachens und Veränderns von Metall- und Papiergeld, und wegen wissentlichen Ausgebens und Inumlaufsetzens von nachgemachtem oder verändertem Metall- und Papiergelde;

19) wegen Nachmachens und Verfälschens von Bankbillets und anderen vom Staate oder unter Autorität des Staats von Korporationen, Gesellschaften oder Privatpersonen ausgegebenen Schuldverschreibungen und sonstigen Werthpapieren, sowie wegen wissentlichen Ausgebens und Inumlaufsetzens solcher nachgemachten oder gefälschten Bankbillets, Schuldverschreibungen und anderer Werthpapiere;

20) Pour incendie volontaire;

21) Pour détournement et concussion de la part de fonctionnaires publics;

22) Pour corruption de fonctionnaires publics dans le but de les porter à violer les devoirs de leur charge;

23) Pour les faits punissables suivants des capitaines de navire et gens de l'équipage sur des bâtiments de mer:

Pour destruction volontaire et illégale d'un navire;

Pour échouement volontaire d'un navire;

Pour résistance envers le capitaine par plus d'un tiers de l'équipage, dans les cas prévus simultanément par la législation des deux Parties contractantes;

24) Pour destruction en tout ou en partie des chemins de fer, machines à vapeur ou appareils télégraphiques;

Pour tout fait volontaire par lequel est dérivée ou pourrait dériver une lésion corporelle aux personnes qui voyagent en chemin de fer ou à celles qui y sont employées.

L'extradition pourra aussi avoir lieu pour la tentative des faits ci-dessus énumérés lorsqu'elle est punissable d'après la législation des deux pays contractants.

Art. 2.

Toutefois, il ne sera livré de la part des Gouvernements de l'Empire allemand, aucun Allemand au Gou-

20) wegen vorsätzlicher Brandstiftung;

21) wegen Unterschlagung und Erpressung seitens öffentlicher Beamten;

22) wegen Bestechung öffentlicher Beamten zum Zwecke einer Verletzung ihrer Amtspflicht;

23) wegen folgender strafbarer Handlungen der Schiffsführer und Schiffsmannschaften auf Seeschiffen:

vorsätzliche und rechtswidrige Zerstörung eines Schiffes;

vorsätzlich bewirkte Strandung eines Schiffes;

Widerstand gegen den Schiffsführer seitens mehr als eines Drittheils der Schiffsmannschaft in denjenigen Fällen, in welchen derselbe von der Landesgesetzgebung beider vertragenden Theile mit Strafe bedroht ist;

24) wegen gänzlicher oder theilweiser Zerstörung von Eisenbahnen, Dampfmaschinen oder Telegraphenanstalten; wegen jeder vorsätzlichen Handlung, durch welche den auf der Eisenbahn reisenden oder beim Betrieb derselben angestellten Personen eine Körperverletzung erwachsen ist oder erwachsen kann.

Die Auslieferung kann auch wegen Versuches einer der von 1 bis 24 aufgeführten strafbaren Handlungen stattfinden, wenn der Versuch derselben nach der Landesgesetzgebung der vertragenden Theile mit Strafe bedroht ist.

Art. 2.

Jedoch soll von Seiten der Regierungen des Deutschen Reichs kein Deutscher an die italienische Regierung und

vernement italien et de la part de celui-ci aucun Italien ne sera livré à un des Gouvernements de l'Allemagne.

Lorsque, d'après les lois en vigueur dans l'Etat auquel le coupable appartient il y aurait lieu à le poursuivre à raison de l'infraction dont il s'agit, l'autre Etat communiquera les informations et les pièces, les objets constituant le corps du délit et tout autre document ou éclaircissement requis pour le procès.

Si l'individu réclamé n'est ni Allemand ni Italien ou si le crime ou délit a été commis hors du territoire des Parties contractantes par un individu, qui n'appartient pas à l'Etat, auquel l'extradition est demandée, ce Gouvernement pourra informer de cette demande au premier cas le Gouvernement auquel appartient le poursuivi, au second cas le Gouvernement sur le territoire duquel le crime ou délit a été commis et si un de ces Gouvernements réclame à son tour le prévenu pour le faire juger par ses tribunaux, le Gouvernement auquel la demande d'extradition a été adressée pourra à son choix le livrer à l'un ou à l'autre Gouvernement.

Si l'individu réclamé par une des Parties contractantes est réclamé en même temps par un autre ou plusieurs autres Gouvernements, il sera livré au Gouvernement qui demande l'extradition du chef du plus grave crime ou délit et dans le cas où tous les crimes ou délits seraient de la même gravité, l'individu en question sera livré au Gouvernement dont la demande aura une date plus ancienne.

von Seiten dieser kein Italiener an eine der deutschen Regierungen ausgeliefert werden.

Wenn nach den Gesetzen desjenigen Staats, welchem der Beschuldigte angehört, Anlaß vorhanden sein sollte, ihn wegen der in Frage stehenden Handlung zu verfolgen, so soll der andere Staat die Erhebungen und Schriftstücke, die zur Feststellung des Thatbestandes dienenden Gegenstände und jede andere für das Strafverfahren erforderliche Urkunde oder Aufklärung mittheilen.

Wenn die reklamirte Person weder ein Deutscher noch ein Italiener ist, oder wenn das Verbrechen oder Vergehen außerhalb des Gebietes der vertragenden Theile von einer Person begangen ist, welche demjenigen Staate nicht angehört, von welchem die Auslieferung begehrt wird, so kann dieser Staat von dem gestellten Antrage im ersteren Falle diejenige Regierung, welcher der Verfolgte angehört, im letzteren Falle diejenige Regierung, auf deren Gebiete das Verbrechen oder Vergehen begangen ist, in Kenntniß setzen, und wenn eine dieser Regierungen ihrerseits die Auslieferung des Angeschuldigten beansprucht, um ihn vor ihre Gerichte zu stellen, so kann diejenige Regierung, an welche der Auslieferungsantrag gerichtet ist, den Angeschuldigten nach ihrer Wahl der einen oder der anderen Regierung ausliefern.

Wenn die seitens eines der vertragenden Theile reklamirte Person gleichzeitig seitens einer oder mehrerer anderer Regierungen reklamirt wird, so soll dieselbe derjenigen Regierung ausgeliefert werden, welche die Auslieferung auf Grund des schwereren Verbrechens oder Vergehens beantragt. Für den Fall, daß alle Verbrechen oder Vergehen gleich schwer sein sollten, soll die betreffende Person derjenigen Regierung ausgeliefert werden, deren Antrag von früherem Datum ist.

Art. 3.

L'extradition n'aura pas lieu si la personne réclamée par les Gouvernements de l'Allemagne a été poursuivie et mise hors de cause ou est encore poursuivie ou a déjà été punie en Italie, ou si la personne réclamée par le Gouvernement italien a été poursuivie et mise hors de cause ou est encore poursuivie ou a déjà été punie dans un des Etats de l'Allemagne pour le même acte punissable qui est cause de la demande d'extradition.

Lorsque la personne réclamée par les Gouvernements de l'Allemagne est poursuivie en Italie ou que la personne réclamée par le Gouvernement italien est poursuivie dans un des Etats de l'Allemagne à cause d'un autre acte punissable, son extradition sera différée jusqu'à la fin de ces poursuites et l'accomplissement de la peine éventuellement prononcée contre elle.

Art. 4.

Les dispositions du présent traité ne sont point applicables aux crimes ou délits politiques. La personne qui a été extradée à raison de l'un des crimes ou délits communs mentionnés à l'Art. 1, ne peut par conséquent en aucun cas être poursuivie et punie dans l'Etat auquel l'extradition a été accordée à raison d'un crime ou délit politique commis par elle avant l'extradition, ni à raison d'un fait connexe à un semblable crime ou délit politique. ·

Elle ne pourra non plus être poursuivie ou condamnée à raison d'un crime ou délit non prévu par la présente convention; à moins que,

Art. 3.

Die Auslieferung soll nicht stattfinden, wenn die seitens der deutschen Regierungen reklamirte Person in Italien oder die seitens der italienischen Regierung reklamirte Person in einem der deutschen Staaten wegen derselben strafbaren Handlung, wegen deren die Auslieferung beantragt wird, in Untersuchung gewesen und außer Verfolgung gesetzt worden ist, oder sich noch in Untersuchung befindet, oder bereits bestraft worden ist.

Wenn die seitens der deutschen Regierungen reklamirte Person in Italien oder die seitens der italienischen Regierung reklamirte Person in einem der deutschen Staaten wegen einer anderen strafbaren Handlung in Untersuchung ist, so soll ihre Auslieferung bis zur Beendigung dieser Untersuchung und Vollendung der etwa gegen sie erkannten Strafe aufgeschoben werden.

Art. 4.

Die Bestimmungen des gegenwärtigen Vertrages finden auf politische Verbrechen oder Vergehen keine Anwendung. Die Person, welche wegen eines der im Artikel 1. aufgeführten gemeinen Verbrechen oder Vergehen ausgeliefert worden ist, darf demgemäß in demjenigen Staate, an welchen die Auslieferung gewährt ist, in keinem Falle wegen eines von ihr vor der Auslieferung verübten politischen Verbrechens oder Vergehens, noch wegen einer Handlung, die mit einem solchen politischen Verbrechen oder Vergehen im Zusammenhange steht, zur Untersuchung gezogen und bestraft werden.

Ebensowenig kann eine solche Person wegen eines Verbrechens oder Vergehens, welches in dem gegenwärtigen Vertrage nicht vorgesehen ist, zur Unter-

après avoir été punie ou acquittée du chef du crime qui a donné lieu à l'extradition, elle n'ait négligé de quitter le pays avant l'expiration d'un délai de trois mois ou bien qu'elle n'y vienne de nouveau.

Art. 5.

L'extradition ne pourra avoir lieu si depuis les faits imputés le commencement des poursuites judiciaires ou la condamnation qui s'en sera suivie, la prescription de l'action ou de la peine est acquise d'après les lois du pays, dans lequel l'étranger se trouve au moment où l'extradition est demandée.

Art. 6.

L'extradition sera toujours accordée lors même que le prévenu viendrait, par ce fait à être empêché de remplir des engagements contractés envers des particuliers, lesquels pourront toutefois faire valoir leurs droits auprès des autorités judiciaires competentes.

Art. 7.

L'extradition sera accordée sur la demande adressée par l'un des deux Gouvernements à l'autre, par voie diplomatique et sur la production d'un arrêt de condamnation ou de mise en accusation, d'un mandat d'arrêt, ou de tout autre acte ayant la même force que ce mandat et indiquant également la nature et la gravité des faits poursuivis. ainsi que la disposition pénale applicable à ces faits.

Ces actes seront délivrés en original ou en expédition authentique, soit par un tribunal, soit par toute

---

fudung gezogen oder bestraft werden, es sei denn, daß dieselbe, nachdem sie wegen des Verbrechens, welches zur Auslieferung Anlaß gegeben hat, bestraft oder freigesprochen worden ist, versäumt habe, vor Ablauf einer Frist von drei Monaten das Land zu verlassen, oder daß sie aufs Neue dorthin komme.

Art. 5.

Die Auslieferung soll nicht stattfinden, wenn seit der begangenen strafbaren Handlung, oder der Einleitung der strafgerichtlichen Verfolgung, oder der erfolgten Verurtheilung, nach den Gesetzen desjenigen Landes, in welchem der Verfolgte zur Zeit, wo die Auslieferung beantragt wird, sich aufhält, Verjährung der strafgerichtlichen Verfolgung oder der erkannten Strafe eingetreten ist.

Art. 6.

Die Auslieferung soll stets zugestanden werden, selbst wenn der Angeschuldigte dadurch gehindert wird, übernommene Verbindlichkeiten gegen Privatpersonen zu erfüllen. Letztere können indeß ihre Ansprüche bei den zuständigen Gerichtsbehörden geltend machen.

Art. 7.

Die Auslieferung soll bewilligt werden auf den von einer der beiden Regierungen an die andere im diplomatischen Wege gestellten Antrag und nach Beibringung eines Strafurtheils oder eines Beschlusses über Versetzung in den Anklagestand, eines Haftbefehls oder eines anderen Akts, welcher die gleiche Wirkung hat und ebenfalls die Art und Schwere der verfolgten That, sowie die auf dieselbe anwendbare strafgesetzliche Bestimmung angiebt.

Diese Aktenstücke sollen im Original oder in beglaubigter Ausfertigung eines Gerichtshofes oder einer anderen zustän-

autre autorité compétente du pays qui demande l'extradition. On fournira en même temps, si c'est possible, le signalement de l'individu réclamé ou toute autre indication de nature à en constater l'identité.

Art. 8.

Dans les cas urgents, et surtout lorsqu'il y a danger de fuite, chacun des deux Gouvernements, s'appuyant sur l'existence d'un arrêt de condamnation ou de mise en accusation, ou d'un mandat d'arrêt pourra par le moyen le plus prompt, et même par le télégraphe, demander et obtenir l'arrestation du condamné ou du prévenu, à condition de présenter dans un délai de vingt jours après l'arrestation le document, dont on a indiqué l'existence.

Art. 9.

Les objets volés ou saisis en la possession du condamné, ou du prévenu, les instruments et outils, dont il se serait servi pour commettre le crime ou délit, ainsi que tout autre pièce de conviction, seront rendus en même temps que s'effectuera la remise de l'individu arrêté, même dans le cas où l'extradition, après avoir été accordée, ne pourrait avoir lieu par suite de la mort ou de la fuite du coupable. Cette remise comprendra aussi tous les objets de la même nature, que le prévenu aurait cachés ou déposés dans le pays où il s'est réfugié, et qui y seraient trouvés plus tard.

Sont cependant réservés les droits des tiers sur les objets susmention-

bigen Behörde des die Auslieferung beantragenden Landes mitgetheilt werden. Gleichzeitig sollen, sofern dies möglich ist, das Signalement der reklamirten Person und alle anderen zur Feststellung ihrer Identität geeigneten Angaben beigebracht werden.

Art. 8.

In dringenden Fällen, und insbesondere, wenn Gefahr der Flucht vorhanden ist, kann jede der beiden Regierungen unter Berufung auf das Vorhandensein eines Strafurtheils, eines Beschlusses auf Versetzung in den Anklagestand oder eines Haftbefehls, in kürzester Weise, selbst auf telegraphischem Wege, die Verhaftung des Verurtheilten oder Angeschuldigten beantragen und erwirken, unter der Bedingung, daß das Dokument, auf dessen Vorhandensein man sich berufen hat, binnen einer Frist von zwanzig Tagen nach der Verhaftung beigebracht wird.

Art. 9.

Die entwendeten oder im Besitze des Verurtheilten oder Angeschuldigten vorgefundenen Gegenstände, die Geräthschaften und Werkzeuge, deren er sich zur Verübung seines Verbrechens oder Vergehens bedient hat, sowie alle anderen Beweisstücke sollen gleichzeitig mit der Auslieferung des verhafteten Individuums ausgefolgt werden. Dies soll selbst dann geschehen, wenn die Auslieferung, nachdem sie zugestanden worden ist, in Folge des Todes oder der Flucht des Schuldigen nicht sollte stattfinden können. Diese Ausfolgung wird sich auch auf alle Gegenstände der gedachten Art erstrecken, welche von dem Angeschuldigten in dem Lande, in welches er sich geflüchtet hat, versteckt oder hinterlegt worden sind, und die daselbst später aufgefunden werden.

Jedoch werden die Rechte dritter Personen an den erwähnten Gegenstän-

65*

nés, qui devront leur être rendus sans frais après la conclusion du procès.

Art. 10.

L'extradition par voie de transit sur les territoires des Etats contractants ou par les bâtiments et services maritimes des deux Parties, d'un individu n'appartenant pas au pays de transit et livré par un autre Gouvernement sera accordée sur la simple requête par voie diplomatique du Gouvernement qui l'a demandée appuyée des pièces nécessaires pour établir qu'il ne s'agit pas d'un délit politique ou purement militaire.

Le transport s'effectuera par les voies les plus rapides sous la conduite d'agents du pays requis et aux frais du Gouvernement réclamant.

Art. 11.

Les Parties contractantes renoncent à requérir la restitution des frais qui leur surviennent du chef de l'arrestation et de l'entretien de l'individu à extrader ou de son transport jusqu'à la frontière de la Partie requise. Elles consentent au contraire, de part et d'autre, à les supporter elles-mêmes.

Art. 12.

Lorsque dans la poursuite d'une affaire pénale non politique, l'un des Etats contractants jugera nécessaire dans le territoire de l'autre Partie contractante l'audition de témoins ou toute autre acte d'instruction ou de procédure une commission rogatoire

---

ben vorbehalten, und es sollen ihnen dieselben nach Schluß des gerichtlichen Verfahrens kostenfrei wieder ausgehändigt werden.

Art. 10.

Liefert eine dritte Regierung ein Individuum aus, so gestatten die vertragenden Theile die Durchführung des Auszuliefernden durch ihr Landesgebiet, oder den Transport des Auszuliefernden auf ihren Fahrzeugen und Dienstschiffen, sofern das betreffende Individuum nicht dem um die Gewährung der Durchführung angegangenen Staate angehört. In diesem Falle bedarf es nur eines einfachen Antrages auf diplomatischem Wege seitens derjenigen Regierung, welche die Auslieferung verlangt hat und der Beibringung der nöthigen Beweisstücke dafür, daß es sich nicht um ein politisches oder rein militairisches Vergeben handelt.

Die Durchführung findet auf dem kürzesten Wege unter der Begleitung von Agenten des requirirten Landes und auf Kosten der reklamirenden Regierung statt.

Art. 11.

Die vertragenden Theile verzichten auf die Erstattung derjenigen Kosten, welche ihnen aus der Festnahme und dem Unterhalte des Auszuliefernden oder aus dessen Transporte bis zur Grenze des requirirten Theiles erwachsen. Sie wollen vielmehr diese Kosten gegenseitig selbst tragen.

Art. 12.

Wenn im Laufe eines nicht politischen Strafverfahrens einer der vertragenden Staaten im Gebiete des anderen vertragenden Theils die Vernehmung von Zeugen oder irgend eine andere Untersuchungshandlung für nothwendig erachtet, so wird zu diesem Zwecke ein Ersuchsschreiben auf

sera envoyée à cet effet par la voie diplomatique et il y sera donné suite en observant les lois du pays où le témoin est entendu ou l'acte doit avoir lieu. L'exécution de la commission rogatoire pourra être refusée si l'instruction est dirigée contre un sujet de l'Etat requis non encore arrêté par l'autorité dont émane la commission rogatoire ou si l'instruction a pour objet un acte qui n'est point punissable judiciairement d'après les lois de l'Etat auquel la commission rogatoire est adressée. Les Gouvernements respectifs renoncent à toute réclamation ayant pour objet la restitution des frais résultant de l'exécution de la commission rogatoire à moins qu'il ne s'agisse d'expertises criminelles, commerciales ou médico-légales.

Art. 13.

Si dans une cause pénale non politique, la comparution personnelle d'un témoin est nécessaire le Gouvernement du pays où réside le témoin l'engagera à se rendre à l'invitation qui lui en aura été faite par l'autre Gouvernement.

En cas de consentement du témoin les frais de voyage et de séjour lui seront accordés d'après les tarifs et règlements en vigueur dans le pays où l'audition devra avoir lieu ou, à son choix, d'après les tarifs et règlements de l'Etat requis; il pourra lui être fait, sur sa demande, par les soins des magistrats de sa résidence, l'avance de tout ou partie des frais de voyage qui seront ensuite remboursés par le Gouvernement intéressé.

Aucun témoin, qu'elle que soit sa nationalité, qui, cité dans l'un des deux pays, comparaitra volontaire-

diplomatiſchem Wege überſandt, und es ſoll demſelben nach Maßgabe der Geſetzgebung des Landes, wo der Zeuge vernommen oder der Akt vorgenommen werden ſoll, ſtattgegeben werden; die Ausführung des Antrags kann verweigert werden, wenn das Verfahren gegen einen von der requirirenden Behörde noch nicht verhafteten Angehörigen des requirirten Staats gerichtet iſt, oder wenn die Unterſuchung eine Handlung zum Gegenſtande hat, welche nach den Geſetzen des Staates, an welchen das Erſuchsſchreiben gerichtet iſt, nicht gerichtlich ſtrafbar iſt. Die betheiligten Regierungen entſagen jedem Anſpruche auf Erſtattung der aus der Ausführung der Requiſition entſtehenden Koſten, ſo weit es ſich nicht um ſtrafgerichtliche, kommerzielle oder mediziniſche Gutachten Sachverſtändiger handelt.

Art. 13.

Wenn in einer nicht politiſchen Unterſuchungsſache das perſönliche Erſcheinen eines Zeugen nothwendig iſt, ſo ſoll die Regierung des Landes, in welchem der Zeuge wohnt, denſelben auffordern, der Vorladung, welche die andere Regierung an ihn gerichtet hat, Folge zu leiſten.

Stimmt der Zeuge zu, ſo werden ihm die Koſten der Reiſe und des Aufenthalts nach ſeiner Wahl entweder nach den Tariſſätzen und Reglements des Landes, wo die Vernehmung ſtattfinden ſoll, oder nach denjenigen des requirirten Staates bewilligt werden; auch kann dem Zeugen auf ſeinen Antrag durch die Behörden ſeines Wohnorts der Geſammtbetrag oder ein Theil der Reiſekoſten vorgeſchoſſen werden; dieſe Koſten werden demnächſt von der dabei intereſſirten Regierung zurückerſtattet.

In keinem Falle darf ein Zeuge, welcher in Folge der in dem einen Lande an ihn ergangenen Vorladung freiwillig

ment devant les juges de l'autre pays ne pourra y être poursuivi ni détenu pour des faits ou condamnations criminels antérieurs, ni sous prétexte de complicité dans les faits, objets du procès où il figurera comme témoin.

Art. 14.

Si à l'occasion d'un procès instruit dans l'un des deux États contractants il devient nécessaire de procéder à la confrontation du prévenu avec des coupables détenus dans l'autre État ou de produire des pièces de conviction ou des documents judiciaires qui lui appartiennent, la demande devra en être faite par voie diplomatique et, excepté le cas où des considérations exceptionelles s'y opposeraient, on devra toujours déférer à cette demande, à la condition toutefois de renvoyer le plutôt possible les détenus, et de restituer les pièces et les documents susindiqués.

Les frais de transport d'un État à l'autre des individus et des objets ci-dessus mentionnés, seront supportés par le Gouvernement qui en a fait la demande.

Art. 15.

Les Gouvernements contractants s'engagent à se communiquer réciproquement les condamnations pour crimes et délits de toute espèce qui auront été prononcées par les tribunaux de l'un des États contractants contre les sujets de l'autre. Cette communication sera effectuée par voie diplomatique, moyennant l'envoi, en entier ou en extrait, du jugement prononcé et devenu définitif au Gou-

---

vor den Richtern des anderen Landes erscheint, daselbst wegen früherer strafbarer Handlungen oder Verurtheilungen oder unter dem Vorwande der Mitschuld an den Handlungen, welche den Gegenstand der Untersuchung bilden, worin er als Zeuge erscheinen soll, zur Untersuchung gezogen oder in Haft genommen werden. Hierbei kommt es auf die Staatsangehörigkeit des Zeugen nicht an.

Art. 14.

Wenn es bei einer Untersuchung, welche in einem der beiden vertragenden Staaten geführt wird, nothwendig werden sollte, den Angeschuldigten mit in dem anderen Lande verhafteten Schuldigen zu konfrontiren, oder Beweisstücke oder gerichtliche Urkunden, welche letzterem Staate gehören, vorzulegen, so soll ein Gesuch dieser Art auf diplomatischem Wege gestellt werden, und es soll demselben, sofern nicht etwa außergewöhnliche Bedenken dagegen obwalten, stets entsprochen werden, unter der Bedingung jedoch, daß so bald als möglich die Verhafteten zurückgeliefert und die obigen Beweisstücke umb Urkunden zurückgesandt werden.

Die Kosten des Transports der oben erwähnten Individuen und Gegenstände von einem Staate zum anderen werden von derjenigen Regierung getragen, welche den bezüglichen Antrag gestellt hat.

Art. 15.

Die beiden vertragenden Regierungen verpflichten sich, einander wechselseitig die Verurtheilungen wegen Verbrechen und Vergehen jeder Art mitzutheilen, welche von den Gerichtshöfen des einen Staats gegen Angehörige des anderen ausgesprochen werden. Diese Mittheilung wird auf diplomatischem Wege erfolgen durch vollständige oder auszugsweise Uebersendung des ergangenen und rechtskräftig gewordenen Urtheils an die Regierung

vernement du pays auquel appartient le condamné. Chacun des Gouvernements contractants donnera à ce sujet les instructions nécessaires aux autorités compétentes.

Art. 16.

Le présent traité est conclu pour cinq années à partir du 1ᵉʳ Janvier 1872.

Depuis le moment où il entre en vigueur les traités sur l'extradition des malfaiteurs conclus antérieurement entre les Etats particuliers de l'Allemagne et l'Italie cessent d'être en vigueur.

Dans le cas où aucune des Parties contractantes, n'aurait notifié, six mois avant le 1ᵉʳ Janvier 1877 son intention de faire cesser les effets du présent traité, il demeurera en vigueur pour cinq autres années, et ainsi de suite de cinq à cinq années.

Il sera ratifié et les ratifications en seront échangées dans le délai de quatre semaines.

En foi de quoi les Plénipotentiaires respectifs l'ont signé et y ont apposé le cachet de leurs armes.

Fait à Berlin ce 31 Octobre 1871.

König.   Launay.

(L. S.)   (L. S.)

---

beßjenigen Landes, welchem der Verurtheilte angehört. Jede der vertragenden Regierungen wird zu diesem Zweck an die zuständigen Behörden die entsprechenden Anweisungen erlassen.

Art. 16.

Der gegenwärtige Vertrag ist auf fünf Jahre, vom 1. Januar 1872 an gerechnet, abgeschlossen.

Von dem Zeitpunkte seiner Geltung ab verlieren die früher zwischen den einzelnen Staaten des Deutschen Reichs und Italien abgeschlossenen Verträge über die Auslieferung von Verbrechern ihre Gültigkeit.

Wenn von keinem der vertragenden Theile sechs Monate vor dem 1. Januar 1877 die Absicht, diesen Vertrag außer Kraft zu setzen, angezeigt wird, so soll derselbe für fünf weitere Jahre in Geltung bleiben, und so ferner von fünf zu fünf Jahren.

Derselbe wird ratifizirt und die Ratifikationen werden binnen einer Frist von vier Wochen ausgewechselt werden.

Zu Urkund dessen haben die beiderseitigen Bevollmächtigten denselben unterzeichnet und mit ihren Siegeln versehen.

Geschehen zu Berlin, den 31. Oktober 1871.

König.   Launay.

Die Auswechselung der Ratifikations-Urkunden hat in Berlin stattgefunden.

Protocole.

Les hautes Parties contractantes du traité d'extradition de ce jour ont cru devoir consigner dans un protocole ce qui suit:

Les correspondances et négociations nécessitées par les demandes d'extradition ne devront pas avoir nécessairement lieu entre l'autorité de l'Empire allemand et l'Italie, elles pourront au contraire, selon les convenances de chaque cas spécial, se faire aussi directement entre l'Italie et les Gouvernements qui font partie de l'Empire allemand et qui sont intéréssés à l'extradition soit comme requérants, soit comme requis.

En foi de quoi le présent protocole a été signé en double et échangé par les deux plénipotentiaires à Berlin le 31 Octobre 1871.

König.
(L. S.)

Launay.
(L. S.)

Protokoll.

Die Hohen vertragenden Theile des heut abgeschlossenen Auslieferungs-Vertrages haben für gut befunden, Folgendes in einem Protokolle festzustellen:

Es ist nicht nothwendig, daß die Korrespondenzen und Verhandlungen, welche die Auslieferungs-Anträge nöthig machen werden, zwischen der deutschen Reichsregierung und Italien stattfinden; sie können im Gegentheil, je nach den Umständen jedes einzelnen Falles, auch direkt zwischen Italien und den Regierungen stattfinden, welche zum Deutschen Reiche gehören und bei der Auslieferung interessirt sind, sei es, daß der Antrag von ihnen ausgehe, oder an sie gerichtet sei.

Demgemäß ist das gegenwärtige Protokoll von den beiden Bevollmächtigten in duplo unterzeichnet und ausgetauscht worden.

Berlin, den 31. Oktober 1871.

König.

Launay.

Sachregister

zum

Gesetzblatt für Elsaß-Lothringen.

Jahrgang 1871.

A.

Abbildungen, strafbare Abbildungen und die zu ihrer Herstellung bestimmten Platten und Formen sind unbrauchbar zu machen (Str. G. B. §§. 41. 42.) 265. — Verkauf, Verbreitung und Ausstellung unzüchtiger Abbildungen (daf. §. 184.) 293. — Beleidigung durch Verbreitung von Abbildungen (daf. §§. 186. 187. 200.) 294. — Anfertigung und Verbreitung von Abbildungen, welche dem Papiergeld ähnlich sind (daf. §. 360. Nr. 6.) 326. — Unbefugte Abbildung von Wappen eines Bundesfürsten zur Bezeichnung von Waaren (daf. §. 360. Nr. 7.) 326.

Abbruck, unbefugter Abbruck von Stempeln, Siegeln, Platten oder Formen, welche zur Anfertigung von Metall- oder Papiergeld bestimmt sind (Str. G. B. §. 360. Nr. 5.) 326.

Abfertigung bei den Zollbehörden, allgemeine Bestimmungen (V. Z. G. §. 27.) 45. — auf Begleitschein I. (daf. §§. 41. 42.) 49. — auf Begleitschein II. (daf. §. 51.) 52. — beim Eisenbahntransport (daf. §§. 64. 66.) 55.

Abgabe vom Salz, f. Salz, Salzabgabe.

Abgaben für Benutzung von Verkehrsanstalten (V. Z. G. §§. 8. 10.) 40.

Abgeordnete, Redefreiheit derselben (Str. G. B. §. 11.) 260.

Abgraben (Abpflügen) fremder Grundstücke (Str. G. B. §. 370. Nr. 1.) 332.

Abrundung der Portobeträge (G. v. 28. Oktbr. §. 4.) 362.

Gesetzbl. f. Elsaß-Lothr. 1871.

Absperrungsmaßregeln bei ansteckenden Krankheiten und Viehseuchen (Str. G. B. §§. 327. 328.) 320. — beim Ausbruch der Rinderpest (Instr. v. 26. Mai 69, §§. 15. 20—25.) 412.

Abtreibung der Leibesfrucht (Str. G. B. §§. 218 bis 220.) 293.

Acker, Gehen ec. über fremde Aecker (Str. G. B. §. 368. Nr. 9.) 331.

Adel, unbefugte Annahme von Adelsprädikaten (Str. G. B. §. 360. Nr. 8.) 326.

Adoptiv-Eltern, Bestrafung derselben wegen Vornahme unzüchtiger Handlungen mit ihren Kindern (Str. G. B. §. 174. Nr. 1.) 291. — f. Angehörige, Eltern.

Advokaten (Anwälte), Ernennung derselben erfolgt durch den Reichskanzler (G. v. 14. Juli §§. 16. 17.) 167. — Berufung derselben zu den Sitzungen der Landgerichte (daf. §. 4.) 165. — Berechtigung derselben zur Praxis beim Bundes-Oberhandelsgericht (G. v. 14. Juni §. 5.) 250. — Amtsvergehen derselben (Str. G. B. §§. 300. 352. 356. 358.) 315.

Diensteid der Advokaten, Anwälte und Notare (G. v. 20. Novbr. §§. 1—3.) 339.

f. auch Rath der Advokaten.

Aergerniß (öffentliches), durch Gotteslästerung (Str. G. B. §. 166.) 290. — durch unzüchtige Handlungen (daf. §. 183.) 293.

Aerzte, Unzucht derselben in Kranken- ec. Anstalten (Str. G. B. §. 174. Nr. 3.) 291. — Zum Zweikampf gezogene Aerzte sind straflos (daf. §. 209.) 297. — Ausstellung und Gebrauch falscher ärztlicher Atteste (daf.

1

1*

2

2*

M.

Militair, f. Soldaten, Truppen.

Militairabschied, Anfertigung und Gebrauch falscher Militairabschiede (Str. G. B. §. 363.) 328.

Militairbeamte, Amtskautionen derselben (B. v. 5. Juli) 393. — f. auch Militairpersonen.

Militairdienst, strafbare Handlungen in Betreff desselben (Str. G. B. §. 112. 140 — 143.) 280.

Militairpersonen sind auf den Eisenbahnen zu ermäßigten Preisen zu befördern (Berf. Art. 47.) 373.
Anwendung der allgemeinen Strafgesetze auf Militairpersonen (Str. G. B. §. 10.) 280. — Widerstand gegen Militairpersonen bei Ausübung ihres Dienstes (das. §. 113.) 280. — Beleidigung derselben (das. §. 196.) 296. — Bestrafung derselben (das. §§. 333. 335.) 321.

Militairpflicht, f. Militairdienst.

Minderjährige, Bestrafung derselben (Str. G. B. §§. 56. 57.) 268. — Berechtigung derselben zum Antrage auf Bestrafung (das. §. 65.) 270. — Handlungen wider die Sittlichkeit mit Minderjährigen (das. §§. 173. 174. 176. 182.) 291. — Entführung von solchen zu unsittlichen Zwecken (das. §. 235.) 301. — Entführung einer minderjährigen Frauensperson (das. §. 237.) 302. — Unerlaubtes Creditgeben an Minderjährige (das. §§. 301. 302.) 315. — f. auch Kinder.

Mineralien, unbefugte Gewinnung von Mineralien (Str. G. B. §. 370. Nr. 2.) 332.

Mißhandlung, Bestrafung (Str. G. B. §. 223.) 299. — Mißhandlung der Thiere (das. §. 360. Nr. 13.) 327. f. auch Körperverletzung.

Monat, Berechnung desselben bei Freiheitsstrafen (Str. G. B. §. 19.) 262.

Montirungsstücke, unbefugter Erwerb derselben (Str. G. B. §. 370. Nr. 3.) 332.

Mord, Begriff und Strafe (Str. G. B. §. 211.) 297. — Mord oder Versuch des Mordes an dem Kaiser oder an dem Landesherrn (das. §. 80.) 273. — Bedrohung mit Mord (das. §. 254.) 306. — Brandstiftung zum Zweck der Begehung eines Mordes (das. §. 307. Nr. 2.) 316. — Anzeigepflicht von dem Vorhaben eines Mordes (das. §. 139.) 285.

Mühlhausen, Sitz eines Land- und eines Handelsgerichts, Bezirke derselben (B. v. 14. Juli §§. 1 — 3. 10. 11.) 169.
Ermächtigung der Stadt Mühlhausen zur Aufnahme eines Anlehens (G. v. 28. Septbr.) 341.

Munition, widerrechtliche Zueignung derselben (Str. G. B. §. 291.) 313.
f. auch Kriegsmaterial.

Münzverbrechen (Münzvergehen), Begriff und Strafe (Str. G. B. §§. 146 — 152.) 266. — Begehung derselben im Auslande (das. §. 4. Nr. 1. 2.) 259. — Anzeigepflicht von Münzverbrechen (das. §. 139.) 285.

Müßiggang, strafbarer (Str. G. B. §. 361. Nr. 5. §. 362.) 327.

Muster, Postsendungen mit Mustern (G. v. 28. Oktbr. §. 50. Nr. 6.) 359. (G. v. 28. Oktbr. §. 8.) 368.

Mutter, Bestrafung wegen Kindesmords (Str. G. B. §. 217.) 298. — desgl. wegen Abtreibung der Leibesfrucht (das. §. 218.) 298. — desgl. wegen Aussetzung eines Kindes (das. §. 221.) 299. — f. auch Eltern.

N.

Nacheile bei Verfolgung strafbarer Handlungen (G. v. 12. Juni 69. §. 30.) 382.

Nachforderung von Porto (G. v. 28. Oktbr. §. 7.) 363.

Nachlaß, Vollstreckung einer Strafe in demselben (Str. G. B. §. 30.) 263.

Nachmachung von Bankpapieren (Bankordn. v. 5. Oktbr. 46. §. 120.) 29. — desgl. von Metallgeld, Papiergeld, Bank- und andern Werthpapieren (Str. G. B. §§. 146 bis 152.) 286.

Nachtzeit, Begehung strafbarer Handlungen zur Nachtzeit (Str. G. B. §. 243. Nr. 7. §. 250. Nr. 4. §§. 293. 296. 322. 325. 326.) 303.
Ueberschreitung der Zolllinie zur Nachtzeit (B. Z. G. §. 21.) 42.

Namen, Führung eines falschen Namens (Str. G. B. §. 360. Nr. 8.) 326. — Mißbrauch des Namens bei Waarenbezeichnungen (das. §. 287.) 313.

Nationalkokarde, f. Landeskokarde.

Naturalverpflegung der Truppen im Frieden (Reglement v. 13. Mai 1858) 240. (G. v. 14. Juli §. 1. Nr. 2.) 187. — Marschverpflegung der Soldaten (Reglem. v. 13. Mai 58. §§. 23 — 25. 30. 32. 33.) 240. — Marschrationen (das. §. 77.) 241. — Beschaffung der Marschrationen (das. §§ 80 — 82.) 241.

Naturereigniß, Beschädigung von Postsendungen in Folge eines solchen (G. v. 28. Oktbr. §. 6. zu b.) 351.

Nebengebühren, wieweit dieselben neben Zöllen erhoben werden dürfen (B. Z. G. §. 10.) 40. — Abschaffung der Nebengebühren für Postsendungen (G. v. 28. Oktbr. §. 8.) 363.

4

5

Z.

Zabern, Sitz eines Landgerichts, Bezirk desselben (V. v. 14. Juli §§. 1—3.) 169. — Zahl der Richter und Anwälte bei demselben (daf. §§. 5. 8.) 170. — Zuständigkeit desselben (daf. §. 12.) 171.

Zahlungsversprechen an Order unterliegen der Wechselstempelsteuer (G. v. 10. Juni 69. §. 24.) 181.

Zeichnungen, s. Abbildungen.

Zeitungen, Beförderung derselben durch die Post (G. v. 28. Oktbr. §§. 1—3. 15.) 349 — Strafbestimmungen für unbefugte Beförderung von Zeitungen (daf. §. 27. Nr. 1.) 355. — Provision für Zeitungen (G. v. 28. Oktbr. §. 3.) 350. (G. v. 28. Oktbr. §. 10.) 364. s. auch Presse.

Zerstörung, s. Vernichtung, Beschädigung.

Zeuge, Beschränkung der Fähigkeit, Zeuge zu sein, in Folge strafrechtlicher Verurtheilung (Str. G. B. §. 34. Nr. 5. §. 161.) 264 — Falsche Entschuldigung ausgebliebener Zeugen (daf. §. 138.) 285. — Bestrafung meineidiger Zeugen (daf. §§. 154. 155. 157. 161.) 287.

Vernehmung von Zeugen in Untersuchungssachen, worauf die Bestimmungen des Auslieferungsvertrages mit Italien Anwendung finden (V. v. 31. Oktbr. Art. 12. 13.) 430.

s. auch Sachverständige.

Zeugenpflicht der Bundesangehörigen vor den Gerichten der Bundesstaaten (G. v. 21. Juni 69. §. 40.) 384.

Zeughäuser, Zerstörung ec. derselben (Str. G. B. §. 90. Nr. 2.) 275.

Zeugniß (falsches), namentlich in Strafsachen (Str. G. B. §. 154.) 287. — Falsche Gesundheits- und Führungszeugnisse (daf. §§. 277—280. 363.) 311.

Zinsfuß im Verkehr mit der Preußischen Bank (Bankord. v. 5. Oktbr. 46. §§. B. 21—28.) 6. (A. C. v. 24. Oktbr. 64.) 33.

Zinsscheine (Coupons), Anfertigung und Gebrauch falscher Zinsscheine (Str. G. B. §§. 149. 360. Nr. 6.) 287. — Zinsscheine zu den als Amtskaution hinterlegten Werthpapieren (G. v. 2. Juni 69. §§. G. 11.) 387.

Zoll, Vorschriften über die Erhebung desselben (V. Z. G. §§. 9—15.) 40. — Einrichtungen hierfür (daf. §§. 16 bis 21.) 41. — Allgemeine Bestimmungen über die Erhebung des Zolles (V. Z. Tarif, Abth. III.) 152.

Zoll von ausländischem Salze (G. v. 12. Oktbr. 67. §. 10.) 100.

Zoll (Fortf.)

Der Ertrag der Zölle fließt in die Reichskasse (G. v. 17. Juli §. 3.) 247.

Zölle für Produkte im Austausch zwischen Elsaß-Lothringen und Frankreich (Uebereinkunft v. 12. Oktbr. Art. 1—9.) 365.

Zollämter im Innern, ihre Amtsbefugnisse (V. Z. G. §. 131.) 73.

Zollangelegenheiten, Bestimmungen über das Zollwesen in Deutschland (Verf. Art. 33.) 247.

Zollbeamte, ihre Befugnisse hinsichtlich des Transports zollpflichtiger Waaren auf den Eisenbahnen (V. Z. G. §. 60.) 51. — ihre Befugnisse zu Haussuchungen und körperlichen Visitationen (daf. §§. 126. 127.) 72. — Strafe für Bestechung derselben (daf. §. 160.) 84. — desgl. wegen Widersetzlichkeit gegen dieselben (daf. §. 161.) 84.

s. auch Beamte, Steuerbeamte.

Zollbehörden, s. Zollämter, Zolldirektivbehörden, Zolldienststellen.

Zolldefraudationen, Begriff und Strafe (V. Z. G. §. 135.) 77. — Strafverfahren (daf. §. 165.) 85. (G. v. 17. Juli Art. 3.) 38. — Thatbestand (V. Z. G. §. 136.) 77. — erschwerende Umstände (daf. §§. 144 bis 148.) 80. — Zolldefraudation bei Ausfuhr von Zucker (G. v. 26. Juni 69. §. 4.) 92.

Zolldefrauden beim Austausch von Produkten zwischen Elsaß-Lothringen und Frankreich (Uebereink. v. 12. Oktbr. Art. 7. 8.) 367.

Zolldienststellen, Bezeichnung und Amtsbefugnisse derselben (V. Z. G. §§. 128—132.) 73. — Geschäftsstunden derselben (daf. §. 133.) 76.

Zolldirektivbehörden haben auf die Beschwerden gegen die Straferkenntnisse der Hauptämter in Zoll- und Steuervergehen zu entscheiden (G. v. 17. Juni Art. 3.) 38 — desgl. über die Einleitung der Untersuchung gegen die des Waffenmißbrauchs beschuldigten Grenzaufsichtsbeamten (daf. Art. 2.) 38. (G. v. 28. Juni 34.) 161.

Zollerlaß bei zu Grunde gegangenen und verdorbenen Waaren (V. Z. G. §. 48.) 52. — aus Billigkeitsrücksichten (daf. §. 118.) 69.

Zollfreiheit gilt als Regel für den Verkehr mit dem Vereinsauslande (V. Z. G. §§. 1. 6. 6.) 39. — desgl. im Innern (daf. §. 7.) 40.

Zollgesetze, das Verfahren bei Vergehen gegen dieselben kommt bei Wechselstempel-Hinterziehungen zur Anwendung (G. v. 10. Juni 69. §. 18.) 179.

www.ingramcontent.com/pod-product-compliance
Lightning Source LLC
Chambersburg PA
CBHW031814270326
41932CB00008B/423